中国社会科学院创新工程学术出版资助项目

U0666902

金融衍生工具与资本市场译库

DERIVATIVES AND CAPITAL MARKETS SERIES

汇率预测
——技术与应用

Exchange Rate Forecasting: Techniques and Applications

[英] 艾玛·A.穆萨（Imad A.Moosa）◎著

刘 君 李红枫 范占军 桁 林◎译

经济管理出版社

ECONOMY & MANAGEMENT PUBLISHING HOUSE

北京市版权局著作权合同登记：图字：01-2003-1882 号

Exchange Rate Forecasting：Techniques and Applications © Imad A. Moosa 2000.
First published 2000 by Macmillan press Ltd.
Chinese translation Copyright © 2003 by Economic management Publishing House.
The Edition is published by arrangement with palgrave macmillan.
All right reserved.

图书在版编目（CIP）数据

汇率预测：技术与应用/［英］艾玛·A.穆萨著；刘君等译.—北京：经济管理出版社，2021.7
ISBN 978-7-5096-8183-1

Ⅰ.①汇…　Ⅱ.①艾…②刘…　Ⅲ.①汇率—经济预测　Ⅳ.①F830.7

中国版本图书馆 CIP 数据核字（2021）第 166120 号

组稿编辑：范美琴
责任编辑：范美琴　杜奕彤
责任印制：黄章平
责任校对：张晓燕

出版发行：经济管理出版社
　　　　　（北京市海淀区北蜂窝 8 号中雅大厦 A 座 11 层　100038）
网　　址：www. E-mp. com. cn
电　　话：（010）51915602
印　　刷：唐山昊达印刷有限公司
经　　销：新华书店
开　　本：787mm×1092mm/16
印　　张：21.25
字　　数：440 千字
版　　次：2021 年 9 月第 1 版　2021 年 9 月第 1 次印刷
书　　号：ISBN 978-7-5096-8183-1
定　　价：98.00 元

重 印 说 明

　　《金融衍生工具与资本市场译库》系列丛书自 2005 年起陆续出版，得到学者和社会各界的认可。此套丛书对相关学者研究金融领域的问题具有较高的学术价值，对于我国开展金融监管、防控金融风险具有重要的理论和实践意义。为了能够重印，我社特申请了中国社会科学院创新工程学术出版资助。

　　这套著作的翻译、出版得到了中国社会科学院以及金融领域的许多专家学者的支持和协助，对于所有参与翻译、编写，提供帮助的研究机构与研究人员，谨在此一并表示衷心的感谢。

　　限于时间和水平，书中难免存在一些不足，希望读者批评指正。

《金融衍生工具与资本市场译库》
编委会名单

献给 Nisreen 和 Danny

货币标识

下面是本书中用到的货币标识：

AUD　澳大利亚元

CAD　加拿大元

CHF　瑞士法郎

FRF　法国法郎

GBP　英镑

JPY　日元

NOK　挪威克朗

USD　美元

中文版序

刘君是由我指导硕士论文的学生之一。虽然他攻读硕士学位的时间只有半年，但在我眼中，他是很刻苦、很敏锐的一个学生。几周前，他把他们最近集体翻译的这部作品《汇率预测——技术与应用》送到了我的手中，但那个时候，我正忙于其他事务，根本没有集中时间阅读这部著作的机会。本周有一天，我的另外一位毕业后正在韩国攻读博士学位的学生来我的办公室与我见面，偶然瞧见了这本书的英文原书，对它产生了兴趣，便要求把这本书拿去复印一些内容。他还书时对我说，他现在从事金融计量学的学习和研究，这本书对他是有参考价值的。这样一个小插曲让我相信，这是一本能引起更多学生的兴趣的书。昨天我总算有整块的时间，在办公室里通读了这本书，差不多理解了为什么这本书对我的学生有这么强的吸引力。

几年前我开始接近汇率理论和有关汇率的研究，因为在中国经济正在发生的变化里，汇率将成为一个很重要的内容。虽然我自己不研究汇率，也不去预测汇率，可是我对汇率变动的重要理论是有浓厚兴趣的。10年前，我自己还编写了一本有关经济预测技术的书，就是因为我对帮助自己理解预测技术的理论始终有兴趣。当我阅读这本《汇率预测——技术与应用》时，我也是从寻找理论的角度进入的。例如，当我读到下面这段话的时候，我开始有了阅读的感觉。这段话是这样的："预测的功能就是把不确定性转变成风险。我们不知道未来会发生什么，这就是不确定性；而当未来的结果有一个概率分布时，风险就出现了。"

很多时候，国内出版的实务操作类的书籍总是给我留下许多疑问，因为这样的书通常缺少严谨的理论基础。比如，自从中国银行推出老百姓可以在指定的外币之间进行套利的"外汇宝"之后，有关"外汇宝"操作的书籍在一段时间内如雨后春笋。可是，几乎看不到一本能让操作者真正懂得"外汇宝"套利的基本原理和套利技术背后的理论的书。似乎每个人都知道套利的原理，但作为套利的技术，它背后的理论支撑是什么，这些理论的发展怎样应用于套利技术之中，让人们了解这些其实可能比告诉人们如何去套利更重要。因为，如果人们不知道预测汇率变动的基本知识和理论，告诉人们如何去套利又有什么价值呢？

我记得，中国于1990年正式开始股票交易时，关于股市和股票交易操作的书籍也同样是浩如烟海。有多少人因为从这些书籍中获得了投资股市的技巧，我不得而知，但是当那些操作能手们阅读了美国普林斯顿大学麦基尔的《漫步华尔街》一书，一定是大跌眼镜。《漫步华尔街》这样的书，它告诉读者的既不是操作的实务，也不是技巧，而是一种建立在学术研究基础上的知识。这个知识对人们的影响要远远大于那些单纯讲述技巧的书。

《汇率预测——技术与应用》就属于告诉读者知识那样的书，尽管它包含着对预测技术的应用。预测技术这个技术性和理论色彩很强的东西在这本书里被编织成了动人的知识养料，而我阅读这本书的印象就是，它在试图传播着汇率预测的知识而不仅仅是技巧。

是为序。

张 军

经济学教授、复旦大学中国经济研究中心主任

2004 年 1 月 10 日沪上

前言

preface

　　写一本关于汇率方面的书不是一个简单的任务。在谈到这个主题和特定的目标读者群时，至少会涉及两个相关的问题。

　　第一个问题是：一方面，一本关于汇率预测的书可能必须集中于对预测技术的强调，在极端情况下它甚至可能会变成一本经济计量学方面的专著；另一方面，这种书可能会强调汇率预测在商业决策制定过程中的应用，而在此种情况下被用来预测的经济计量学和统计分析方面的特征则被放在了次要的地位。本书包含了和汇率预测相关的方方面面，但由于篇幅所限，论述过程中难免会出现种种不足之处。为此，我以对待专著的严肃态度来写作本书，而不是肤浅地去打破上述两方面的平衡。基于此，我在开始就必须声明，这不是一本经济计量学教科书。本书对用来预测汇率的经济计量学方法的阐述会尽量限制在篇幅允许的范围内，并且以满足上述两方面平衡的需要为目标。同时为了尽量弥补本书可能有的缺陷，我为读者专门准备了一个详细论述本书主题的参考文献以方便读者查阅。

　　第二个问题是有关读者群的选择问题。本书应有三类读者群：第一类是熟悉汇率预测方法且实践经验丰富的预测员；第二类是刚入门的初学者，他们期待着能通过磨炼成为羽翼丰满、经验老到的预测员；第三类不是预测员而是预测信息的需求者——经理人员，他们在决策的制定过程中需要把汇率的预测信息作为一个考虑因素。上述的这些读者都对应着本书的相应内容。第一类读者可以略过和预测方法相关的论述，而从对由预测员作出的预测信息如何被实际决策者采用的描述中获取益处，同时他们也能从有关的技术分析和交易规则的叙述中获益；对那些需要用到技术分析的预测员来说，本书则提供了一个关于预测的经济计量学方法和经济模型的广阔视野，而这些方法和模型正是为了解释或试图解释汇率的变动。第二类读者是那些没什么经验的初学者。本书也为这些想成为优秀预测员的读者提供了应掌握知识方面的指导。第三类读者会从像神经网络和混沌理论这样的前沿知识中获益。同时，他们也会从本书对预测的技术应用和预测的方法论方面的讨论中获益。

　　搞清以上问题后，再以章节的顺序勾勒出本书的框架也许会更为有益。本书试图达到以下两个方面的平衡：一个是内容上的技术与应用方面的平衡；另一个是风格上的严肃性与通俗性方面的平衡。因此本书的写作风格各处不一，既有非常简洁的新闻体风格，也有教科书般的严谨风格。

全书分为 13 章。第 1 章说明了本书的写作动机并介绍了一些基本的汇率预测方面的概念。这一章同时还介绍了预测形成机制，并论述了预测与预期的联系。第 2 章论述了预测在决策制定过程中特别是在金融决策中的作用。有资料显示，大量的决策制定规则都把预期汇率作为决策变量，这意味着预测在决策制定中是必须的。而这些决策制定规则包含了许多金融实践操作，如投机、套期保值和资本预算等。

第 3 章和第 4 章阐述了汇率预测的基本技术原理。第 3 章论述了单变量时间序列技术，而第 4 章处理的是多变量时间序列模型，包括了单方程和多方程模型。第 5 章描述了以市场机制为基础的预测，这种预测是通过即期汇率和远期汇率来进行的。以上的讨论将不可避免地引出随机漫步模型、无偏好效率假设和其他一些市场效率概念。第 6 章接着描述了判断性预测，讨论了判断在预测过程中的作用。在这一章里，同时还描述了合成性预测（各种预测的巧妙组合），并使之模型化。

第 7 章从基本面模型出发介绍了汇率预测的技术模型。在这一章里，技术分析被模型化了，并且技术分析的工具也得到了详尽描述；同时，这一章还有一个技术分析的经济学讨论。第 8 章由于包含了交易规则，因而在某种程度上是第 7 章的一个扩展。传统的交易规则进一步拓展了处理当引入利率和买卖差价时出现的复杂性。此外，第 8 章还叙述了一些基本的交易规则。

第 9 章简单地介绍了两个前沿主题：混沌理论和神经网络。资料显示，虽然两者都基于汇率决定过程中的非线性假设，但是它们却与汇率的预测具有不同的关联。

第 10 章讨论了预测准确度的度量问题。这一章首先描述了度量预测准确性的一般原则，接着又提供了一个图表和数量上的测量标准。第 11 章讨论了汇率预测方法的选择、实施和监控。这一章主要讨论了这样几个重要的问题：为什么内部预测者和外部预测者不一样，也就是在内部预测者和外部预测者间作出选择的问题；用来选择外部预测者的标准问题。第 12 章提供了五个案例研究，这五个案例说明了汇率预测是怎样在决策制定过程中运用的。

本书第 13 章是全书关于汇率预测的一个总结。这一章首先对本书的写作动机和涉及的主要问题进行了扼要论述。紧接着回顾、评价了一下前面几章的一些重要问题，并给出了一些简要的回答。这一章的结论部分对汇率预测的前景进行了展望。最后，该书寄语广大读者，指出汇率预测模型目前的不完善和失败将会为未来更加成功的预测打下基础。

假如没有来自家庭、朋友和同事的鼓励与帮助，本书的写作是不可能完成的。我必须向我的家庭表示最诚挚的谢意，是它承担了写作本书的机会成本。我的妻子 Afaf 在相当短的时间里完成了本书的所有图表设计，她是我最得力的研究助手。朋友和同事们直接或间接地提供了有助于本书写作的各种智力和社会资源。因此，在这里我要感谢 Mary Amiti, Prasad Bidakorta, Chongwoo Choe, Mardi Dungey, Harry Clarke, Iain Fraser, Gillian Hewitson, Sisira Jayasuriya, Pauline Kennedy, Liam Lenten, Rodney Maddock, Robert Pereira, Neil Perry, Param Silvapulle, Lee Smith, Rabee

Tourky 和 Glenda Watson。我从与同事在研讨会上的热烈讨论中受益匪浅，由于这个原因我要感谢 Leon 和 Andre。Liam 在数据的精练和手稿的审读方面对我助益极大。Mardi 慷慨地花费自己的宝贵时间帮助我从 *Datastream* 中获取数据。两个在 La Trobe 大学学习的学生也给了我很大帮助，他们是 Owen Guest 和 George Tawadros。我以前的一个学生 Hasan Tevfik 在收集数据的过程中也给了我十分重要的帮助，在这里我也要向他表示感谢。

　　我还要向住得离我较远的朋友和以前的同事表示感谢，他们通过各种通讯方式向我提供帮助，其中包括 Kevin Dowd、Bob Sedgwick、Sean Holly、Dave Chappell、Dan Hemmings、Ian Baxter、Scott Mac Donald、Razzaque Bhatti 和 Nabeel Al-Loughani。最后，我还要谢谢麦克米兰出版公司的 Samantha Whittaker，他不仅鼓励我写作本书，而且还经常提供积极的、有建设性的反馈。当然，书中的任何错误和疏漏都由作者本人负责。

Imad A. Moosa

1999 年 4 月于墨尔本

目 录
catalogue

1 预期和预测综述

1.1 一个旅游者的故事

约翰是一位英国的旅游者，他计划在三个月后第一次赴纽约市旅游。因此，他需要储蓄足够多的资金以供他到纽约旅游时的花销。问题是他储蓄的是英镑，而他在美国的花费需要的是美元。假定汇率波动得比较剧烈，那么约翰就将陷入某种尴尬的境地。他想使他的英镑储蓄值最多的美元，而这个价值依赖于美元和英镑之间的汇率。因此，约翰将面临着什么时候、以何种汇率将他的储蓄兑换成美元的问题。假设利率较低而储蓄额又比较小的话，那么利率因素就可以忽略不计。

这种情况的发生是因为我们生活在一个不确定的世界，而我们又必须做出决策，但是结果又是由未来发生的某些事情所决定。正是因为这种原因，约翰必须在预期或预测的基础上做出决策，而不管他是含蓄地、明显地或有意地如此。如果他认为美元在未来的三个月内要升值，那么他会做出立即购买美元的决定。假如他认为美元在从现在开始的一个月内不会升值，那么他就会等待、观望。如果他预期美元在未来的三个月内一直贬值，他就会直到旅程开始时才兑换美元。如果他认为美元会在三个月后还继续一直贬值，那他可能采取两种行动：第一种行动是在旅程之初开始兑换美元，并在有美元需求时就兑换美元；第二种行动是他不兑换美元，但使用伦敦英镑账户上的信用卡。在各种情况下，约翰都得按照他对未来汇率的预期做出决策，结果将取决于约翰的预期与未来的实际汇率。从数量上说，结果将取决于预期值与实际值的偏差。

在约翰采取行动之前，他应该做下列事情：第一个是预测汇率会升还是会降，也就是说美元是升值还是贬值（假定汇率是按英镑/美元来计算的）；第二个是估计或预测汇率的变动幅度；第三个是预测汇率的变化时机。这就意味着约翰必须对汇率的变化方向、波动幅度及变化的时机做出预测。

他如何得出自己的预期或是预测呢？第一个可能是，约翰依靠他的直觉和判断做出预测，这意味着对未来汇率水平和它过去的历史记录的关系，或者对像通胀率这类能影响汇率的变量必须加以考虑。这种基于直觉的预期甚至可能包含了一种信仰，例如相信未来三个月美元的升值不会超过 5%。第二个可能是，约翰完全就是一个门外汉，他不喜欢类似于计算汇率预期水平这样大费脑力的活动。如果情况确是如此，那么他就会按照《金融时报》《华尔街金融期刊》和其他日报中金融、商业专版上有关方面的即时报道做出预期和决策。第三个可能是，让我们先假设一下约翰是一个有着很强数量分析能力的经济系研究生。在这种情况下他可能会把一些汇率数据输入电脑，然后电脑可能会给出下面这样的答案：在未来三个月的时间里有80%的可能性美元升值 5%，20% 的可能性升值 2%。约翰可能会把他的预测结果和另一个在该领域工作的朋友得出的预测比较，或者和他能接触到的金融咨询人员的预测比较。接着他会在自己的、朋友的、金融咨询专家的预测或是这三者的综合中做出选择，并据此采取行动。一旦决定了按哪类预测行动，他就会做出决策并执行，然后等待结果。注意：决策是现在做出的，而结果只有在未来才会显现出来。如果约翰现在决定以 0.62 的汇率兑换美元，假如三个月后的汇率是 0.58，那么他就做了一个错误的决定，而如果将来的汇率是 0.65，那么他就做了一个完全正确的决定。

这个例子说明了个人应如何按照汇率预测来制定决策。预测可能是基于直觉或对汇率数据及其决定因素的实际分析做出的；决策可能取决于单个预测、一个以上的预测或是一个综合的预测，也可能取决于显示某个特定时间界限内汇率变化方向的预测，抑或取决于表明变化幅度大小的预测。

1.2　一个商业经理的故事

玛丽是一家做进口啤酒生意的英国贸易公司的总经理。现在这家公司欠其法国供应商 500000 法郎的债务，而这笔钱在当前 0.10 汇率水平（英镑/法郎）下值50000 英镑。这笔债务在三个月后到期。玛丽正在考虑是否买下这笔法郎的远期合约以锁定三个月后需要支付的英镑数。这样，就可以规避法郎的汇率变动风险。

一般说来，如果预期法郎对英镑升值的话，就会做出买下法郎远期合约的决策。举个例子，假如法郎汇率升值，变成 0.12，那么这笔钱就值 60000 英镑。更确切地说，当到期时的即期汇率比当前远期汇率高时，才会做出这样的决策。因此，决策必须在对特定时间点上的即期汇率做出及时预测的基础上做出。预测即期汇率，玛丽有以下几种途径：第一个是玛丽依靠她的直觉预测；第二个是通过阅读财经类杂志，或者收集路透社发布的预测信息来获得对汇率的预测；第三个是如果公司雇用了一个经济学家，而他的工作又是预测汇率，那么就可以采取他的预测；第四个方法是如果公司预订了一个专业预测公司的服务，在这种情况下预测信息可从外部预测员手中获得。在所有情况中，某个特定的数量预测可能会、也可能不会综合直觉判断；又可能有很多的数量预测会把直觉综合进去。一旦赖以制定决策的预测被确定，那么决策也就随之确定。决策的结果（套期或不套期）视应付项目到期时的实际汇率而定。

这个例子再一次说明了预测可以来源于商业经理的判断与直觉，而这种判断与直觉既可以通过阅读报纸和杂志，也可以通过受雇于公司的职业预测人员（经济学家、统计学家等）提供的服务获得。当有需要时，无论是日常的订购还是咨询服务，预测都可以通过购买专业预测公司的服务来获得。第二种获得预测的渠道会导致这样的问题出现，即在公司雇用人员提供的预测和从公司外购买的预测之间如何选择的问题。

玛丽遇到的问题仅仅是众多需要预测汇率的商业经理所面对的种种问题中的一个。其他跟商业决策有关的问题也有可能出现。这是因为企业是在一个不确定的世界中运行的，在这个世界中它们制定决策，而决策的结果则视未来发生的事件而定。我们思考一下像玛丽这样的商业经理所面对的一些问题：

（1）我们应该持有挪威克朗的多头吗？

（2）在短期内借低利率货币而以高利率货币投资是否有利可图？

（3）改变证券资产组合的货币构成是否可行？

（4）对日元的多头敞口套期保值是否有利可图？

（5）如果价格保持在相同水平上，那么我们在国外市场上的资产头寸是否会受到影响？

（6）我们应该以单一货币还是以货币组合形式来进行短期融资？如果已经确定了，那么是哪种货币或货币组合？

（7）我们收到了国外分公司的一个项目方案，该方案听起来相当诱人，而且该分公司对此方案相当热情。我们应该接受这个方案吗？

这些问题（都罗列在了表1-1中）涉及的决策都全部或部分依赖于汇率预期。因而这些决策都应该在汇率预测的基础上做出。表1-1显示了在给定预期情况下出现的问题和决策的类型。

表1-1　需要汇率预测的情形

情　形	问　题	决　策
1	即期投机	是的，只要克朗相对于基准货币升值就行
2	非抛补套利	是的，只要低利率货币预期升值幅度小于利率差异就行
3	长期证券组合投资	是的，该决策可以通过转换成预期升值的货币来完成
4	交易敞口套期	是的，只要日元预期贬值就行
5	开放经济中的套期风险	如果本币预期不升值以致实际汇率高到足以抵消比较优势的地步，那么就要保持价格在相同的水平上

情　形	问　题	决　策
6	短期融资	决策视与国内融资率相比较的总的预期融资率而定。如果外币相对于本币预期要贬值，那么就执行短期融资决策
7	外国直接投资	如果外币预期升值的幅度高到足以抵消其他因素还有余的程度，以致能产生一个正的净现值，那么就执行该决策

1.3　预测的重要性

到目前为止，我们交换地使用着预期与预测两个词。因此，自然有人会问这两个词是同一个意思吗？其实这两个词并不指同一个东西：它们之间的联系是，预测是形成预期的一个规范的方法。然而问题就在于如何定义"规范"这个词。当然，如果预测是基于某些数据分析程序做出的话，那么这个预测过程就是规范的。而基于直觉和判断的预期又是什么呢？如果直觉和判断在没有运用准确的方程或严密的模型的条件下对事件做了实际分析，这也是一个预测。但是这种情况下的预测是判断的，而不是数量的或科学的预测。另外，假如预期是基于某种预感的话，那么它就不是规范的，并且也不构成预测。

预测是重要的、必须的，因为我们是在一个不确定的世界中生活工作和做出决策的。预测的一个功能就是把不确定性转变成风险。我们不知道未来会发生什么，这就是不确定性。而当未来的结果有一个概率分布时，风险就出现了。当我们按照这个概率分布决策时，决策的好坏就决定于未来实际上将发生什么，而这恰恰超出了决策者的控制。因而风险的存在是源于预测的概率分布在实际行动时可能发生的损失。预测可能以一定的概率采取以下形式中的一种：它可能是只考虑了一种可能性的简单预测；也可能是考虑了所有各种可能性的预测；还有可能是一个范围值，而汇率会在这个范围内变化。

尽管预测作为一种职业正在加速发展，但是它经常受到来自圈内和圈外人士的质疑，即来自那些可能是用户或旁观者的经济学家和非经济学家的质疑。这些怀疑者通常认为预测由于其必然的不准确性没有什么价值，因此决策者做得好还是坏就像通过掷硬币决定一样。J. K. Galbraith，一位杰出的经济学家，曾经如此形象地形容这种看法：有两种预测者，即知道自己不知道的和不知道自己不知道的。然而，这种看法是不对的。在预测的作用的讨论中，学者对准确性的关注被扭曲了。预测是有用的，因为它能减少不确定性并引导出更好的决策。它把在受过专业训练的人的猜测和没受过专业训练的人的猜测的基础上做出的决策给区别开来了。但是我们必须牢记这一点，即预测者并不拥有能透视未来的水晶球。因而预测偏差是在所难免的，所有预测者努力做的应该是通过设计新的更精确的预测技术来降低预测失误。除了这样一个事实，即预测行业自 20 世纪 80 年代以来的繁荣外也许没有更好的指标来说明预测的有用性。当前的预测市场产值有数十亿美元。如果通过掷硬币来决策是可行的，那么为什么经理们还要每年支付相当于 30000 美元的会员费来获得预测信息？还有些经理又为何要支付 200000 美元的年薪来专门雇用统计人员以做出预测？当然，掷硬币的成本要低廉得多。

当我们考虑到在 20 世纪 80 年代前半期外汇预测人员的表现时，上述的质疑就相当有道理。当 1980 年美元开始升值时，这些预测人员并没有预测出美元汇率的变化周期。美元升值的原因是里根政府第一个任期里执行的扩张性财政政策和紧缩性货币政策综合作用的结果。这个政策伴随着 1979 年联邦储备委员会利率目标的调整导致了一个高水平的美元名义利率和实际利率，而这促使了美元的升值。一旦获得某种动力，货币就会开始像气泡一样变化：由于市场参与者基于货币会继续升值的信念而不断地购买这种货币，该货币就会像气泡一样持续地膨胀升值。1982 年，汇率预测人员开始告诉他们的客户，美元将会在该年下半年或年终时贬值。这是预测人员运用各种预测技术得出的结果。然而他们全都错了，美元直到 1985 年 3 月才开始贬值。但最终他们还算是预测准了，因为美元还是贬值了。然而在 1984 年里有一个星期美元明显地升值了，与此同时，美元主要贷款利率的下降和美国 GDP 的下降导致了经济基本面的恶化。预测人员之所以失败可能是因为他们没有意识到这一点，且未把它当成气泡现象来对待。然而，尽管我们听说过预测行业中的不少并购现象，但我们并没有听说哪个预测机构由于上述的失败而关门。因此，他们必定在其他情形下做出了较好的预测，从而帮助他们的客户做出了好的决策。

1998 年 8 月 1 日的那期《经济学家》上发表了一篇题名为《预言的失败》的文章，这篇文章严厉地质疑了预测员在预测类似 1997 年开始的亚洲金融危机这样的货币危机事件中的能力。这篇文章得出结论说，几乎不可能创造出这样一个模型：该模型不仅预测出了如此之多的已经发生过的危机，而且还能预言未来尚未发生的危机。这篇文章收到了各种反响。同年 8 月 15 日的那期杂志《给编辑的信》中就体现了这些反响。有一位读者认为准确的时间预测并不是这些预测模型的重点，而且在某些条件下这些模型被证明是极其有效的。从这个意义上来说，这些模型不仅能用来估计汇率变动的概率，而且还能预测出当汇率发生变化时货币达到的新的汇率水平。而另一位读者甚至持比《预言的失败》更为负面的看法，这位读者指出，由于这些模型会导致相当多的预测者故步自封、自我满足，因而它们是一些目前没有的、更好的金融工具。

然而，事实依然是汇率预测是必需的，并且是不可废除的。因为世界一直都在改变，所以预测也总是必要的。许多在今天我们所使用的和本书所讨论的预测技术在 19 世纪就已发展起来（例如回归分析），其他的则是在近些年来发展起来的（例如结构性时间序列分析）。在现代预测技术和计算机到来之前，经理的判断是唯一的预测方式。但是决策者如果懂得数量预测技术并将其用来预测的话，情况会更好些。而且很明显，仅根据判断做出的预测没有应用了数量技术的预测准确。

随着更精确的预测技术的发展和计算机技术的应用，预测变成了重要的商业活动。自个人计算机兴起以来，这种看法尤其正确。日益加剧的竞争和世界的复杂性，所有这些都使预测显得极其必要。经理们现在可以运用非常精密的数据分析技术进行预测，而且懂得这些技术也已成为经理们的必备素质。然而数量预测并没有排除对正确的判断的需要。现在人们普遍认为，一个最成功的预测员是综合运用数量预测技术和自身判断的人，而不是只偏重于其中一方面的人。

1.4 汇率的重要性

本书是讨论汇率预测的。本书的全部篇幅都用来讨论汇率预测而不是其他宏观经济变量，这反映了汇率的重要性。假如有人说开放经济中汇率是最重要的宏观经济变量的话，这并不夸大。在资本市场全球化和解除管制的环境下尤其如此。汇率对国家来说是重要的（为了宏观经济政策的目的），对企业也是重要的（回忆一下玛丽碰到的困境），对个人来说还是重要的（回想一下约翰遇到的难题）。

1.4.1 汇率与宏观经济政策

汇率是如此重要的宏观经济政策变量以致于关于固定汇率与浮动汇率的争论仍在喋喋不休地继续着。最近欧洲的经济发展、欧洲货币联盟的进程和单一货币政策的启动都导致了汇率的剧烈波动，从而给经济带来了不好的影响。在浮动汇率的条件下，中央银行可以在规则基础上干预市场以达到熨平汇率波动的目的。有时他们甚至想通过干预市场来达到逆转市场趋势这一几乎不可能达到的目标，通常他们都失败了（大家可以回想一下英格兰银行在 1992 年 9 月及泰国货币当局在 1997 年 7 月的苦难历程）。

中央银行干预是在以下三个前提假设基础上进行的：

（1）汇率波动过度；

（2）汇率波动对经济活动有实质性的负面影响；

（3）央行通过在外汇市场上的干预能够熨平汇率的波动。

第一个前提实际上预示了汇率预测的重要性。第二个假设指的是由汇率带来的不确定性会对国际贸易和投资造成不利影响。汇率波动能通过很多方式来影响国际贸易：汇率的不确定性会减少国际贸易交易，使产出和投资的构成发生变化；同时，汇率波动还能通过政策的交替使用影响宏观经济政策的制定（The International Monetary Fund，1984）。此外，也有证据表明汇率的不确定性对出口和资源配置的确有负面影响（Arice，1995）。

1.4.2 汇率与商业经营

汇率对商业来说是非常重要的，尤其是在当今的国际环境下。商业企业通过参与国际经营收获投资及贸易的国际化与全球化带来的利益。国际贸易的一个明显益处就是超越国境，拓展了企业产品的市场范围。而资本全球化的益处在于提高了企业多样化融资、投资的能力。然而天下没有免费的午餐，风险也会随国际贸易活动而来。这里我们关注的风险是汇率风险，这种风险就是汇率的变化会对销售、价格、成本和利润造成影响。

证明汇率对企业重要的最好方式恐怕是提供一些实际生活中的例子。这些例子表明，为什么不利的汇率变动会毁掉一个企业。第一个要举的例子是一家英国公司——Beecham 集团，这家公司于 1971 年借了一笔瑞士法郎贷款。1996 年贷款将要到期时，英镑比 1971 年贬值了 1/2 还要多。英镑的贬值导致该公司额外增加了 0.126 亿英镑的成本。

第二个例子是另一个英国公司——湖人航空公司，这家公司为度假者提供价格便宜的跨大西洋航班。20 世纪 70 年代这家公司通过发行美元基金的方式融资购买了数架 DC-10 型喷气式飞机。随着英镑从 1981 年开始贬值，英国旅游者去美国旅游的需求一度下降，而此时该公司的英镑债务却在一直增加。这一系列事件导致了该公司的破产。

其他的一些例子说明了货币升值的效应。美元在 20 世纪 80 年代前期的升值导致了像 Caterpillar、Kodak 这样一些巨型公司国内和国外市场份额的锐减。后者的税前收入在美元升值期间，即 1981～1985 年减少了 35 亿美元。这一时期非常有意思的事情是美元的升值及随后一些公司的游说，导致 James Baker 在 1985 年取代 Donald Regan 出任财政部长，这次职务更替是对外汇市场干预的不同认识造成的。Regan 是一位投资银行家，并且是市场力量的坚定信仰者，这使他反对对美元的市场干预；而 Baker 是一位律师，他并不反对按照 1985 年 9 月的广场协议对市场进行干预。在纽约市广场饭店召开的那次会议中，来自美国、日本、法国、德国和英国的央行行长、财长批准通过了一项旨在通过对外汇市场协调一致的干预促使美元贬值的计划。接下来，他们执行了这项协议，并取得了成功，达到了事先声明的目标。然而，这好像并不是由于对市场的干预而取得了成功，反而是由于顺应了（不是反对）始于六个月前的市场趋势而取得了成功。

最近能说明汇率对商业经营重要性的一个例子是亚洲货币危机对该地区公司经营造成的影响。1997 年 10 月前，当有几家在该地区有业务的澳大利亚公司承认其企业经营受到了影响时，投资者开始大规模出售这些公司的股票。Coca-Cola Am-atil 公司 40%的利润来自于菲律宾和印度尼西亚，由于货币危机其市值在很短的时间里大幅下跌。

汇率不仅对那些涉及国际贸易、投资和融资的跨国公司重要，纯粹的国内企业同样也暴露在汇率风险之下。当本国货币升值时，一个没有国外业务的企业将会因为外国企业的进入而失去很大一部分的国内市场份额。而且，本国货币贬值可能通过政策行为导致本国利率的较高水平，而这也会影响纯粹的国内企业的经营。

1.4.3　汇率与个人决策制定

对于个人来说，汇率也是重要的，这不仅仅是对富有的拥有瑞士银行账户的人来说如此。例如，由贬值引起的高利率会引起更大规模的抵押购买。贬值同时也吸引了国外的住房购买者，而这会抬高本国住房的购买价格。而且汇率的变动也可能决定哪个国家将被选为度假目的地。自从 1997 年下半年以来，作为澳大利亚人度假胜地的巴厘岛随着印度尼西亚货币的贬值而更受欢迎。突然间，对澳大利亚度假者来说巴厘岛比夏威夷更划算。亚洲货币的疲软和英镑的坚挺，使英国旅游者从 1998 年开始大量涌入东南亚。

1.5　汇率预测的基础知识

在本节里我们将讨论汇率预测方面的一些基础知识，包括汇率预测的形式、宏观经济与微观经济预测的差别、点预测与区间预测的区别、数量预测与判断性预测的差别、预测的技术、事前预测与事后预测的差别、短期预测和长期预测的区别、预测过程及用于汇率预测的计算机软件。

1.5.1　汇率预测的形式

汇率预测可能采取下列三种形式中的一种：第一种形式是事件时间进度的预测，这种形式是要预测出事件的时间进度。这种预测主要与固定汇率有关，它能对固定汇率条件下货币的升值、贬值做出更精确的预测。欧洲货币组织的汇率安排就是这样的例子。对这些安排时间进度的事件的预测就是事件时间预测的例子。

第二种形式是预测事件结果。拿 EMS 汇率安排的例子来说，这种汇率预测形式关注的是调整过程中实际发生的事件：哪种货币要贬值，哪种货币要升值，它们变动多少？

本书只关注第三种汇率预测形式即时间序列预测。时间序列是有固定时间间隔的值的次序排列。假设 S 是即期汇率，t 是当前时间，则即时汇率的时间序列是 $S_1, S_2, \cdots, S_t, S_{t+1}, \cdots, S_{t+n}$。假如在 t 时，我们想预测 t+n 时的汇率（也就是我们想预测 S_{t+n} 的值），那么 n 就是预测的时间界限范围。

在 t 时，S_{t+n} 是一个随机变量。给定信息集 Ω_t（在 t 时已知），时间序列预测则涉及对 S_{t+n} 的条件分布的确定。S_{t+n} 的条件均值为：

$$\bar{S}_{t+n} = E\ (S_{t+n} \mid \Omega_t) \tag{1.1}$$

这里的 E 表示期望值。这个方程说的是条件均值（在信息集 Ω_t 条件下）是利用 t 时所得信息对 t+n 时汇率的期望值。条件均值代表了一个点预测，即是对一个时间特定点汇率的预测。实际上它是最好的预测，是 S 在 t+n 时最可能的取值。在正态假设下，条件均值和方差可以用来产生期间预测，即一个数值区间，S_{t+n} 可能以某种概率落在这一区间内。

信息集 Ω_t 包含了些什么呢？如果信息集仅包含了汇率的历史值，即 $\Omega_t = [S_1, S_2, \cdots, S_{t-1}, S_t]$，那么我们要处理的就是单变量时间序列预测。如果信息集 $\Omega_t = [S_1, S_2, \cdots, S_{t-1}, S_t, X_1, X_2, \cdots, X_{t-1}, X_t]$，其中 $X_1, X_2, \cdots, X_t$ 是影响汇率的解释变量，那么我们面对的就是多变量时间序列预测。有时一个处理汇率单变量时间序列的模型被称为一个时间序列模型，而处理多变量时间序列的则称为经济计量模型。这种区别已体现在结构性预测和非结构性预测上，结构性预测已有明确的理论基础，而非结构性预测没有。结构性预测通常是和经济计量模型联系在一起，而非结构性预测都是和单变量时间序列模型联系在一起。

1.5.2 微观经济与宏观经济的预测

微观经济预测主要指对一个公司或部门的具体变量的预测，例如，汽车销售额或者马铃薯的价格；而宏观经济预测是关于宏观经济变量的预测，例如汇率。因而，汇率预测是宏观经济预测。当结构性扰动出现时，宏观经济预测的一个问题就暴露出来了，例如原油价格的显著变化、物价的飞涨及政策的变动。这个问题使把由预测模型产生的预测和预测者的判断综合起来极其必要，也就是说要通过预测者的判断来修正原始预测。

1.5.3 点预测与区间预测

点预测指的是其单个预测值都通过每个时间点来获得，而区间预测则提供了一个区间范围，预测值就可能落在这个范围内。区间预测可通过计算点预测附近一至两个标准差的置信区间来获得。另外，当预测者在信息集基础上得出点预测时，区间预测就可以自动生成。

1.5.4　数量预测与判断性预测

数量（或科学）预测是在某些正规模型基础上做出的。这种预测不涉及人为的判断，因为它是在一系列不同精确程度数据处理的机械步骤上做出的。判断性（或定性）预测不要求有相关的信息和数据处理。尽管这种判断必然会涉及对历史数据的处理，但是这种预测完全是根据预测者的判断或直觉做出的。因而判断性预测也是根据与数量预测相同的理论框架做出的，除了它是暗含的，不能用明确的数学模型表达外。这意味着判断性预测是主观决定的，它经常改变着对各种偶然因素的权重评估。由于这种差异，复制判断性预测要比复制数量预测难得多。

对于汇率来说，事件时间进程预测和事件结果预测通常都是判断性预测，而时间序列预测主要是数量预测。然而预测者通常左右着数量预测的结果。例如，一个经济计量模型可能得出一个预测，显示在未来 3 个月美元对英镑将升值 5%。根据以前类似事件的判断，预测者可能有充分的理由相信这个预测有些夸大。于是预测者决定把对美元升值率的预测降低一半，到 2.5%。

1.5.5　预测技术

在数量预测中，有许多方法和模型可供选择，问题是如何选择合适的预测技术。这种情况下的一个重要原则是预测必须引导出更好的决策。判断标准不是这种技术应用了多么完美的计量或时间序列分析，而是它得出的预测应该是精确的和及时的。曾经有一段时间单变量时间序列模型被支持大规模的多方程模型的人们以其没有任何经济内容为由所拒绝，认为其不可靠。然而，人们却经常发现一个简单的单变量模型要优于一个复杂的多方程结构性计量模型，这个发现把人们的兴趣转向了单变量模型，并把它应用到预测中。这句话隐含的意思是，对于预测来说，关键的是预测是否准确，而不是模型中是否包含了经济内容。

1.5.6　事后预测和事前预测

我们了解的内容一般是样本内预测和样本外预测的区别。样本内预测是根据估计的模型来预言样本期间内基本变量（汇率）的值；样本外预测则是针对样本外进行的，因而样本外预测可能是事后预测也可能是事前预测。在事后预测中，预测期间内因变量和解释变量的观测值是已知的，因此事后预测是非条件预测；事前预测通常是条件预测，也就是说它要视未来解释变量的值而定。然而这种情况并不一定，例如，假定一个简单的汇率预测模型规定汇率完全取决于由政策确定的关键利率的值。如果一国货币当局把利率固定在预先通告的水平上，那么它的值就是确定可知的，这个值就可以在事前预测基础上预测汇率。

关于事后预测、事前预测、条件预测和非条件预测的区别可表述如下：假设我们有一个样本期间，而模型在此期间内确定，这个区间在时间点 1 和现在的时间点 t 之间，预测者可能会选择用整个样本期间来估计。在这种情况下，事后预测或非条件预测是不可能做出的。这个模型也能被用来预测 t+n 时的汇率，而这最有可能是事前预测或条件预测，如果预测者选择在时间点 1 至时间点 t−k（k<t）的期间内估计模型，那么该预测就有可能是事后预测。模型也能用来预测时间点 t−k+1 至时间点 t 期间的汇率，这一期间的汇率数据和解释变量是可知的。因而，这是非条件预测，它通常在事前预测前被用来判断模型的准确性。

1.5.7　短期预测和长期预测

汇率预测可能是短期预测也可能是长期预测。短期经营需要有短期汇率预测，例如货币的投资和融资决策。而外国直接投资就需要长期汇率预测，例如在国外建立分公司。为了这个目的，预测可能需要在 10 年前就做出。而预测评论家经常对长期预测嗤之以鼻。他们认为经济学家喜欢预测 30 年后的事情，是因为那时他们可能不在人世了，因而不会让时间来证明他们是错的。

有时，预测被划分成以下种类：

（1）即时预测，即预测不到一个月时间内发生的事情；

（2）短期预测，预测一到三个月内发生的事情；

（3）中期预测，预测三个月至两年内发生的事情；

（4）长期预测，预测两年以后发生的事情。

例如，对于外汇市场上的日常交易来说，即时预测就是必须的。

1.5.8　预测过程

整个预测过程涉及四个步骤：

（1）搜集数据；

（2）精练数据；

（3）建立模型；

（4）产生预测。

第一个步骤在某种意义上来说是极其重要的，因为预测者必须获得高质量的、连贯的与汇率有关的数据和影响它们（解释变量）的因素。不管预测技术多先进，只要模型是根据一套不完善的带有统计失误的数据做出的，预测就不可能是精确的。

第二步是精练数据，精练数据包括这样一些内容：确定合适的样本期间，确定要包含哪些解释变量，如果数据序列是从不同资源中收集的，还要检验一下数据的一致性。现有体制下建立一个汇率模型的合适样本期间开始于 1973 年当汇率被允许自由浮动后。如果关于利率和价格（解释变量）的数据是从不同资源处收集到的，并且每种资源都提供样本，那么我们不得不确定变量的定义标准是相同的。

第三步是建立模型，包括模型的表达、估计和有效性的检验。有几种因素影响了模型的选择，其中可能包括那些不是专业人员的决策制定者（经理）对模型的认可。实际上，应该是这样一种情况，即预测者是经理的参谋人员而不是看管一架自动制定决策机器的人。这就是为何对模型的认可是一个在决定被选择模型过程中起作用的因素。一旦模型建立起来了，预测也就产生了。通常，预测的准确性都要通过最近时间已知的实际数据来检验。这时，事前预测就可以被用来制定决策。

1.5.9 计算机软件

建立模型和产生预测必然地要求计算机的应用，除非我们是在谈论判断性预测。当然，我们还需要软件包。预测者通常对两种类型的软件包感兴趣。第一种是一般的统计和经济计量软件，包括回归分析和其他一些用来构建模型所需的软件。这些软件有 MICROFIT、SHAZAM、EVIEWS、PC - GIVE、STAMP、SAS、WinRATS 和 SPSS。这些软件中也包括了一些数据表处理程序，例如 Excel 和 QuatroPro，尽管这些程序没有前述软件功能强大。第二种是专用的预测软件，例如 Risk、Braincell、CrystalBall、ForeCalc、ForecastPro、FuziCalc 和 SmartForecast。

1.6 哪种汇率

本书是关于汇率预测的。因而，我们回顾一下商业决策中遇到的汇率的概念是有帮助的。首先，我们来介绍两种货币间双边汇率的概念。汇率可以表示成 x/y，指的是一个单位 y 货币的价格（以 x 货币表示）。以这种汇率标价，汇率的上升意味着 y 货币的升值和 x 货币的贬值。汇率也可以倒过来表示成 y/x 的形式。这时它指的是一个单位 x 货币的价格，以这种汇率标价，汇率的上升表明 x 货币升值和 y 货币贬值。实际上，汇率通常最广泛地表示为一个单位美元货币的价格，也就是 x/USD。

双边汇率可以是即期汇率也可以是远期汇率。一个即期汇率 S（x/y）或 S 是可用来进行即时货币买卖交易的汇率。一个远期汇率 F（x/y）或 F 是用于未来某个时间交易的汇率。因而，F_t^{t+n} 是 t 时开始交易而交割期在 t+n 时的汇率。

有效汇率（或多边）是一个表示一种货币相对其他几种货币值的指数。让x_1/y，x_2/y，$\cdots$，x_m/y 表示货币 y 相对于货币 x_1，x_2，$\cdots$，x_m 时的双边汇率。如果基期是 0，那么货币 y 在 t 时的有效汇率可表示为：

$$c_t = \sum_{i=1}^{m} w_i \left[\frac{(x_i/y)_t}{(x_i/y)_0} \right] \qquad (1.2)$$

在这里，w_i 是货币 x_i 的汇率的权重。

实际有效汇率对评价企业面临的经济风险来说是相当重要的。我们可以通过加入价格因素来调整上述名义有效汇率得到实际有效汇率。让 p 表示 y 货币国家的价格水平；而 p_1，p_2，…，p_m 分别表示 x_1，x_2，…，x_m 货币国家的价格水平。那么实际有效汇率可以计算为：

$$r_t = \sum_{i=1}^{m} w_i \left[\frac{(x_i/y)_t}{(x_i/y)_0} \left(\frac{p}{p_i} \right)_t \right] \qquad (1.3)$$

在这里，价格水平是相对于基期 0 时价格的指数。很明显，预测实际有效汇率必然会直接或间接地要求对价格进行预测，而本书主要是论述名义双边汇率的预测。

1.7　预期的形成机制

经济理论通常运用大量的方程来表示这一问题，而代理人（例如投资者）据此形成预期。这些方程可以被用来构建预测模型。所有方程中的小写字母 s 都表示即期汇率的对数形式。出于同样的目的，我们用大写字母 E 来表示未来汇率的预期值，这个符号并不一定表示它是一个数学期望（期望值）。

1.7.1　静态预期（Static Expectations）

我们首先定义一下静态预期。该预期形成机制可表示为如下形式：

$$Es_{t+1} = \alpha s_{t-1} + (1-\alpha) s_t \qquad (1.4)$$

这个方程告诉了我们 t+1 时汇率的预期值是当前汇率和前期汇率的加权平均数。如果 $a=0$，那么

$$Es_{t+1} = s_t \qquad (1.5)$$

这意味着汇率预期值就是当前汇率值。因而这种预期就是静态的。

1.7.2　外推性预期（Extrapoative Expectations）

外推性预期可被表示为如下方程：

$$E\Delta s_{t+1} = \beta \Delta s_t, \quad \beta > 0 \qquad (1.6)$$

这里，$\Delta s_{t+1} = s_{t+1} - s_t$。这个方程表示如果货币贬值，人们预期它会持续贬值，反之则是相反的情况。这种预期形成机制产生的是不稳定投机。如果 $\beta < 0$，那么预期

形成机制就会导致稳定的投机。这是因为 β 是负值就意味着当货币贬值时人们预期它在未来会升值。这里的潜在假设是货币升值时会被认为是币值高估，因而被抛售，而紧接下来便是贬值了。这就是不稳定投机。

另一种产生稳定投机的预期形成机制可用以下方程来表示：

$$E\Delta s_{t+1} = (1-\beta) \Delta s_t + \beta \Delta s_{t-1}, \quad \beta > 0 \tag{1.7}$$

这是分布滞后模型的一个简化形式。

1.7.3 适应性预期（Adaptive Expectations）

适应性预期是经济学中使用较多的几种概念之一，可用方程表示为：

$$Es_{t+1} = (1-\gamma) s_t + \gamma Es_t \tag{1.8}$$

其中，$0 < \gamma < 1$。这个方程告诉我们，汇率预期值是当前实际汇率与以前汇率预期的加权平均数。这个方程也可表示为：

$$E\Delta s_{t+1} = \gamma (Es_t - s_t) \tag{1.9}$$

该方程表明汇率的预期变化是当前预测偏差的一部分。

1.7.4 回归预期（Regressive Expectations）

回归预期模型是由多恩布什 1976 年提出并推广的，具体形式为：

$$Es_{t+1} = (1-\theta) s_t + \theta \bar{s}_t \tag{1.10}$$

此处，$\bar{s}_t$ 是汇率的长期均衡值，$0 < \theta < 1$ 表示实际汇率向均衡汇率收敛的速度。方程（1.10）还可表示为：

$$E\Delta s_{t+1} = -\theta(s_t - \bar{s}_t) \tag{1.11}$$

该方程表明汇率的预期变化值是当前实际汇率与均衡汇率偏差的一部分。如果当前汇率高于均衡汇率，那么就要预期汇率下降，反之则反。长期的均衡汇率也会变动。通常假定长期均衡汇率是由购买力平价决定的，这意味着它也是由通货膨胀所决定的。

1.7.5 理性预期（Rational Expectations）

曾几何时，适应性预期广泛地应用在经济学各领域。这种预期形成机制的缺陷是，不能避免系统错误，即预期主体可能会持续地高估或低估预期的未来汇率。而且适应性预期的各类方程显示，预期主体是在过去汇率历史基础上形成的。这就排除了预期形成中的两类有用信息：第一类是影响汇率的其他因素的过去历史值，例如利率和通货膨胀率等；第二类是关于这些变量的预期，例如，假如预期英格兰银行在未来要执行扩张性货币政策，那么我们应该预期英镑贬值，但是适应性预期的假定却不允许有这种考虑，而理性预期却可以。事实上，理性预期假定意味着经济主体是理性的，他们能利用所有能得到的信息做出预期。

理性预期假定并不意味着预测是准确无误的。然而，它却表明了预期误差是随机的。因此，我们可以用如下方程来表示该假定：

$$E\left(s_{t+1} \mid \Omega_t\right) = s_{t+1} + \xi_{t+1} \tag{1.12}$$

这里，ξ_{t+1} 是 t+1 时的白噪声误差项。因此理性预期概念可概括如下：在时间 t 可得的信息集为 Ω_t 的条件下，t+1 时的汇率预期值等于实际值加上一个随机误差项（这个误差项可能为正，也可能为负）。它也告诉我们汇率的预期值应该收敛于数学期望或者由真实模型所得到的值。数学期望或仅仅一个随机变量的期望值是所有可能结果的一个加权平均数，而其权重就等于其概率。

理性预期的概念提出了预测的合理性问题。这个概念也能被证明如下：假设作为调查的一部分内容，你询问两个人，一位是学院的经济学家，一位是职业经济学家，叫他们来预测下一年的汇率。预测的合理性要求预测者收集和处理所有相关信息。这个过程是个费时且成本很大的过程。对学院的经济学家来说，他靠教书和发表文章过活，做这样一个练习没有什么价值，因而他会下意识地给出一个非理性的预测。对他们来说，这样做并不妨害什么，他不会失去任何东西。他不打算按照预测的基本原则来按部就班地做，而他也不会被冠上"预测糟糕的家伙"的称号。而职业经济学家会根据收集和处理的信息尽可能地得到她所认为的最优预测。这是一种理性预期。预测可能是错的，这可能是因为没有考虑到所有的相关信息。但是如果职业经济学家没有意识到这种信息的存在，这种预测仍然是理性的。之所以如此，是因为她会按照预测的基本原则按部就班地做（例如，咨询外汇交易商等），而且她的工作与名誉全赖于此。学院的经济学家可能会意识到某种相关信息的存在，但他没有动力去利用这种信息。他可能忙于为一项级期刊修改论文，而这对他的事业要比为了一个调查做出准确的预测重要得多。然而，如果这一任务作为咨询工作的一部分让学院经济学家承担时，情况就会完全不一样。他会致力于做出一个理性预测。

预测和预期的合理性通常是通过调查数据来检验的。实际汇率和通过调查提供的预测相比可以发现是否存在系统错误。Frankel 和 Froot（1987）完成了一项关于汇率预测和其他一些相关的预期形成机制问题的极其重要的研究。这项研究的成果驳斥了理性预期、静态预期和外推性预期，同时还支持了这样一种看法，即预期的形成机制和产生稳定投机的方式相同。

1.8 汇率变化的特有规律

汇率的变化有一些特有的规律，这为它的可预测性提供了重要的启示。影响汇率变动特有规律的因素主要是单变量时间序列或其他相关变量。

这些特有规律可以用根据三个数据集所做的图表来说明。第一个数据集是用来证明随机漫步假定的。这个数据集包括了 600 个涵盖 1995 年 10 月 23 日~1998 年 3 月 6 日英镑/美元的日常汇率数据。第二个数据集由 1990~1996 年合并的横截面和时间序列（年度）数据样本所组成。这个数据集可从国际货币基金组织的《世界经济展望》（统计附录，1997 年 10 月）中获得。这些数据是由许多国家的有效汇率和其他相关变量数据汇集而成。这些相关变量有通货膨胀率（以 GDP 消胀指数的变化衡量）、往来账户、（广义和狭义的）货币供应及短期利率。一方面，7 个最大工业国的数据仅用来描述汇率间的关系，另一方面用来说明汇率和货币供应、利率间的关系。为了说明汇率和通货膨胀率及往来账户头寸之间的关系，我们使用了 17 个国家的数据（最大的 7 国加上 10 个欧洲国家）。第三个数据集包含了德国处于恶性通货膨胀时期，即 1919 年 1 月~1923 年 7 月的数据。这个数据集用来证明在恶性的通货膨胀条件下通货膨胀和货币增长对汇率的影响。价格指数用的是批发价格指数，而货币供应则用流通的现金表示。这些数据我们可以从 Holt-frerich（1986）处得到。

1.8.1　随机漫步假定（The Random Walk Hypothesis）

汇率的变动非常相似于随机漫步，很少或没有明显趋向。这意味着汇率的跨期变化是随机的和无法预言的。这种看法在很小的意义上是和外汇市场的有效性一致的。图 1-1 绘制出了从 1995 年 10 月 23 日到 1998 年 3 月 6 日的日常汇率（英镑/美元）水平，图上显示的汇率变化看上去就像随机漫步一样没有什么趋向。图 1-2 相应地显示了看上去完全随机的汇率变化的百分率。实际上，图 1-2 百分率的变化和图 1-3 显示的随机数字的变化相似。图 1-3 中的随机数字是从标准正态分布中获得的，然后再使其单位化。假设每个随机数字都代表了汇率的变化，图 1-4 绘出了从随机数字中得到的人工汇率序列。人们可以看出人工汇率序列和实际汇率序列并不相符。虽然汇率变化的百分率看上去是随机的，然而关于汇率服从随机漫步假定的实证证据并不完全支持这一点。

如果汇率变化体现了一个随机漫步的过程，那么由定义可知它是非平稳的。一个平稳的时间序列有一个固定的平均数，而该时间序列中的数据则倾向于在该均值上下波动。一个非平稳的时间序列可以通过拆分变成平稳的。这可以很明显地从图 1-1 和图 1-2 的对比中看出。在浮动汇率和正常的通货膨胀条件下，汇率变化是非平稳的，这点必须明确。在经历了恶性通货膨胀的国家，本国货币的大幅贬值导致时间序列必须通过两次拆分才能变成平稳的。这表明变化率或汇率的绝对变化也是非平稳的。另外，固定汇率至少需要两次连续以上的调整才能变成平稳的。

其他需要检验的单变量的特征属性是正态性、对称性和季节性，这些属性主要

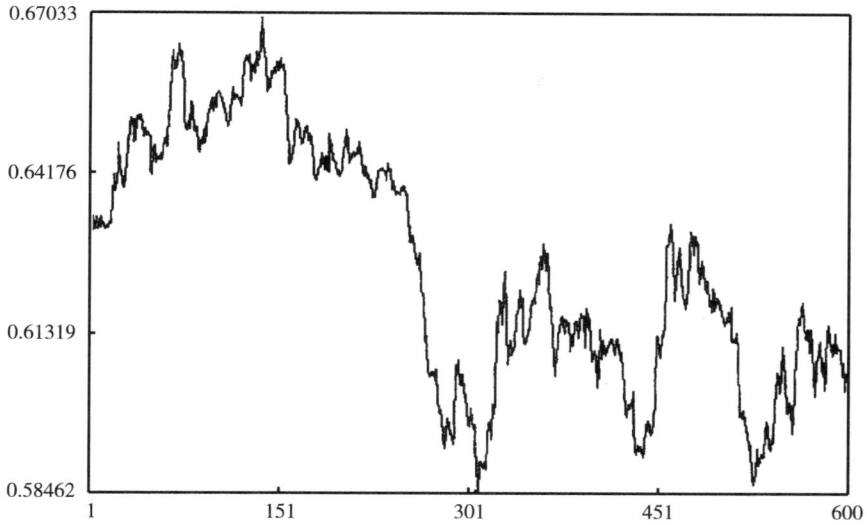

图 1-1 英镑/美元汇率

（每日数据，1995 年 10 月 23 日~1998 年 3 月 6 日）

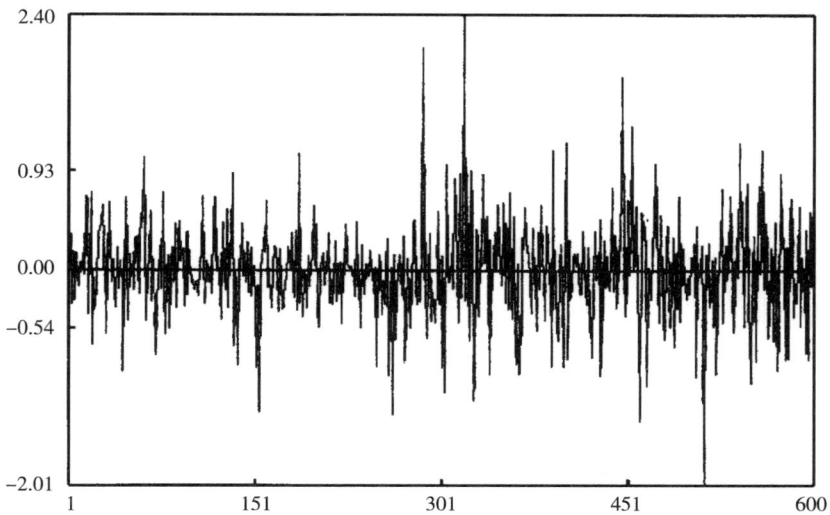

图 1-2 英镑/美元汇率的百分比变化

（每日数据，1995 年 10 月 23 日~1998 年 3 月 6 日）

与汇率的变化有关。通过对图 1-2 时间序列中偏斜度和峰态系数的分析，并没有表明其对正态的偏离，而且频率的分布也是相当对称的（正态意味着对称）。然而这个发现并不能一般化，而且名义汇率很少显示出任何的季节特征。这就是为什么我们从未听说过有汇率序列的季节调整的原因。

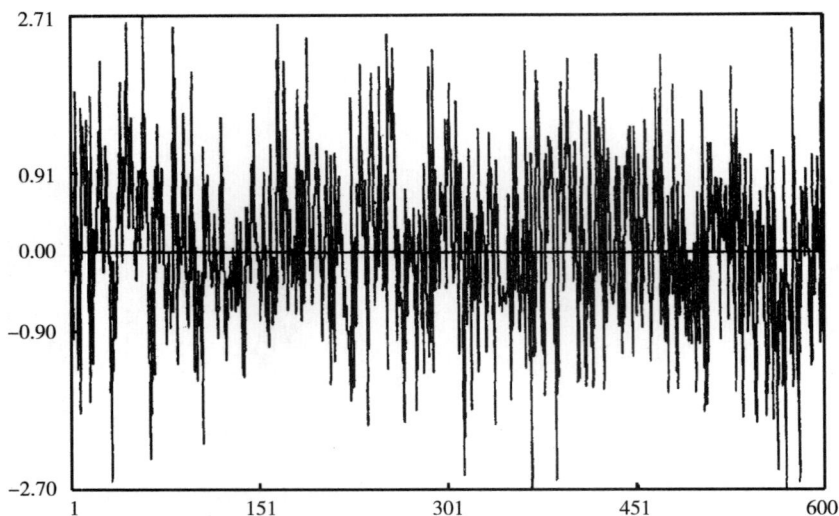

图 1-3 随机数字

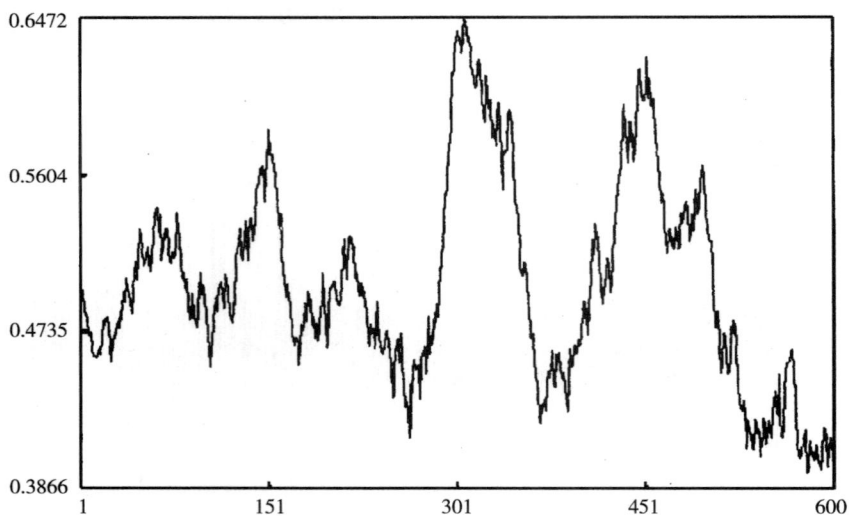

图 1-4 人工汇率序列

1.8.2 即期汇率和远期汇率

即期汇率和远期汇率易于以大致相同的数量向同方向变动，尤其是当这种变动较大时。这个特点意味着用远期汇率来预言未来的即期汇率是不明智的，因为这样做出的预测不可能优于随机漫步模型的预测结果，而且关于这个问题的实证证据也是复杂的。这个问题我们将在第 5 章深入地探讨。

1.8.3　汇率和价格

汇率和价格或通胀率的变动之间好像并无密切的相关性。这种看法对购买力平价理论（PPP）的有效性提出了质疑。我们可以得到的实证证据显示，PPP 理论仅在长期对那些经历了恶性通货膨胀的国家来说是有效的。图 1-5 是一个关于有效汇率变化的百分率和根据前述第二个数据集得出的通胀率（GDP 消胀指数）之间关系的散点图。很明显，这两个变量之间没有什么相关性。然而和图 1-5 比较，图 1-6 和图 1-7 却显示了美元/马克汇率和德国批发价格指数之间的某种相关性。这两种变量的相关是较强的负相关，因而支持 PPP 理论。PPP 理论我们将在第 4 章深入细致地讨论。

1.8.4　往来账户的效应

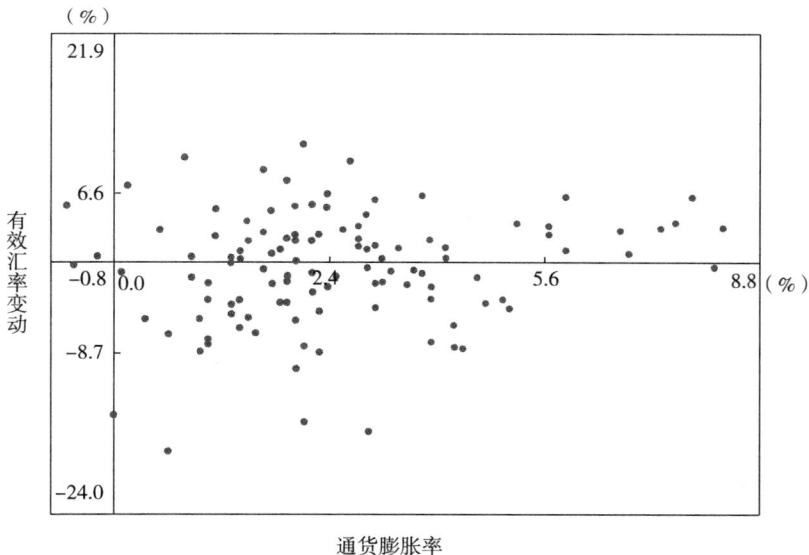

图 1-5　有效汇率的变化与通胀率之间关系的散点图

第四个特有规律是往来账户极度恶化的国家转变成货币贬值的国家的倾向不大。例如 1981~1984 年美元大幅升值，而与此同时往来账户赤字却在加大。图 1-8 是一个反映有效汇率变动的百分率和往来账户平衡之间关系的散点图。该图也表明了它们之间没有什么相关性。往来账户和汇率之间的关系问题经常在汇率基本模型的讨论中遇到，这些汇率基本模型我们将在第 4 章中讨论。

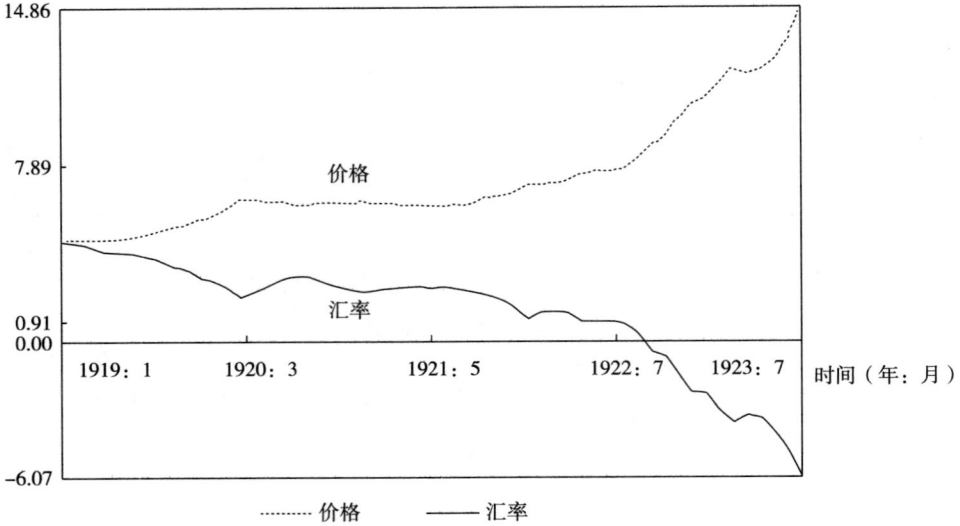

图 1-6　美元/马克汇率与价格图（德国，1919～1923 年），对数单位

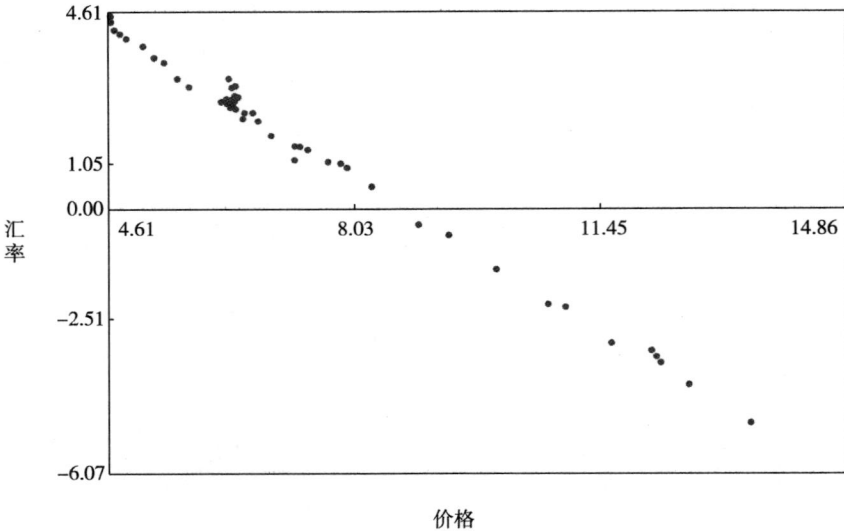

图 1-7　美元/马克汇率与价格的散点图（德国，1919～1923 年），对数单位

1.8.5　货币增长的效应

货币供应迅速增加的国家也会经历货币的迅速贬值。这里我们必须强调一下"迅速"这个词，因为这种提法似乎对经历了恶性通货膨胀的国家来说是有效的（例如，20 世纪 20 年代的德国）。这种提法预示了我们在第 4 章将要论述汇率决定的货币模型。图 1-9 和图 1-10 显示了有效汇率的变动和运用 1990～1996 年的合并

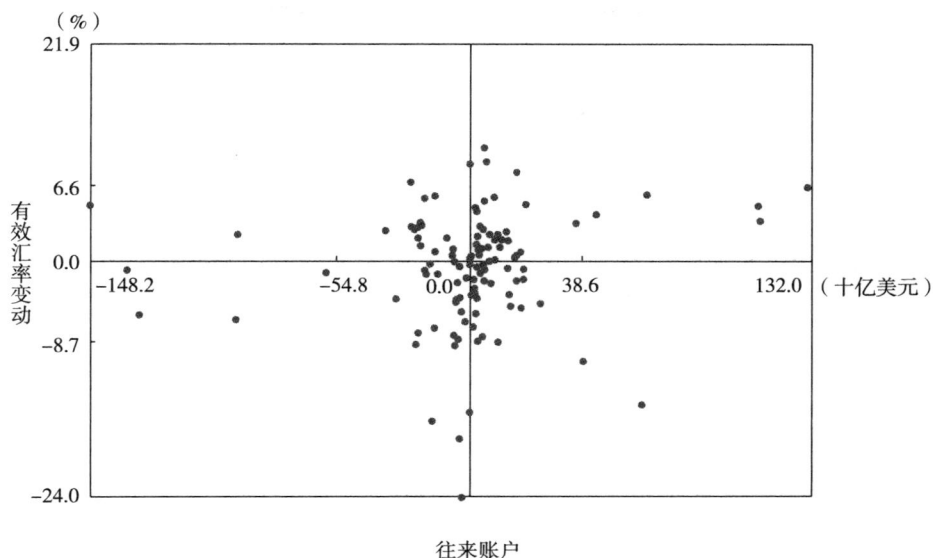

图 1-8　有效汇率变动与往来账户头寸之间关系的散点图（合并数据）

数据为样本的狭义和广义货币增长率之间的关系。很明显，它们之间也没有什么相关性。然而图 1-11 告诉我们的完全是另外一回事：它显示了货币供应（定义为流通现金）和马克/美元汇率在 20 世纪 20 年代之间密切的负相关性。

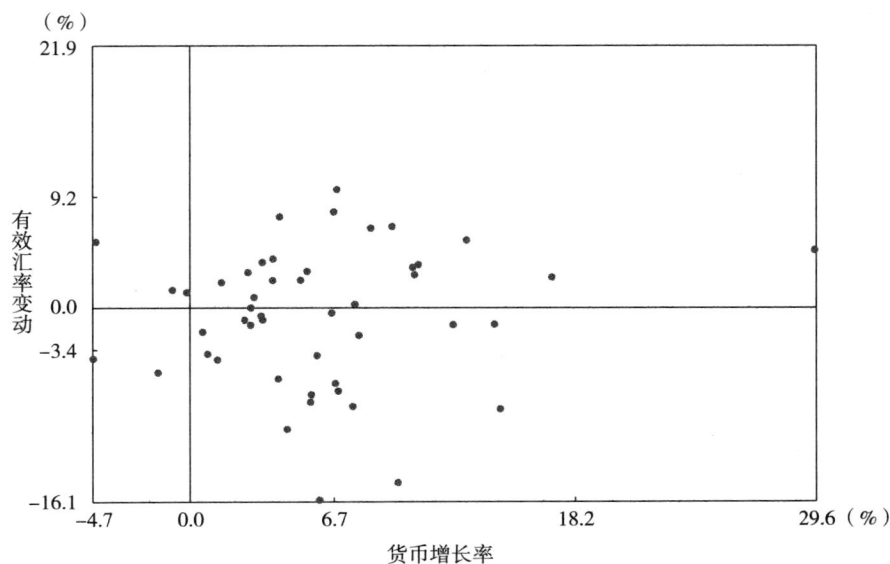

图 1-9　有效汇率变动与货币（M1）增长率之间关系的散点图（合并数据）

（%）

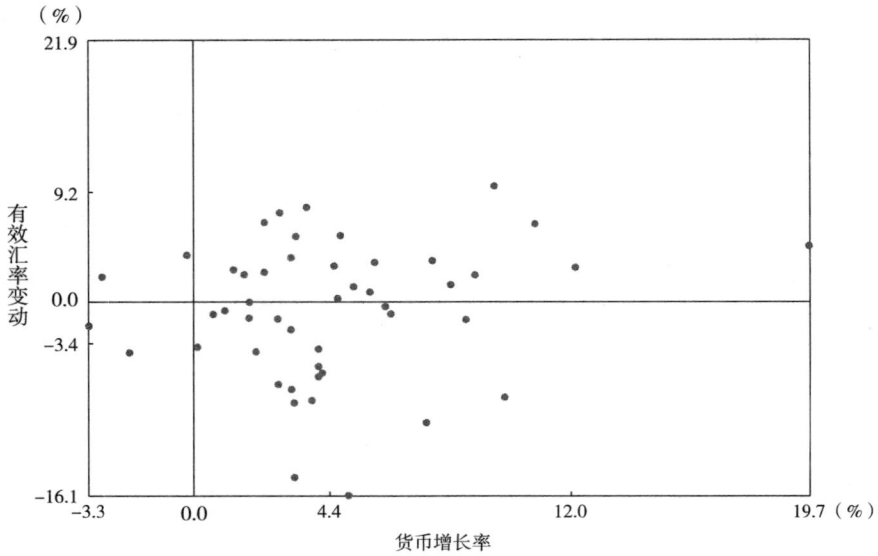

图 1-10　有效汇率变动与货币（M2）增长率之间关系的散点图（合并数据）

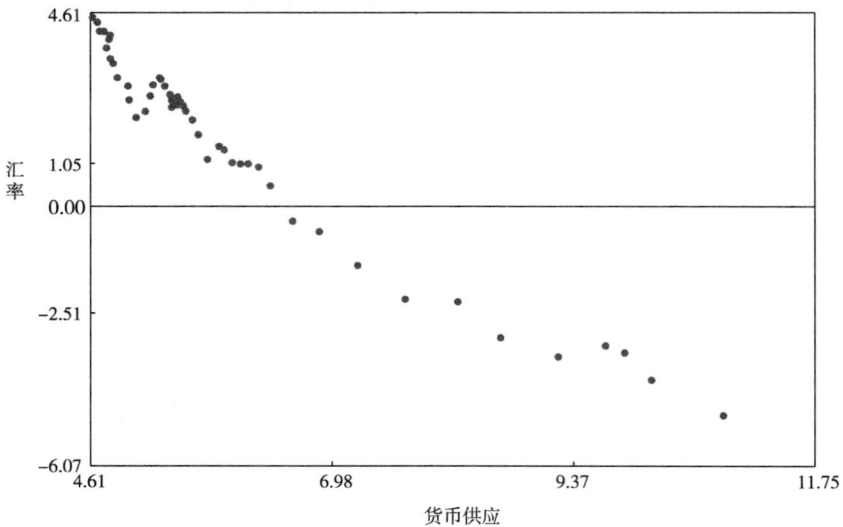

图 1-11　美元/马克汇率与货币供应关系的散点图（德国，1919~1923 年），对数单位

1.8.6　利率的效应

汇率似乎并不验证非抛补利率平价的预言，即利率高的国家的货币倾向于贬值（有一个时滞）。事实上，常识告诉我们这是另一回事，即提供高利率的货币易于吸引资本流入，随之而来的结果便是货币升值。然而这两回事并不矛盾。当一种货币

利率的上升与另一种货币利率相关时，前种货币倾向于升值。随着该货币一直升值，投资者开始认为该种货币升值被高估了，因此他们开始抛售这种货币，这又导致了该货币的贬值。图 1-12 显示了有效汇率和利率之间的相关性不是很强。

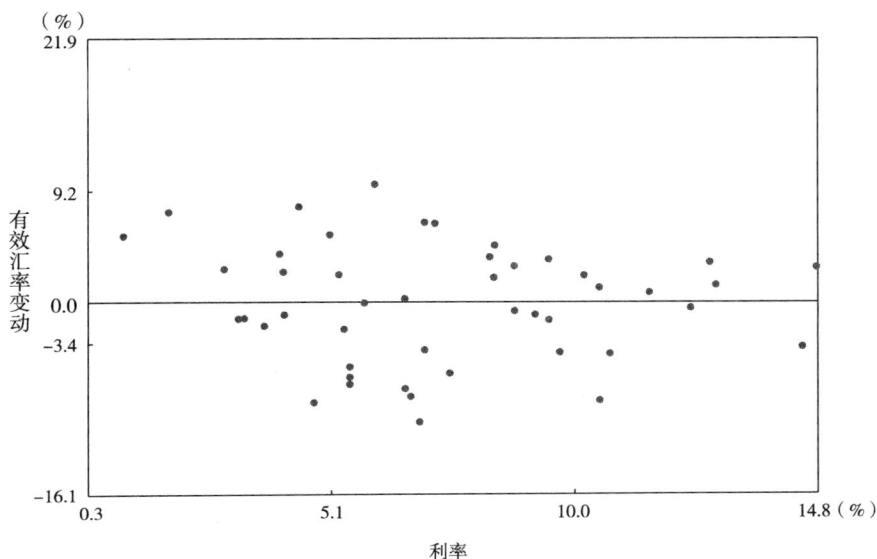

图 1-12　有效汇率变动与利率之间关系的散点图（合并数据）

1.8.7　消息的效应

最后，汇率变化被认为是不可预测的，还因为它们是由消息决定的，而这是决定汇率的基本因素中不可预测的变化。汇率被假定和宏观经济基本变量一样，或是易变动的，或是稳定的。有些经济学家甚至提出这样的观点，即汇率变动是不可理解的，它们往往调整过头以至于经常偏离均衡，汇率的大多数短期变化好像与消息无关。因而他们提出这样的看法，认为汇率变化率不仅小而且近乎为零，并且这种变化率可以通过远期汇率、利率差异、统计数据或在宏观经济基本面基础上做出的模型来预测。Frankel 和 Dombusch（1988）认为汇率肯定还受到其他因素的影响，也许是经济学家所不知道的经济因素，甚或是均衡理论家曾认为的那样，受到不相关"噪声"的影响。

1.9　总　结

对于汇率预测者而言，汇率变动的固有事实并不十分令人鼓舞，这些固有事实几乎不能作为一本汇率预测书籍的立论基础。然而如果我们考虑到以下几点，并理解了讨论中涉及的一些问题，那么事情就没有那么糟糕。

第一点是反映汇率和上述其他变量之间关系的数据可能是被误导的，因为它们是合并的横截面数据和时间序列数据。这些关系中有一些在不确定条件下作为预测模型的基础可能是非常有用的。例如，如果能在特定时间货币组合的双边基础上来观察利率和汇率之间的关系，那么利率——汇率关系便能显示比图 1-12 所显示的更准确的信息。如果名义利率差异被实际利率差异所代替，就某些货币而言利率——汇率关系会更有效。这些关系好像不能在各个时间和国家间一般化，但在某些情况下非常有用。在不同时间，货币受不同因素影响的程度也不同。澳大利亚元对利率和商品价格的相对敏感性随着时间而变化。在 20 世纪 80 年代后半期，它对利率因素较敏感，因为它从正的利率差异中获得了强有力的支撑。而在 20 世纪 90 年代，它又对商品价格更敏感些。

第二点是汇率是一国货币以其他货币表示的价格。因而这个变量要由国内和国外的因素共同决定。某些货币比其他货币对国内因素更敏感些。现有的证据表明，国际和国内消息的相对冲击在各国货币之间的影响是不一样的（Dungey，1998）。

第三点是在断定汇率和一个决定因素的关系时，不忽视其他因素的作用是非常重要的。例如，我们可能认为利率是汇率决定中的一个重要因素，但是对数据的观测并没有揭示这两个变量之间的强相关性。这也不意味着利率就是不重要的。缺乏相关性可能是由于其他因素的影响，这些因素可能在样本期间内导致汇率向相反方向变化。有些因素可能也不能定量化，而这使我们对汇率预测的怀疑更加深刻。

第四点是可以得到的正式的实证证据并不支持汇率变动和其过去历史及其他解释变量相关这一结论是正确的。然而，有些关系还是相当密切的，因此我们不应该完全地排除汇率预测的可行性。无论我们喜欢与否，我们都需要汇率预测。如果这些关系能帮助我们做出更小错误的预测（因而导致更好的决策），那么我们就不该放弃预测汇率的努力。由于某些具体原因，汇率预测是必需的。而这正是我们下一章的主体。

2 作为决策制定变量的汇率预测

2.1 导 言

有些经济学家认为，从理论上说预测汇率是困难的，甚至是不可能的。实际上，预测者的工作记录成绩也不是很显著，甚至还可能相当糟糕。那么我们为什么又需要和要求正式的汇率预测呢？我们为什么不仅仅通过掷硬币来决定以节省花在预测上的时间和金钱呢？答案是简单的：无论我们喜欢与否，一般来说企业的决策制定，尤其是跨国企业的决策制定需要预测汇率。一个很明显的事实是汇率预测的风险如此之大，以至于我们必定会对通过掷硬币决策感到不安。如果让一个财务经理靠掷硬币去决定 20 亿美元的买卖，他会有何感觉呢？我猜他肯定是非常不安。企业制定决策对汇率预测的需要是无限的。政府分析家和官员在经济政策的执行中经常会遇到相同的问题。

本章我们会谈论在哪些情况下汇率预测为企业决策制定所必需的。既然预测是产生预期的一个正式方法，那么当决策准则涉及预期汇率或汇率的预期变化时，很明显预测是必需的。本章并未罗列所有的可能情形。然而这些情形中的大多数都与财务决策准则有关。

在下面的分析中我们假设决策者都是风险中立的（Risk Neutrality）：我们假定决策者只要求价格、回报率、财务成本是相同的，那么决策者在国内、国外的资产和负债的持有上是没有偏好的。通过引入风险升水（Risk Premium）来放松假定（即假定是厌恶风险的），也不会影响到本章关于需要汇率预测的结论。我们能通过引入风险升水来修正决策准则，但是其仍然没有传达出这样的信息：在决策准则执行过程中需要有汇率预测。

下面的分析要用到如下的符号表示法。字母 E 表示未来持有的变量值或是变量的预测值，它并不一定是数学期望值。X 的预期值可用 E（X）或 EX 来表示。x 和 y 之间的即期汇率可被表示为（x/y）、S（x/y）或仅仅是 S。即期汇率在 t 和 t+n 之间的预期变化可被表示为 $\dot{S}_{t+n}$（x/y）或 $\dot{S}_{t+n}$。t 时议定的在 t+i 时交割的远期汇率

可被表示为 F_t^{t+i}（x/y）、F_t^{t+i} 或只表示为 F。相应的远期差价可表示为 f_t^{t+i}（x/y）、f_t^{t+i} 或只表示为 f。任何经营操作获得的利润都用 π 来表示。x 和 y 两种货币的利率可分别表示为 i_x 和 i_y，下标 b、a 分别表示汇率买价和汇率卖价。最后，t 表示现在的时间，而 t+n 表示一个未来的日期。因此，n 表示预测的时间界限，它等于潜在资产和负债的到期期限或是持有期限。我们通常预测 t+n 时的汇率，即 S_{t+n}，或者预测汇率在 t 和 t+n 时的变化路径。在下面的分析中，我们交替地使用"预期"和"预测"这两个词。

2.2　即期投机

投机是对以冒何种风险来获得相应利润的权衡。在即期投机的情形下，风险来自于即期汇率的变化。为了下面分析的需要，我们通过假定两种货币利率相等来忽略利率因素的影响。在以后，讨论到非抛补套利时我们会放松这个假定。

2.2.1　简单情形

即期投机要求相对于预期升值的 y 货币而言，卖出预期要贬值的 K 数量的 x 货币，并接着在未来进行反向操作。假设当前的时间是 t，而汇率是（x/y）$_t$。如果预期 y 货币未来要升值而使 E（x/y）$_{t+n}$＞（x/y）$_t$，那么我们将决定卖出 K 数量的 x 货币以购进 K/（x/y）$_t$ 数量的 y 货币。如果预期最终被证明是正确的，即（x/y）$_{t+n}$＞（x/y）$_t$，那么我们再将 K/（x/y）$_t$ 数量的 y 货币在 t+n 时转换成 K（x/y）$_{t+n}$/（x/y）$_t$。那么以 x 货币表示的净利润就是：

$$\pi = K\left[\frac{(x/y)_{t+n}}{(x/y)_t} - 1\right] \tag{2.1}$$

其中，方括号里的整式表示的是即期汇率的百分率变化。既然（x/y）$_{t+n}$＞（x/y）$_t$，那么 π>0。注意，决策是在由不等式 E（x/y）$_{t+n}$＞（x/y）$_t$ 表示的预期 y 货币升值的基础上做出的。

这种预测仅仅反映了汇率的变化方向，即表明 y 货币将升值而没有说要升值多少。假设现在预测有一个数量表示 E（x/y）$_{t+n}$=θ(x/y)$_t$，其中 θ>1。如果预测最终是准确的，即（x/y）$_{t+n}$=θ（x/y）$_t$，那么最后的利润是：

$$\pi = K(\theta - 1) \tag{2.2}$$

因为 θ>1，所以 π>0。上述情形的差异在于第二种情形的预测表示 y 货币将升值并获得利润，还显示出了 y 货币升值的幅度和获得利润的量值。

假如预测不准确，而真正的汇率（x/y）$_{t+n}$=λ（x/y）$_t$，其中 θ>λ>1，那么量值又会发生什么变化呢？这意味着汇率正如预测显示的一样，虽然上升了但上升幅度不一样。在这种情况下，利润要少些，因为 $0<K(\lambda-1)<K(\theta-1)$。

2.2.2 以概率分布表示的汇率预测

如果预测是以概率分布的形式给出，那么将出现以下情形。我们假设有 q 个预测由 $E(x/y)_{t+n,i}$ 表示，每个预测实现的概率是 p_i。考虑有两个预测，$E(x/y)_{t+n,j}$ 和 $E(x/y)_{t+n,k}$，并使 $E(x/y)_{t+n,j}<(x/y)_t<E(x/y)_{t+n,k}$。假如决策者决定按较低预测来经营操作，即 $E(x/y)_{t+n,j}$ 的概率为 p_j，那么由于预测显示 x 货币升值，决策者将做出买进 x 货币、卖出 y 货币的决策。相反，如果决策者按更高的汇率预测，即 $E(x/y)_{t+n,k}$ 概率为 p_k 来经营操作，那么人们将做出买进货币 y、卖出货币 x 的决定，因为预测显示前者将升值。如果决策只根据一个预测来做出，那么人们自然会选择更高概率的预测。因而如果 $p_j>p_k$，那么人们就会做出买 x 货币同时卖出 y 货币的决定，反之则反。结果取决于 t+n 时的实际汇率和作为决策制定影响因素的预测汇率之间的偏差。

更可能的是，人们会根据预测的加权平均数（权重即是其概率）来做出决策。这可以表示为：

$$E(x/y)_{t+n}=\sum_{i=1}^{q}E(x/y)_{t+n,i} \tag{2.3}$$

结果和前述一样将取决于 t+n 时的实际汇率与预测汇率之间的偏差。

2.2.3 引入买卖差价

我们现在来介绍一下买卖差价，用 $(x/y)_{b,t}$ 和 $(x/y)_{a,t}$ 来表示 t 时的汇率买价和卖价。那么

$$(x/y)_{a,t}=(1+m)(x/y)_{b,t} \tag{2.4}$$

其中，m 是以汇率买价百分比表示的买卖差价。由于买卖差价的存在，投机者以更高的汇率卖价买进货币 y 而以更低的汇率买价卖出它。如果预测的汇率买价和卖价用 $E(x/y)_{b,t+n}$ 和 $E(x/y)_{a,t+n}$ 来表示，并假设 t 和 t+n 时的买卖差价没有变化，那么

$$E(x/y)_{a,t+n}=(1+m)E(x/y)_{b,t+n} \tag{2.5}$$

如果以预测为决策基础，那么当预测 y 货币升值，即 $E(x/y)_{b,t+n}>(x/y)_{a,t}$ 时，人们将做出在 t 时买进 y 货币、卖出 x 货币的决定。如果预测是准确的，即 $(x/y)_{b,t+n}>(x/y)_{a,t}$，那么投机者将以 $(x/y)_{b,t+n}$ 的汇率在 t+n 时卖出货币 y，最后实现的利润（以货币 y 为单位）是：

$$\pi=(x/y)_{b,t+n}-(x/y)_{a,t} \tag{2.6}$$

或

$$\pi = (x/y)_{b,t+n} - (1+m)(x/y)_{b,t} \qquad (2.7)$$

假如

$$(x/y)_{b,t+n} - (1+m)(x/y)_{b,t} > 0 \qquad (2.8)$$

那么利润为正。

或者如果

$$\frac{(x/y)_{b,t+n}}{(x/y)_{b,t}} > 1+m \qquad (2.9)$$

这意味着只有当汇率买价百分比的上升大于买卖差价时，交易才是有利可图的。这种预测不仅表明了汇率的变化方向，而且还显示出了变化的量值。t 时买进 y 货币、卖出 x 货币的决策只有当式（2.10）成立时才做出。

$$\frac{E(x/y)_{b,t+n}}{(x/y)_{b,t}} > 1+m \qquad (2.10)$$

相反，在 t 时要做出买进 x 货币、卖出 y 货币的决策则需式（2.11）成立，即：

$$E(x/y)_{a,t+n} < (x/y)_{b,t} \qquad (2.11)$$

如果预测是准确的，即 $(x/y)_{a,t+n} < (x/y)_{b,t}$，那么投机者以 $(x/y)_{b,t+n}$ 汇率卖出货币 x（买进货币 y）得到的利润是：

$$\pi = (x/y)_{b,t} - (x/y)_{a,t+n} \qquad (2.12)$$

或

$$\pi = (x/y)_{b,t} - (1+m)(x/y)_{b,t+n} \qquad (2.13)$$

要使利润为正，须满足以下条件，即：

$$(1+m)(x/y)_{b,t+n} - (x/y)_{b,t} < 0 \qquad (2.14)$$

或

$$\frac{(x/y)_{b,t+n}}{(x/y)_{b,t}} < \frac{1}{1+m} \qquad (2.15)$$

这意味着只有当汇率买价下降到一定程度时经营操作才是有利可图的。同样，这时的预测必定既显示了汇率变化又表明了变化的量值。买进 x 货币、卖出 y 货币的决策只有当下列条件满足时才会做出，即：

$$\frac{E(x/y)_{b,t+n}}{(x/y)_{b,t}} < \frac{1}{1+m} \qquad (2.16)$$

假如 t 时和 t+n 时的买卖差价也发生变化时，情况将变得相当复杂。因此让

$$(x/y)_{a,t} = (1+m_t)(x/y)_{b,t} \qquad (2.17)$$

及

$$E(x/y)_{a,t+n} = [1+E(m_{t+n})]E(x/y)_{b,t+n} \qquad (2.18)$$

买 x 货币、卖 y 货币的决策只有当满足下式条件时才能做出，即：

$$[1+E(m_{t+n})]E(x/y)_{b,t+n} < (x/y)_{b,t} \qquad (2.19)$$

要使该操作有利可图，必须满足以下条件：

$$\frac{E (x/y)_{b,t+n}}{(x/y)_{b,t}} < \frac{1}{1+E (m_{t+n})} \qquad (2.20)$$

这意味着买卖差价的变化也是可预测的。

2.3 非抛补套利

在讨论即期投机时我们忽略了利率这一决策参数。我们现在就来考虑这一变量。前面章节所说的决策准则是当预期货币要升值时买进该货币，当以后货币真正升值时再卖出该货币。我们现在来预测一下 t+n 时将要发生的事情。我们在 t 时购买了 y 货币并打算持有它直到 t+n 时，这笔货币我们不会以无利息的现金形式持有。它将以存款的形式（或另一种短期资产形式）持有并赚取一个名义利率 i_y，持有货币 y 的机会成本是持有货币 x 时的利息损失。如果 y 货币头寸是通过借入 x 货币的方式来获得的，那么在以 x 货币支付利息时还存在一个实际成本。如果考虑利率因素的话，只有当 y 货币预期升值的幅度大于利率差异的幅度（x 货币的利率减去 y 货币的利率）时，决策才能被执行。

非抛补套利是一种在注意到了汇率预期变化情况下，通过两种货币利率差异来获取利润的操作。非抛补的原因是多头头寸（买入货币的头寸）没有通过抛补来避免风险，而是开放的、暴露在外汇风险之下。这就是一个非抛补套利的决策需要汇率预测的原因。

在下面的分析中 t 时的利率是已知的，而其期限是从 t 时至 t+n 时。i_x 和 i_y 的时间下标是 t（为了便于操作，它被省略了）。通过持有 x 币的空头和 y 币的多头来进行这样一项非抛补套利交易，必须采取以下步骤：首先，在 t 时借入利率为 i_x、期限为 t 至 t+n 的数量为 K 的货币 x。这个数量的货币 x 以当前汇率 $(x/y)_t$ 兑换成 y 货币，可得 $K/(x/y)_t$ 单位的 y 货币。这一数量的 y 币以 i_y 的利率进行投资，期限为 t 至 t+n。t+n 时以 y 币投资的收益为 $K (1+i_y) / (x/y)_t$。这笔货币的数量在 t 时是可知的，因为它仅取决于 $(x/y)_t$ 和 i_y，而这两者在那时都是可知的。我们预先不知道的是这笔钱在 t+n 时相当于多少数量的 x 货币，因为这要依据于 t+n 时的预期汇率 $(x/y)_{t+n}$ 确定。这笔数量的预期值是 $K (1+i_y) E (x/y)_{t+n} / (x/y)_t$，同时在 t+n 时还必须偿付 x 货币形式的本金及利息。这个数量等于 $K (1+i_x)$，该值在 t 时已知。因而，预期净利润为：

$$E\pi = \frac{K (1+i_y) E (x/y)_{t+n}}{(x/y)_t} - K (1+i_x) \qquad (2.21)$$

要使利润为正（决策执行的必要条件），须满足以下条件：

$$\frac{E\ (x/y)_{t+n}}{(x/y)_t}\left[\frac{1+i_y}{1+i_x}\right]>1 \tag{2.22}$$

这表明决策准则中包括了预期汇率。如果 S=x/y，那么决策准则可写为：

$$\frac{ES_{t+n}}{S_t}\left[\frac{1+i_y}{1+i_x}\right]>1 \tag{2.23}$$

我们定义：

$$\frac{ES_{t+n}}{S_t}=1+E\dot{S}_{t+n} \tag{2.24}$$

其中，$E\dot{S}_{t+n}$ 表示 t 到 t+n 期间的汇率预期变化。那么决策准则可简写为下面的形式，即非抛补套利要有利可图必须满足：

$$E\dot{S}_{t+n}>i_x-i_y \tag{2.25}$$

这意味着非抛补套利要有利可图必须使汇率预期变化的百分率大于利率差异。假如预测是准确的，即 $E\dot{S}_{t+n}=\dot{S}_{t+n}$，那么利润（回报率）是：

$$\pi=\dot{S}_{t+n}-(i_x-i_y) \tag{2.26}$$

注意，t 时的利率已知，不知道的是 t 时至 t+n 时的汇率变化，因为这个变化取决于 t+n 时的汇率，而这在 t 时是未知的。这时预测就起作用了。表 2-1 显示的是在什么条件下可进行非抛补套利的操作。

表 2-1　进行非抛补套利操作的条件

利率	$E\dot{S}_{t+n}$	满足条件	套利有利可图吗?	空头	多头
$i_x<i_y$	$E\dot{S}_{t+n}>0$	—	是	x	y
$i_x<i_y$	$E\dot{S}_{t+n}=0$	—	是	x	y
$i_x<i_y$	$E\dot{S}_{t+n}<0$	$|E\dot{S}_{t+n}|<|i_x-i_y|$	是	x	y
$i_x<i_y$	$E\dot{S}_{t+n}<0$	$|E\dot{S}_{t+n}|>|i_x-i_y|$	是	y	x
$i_x<i_y$	$E\dot{S}_{t+n}<0$	$E\dot{S}_{t+n}=i_x-i_y$	否*	—	—
$i_x=i_y$	$E\dot{S}_{t+n}>0$	—	是	x	y
$i_x=i_y$	$E\dot{S}_{t+n}=0$	—	否*	—	—
$i_x=i_y$	$E\dot{S}_{t+n}<0$	—	是	y	x
$i_x>i_y$	$E\dot{S}_{t+n}>0$	$E\dot{S}_{t+n}>i_x-i_y$	是	x	y
$i_x>i_y$	$E\dot{S}_{t+n}>0$	$E\dot{S}_{t+n}<i_x-i_y$	是	y	x
$i_x>i_y$	$E\dot{S}_{t+n}>0$	$E\dot{S}_{t+n}=i_x-i_y$	否*	—	—
$i_x>i_y$	$E\dot{S}_{t+n}=0$	—	是	y	x
$i_x>i_y$	$E\dot{S}_{t+n}<0$	—	是	y	x

注：＊由于是非抛补利率平价情形，所以不存在套利行为。

注意，如果汇率的预期变化和利率差异之间的关系是 $E\dot{S}_{t+n}<i_x-i_y$，那么非抛补套利仍然有利可图。但是在这种情况下，我们应持有 y 货币的空头及 x 货币的多头。如果 $E\dot{S}_{t+n}=i_x-i_y$，那么在非抛补利率平价下（UIP）的套利就是无利可图的。这是因为套利是由均衡条件的变动引起的，而均衡条件是由非抛补利率平价决定的。非抛补套利要有利可图必须满足一些特定条件。例如，如果 y 货币的利率比 x 货币的利率高，那么只要 y 货币升值或币值不变，非抛补套利就有利可图。如果 y 货币贬值，那么套利操作要有利可图就必须使 y 货币贬值幅度小于利率差异。我们将特别注意以下情形。表 2-1 中的第一栏显示了利率差异（t 时已知）为正或是为负，第二栏显示的是 t 时至 t+n 时的汇率预期变化。这其中就反映了汇率预测的作用。

买卖差价情况下的非抛补套利

我们现在来重新考虑一下在汇率和利率中引入买卖差价后的非抛补套利决策。外汇市场上的价格接受者只能以（更高的）汇率卖价买进外汇，而以（更低的）市场决定者的汇率买价卖出外汇。同样，货币市场上的价格接受者只能以（更高的）利率卖价借入货币而以（更低的）市场决定者的利率买价贷出货币。

从 x 货币到 y 货币的非抛补套利包括了以下几个步骤：t 时以 i_{xa} 的利率卖价借入 K 数量的 x 货币。这个数量的 x 货币再以 $S_{a,t}$ 汇率卖价兑换为 y 货币，可得 $K/S_{a,t}$ 数量的 y 货币。该数量的 y 货币再以 i_{yb} 的利率买价投资。那么 t+n 时投资额的外币价值为 $(K/S_{a,t})/(1+i_{yb})$。而 t+n 时以本币表示的这笔金额的价值为 $(KES_{b,t+n}/S_{a,t})/(1+i_{yb})$。t+n 时需要偿付的贷款本金加上利息为 $K(1+i_{xa})$。这项操作的预期净利润是 t+n 时预期收入与借款的本金加利息之间的差额。因此，预期的利润为：

$$E\pi=\frac{KES_{b,t+n}}{S_{a,t}}(1+i_{yb})-K(1+i_{xa}) \qquad (2.27)$$

要使利润为正，即：

$$\frac{ES_{b,t+n}}{S_{a,t}}(1+i_{yb})-(1+i_{xa})>0 \qquad (2.28)$$

或者

$$\frac{ES_{b,t+n}}{S_{b,t}(1+m)}>\frac{(1+i_{xa})}{(1+i_{yb})} \qquad (2.29)$$

因而有：

$$(1+E\dot{S}_{b,t+n})(1+i_{yb})>(1+m)(1+i_{xa}) \qquad (2.30)$$

简化后，我们可以得到一个近似的条件，该条件表明了以下的决策准则：要使从 x 货币到 y 货币的非抛补套利有利可图，必须满足：

$$E\dot{S}_{b,t+n}>i_{xa}-i_{yb}+m \qquad (2.31)$$

可以简单地证明出当满足以下的不等式时，通过持有 y 货币的空头和 x 货币的多头能使非抛补套利有利可图。

$$E\dot{S}_{a,t+n} < i_{xb} - i_{ya} - m \tag{2.32}$$

相应地，表 2-1 所列出的条件也是可以调整的。这些条件可以通过引入 t 时至 t+n 时的买卖差价变化来进行调整。然而，这个信息也同样说明了以下主题：即汇率的预期变化是决策制定过程中的一个关键因素。

2.4 即期—远期投机

即期—远期投机同时包括了在即期市场和远期市场的操作。假设 F_t^{t+n} 为 t 时制定的远期合约在 t+n 时用于交割的汇率。假如有一个投机者认为 t+n 时的即期汇率要高于合同上的远期汇率，那么他会在 t 时购买 y 货币的远期合约，而当远期合约到期时又以 t+n 时的即期汇率卖掉 y 货币。投机者进行这次操作的条件是：

$$ES_{t+n}\ (x/y)\ > F_t^{t+n}\ (x/y) \tag{2.33}$$

两边同除以不等式 S_t（x/y），我们可得：

$$E\dot{S}_{t+n}\ (x/y)\ > f_t^{t+n}\ (x/y) \tag{2.34}$$

其中，f 是远期差价，它表示以即期汇率的百分比衡量的远期汇率和即期汇率的差异。因此，决策准则必须考虑到对 t+n 时的即期汇率及 t 时至 t+n 时即期汇率百分比变化的预期。如果预测是准确的，以致 ES_{t+n}（x/y）= S_{t+n}（x/y），那么每单位 y 货币获利为（以 x 货币表示）：

$$\pi = S_{t+n}\ (x/y)\ - F_t^{t+n}\ (x/y) \tag{2.35}$$

如果投机者认为在 t+n 时的即期汇率要低于远期汇率，那么他会在 t 时以远期汇率卖掉 y 货币，而在 t+n 时再以即期汇率买进 y 货币。因此，进行即期—远期投机操作的条件是：

$$ES_{t+n}\ (x/y)\ < F_t^{t+n}\ (x/y) \tag{2.36}$$

或

$$E\dot{S}_{t+n}\ (x/y)\ < f_t^{t+n}\ (x/y) \tag{2.37}$$

如果预测是准确的，以致 ES_{t+n}（x/y）= S_{t+n}（x/y），那么投机者的获利为（每单位 y 货币）：

$$\pi = F_t^{t+n}\ (x/y)\ - S_{t+n}\ (x/y) \tag{2.38}$$

买卖差价情况下的即期—远期投机

如果把即期和远期汇率中的买卖差价考虑进去的话，那么问题将变成如下所述。

假如 y 货币预期要升值，那么投机者会以远期汇率卖价水平在远期合约上买入 y 货币，而将来在预期的即期汇率买价水平上再卖掉它。因此，即期—远期投机必须满足的条件是：

$$ES_{t+n}\ (x/y)_b > F_t^{t+n}\ (x/y)_a \tag{2.39}$$

我们定义：

$$F_t^{t+n}\ (x/y)_a = (1+m)\ F_n^{t+n}\ (x/y)_b \tag{2.40}$$

其中，m 是远期汇率中的买卖差价。因此，需要满足的条件变成：

$$ES_{t+n}\ (x/y)_b > (1+m)\ F_t^{t+n}\ (x/y)_b \tag{2.41}$$

那么预期利润值为：

$$E\pi = ES_{t+n}\ (x/y)_b - (1+m)\ F_t^{t+n}\ (x/y)_b \tag{2.42}$$

要使这个预期利润值为正，必须满足：

$$E\dot{S}_{t+n}\ (x/y)_b > f_t^{t+n}\ (x/y)_b + m \tag{2.43}$$

式（2.43）的含义是汇率买价预期升值的幅度要大于远期升水和远期汇率的买卖差价的总和。在该条件下，我们必须在 t 时的远期合约中卖掉 y 货币，而且 t 时至 t+n 时买卖差价的变化也可以给我们带来利润。

2.5　远期投机

我们可以在两个不同的时间点上以相同的交割率签订两个相互冲销的远期交易合约，也就是说签订两个有不同到期期限票据的远期合约。假设有两个在 t+2 时到期的期货合约：一个是 t 时开始，t+2 时到期的两期合约；另一个是 t+1 时开始，t+2 时到期的单期合约，t 时，投机者通过持有 y 货币多头头寸从事远期合约投机的条件是：

$$EF_{t+1}^{t+2} > F_t^{t+2} \tag{2.44}$$

其中，F_t^{t+2} 是在 t 时开始，t+2 时到期的远期合约中的两期远期汇率；而 F_{t+1}^{t+2} 则是在 t+1 时开始，t+2 时交割的远期合约中的单期远期汇率，两者都是以 x/y 的形式表示的。因此，EF_{t+1}^{t+2} 是预期的 t+1 时的单期远期汇率。如果满足不等式（2.44）所述的条件，那么投机者可以通过在 t 时买进两期合约中的 y 货币，而在 t+1 时卖掉单期合约中的 y 货币。t+2 时投机者将根据两期合约进行 y 货币的交割，同时也根据单期合约进行相反的操作。

如果我们引进一个三期合约的话，那么投机者将拥有更大的灵活性。他能在 t+2 时单期远期汇率的预期值，即 EF_{t+2}^{t+3} 或两期合约上 t+1 时的两期远期汇率预期值，即 EF_{t+1}^{t+3} 的基础上进行投机操作。假设这些汇率预期都要高于 F_t^{t+3}，投机者可以在 t 时买进用于 t+3 时交割的 k 数量的 y 货币，并且根据远期汇率的预期值 EF_{t+1}^{t+3} 和 F_{t+2}^{t+3} 分别在 t+1 时和 t+2 时卖出交割时间在 t+3 时的同样数量的 y 货币。假设他以 F_{t+1}^{t+3} 的汇率卖掉上笔数量中 w 部分的 y 货币，而剩下的 1-w 部分的 y 货币以 F_{t+2}^{t+3} 的汇率卖掉。那么预期的利润值就为：

$$E\pi = wK\ (EF_{t+1}^{t+3} - F_t^{t+3}) + (1-w)\ K\ (EF_{t+2}^{t+3} - F_t^{t+3}) \tag{2.45}$$

一般来说，如果有 n 期的话，那么远期合约投机者可以根据一个远期合约汇率集进行投机，该远期合约汇率集包括了从预期的 t+n-1 时的单期汇率（比 n 期合约到期期限早 1 期）到预期的 t+1 时的 n-1 期汇率（比 n 期合约到期期限早 n-1 期）。再则，如果投机者以 F_t^{t+n} 的汇率买了一定数量的货币，并在 t+i（i=l, 2···, t+n-1）时以 EF_{t+i}^{t+n} 的汇率卖掉一个 w_i 部分的货币，那么预期利润是：

$$E\pi = \sum_{i=1}^{t+n-1} w_i K (EF_{t+i}^{t+n} - F_t^{t+n}) \tag{2.46}$$

很明显，远期投机所必需的决策准则要求对 t 时至 t+n 时远期汇率进行预测。

2.6　期权投机

我们现在来讨论一下，货币 y 的看涨期权（Call Option）和看跌期权（Put Option）。看涨期权赋予持有者以协定的汇率 R（以 x/y 的形式表示）买入货币 y 的权利，而看跌期权则赋予持有者以协定汇率卖出货币的权利。我们同时也来考虑一下欧式期权情形下（European Opions）的交易时间问题，欧式期权只能等合约到期时才能执行（也就是说只能在期权终止期才能交易）。如果预期 y 货币将升值，投机者将购买一个看跌期权或卖出一个看涨期权。

我们现在来考虑第一种情况，即在 t 时买入一个 t+n 时到期的看涨期权。投机者进行这样操作的条件是预期的 t+n 时的汇率要高于协定汇率，即：

$$ES_{t+n} > R \tag{2.47}$$

如果预测是准确的，那么投机者可通过在 t+n 时执行期权合约获利，即以 R 汇率买入货币而以即期汇率 S_{t+n} 卖掉它，这种情况下赚到的每单位 y 货币的毛利润是 $S_{t+n}-R$。在同样的预测下，投机者也可以决定卖掉一个看跌期权。如果预测是准确的，那么看跌期权的持有者将不会执行合约，而投机者可通过以前获得的来自看跌期权购买者支付的期权费获利。

如果预测显示预期的即期汇率低于执行汇率，那么就可以通过买入一个看跌期权来获利。因此，买看跌期权要满足的条件是：

$$ES_{t+n} < R \tag{2.48}$$

如果预测是准确的，那么在终止期投机者会以 S_{t+n} 的即期汇率买入 y 货币，而以协定汇率 R 卖掉它，这样就可获毛利 $R-S_{t+n}$。同样，投机者也可卖出一个看涨期权。如果预测是准确的，看涨期权将不被执行，而投机者将获得一个预先支付的期权费。

然而我们要注意以下情形：首先，如果预测不能说明 y 货币将从现在的水平上升值还是贬值，那么预测就是不必要的，除非终止期时的实际汇率要高于或低于执行汇率。决策准则不考虑当前的汇率 S_t。所以即使 $S_{t+n}<S_t$，但只要 $S_{t+n}>R$，购买看涨期权依然是赢利的。同样，如果 $S_{t+n}>S_t$，但只要 $S_{t+n}<R$，买看跌期权也是有利可图的。

其次，当投机者购买看涨或看跌期权时要想获利必须使 S_{t+n} 与 R 之间的差异大于期权费 ρ。因而，决策准则可以修正如下。投机者要买进看涨期权，只要满足以下条件：

$$ES_{t+n}>R+\rho \tag{2.49}$$

此种情形下如果预测是准确的，那么净利润是 $S_{t+n}-(R+\rho)$。另外，投机者要买进看跌期权必须满足以下条件：

$$ES_{t+n}<R-\rho \tag{2.50}$$

此种情形下如果预测是准确的，那么净利润为 $R-(S_{t+n}+\rho)$。

最后，对美式期权（American Options）来说情形又不一样，美式期权可以在 t 时与 t+n 时之间的任何时间内执行。假设 $S_t=R$，如果预测显示汇率将在 t 时与 t+k 时之间上升，而 k<n，并且到 t+n 时再回落到现在的水平（也就是 $ES_{t+n}=S_t$），如果 $ES_{t+k}>R+\rho$，那么购买美式看涨期权并在 t+k 时执行可获的净利为 $S_{t+k}-(R+\rho)$。

组合期权头寸与外国期权的投机

我们考虑一下持有两个组合期权头寸的情形，即空头同价对敲和多头同价对敲。空头同价对敲是指同时出售相同到期日、相同协定价格的看涨期权和看跌期权而建立的头寸。它是期待汇率在一定范围内波动、行情比较平缓而建立的头寸。假定在 t 时，$S_t=R$ 并且预测表明 $ES_{t+n}=R$。如果预测是准确的，那么看涨期权和看跌期权都不被执行，在这种情况下空头同价对敲头寸将被建立，而此时头寸建立者的收益是收取的两笔期权费。

如果 $S_t=R$ 且预测表明 $ES_{t+n}>(R+\rho_c+\rho_p)$ 或 $ES_{t+n}<(R-\rho_c-\rho_p)$，其中 ρ_c 和 ρ_p 分别指的是看涨和看跌期权的期权费，那么就应该建立多头同价对敲头寸。如果第一个预测是正确的，那么看涨期权将被执行，而终止执行看跌期权，这种情形下获得的利润为 $S_{t+n}-(R+\rho_c+\rho_p)$。假如另一种情况发生，即第二个预测是正确的，那么将执行看跌期权而终止执行看涨期权，这种情形下获得的利润为 $R-(S_{t+n}+\rho_c+\rho_p)$。

我们现在来讨论一个外国期权的例子，即平均汇率期权。这种期权赋予持有者当 t 时至 t+n 时期间的各期汇率平均值小于协定汇率时以协定汇率卖出一定数量的协定货币的权利。假定汇率均值为 $\bar{S}$，它是在 m 个发生在 t+1，t+2，…，t+m 时的观测值基础上计算而来的。其中 m<n，汇率均值计算公式如下：

$$\bar{S} = \frac{1}{m} \sum_{i=1}^{m} S_{t+i} \tag{2.51}$$

t 时及 t+1，t+2，…，t+m 时的汇率都是未知的，因此必须对这些时段的汇率进行预测。因而有：

$$E\bar{S} = \frac{1}{m} \sum_{i=1}^{m} ES_{t+i} \tag{2.52}$$

如果 $\bar{S}$<R，在此种情形下持有者能够以汇率 R 的水平出售协定货币，那么期权就将被执行。假如投机者在当期以汇率均值 $\bar{S}$ 购买了协定货币，那么所获利润为 R−($\bar{S}$+ρ)。而如果投机者在当期以 S_{t+n}（这里 S_{t+n}<$\bar{S}$）的汇率购买货币，情况会更好。这时的决策原则是：t 时购买汇率均值期权要满足的条件是：

$$\frac{1}{m} \sum_{i=1}^{m} ES_{t+i} < R \tag{2.53}$$

该式很明显地表明需要对 t 时至 t+n 时一些时间点上的即期汇率做出预测。

2.7　交易敞口的套期保值

由于国内资产、负债、利润和其他资产项目的货币价值会受到汇率变动的影响，所以会产生外汇交易敞口的风险。一个国际化经营的企业肯定会在未来某个时候有以外国货币为结算单位的应收和应付款项。虽然这些应收和应付款项以外币形式表示的价值在到期前是已知的，但是它们到期时的国内货币价值则依赖于到期时的即期汇率。外币对本币的升值将导致应付项目以本币表示的价值的上升和应收项目本币价值的下降。如果 x 是本国货币，而 y 是外国货币，我们得出以下公式：

$$EV_{x,t+n} = V_{y,t+n} E\,(x/y)_{t+n} \tag{2.54}$$

式（2.54）说的是某个项目的本币期望价值等于外币价值（t 时已知）乘以预期的 t+n 时的即期汇率。因此，汇率预测有必要对应收和应付项目的预期价值有所说明。

应收和应付项目可通过货币市场套期、远期市场套期和期权套期来保值。下面我们依次介绍这些套期保值工具。

2.7.1　货币市场的套期保值

货币市场应付项目的套期保值涉及借、贷行动以确保最终产成品的价值等于应付的外币 y 的数量。设这个数量为 K，t+n 时到期，则货币市场套期包括以下步骤：

（1）t 时，借一笔本国货币 X。这笔货币数量等于 $KS_t/(1+i_y)$。

（2）借来的 x 货币以 t 时的即期汇率换成 y 货币可得 $K/(1+i_y)$ 单位的货币 y。这笔货币的数量就是应付款项的现值。

（3）应付款项的现值以 i_y 利率投资可获 K 单位的货币 y。当到期时该数量达到应付款项的数额时，则兑现此笔款项。

（4）t+n 时贷款到期。应偿还的 x 货币的数量等于 $KS_t(1+i_x)/(1+i_y)$，这个数量在 t 时是确定的。

以上就是套期保值的主要步骤。是否做出套期保值的决策将基于做出套期保值决策支付的金额和未做出此决策支付的金额之间的对比。后者暗示 t+n 时之前未进行任何操作，那么 K 数量的货币在 t+n 时以 S_{t+n} 的即期汇率转换成另一种货币。在 t 时 S_{t+n} 是未知的，因此是否进行套期的决策将在 S_{t+n} 的预期值的基础上做出。这使套期变成了投机决策，尽管目的是规避风险。在货币市场上对应付项目进行套期决策的条件是：

$$KS_t\frac{(1+i_x)}{(1+i_y)}<KES_{t+n} \tag{2.55}$$

或

$$\overline{F}<ES_{t+n} \tag{2.56}$$

其中，$\overline{F}$ 是利率平价中的远期汇率，也就是抛补利率平价中的远期汇率，这个汇率的计算可通过利率差异对 t 时即时汇率的调整而得到，即：

$$\overline{F}_t=S_t\frac{(1+i_x)}{(1+i_y)} \tag{2.57}$$

注意决策准则涉及的两个变量：$\overline{F}_t$（在 t 时是已知的）和 s_{t+n}（在 t 时是未知的）。因而，对 t+n 时即期汇率值的预测对制定决策来说是必需的。

同样，在货币市场上做出对应收项目套期保值的决策需满足的条件是：

$$\overline{F}_t>ES_{t+n} \tag{2.58}$$

如果在汇率和利率的买卖差价中出现利润的话，在货币市场上也可以做出对应付和应收项目的套期保值的决策。因此，对应付项目进行套期保值需满足的条件为：

$$KS_{a,t}\frac{(1+i_{xa})}{(1+i_{yb})}<KES_{a,t+n} \tag{2.59}$$

或

$$\overline{F}_{a,t}<ES_{a,t+n} \tag{2.60}$$

类似地，对应收项目进行套期保值需满足的条件为：

$$KS_{b,t}\frac{(1+i_{xb})}{(1+i_{ya})}>KES_{b,t+n} \tag{2.61}$$

或

$$\overline{F}_{b,t}>ES_{b,t+n} \tag{2.62}$$

表 2-2 总结了货币市场上与应付和应收项目套期保值相关的决策准则。

表 2-2　货币市场套期的决策准则

	应付项目	应收项目
不存在买卖差价		
$\overline{F}_t<ES_{t+n}$	套期	不套期
$\overline{F}_t>ES_{t+n}$	不套期	套期
存在买卖差价		
$\overline{F}_{a,t}<ES_{a,t+n}$	套期	
$\overline{F}_{a,t}>ES_{a,t+n}$	不套期	
$\overline{F}_{b,t}>ES_{b,t+n}$		套期
$\overline{F}_{b,t}<ES_{b,t+n}$		不套期

2.7.2　远期市场套期

远期市场套期指的是买进（应付项目情况下）和卖出（应收项目情况下）外币远期合约以使本币的应付和应收项目在 t 时是已知的。因此，应付和应收项目的远期合约套期保值指的是以远期汇率兑换的外币数量。再则，是否决定套期依赖于应付和应收项目的本币价值在套期和不套期决策下的对比。在不套期的决策中本币价值在 t 时是未知的，它们要视 t+n 时的即期汇率而定。决策要基于 t 时的实际远期汇率和预期的 t+n 时的即期汇率的对比做出。表 2-3 列举了在是否存在买卖差价情况下，远期市场套期保值的决策准则。在这里对汇率预测的需要是显而易见的。

表 2-3　远期市场套期的决策准则

	应付项目	应收项目
不存在买卖差价		
$F_t<ES_{t+n}$	套期	不套期
$F_t>ES_{t+n}$	不套期	套期
存在买卖差价		
$F_{a,t}<ES_{a,t+n}$	套期	
$F_{a,t}>ES_{a,t+n}$	不套期	
$F_{b,t}>ES_{b,t+n}$		套期
$F_{b,t}<ES_{b,t+n}$		不套期

2.7.3 期权套期

首先，期权套期在其结果依赖于期权是否被执行的意义上不同于货币市场和远期市场的套期。其次，期权套期决定于当期权被执行时实际汇率是高于还是低于协议汇率。最后，做出对应付（应收）项目套期决策的条件是在套期决策下付出（收到）金额是小于（高于）不套期决策下付出（收到）的金额。

为了方便，我们假定处理的是欧式期权，这种期权只能在合约终止期被执行，而且这个期限是和应付及应收项目的到期期限一致的。我们同时还假定终止期时的预期汇率有一个概率分布。根据概率分布，汇率预期值 $S_{t+n,1}$，…，$s_{t+n,m}$ 的概率分别是 P_1，…，P_m。一般情况下，当 $S_{t+n,i}>R$ 时看涨期权将被执行，而当 $S_{t+n,i}<R$ 时看跌期权将被执行。我们再假设当 $i=1$，2，…，k 时，$S_{t+n,i}>R$；而当 $i=k+1$，…，m 时，$S_{t+n,i}<R$。

我们首先讨论通过买进支付了 ρ 的期权费的看涨期权来对 $t+n$ 时到期应付的 K 数量的外币进行套期。当 $i=1$，2，…，k 时，期权将被执行，并且将以 R 的汇率兑换出 K 数量的外币。获得 K 数量外币的总的成本是 $K(R+\rho)$。这项操作将以 p_i（$i=1$，2，…，k）的概率实现。当 $i>k+1$ 时，期权不被执行，而是以 $S_{t+n,i}$ 的即期汇率兑换 K 数量的外币。在这种情况下获得 K 数量外币的总成本是 $K(S_{t+n,i}+\rho)$，进行此项操作的概率是 p_i（$i>k+1$）。表2-4列举了所有的概率。因而，套期决策下应付项目的预期值是：

$$EV = \sum_{i=1}^{k} K(R+\rho) p_i + \sum_{i=k+1}^{m} K(S_{t+n,i}+\rho) p_i \qquad (2.63)$$

不套期决策下将以 $i=1$，…，m 时的即期汇率兑换外币。

表2-4　看涨期权套期的概率分布

$S_{t+n,i}$	是否执行	应付项目值（含有期权费）	概率
$S_{t+n,1}$	是	$K(R+\rho)$	p_1
$S_{t+n,2}$	是	$K(R+\rho)$	p_2
$\vdots$	$\vdots$	$\vdots$	$\vdots$
$S_{t+n,k}$	是	$K(R+\rho)$	p_k
$S_{t+n,k+1}$	否	$K(S_{t+n,k+1}+\rho)$	p_{k+1}
$S_{t+n,k+2}$	否	$K(S_{t+n,k+2}+\rho)$	p_k+2
$\vdots$	$\vdots$	$\vdots$	$\vdots$
$S_{t+n,m}$	否	$K(S_{t+n,m}+\rho)$	p_m

因而，应付项目的预期值是：

$$EV = \sum_{i=1}^{m} KS_{t+n,i}p_i \qquad (2.64)$$

做出对应付项目套期决策的条件是：

$$\sum_{i=1}^{k} K(R+\rho)p_i + \sum_{i=k+1}^{m} K(S_{t+n,i}+\rho)p_i < \sum_{i=1}^{m} KS_{t+n,i}p_i \qquad (2.65)$$

此式假设了 t+n 时汇率预期的概率分布是已知的。

通过买进看跌期权对应收项目套期只涉及一个简单的决策准则。表 2-5 列出了所有可能结果。在套期决策下应收项目的预期值是：

$$EV = \sum_{i=1}^{k} K(S_{t+n,i}-\rho)p_i + \sum_{i=k+1}^{m} K(R-\rho)p_i \qquad (2.66)$$

在不套期的情况下将以 i=1，…，m 时的即期汇率兑换相应数量的外币。因此，应收项目的预期值是：

$$EV = \sum_{i=1}^{m} KS_{t+n,i}p_i \qquad (2.67)$$

表 2-5　看跌期权套期的概率分布

$S_{t+n,i}$	是否执行	应付项目值（减去了期权费）	概率
$S_{t+n,i}$	否	$K(S_{t+n,1}-\rho)$	p_1
$S_{t+n,2}$	否	$K(S_{t+n,2}-\rho)$	p_2
⋮	⋮	⋮	⋮
$S_{t+n,k}$	否	$K(S_{t+n,k}-\rho)$	p_k
$S_{t+n,k+1}$	是	$K(R-\rho)$	p_{k+1}
$S_{t+n,k+2}$	是	$K(R-\rho)$	p_{k+2}
⋮	⋮	⋮	⋮
$S_{t+n,m}$	是	$K(R-\rho)$	p_m

做出对应收项目套期的决策需满足的条件为：

$$\sum_{i=1}^{k} K(S_{t+n,i}-\rho)p_i + \sum_{i=k+1}^{m} K(R-\rho)p_i > \sum_{i=1}^{m} KS_{t+n,i}p_i \qquad (2.68)$$

此式假定了 t+n 时汇率预期的概率分布是已知的。

假设套期的决策准则在各种情形下都是有效的，那么一个相关的决策将涉及对不同套期方法的选择。如果期权套期情形下支付的预期数量低于货币市场或远期市场套期时支付的金额，那么对应付项目看涨期权的套期则是更为可取的。如果套期情形下预期收到的货币数量大于货币市场或远期市场套期收到的金额，则应该对应收项目的看跌期权进行套期。表 2-6 列出了进行套期选择的决策准则。

表 2-6　套期选择的决策准则

条件	决策
$\sum\limits_{i=1}^{k} K(R+\rho)p_i + \sum\limits_{i=k+1}^{m} K(S_{t+n,\,i}+\rho)p_i < KS_t\dfrac{(1+i_x)}{(1+i_y)}$	对应付项目进行看涨期权套期而不是货币市场套期
$\sum\limits_{i=1}^{k} K(R+\rho)p_i + \sum\limits_{i=k+1}^{m} K(S_{t+n,\,i}+\rho)p_i < KF_t$	对应付项目进行看涨期权套期而不是远期市场套期
$\sum\limits_{i=1}^{k} K(S_{t+n,\,i}-\rho)p_i + \sum\limits_{i=k+1}^{m} K(R-\rho)p_i > KS_t\dfrac{(1+i_x)}{(1+i_y)}$	对应收项目进行看跌期权套期而不是货币市场套期
$\sum\limits_{i=1}^{k} K(S_{t+n,\,i}-\rho)p_i + \sum\limits_{i=k+1}^{m} K(R-\rho)p_i > KF_t$	对应收项目进行看跌期权套期而不是远期市场套期

2.7.4　交易敞口套期的其他技巧

交易敞口套期的其他技巧同样需要汇率预测。这些技术中的两种是：①提前或推迟结汇；②交叉套期。我们首先讨论提前或推迟结汇。如果外币预期升值，提前支付外币应付项目要比晚付合适。这就叫作提前结汇。这是一个比较好的办法，因为提前支付的应付项目的本币价值要小于后期支付的本币价值。如果本币预期贬值，推迟支付外币应付项目要比早付好。这叫作推迟结汇。此种情形下推迟结汇是一个较好的选择，因为推迟结汇的应付项目的本币价值要小于早付的应付项目的本币价值。

另一技巧是交叉套期。假设一家公司有外币 z 的一定数量的应付项目。如果该币相对本币 x 预期要升值（即 x/z 预期要上升），在 t 时买进一个 t+n 时交割的远期合约将是一个不错的主意。问题是没有关于 z 货币的远期合约。如果 x/z 与 x/y 是高度相关的（y 是另一种外币，且存在这种外币的远期合约经营业务），那么上述问题就可以得到解决。在此情形下，我们可以在 t 时购买用于 t+n 时交割的 y 货币的远期合约。如果 z 相对于 x 升值，那么 y 也将如此。如果 z 和 y 升值了相同的比例，那么交叉汇率 y/z 则是不变的。t+n 时交割 y 币并将其以即期汇率兑换成 z 货币就可以支付那些应付项目。由于 t 时的决策是在 E $(x/z)_{t+n}$ 和 E $(x/y)_{t+n}$ 基础上做出的，所以这个问题的解决还是依赖于对即期汇率 $(x/z)_{t+n}$ 和 $(x/y)_{t+n}$ 的预测。

2.8　开放经济中的套期风险及其测量

开放经济中的外汇风险来源于非计划现金流所导致的汇率变化，这些现金流与国外市场的销售额、本国市场销售额及国外或国内资金的投入成本有关。例如，一种外币的实际汇率升值将导致：

（1）国内销售收入的增长；

（2）国外销售收入的增长；

（3）进口原材料成本和外币投机成本的增加。

如果成本比收入对实际汇率的变化更加敏感，那么净利润将是负的。

假设有个预测表明外币将升值，那么公司就必须对此有所反应。这会涉及不同操作之间的重组。视条件而定，一些或所有的下述措施将被执行：

（1）增加在新的或现存的国外市场中的销售份额；

（2）减少对国外原材料供应商和中间产品的依赖；

（3）淘汰在国外的生产设施；

（4）降低外币债务水平。

举个例子，即我们在第 1 章提到的湖人航空公司，通过降低以美元计价的费用和增加以美元计价的收入，有效地降低了开放经济的风险。但有可能出现以下两种结果：或者提供了错误的汇率预测（在这种特定情况下极有可能），或者提供了正确建议却未被采用。

2.9　转换货币敞口的套期保值

转换货币敞口的风险来源于汇率变化时固定金融资产项目表（平衡表或收入表）价值的影响。转换货币敞口的风险是一个值得关注的焦点，因为转换货币的方法对报告中的每股收益和其他重要的金融指标有影响。

转换风险可以通过远期合约来规避，假设 x 货币是某公司的基本货币，而 y 货币是其从属的外币中的主要货币。在构造一个固定资产的平衡表和收入表时，附属的外币的金融资产项目必须从 y 货币转换成 x 货币。这些以 x 货币表示的金融资产项目的价值依赖于货币转换的汇率。

假定现在有个预测（t 时做出）表明 y 货币将在固定金融资产项目表构造好（t+n时）之前贬值。在低汇率的水平上外币项目的价值将非常低，这将导致金融资产项目的同向变化。例如，外币资产项目的净收入将变得很低，而金融资产项目的净收入会变得更低。一个避免这种可能性的办法是公司买 x 货币的远期合约。如果 y 货币真的贬值了，外币项目净收入的下降将会被公司在远期头寸上实现的额外收入抵消掉。

2.10 短期融资和投资决策

短期融资和投资决策牵涉到以不同期限货币和到期期限少于一年的证券工具的融资和投资。决策准则必须包含了对货币的选择。这个决策准则需要解决以下两个选择问题：

（1）在本币和外币之间的选择；

（2）在一种货币和各种货币组合之间的选择。

假定我们的目标是最小化融资成本和最大化投资回报率。我们首先考虑融资决策的情形，假设 x 是本币而 y 是外币。通过借入 x 货币来融资意味着融资成本等于 x 货币的利率，即 i_x。以外币融资意味着融资成本等于外币的有效融资率，这个融资率包含了两个元素：外币的名义利率 i_y 和 t 时至 t+n 时期间即期汇率 x/y 的百分比的变化。在 t 时制定决策的时候，汇率的百分率变化是未知的。因此，以 y 币表示的有效融资率的预期值是：

$$Er_y = i_y + E\dot{S}_{t+n} \qquad (2.69)$$

那么就有以下决策准则：当满足不等式（2.70）的条件时，选择 y 货币而不是 x 货币来融资。

$$i_y + E\dot{S}_{t+n} < i_x \qquad (2.70)$$

假设两种货币的有效融资率分别是 r_y 和 r_z，那么两种货币组合的有效融资率就是：

$$r_p = w_y r_y + w_z r_z \qquad (2.71)$$

w_y 和 w_z 是两种货币各自的权重，且 $w_y + w_z = 1$。这个决策准则也可表述如下，即选择货币组合而不是 x 货币来融资的条件是：

$$w_y \left[i_y + E\dot{S} (x/y)_{t+n} \right] + w_z \left[i_z + E\dot{S} (x/z)_{t+n} \right] < i_x \qquad (2.72)$$

如果货币组合包含了 m 种货币（$y_1, \cdots, y_m$），那么决策准则也可写成如下形式，即选择货币组合的条件是：

$$\sum_{j=1}^{m} w_j \left[i_j + E\dot{S} (x/y_j)_{t+n} \right] < i_x \qquad (2.73)$$

决策准则经过修正后可将风险纳入考虑范畴，此处的风险是以有效融资率的标准差来衡量的。例如，决策的目标是最小的有效融资率可以承担一个最大水平的风险。不管目标是什么，决策（t 时制定的）要求有一个对 t+n 时的汇率或利率做出的预测。

短期投资决策是基于预期的有效回报率做出的，这个回报率的准确定义是有效融资率，而不是有关 y 货币的利率。决策的目标是最大化有效回报率，或选择一个有比本币利率更高的有效回报率的货币组合。同样，执行这个决策原则也需要汇率预测。

2.11   长期融资和投资决策

我们可通过发行有 n 年期限的零利息单债券来考查一下长期投资决策。假设债券发行价值是 K 个单位的本币，那么到期时需支付的数量就是 K $(1+i_x)^n$。另一种可供选择的办法是通过发行外币债券来筹资。如果发行一个相等价值的 y 币债券，那么到期时支付的数量为 K (S_{t+n}/S_t) $(1+i_y)^n$。t 时，做出发行 y 货币债券融资决策需满足的条件是：

$$\left(\frac{ES_{t+n}}{S_t}\right)(1+i_y)^n < (1+i_x)^n \tag{2.74}$$

因此，决策准则要求有对债券到期时汇率的预测。假如债券每年都要支付利息，那么决策准则还要求有对在 t 时至 t+n 时之间的每个支付期汇率的预测。

现在来考虑一下 t 时至 t+n 时期间对本国股市和国外股市的投资选择，d（d^*）和 a（a^*）分别是本国（外国）股票的分红和资本增值率。那么决策规则可表述如下：选择投资国外股市当且仅当

$$\left(\frac{ES_{t+n}}{S_t}\right)(1+d^*+a^*)^n > (1+d+a)^n \tag{2.75}$$

t 时，参数 a、d、a^*、d^* 可能是未知的。要执行这个决策准则，必须对这些参数做出预测。ES_{t+n} 出现在决策规则中，说明了汇率预测的必要性。

2.12   国外直接投资

运用如净现值（NPV）和内部收益率（IRR）的标准来评价国外直接投资项目必然涉及将预期的现金流从外币转化为本币。由于汇率的影响，经常出现以下情形：一个项目以外币的形式是有利可图的，而以本币的形式情况就不一样。

考查一个 n 年期限的项目，其成本为 X_t 且每年产生的收入现金流为 X_{t+1}，X_{t+2}，…，X_{t+n}。这些资本的成本及现金流以本币表示的价值是 $S_t X_t$ 和 $S_{t+1} X_{t+1}$，$S_{t+2} X_{t+2}$，…，$S_{t+n} X_{t+n}$。因而，该项目的净现值（NPV）为：

$$NPV = -S_t X_t + \frac{ES_{t+1} X_{t+1}}{1+i} + \frac{ES_{t+2} X_{t+2}}{(1+i)^2} + \cdots + \frac{ES_{t+n} X_{t+n}}{(1+i)^n} \tag{2.76}$$

这里的 i 为折现率。内部收益率 IRR 在方程中用 r 表示，则：

$$-S_t X_t + \frac{ES_{t+1} X_{t+1}}{1+r} + \frac{ES_{t+2} X_{t+2}}{(1+r)^2} + \cdots + \frac{ES_{t+n} X_{t+n}}{(1+r)^n} = 0 \qquad (2.77)$$

一般来说，某项目的 NPV 是正的或者 IRR 大于市场利率，这个项目才是可被接受的。在两个相互排斥的项目中做出选择的决策需要考虑 NPV 和 IRR 的值。在此种情形下，只有带来更高的 NPV 或 IRR 的项目者是可取的。为了计算国外直接投资项目的 NPV 和 IRR，汇率预测也是必需的。

2.13　定价和战略规划

国外市场上销售的产品的定价会受到汇率预期变化的影响。一个产品的外币价格等于其本币价格除以汇率。一个企业可以以外币的形式定价，此种情形下以本币表示的收入则要依赖于汇率。如果外币贬值，以外币表示的价格可能会上升至一个水平以致影响某个出口企业的国外市场份额。因此，必须在考虑汇率预期的情况下确定价格。

战略规划的一个方面是生产线的选址和出口市场的确定。确定这种战略选择的一个标准是购买力平价（PPP）。生产线应该选择设在这样的国家，即该国的货币预期处于购买力平价确定的汇率水平之上；而出口市场应选择在这样的国家，即赚取收入的国家的货币预期升值并处在购买力平价确定的汇率水平之上。这是因为 PPP 提供了汇率处于均衡水平时的某种指标。因而，当某种货币汇率在其 PPP 确定的汇率之上时往往会被认为币值高估了，而当其在购买力平价确定汇率之下时，币值又会被认为低估了。此种情况的潜在前提是，这里的汇率采用间接标价法，即一单位本币的外币价格。

2.14　中央银行干预和宏观经济政策

在现有的有管理的浮动汇率制度下，中央银行可通过买卖外汇来干预外汇市场。干预的目的是平稳汇率的波动，或者防止本币过度升值或贬值。中央银行为了使汇率按其意愿路径变化，也需要进行汇率预测。关于这种操作在实际中是否可能的争论很多，但这并不是我们关注的焦点。

汇率是一个重要的宏观经济变量，这在第 1 章的讨论里已有所揭示。它几乎影响着经济活动中的每件事物：利率、增长、失业、通货膨胀和收支平衡等。因此，汇率预测对宏观经济政策的制定是必需的。

2.15　不需要汇率预测的决策准则

本节我们将描述一些不要求汇率预测的操作情形。可以证明这些经营操作不需要汇率预测，是因为汇率预期不作为一个变量出现在决策准则方程中，这些都是实际中几乎不存在的无风险套汇操作。

2.15.1　两地套汇

当所有金融中心的两种货币之间的汇率不一致时，两地套汇就显得有利可图。假设有两个金融中心 A 和 B，A 地 x 货币与 y 货币之间的汇率高于 B 地的汇率，即：

$$(x/y)_{t,A} > (x/y)_{t,B} \tag{2.78}$$

这意味着 A 地的 y 货币的币值要高于 B 地。一个赢利的套汇操作应该是在 B 地买入 y 货币而在 A 地卖出 y 货币。这个决策是在 t 时汇率基础上做出的。因此，这种操作不需要任何汇率预测。

2.15.2　三地套汇

当交叉汇率不一致时，三地套汇就变得有利可图。假定有三种货币 x，y 和 z。当出现以下情形时交叉汇率就是不一致的，即：

$$(x/y)_t \neq \frac{(x/z)_t}{(y/z)_t} \tag{2.79}$$

如果

$$(x/y)_t > \frac{(x/z)_t}{(y/z)_t} \tag{2.80}$$

那么通过以 x 货币买入 z 货币，再以 z 货币买 y 货币，最后以 y 货币买 x 货币，我们就可以赚得利润。

如果

$$(x/y)_t < \frac{(x/z)_t}{(y/z)_t} \tag{2.81}$$

那么可以通过与上述相反的操作赚得利润，即以 x 货币买 y 货币，再以 y 货币买 z 货币，最后再以 z 货币买 x 货币。很明显这个操作决策未涉及任何 t 时未知的变量，因此这个操作不需要做任何预测。

2.15.3 抛补套利

除了通过卖出货币远期合约规避外汇风险以保证轧平远期头寸这一点外，抛补套利和非抛补套利是相似的。我们来考虑一下下面的选择问题，在此问题中一个投资者要面对两个可供选择的方案：第一个方案是以 x 货币投资获得该货币利率 i_x；第二个方案是将 x 货币转换成 y 货币，以 y 货币投资赚得 i_y 并以远期汇率 F_t^{t+n} (x/y) 卖掉 y 货币。t+n 时，第一个方案可获收入 K $(1+i_x)$，其中 K 是 x 货币的投资额。第二个方案带来的收入是 (K/S_t) F_t^{t+n} $(1+i_y)$。当满足以下条件时选择以 y 货币投资，即：

$$\frac{KF_t^{t+n}}{S_t} (1+i_y) > K (1+i_x) \tag{2.82}$$

这也意味着赢利的抛补套利操作也可通过卖出 x 货币、买入 y 货币来实现。反之则反。因此，决策准则可简化为下列形式，即一个可赢利的抛补套利操作可通过卖出 x 货币、买入 y 货币来实现的条件是：

$$f_t^{t+n} > i_x - i_y \tag{2.83}$$

这即是远期差价大于利率差异。同样地，一个赢利的抛补套利操作可以通过卖出 y 货币、买入 x 货币来实现。当远期差价等于利率差异时，抛补套利就变得无利可图了。如果出现这种情形，那么这就是抛补利率平价（CIP）处理的情况。这个决策准则是以 t 时已知的各种变量为基础的，因此对于这项操作来说汇率预测是不必要的。

2.15.4 货币市场套期与远期市场套期之间的选择

假如有个套期决策准则告诉我们，货币市场套期和远期市场套期都是有利可图的，那么我们应该选择哪项操作呢？对于这种情况我们还有一个决策准则：如果利率平价中的远期汇率低于实际的远期汇率，即 $\bar{F}_t < F_t$，那么对货币市场应付项目的套期就要优于远期市场套期。如果利率平价中的远期汇率高于实际的远期汇率，即 $\bar{F}_t > F_t$，那么对货币市场应收项目的套期就要优于远期市场的套期。所有这些变量在 t 时都是已知的，因此汇率预测在这里没有必要。

2.16 总结评价

我们已经列了一长串需要将汇率预测作为决策制定变量的操作名单。这个名单并没有穷尽所有可能操作，可能还会有大量需要有汇率预期的情形出现。本章所提到的情形是为了强调汇率预测的重要性。在实践中，本章所提到的那些操作可能会涉及数十亿美元，一个错误的或不正确的决策可能会搞垮整个公司。汇率预测可以产生更好的决策。尽管在特定场合一个预感有可能比一个正式预测更准确，但是平均来说正式预测能够产生更好的决策，这种情况更为普遍。

本章已经确立了汇率预测对决策制定来说是必需的这一信念，那么接下来的一步就是研究预测是怎样产生的。我们首先开始讨论单变量时间序列技术，这将是下一章的主题。

3 单变量时间序列技术

3.1 导　言

本章我们要讨论单变量时间序列预测技术：根据要预测的变量的历史数据建立方法和模型，此处谈的变量就是汇率。"单变量"一词意味着预测只是在一个没有考虑其他变量，如价格和利率影响的汇率时间序列观测样本基础上做出的。这个方法潜在的含义是其他变量的影响是被汇率的实际变化行为所体现和反映的。如果情况确实如此，那么就没有必要对这些变量进行明确的论述。有争论说这些解释变量经常受制于测量误差的影响（例如，往来账户），而这必定会对预测的精度和准确性产生负面效应。而且，既然不需要用到解释变量，那么预测者就会为了能够预测汇率而避免不得不预测解释变量的问题。这些方法和模型对数据和计算的要求通常没有多变量模型情形要求得严格。从预测的准确性角度来说，前者具有更高的成本—绩效比。

另外，有争论认为单变量时间序列技术不需要经济理论基础，因而它们就像是"暗箱操作"一样。预测者仅仅关心一件事情，即预测的准确性，而不管它们是否具有经济理论基础支撑，在这一方面上述批评可能是对的。记住说明有两个目标：假设检验和预测。如果我们仅对预测感兴趣，那么无论模型是否具有经济理论基础都是无关紧要的。因为没有明显的证据表明有经济理论基础的模型比单变量时间序列模型有更好的预测记录，所以在此情形下情况更是如此。相反，20 世纪 50 年代和 20 世纪 60 年代流行的大型的宏观经济模型在很大程度上被像在 Box-Jenkins 的 ARIMA 方法或 Harvey 的结构时间序列模型基础上建立的单变量时间序列模型所取代。毕竟人们还认为经济学家至今也还没建立一个令人满意的汇率决定模型，因此有无理论指导并不起多大作用。在这些争论中好像让数据自己说话显得更合适些，即使用没有理论基础的单变量时间序列方法和模型。

本章所要讨论的单变量时间序列方法包括了平均法、平滑法和时间序列的分解。下面是本章所要论述到的方法和模型。

（1）平均法。

1）简单平均法；

2）一次移动平均法；

3）两次移动平均法。

（2）平滑法。

1）一次指数平滑法；

2）两次指数平滑法；

3）Holt 方法；

4）Winter 方法。

（3）单变量时间序列模型。

1）Box-Jenkins 自回归求积移动平均模型；

2）Harvey 结构时间序列模型。

3.2　预测模型的建立

我们把预测模型的建立作为本章论述的起点。为了这个目的我们将引入各种不同的符号标记，例如到目前为止一直使用的表示预测值的符号——尖型符号，即"^"。因此，我们将用 $\hat{S}_{t+i}$ 来表示预测和其他相关值，而不再用 ES_{t+i} 来表示 t 时预测出的 t+i 时的汇率。

为了例证平均法和平滑法，我们曾使用了下面的预测模型方法。表 3-1 提供了一个图表的表述。

（1）参照的时间点是当前时间 t。这意味着预测是在 t 时根据以前所得的信息做出的。t 时汇率的实际值 S_t 是已知的。

（2）在 t 时，汇率的观测值从最近的观测值 S_t 到最早的观测值 S_1 之间的各个观测值都是可得的。因此 t 时获得的已知信息集为 $[S_1, S_2, \cdots, S_k, \cdots, S_{t-1}, S_t]$。

（3）预测者选择前 k 个观测值推算出预测值而用剩下的观测值（k+1 至 t 之间）来评价模型（事后）预测的效果。在这种情形下，第一个观测值的子集 $[S_1, \cdots, S_k]$ 作为初始集是已知的，而剩下的第二个子集则是检验集 $[S_{k+1}, \cdots, S_t]$。

（4）如果预测者对模型事后预测的效果感到满意，则该模型就可以用来产生事前预测。预测误差可通过实际值与预测值之间的差额来衡量，反之则反。

表 3-1　预测模型的建立

时间	实际值	事后预测	事后误差	事前预测
1	S_1	—	—	—

时间	实际值	事后预测	事后误差	事前预测
2	S_2	—	—	—
3	S_3	—	—	—
⋮	⋮	⋮	⋮	⋮
k	S_k	$\hat{S}_k$	$S_k - \hat{S}_k$	—
k+1	S_{k+1}	$\hat{S}_{k+1}$	$S_{k+1} - \hat{S}_{k+1}$	—
⋮	⋮	⋮	⋮	⋮
t	S_t	$\dot{S}_t$	$S_t - \hat{S}_t$	—
t+1	—	—	—	$\hat{S}_{t+1}$
⋮	⋮	⋮	⋮	⋮
t+n	—	—	—	$\dot{S}_{t+n}$

预测模型的建立可用来说明平均法和平滑法。为了说明时间序列的分解和单变量时间序列模型，我们将用一个简单得多的模型来简化这一论述。我们将以 S_1 至 S_n 之间的历史数据为样本，S_t 则表示任何时间点上的实际值。

3.3 平均法

平均法的潜在前提是汇率波动表示了其对于由曲线所表示的平滑时间路径的随机偏离。如果识别出平滑的时间路径或曲线是可能的，那么就有可能通过把曲线延伸到未来这种方法产生预测。

3.3.1 简单平均法

简单的算术平均数是通过求得所有相关值的均值而得到，接着再使用这个均值作为下个时间点的预测值。假设 k=t，以使初始集包含了所有可得信息。t+1 时的预测值是 1 至 t 时期所有汇率的平均值。

$$\hat{S}_{t+1} = \frac{1}{t} \sum_{i=1}^{t} S_i \qquad (3.1)$$

t+2 时的预测值可通过由 t 个观测值和 t+1 时的预测值组成的 t+1 个观测值样本计算而得，即：

$$\hat{S}_{t+2} = \frac{1}{t+1} \left(\sum_{i=1}^{t} S_i + \hat{S}_{t+1} \right) \qquad (3.2)$$

同样，t+n 时的预测值可通过由原始的 t 个观测值和由 t+1 时至 t+n-1 时期间的

n−1 个预测值组成的 t+n−1 个观测值样本计算而得，即：

$$\hat{S}_{t+n} = \frac{1}{t+n-1} \left(\sum_{i=1}^{t} S_i + \sum_{j=1}^{n-1} \hat{S}_{t+j} \right) \tag{3.3}$$

在此种情形下，由于 t+1，…，t+n 时间点上的实际观测值是未知的，因此如果在 t 时需要有 t+1 时之后的预测的话，那么预测值就要被用来计算简单算术平均数。如果预测仅要求提前一期，即只要 t+1 时的预测，那么只有汇率实际值可用来预测。同样要注意的是，由于使用的是预测值，所以不论预测的时间范围多长，预测结果都是一样的。从方程（3.1）至方程（3.3）可以很明显地看出：

$$\hat{S}_{t+1} = \hat{S}_{t+2} = \cdots = \hat{S}_{t+n} \tag{3.4}$$

现假定预测者想使用初始集来得出预测。因此，预测者想通过信息集 [S_1，…，S_k] 来计算由检验集所涵盖的期间内的样本内预测集，即是预测者想计算出 [$\hat{S}_{k+1}$，…，$\hat{S}_t$]。k+1 时间点上的预测通过 1 至 k 期间实际值的平均数来计算。

因此有：

$$\hat{S}_{k+1} = \frac{1}{k} \sum_{i=1}^{k} S_i \tag{3.5}$$

此种情况下（样本内）预测误差是：

$$e_{k+1} = S_{k+1} - \hat{S}_{k+1} \tag{3.6}$$

同样地，k+2 时间点上的预测值是：

$$\hat{S}_{k+2} = \frac{1}{k+1} \sum_{i=1}^{k+1} S_i \tag{3.7}$$

就与 t 时相对应的最后一个观测值来说，可通过下式来计算：

$$\hat{S}_t = \frac{1}{t-1} \sum_{i=1}^{t-1} S_i \tag{3.8}$$

因而只有实际值可用来计算平均值，但要注意样本容量的变化。前 k 个观测值可用来计算 k+1 时的预测，而前 t−1 个观测值则可用来计算 t 时的预测。

这个预测方法非常简单，但它并不是很合适。一般来说，只有当被观测的时间序列没有趋势性和季节性时，该方法才是适宜的。

3.3.2 一次移动平均法

一次移动平均数预测是在一具体数目观测值平均数基础上做出的，并且以这个平均数作为下一个时间点的预测值。如果预测者认为最近的观测值比以前的观测值与预测结果更相关，那么这种方法则是值得推荐的。移动平均数的计算是在固定数量观测值基础上得出的，因此这个计算需要不断加入新的观测值，并去掉最早的观测值。

假设预测者想使用一个 k 阶的移动平均数去预测 k+1 时的汇率。那么 k 时的移动平均值（即观测值 S_1，…，S_k 的平均值）就被用作 k+1 时的汇率预测值。

因而：

$$\hat{S}_{k+1} = M_k = \frac{1}{k} \sum_{i=1}^{k} S_i \qquad (3.9)$$

此处的 M_k 表示的是第 k 个时间点上 k 阶移动平均值。同样地，k+1 时间点上的（k 阶）移动平均值可用作 k+2 时点上的预测值。因而：

$$\hat{S}_{k+2} = M_{k+1} = \frac{1}{k} \sum_{i=2}^{k+1} S_i \qquad (3.10)$$

需要注意的是，我们用 S_1 至 S_k 范围内的 k 个 S 值来计算 M_k。至于 M_{k+1}，我们同样用了 k 个值来计算，不过这种情况下使用的汇率范围是 S_2 至 S_{k+1}。一般说来，为了计算 M_{k+j}，我们要使用 S_{j+1} 至 S_{k+j} 范围内的 k 个 S 值，即：

$$\hat{S}_{k+j} = M_{k+j} = \frac{1}{k} \sum_{i=j+1}^{k+j} S_i \qquad (3.11)$$

关于此种方法的以下论述应被重视：

（1）该方法的计算过程意味着每个观测值具有相同的权重。

（2）移动平均法的效果要优于静态数据，静态数据是这样的时间序列：其均值和统计数据不会随着时间而改变。带有趋势性数据的预测跟不上趋势的变化。

（3）这种方法不能很好地处理季节变动因素，尽管它比简单的移动平均方法做得更好。如果我们认为汇率不会显示出季节性特征的话，这就不是一个问题。

（4）预测者必须确定 k 值，即移动平均的阶数，它衡量着潜在数据模式变化的反馈率。更大的移动平均阶数具有更大的平滑效果。高阶移动平均数更不可能反映出数据序列中的波动，而低阶移动平均数则更容易反映数据序列的突然变动。使用一个低阶的移动平均法，必须赋予最近的历史数据更大的权重，这样能使预测更迅速地贴近当前的实际水平。当数据序列中有比较大的且不寻常的波动时，高阶的移动平均数则更适合处理这种情况。注意，1 阶移动平均的含义是以最后一个观测值作为下一个时间点的预测值。一个 4 阶的移动平均处理季节性数据是比较合适的，因为它能剔除掉季节变动因素。然而，如果用来预测下个时间点的数据，这种方法就无法解释一些趋势性或季节性变化。当其用来预测月度数据时，同样的事情也会发生在 12 阶移动平均上。

3.3.3 两次移动平均法

两次移动平均法可用来预测有线性趋势的时间序列，即该时间序列倾向于随着时间以线性方式递增或递减。第一步是从原始数据中计算出（一个给定阶数）移动平均观测值的集：这是一次移动平均。两次移动平均计算过程和一次移动平均法情形下的计算过程一样。另一个移动平均观测值的集则是通过一次移动平均中的观测值计算得到的：这是两次移动平均。

计算一个 k 阶的两次移动平均，我们需要一次移动平均中的 k 个观测值。一次移动平均中第一个集合由 k 至 2k-1 期间中的 k 个观测值组成。因而，2k-1 时的两次移动平均中的第一个观测值可通过下式计算：

$$M'_{2k-1} = \frac{1}{k} \sum_{i=k}^{2k-t} M_i \tag{3.12}$$

同样地，2k 时的两次移动平均中的第三个观测值可计算为：

$$M'_{2k} = \frac{1}{k} \sum_{i=k+1}^{2k} M_i \tag{3.13}$$

因而，一般来说，2k+j 时的第 j 个观测值可通过下式计算：

$$M'_{2k+j} = \frac{1}{k} \sum_{i=k+j+1}^{2k+j} M_i \tag{3.14}$$

表 3-2 列出了一次移动和两次移动平均中的观测值计算的时间框架。由于 2k-1 是第一个时间点，在此点上一次移动平均和两次移动平均中的观测值都是可得的，因而我们把它作为前面期间汇率预测的参照点。这些预测可以通过一次移动平均值 M_{2k-1} 和两次移动平均值 M'_{2k-1} 来计算。我们从两个移动平均数中计算出参数 a 和 b。参数 a 可通过以下公式来计算：

$$a_{2k-1} = 2M_{2k-1} - M'_{2k-1} \tag{3.15}$$

表 3-2　一次移动和两次移动平均值计算的时间框架

时间	S_i	M_i	M'_i
1	S_1	—	—
2	S_2	—	—
3	S_3	—	—
⋮	⋮	⋮	⋮
k	S_k	M_k	—
k+1	S_{k+1}	M_{k+1}	—
k+2	S_{k+2}	M_{k+2}	—
⋮	⋮	⋮	⋮
2k-1	S_{2k-1}	M_{2k-1}	M'_{2k-1}
2k	S_{2k}	M_{2k}	M'_{2k}
2k+1	S_{2k+1}	M_{2k+1}	M'_{2k+1}
⋮	⋮	⋮	⋮
2k+j	S_{2k+j}	M_{2k+j}	M'_{2k+j}
⋮	⋮	⋮	⋮
t	S_t	M_t	M'_t

这证明了一次移动平均值可以通过一次移动和两次移动平均值之间的差额来调整。参数 b 可由下列公式得出：

$$b_{2k-1} = \frac{2}{k-1} \ (M_{2k-1} - M'_{2k-1}) \tag{3.16}$$

此式定义了对从一时间点到下一时间点的趋势的估计。需要注意的是，参数 a 和 b 具有相同的时间下标。因而 2k+j 时的汇率预测值可计算为：

$$\hat{S}_{2k+j} = a_{2k-1} + jb_{2k-1} \tag{3.17}$$

此式表示的是预测等于调整的平滑值 a_{2k-1} 加上 j 与趋势值 b_{2k-1} 的积。因此，早一期的预测值是：

$$\hat{S}_{2k} = a_{2k-1} + b_{2k-1} \tag{3.18}$$

表 3-3 列举出了在 2k 与 t 之间各时间点上的汇率预测值，这些预测值是根据 2k-1 这个时间参照点的一次移动和两次移动平均值计算得到的。在 2k 这一时间点上，前面时期的预测都可以根据这一时间点上观测到的移动平均数 M_{2k} 和 M'_{2k} 计算得到。为了这一目的，我们不得不按前述方法赋予参数 a 和 b 新的值。这个方法可以通过对一次移动和两次移动平均设定不同的阶数得到修正。

表 3-3　以 2k-1 时间点上的移动平均数为参照的实际的和预测的汇率

时间	S_i	$\hat{S}_i$
2k	S_{2k}	$a_{2k-1} + b_{2k-1}$
2k+1	S_{2k+1}	$a_{2k-1} + 2b_{2k-1}$
⋮	⋮	⋮
2k+j	S_{2k+j}	$a_{2k-1} + jb_{2k-1}$
⋮	⋮	⋮
t	S_t	$a_{2k-1} + (t-2k) \ b_{2k-1}$

特别需要注意的是，不像一次移动平均法那样，两次移动平均法意味着不相等的权重。我们举一个 2 阶的一次移动平均和两次移动平均的例子来看这一问题。在 2、3 这个时间点上的一次移动平均可由下式给出：

$$M_2 = \frac{1}{2} \ (S_1 + S_2) \tag{3.19}$$

$$M_3 = \frac{1}{2} \ (S_2 + S_3) \tag{3.20}$$

在 3 这个时间点上的 2 阶两次移动平均是：

$$M'_3 = \frac{1}{2} \ (M_2 + M_3) = \frac{1}{2} \left[\frac{1}{2} \ (S_1 + S_2) + \frac{1}{2} \ (S_2 + S_3) \right]$$

$$= \frac{1}{4}S_1 + \frac{1}{2}S_2 + \frac{1}{4}S_3 \tag{3.21}$$

在 4 这个时间点上的汇率预测可计算为:

$$\hat{S}_4 = 2M_3 - M'_3 + \frac{2}{2-1}(M_3 - M'_3) \tag{3.22}$$

$$= -\frac{3}{4}S_1 + \frac{1}{2}S_2 + \frac{5}{4}S_3$$

此式就表明了各汇率观测值之间不同的权重，时间更近的观测值被赋予了更大的权重。

3.4 平滑法

平滑法是根据和平均法相同的思路进行的。平滑法的目标是辨别出一个代表了汇率时间路径的平滑曲线，并将其延伸到未来。

3.4.1 指数平滑法

和两次移动平均法一样，指数平滑也是将更大的权重赋予时间更近的观测值的一种方法。这种方法允许随着时间变化对预测值做持续的修正。

指数平滑法是在对以递减方式出现的汇率的历史数据取平均数的基础上推出的。这必定意味着更近的观测值被赋予更大的权重。为了验证这一方法，假定我们想根据 k 时之前所有可得信息来预测 k+1 时的汇率。预测可通过对 k 时的实际汇率和以前预测值的加权平均得到，即:

$$\hat{S}_{k+1} = \alpha S_k + (1-\alpha)\hat{S}_k \tag{3.23}$$

此处的 α 是取值在 0~1 的平滑常数。该方程也可改写为:

$$\hat{S}_{k+1} = \hat{S}_k + \alpha(S_k - \hat{S}_k) \tag{3.24}$$

该式的含义是 k+1 时的预测值由前一个预测值加上前一个时间点上预测误差的某个比例得到。既然

$$\hat{S}_k = \alpha S_{k-1} + (1-\alpha)\hat{S}_{k-1} \tag{3.25}$$

那么通过替代我们可以得到:

$$\hat{S}_{k+1} = \alpha S_k + \alpha(1-\alpha)S_{k-1} + (1-\alpha)^2\hat{S}_{k-1} \tag{3.26}$$

再经过重复迭代可以得到:

$$\hat{S}_{k+1} = \alpha S_k + \alpha(1-\alpha)S_{k-1} + \alpha(1-\alpha)^2 S_{k-2} + \cdots + (1-\alpha)^{k-1}S_1 \tag{3.27}$$

该式表明预测是实际观测值的一个加权平均数，时间越早越呈指数形式衰减。

要通过指数平滑来预测汇率，预测者必须确定平滑常数 α 和初始预测值 $\hat{S}_k$。我们先来讨论后者，因为它更简单浅显些。

如果我们从 k 时间点开始，那么初始预测值既可以通过过去观测值的加权平均数，又可以通过简单的算术平均数来得到。然而，如果我们想从样本期的起点开始，那么我们假定 $\hat{S}_1 = S_1$。

现在来讨论一下平滑常数的决定因素。这个参数决定了在何种程度上当前的观测值（k 时）影响着预测值。当平滑常数的值接近于 1，新预测（$\hat{S}_{k+1}$）中就包含了对先前预测（$\hat{S}_k$）的误差做出的大量调整。当平滑常数值接近于零时，这意味着 $\hat{S}_{k+1}$ 和 $\hat{S}_k$ 的值是非常接近的。如果预测者想使预测比较稳定，那么就必须使平滑常数的值较小。如果预测者认为预测应该显示出对汇率变化的迅速反应，那么更大值的平滑常数将会更合适些。通常，较优的 α 值可通过试错法来确定，即不断地测试不同的 α 值，然后再选出一个具有最小预测误差的最优值。

在一定的时期改变 α 值是很有必要的，因为数据的模式会随着时间改变。我们可以通过一个追踪系统来研究这一问题。这个系统包含了一系列和实际值相关的可能的预测值（即是允许有一定的预测误差）。只要预测是在这一范围内的，那么 α 值就没有必要改变。然而一旦预测值不在此范围内，那么系统就会产生要求改变 α 值的信号。

追踪系统是基于以下原理而建立的，即如果预测方法是相当有效的，那么它就不该明显地低估或高估汇率。因此，我们在 k 个预测的范围内高估或低估的预测应该不会超过 k/2。

另一个能处理平滑常数持续性变化情形的技术是适应性的一次指数平滑法（ARRSES）。这个技术之所以被描述成是适应性的，是因为当时间序列发生变化时参数值能自动地得到调整。这个方法可描述成下列方程式：

$$\hat{S}_{k+1} = \alpha_k S_k + (1-\alpha_k)\,\hat{S}_k \tag{3.28}$$

$$\alpha_{k+1} = \left| \frac{E_k}{D_k} \right| \tag{3.29}$$

$$E_k = \beta e_k + (1-\beta)\,E_{k-1} \tag{3.30}$$

$$D_k = \beta\,|e_k| + (1-\beta)\,D_{k-1} \tag{3.31}$$

$$e_k = S_k - \hat{S}_k \tag{3.32}$$

方程中的 β 是一个值在 0~1 的参数。式（3.28）描述平滑参数随时间而变化的情形，这就是为何平滑参数有时间下标的原因。式（3.29）表明了 k+1 时的平滑常数的值（该值被用来预测 k+2 时的汇率），可表示为平滑误差与平滑绝对误差比例的绝对值形式。式（3.30）和式（3.31）描述了如何凭借指数平滑的方法来计算平滑误差和平滑绝对误差。式（3.32）定义了预测误差是实际值与预测值之间的差额。

参数 E_k 和 D_k 可用来构造追踪信号。因此，追踪信号可定义为：

$$T_k = \frac{E_k}{D_k} \tag{3.33}$$

当 T_k 值在 $\beta = 0.1$ 的情况下超过了 0.51，或在 $\beta = 0.2$ 的情况下超过了 0.74 时，上述定义下的追踪信号显示出的是 95% 置信度下的非随机性误差。

3.4.2 两次指数平滑法：Brown 方法

以 Brown 方法闻名的两次指数平滑技术主要用来预测有线性趋势的时间序列数据。这个技术在某种意义上和两次移动平均技术非常相似，即它要求通过汇率的一次指数和两次指数平滑值来计算两个参数 a 和 b。

设在 k 时间点上的 A_k 是一次指数平滑值，而 A'_k 是两次指数平滑值，则这两个值可通过以下公式来计算，即：

$$A_k = \alpha S_k + (1-\alpha) A_{k-1} \tag{3.34}$$

$$A'_k = \alpha A_k + (1-\alpha) A'_{k-1} \tag{3.35}$$

k 时的参数 a 和 b 可通过如下公式计算：

$$a_k = 2A_k - A'_k \tag{3.36}$$

$$b_k = \left(\frac{\alpha}{1-\alpha}\right) (A_k - A'_k) \tag{3.37}$$

参照点 k 时之后第 j 期的汇率预测可计算为：

$$\hat{S}_{k+j} = a_k + jb_k \tag{3.38}$$

3.4.3 线性指数平滑法：Holt 方法

线性指数平滑法中最主要的是 Holt 两参数型方法。在此情形下，通过运用不同的平滑常数可以直接使趋势和斜率变平滑。指数平滑序列可以通过一定的公式计算得到，该公式类似于一次指数平滑的公式，只不过它要加入长期趋势因素。该公式可写成如下形式：

$$A_k = \alpha S_k + (1-\alpha)(A_{k-1} + T_{k-1}) \tag{3.39}$$

这里的 T 就是长期趋势因素，它是通过考虑两个连续的指数平滑值之间的差值后估算出来的。用于估算 k 时长期趋势因素的公式如下：

$$T_k = \beta(A_k - A_{k-1}) + (1-\beta) T_{k-1} \tag{3.40}$$

因而，k+j 时的预测可通过如下公式计算：

$$\hat{S}_{k+j} = A_k + jT_k \tag{3.41}$$

3.4.4 线性与季节性指数平滑法：Winter 方法

到目前为止，所讨论的平滑方法还不能处理季节数据。如果基本的时间序列是静态的，那么运用一次指数平滑法预测就是合适的。如果时间序列存在线性趋势的话，那么 Brown 方法或者 Holt 方法就比较合适了。如果时间序列具有季节特征，那么 Winter 方法就更为适宜。我们通常不认为汇率会呈现出季节性特征。然而，有观点认为影响汇率的一些基本因素（如往来账户）确实表现出季节性特征，而这很有可能会传递到汇率上去。

根据 Winter 方法，指数平滑序列的计算公式如下：

$$A_k = \alpha \frac{S_k}{N_{k-L}} \ (1-\alpha) \ (A_{k-1}+T_{k-1}) \qquad (3.42)$$

其中的 N 是季节因素估计量，而 L 是季节变动因素的时间长度（如月份或季节的数量）。该公式和 Holt 方法中对应的公式相似，但在该公式中汇率要除以滞后 L 期的季节因素。公式中的这个调整是为了消除可能存在于时间序列中的季节的影响。利用以下公式可估计出长期趋势因素值：

$$T_k = \beta \ (A_k - A_{k-1}) \ + \ (1-\beta) \ T_{k-1} \qquad (3.43)$$

而季节因素也可通过以下公式计算：

$$N_k = \gamma \ (\frac{S_k}{A_k}) \ + \ (1-\gamma) \ N_{k-L} \qquad (3.44)$$

此处的 γ 是季节因素的平滑常数。因此，k+j 时的汇率预测可计算如下：

$$\hat{S}_{k+j} = \ (A_k + jT_k) \ N_{k-L+j} \qquad (3.45)$$

3.5　时间序列的分解

时间序列分解是为了识别出时间序列的组成因素。一旦识别出这些因素并分别地对其进行预测，然后再把这些因素组合就可以得到整个序列的预测。这些因素是长期趋势因素、循环变动因素、季节变动因素和随机干扰因素。长期趋势因素描述了时间序列的长期特征可能是递增的、递减的或不变的。就汇率来说情况尤其如此。当货币在一个较长时期内升值时，其汇率（以外币表示的一单位本币价值）呈现出一个递增的趋势。而如果货币币值在长时间内是稳定的，其汇率则倾向于不变。循环变动因素指的是时间序列数据的短期上升和下降。季节变动因素指的是由季节因素引起的周期性波动。随机干扰或者无规则因素是整个时间序列与长期趋势、循环变动、季节变动因素所形成的组合效应之间的差值。时间序列的分解首先是消除季节性影响，接着才关注长期趋势因素和循环变动因素。任何剩余的残差都假定为随机干扰因素。

接下来的证明将在考虑 t 时汇率值的基础上做出，此处的 t 是样本期间 1 至 n 之间的任一时间点。通常我们假定汇率的时间序列可用以下方程表示：

$$S_t = f\ (\mu_t,\ \phi_t,\ \gamma_t,\ \varepsilon_t) \tag{3.46}$$

其中的 μ 是长期趋势性因素，ϕ 是循环变动因素，γ 是季节变动因素，ε 是随机干扰因素。式（3.46）可写成具有以下函数关系的形式，可以采用加法和乘法两种形式。这两种形式分别是：

$$S_t = \mu_t + \phi_t + \gamma_t + \varepsilon_t \tag{3.47}$$

和

$$S_t = \mu_t \times \phi_t \times \gamma_t \times \varepsilon_t \tag{3.48}$$

因为乘法形式的表达可以通过取对数转换成加法形式的表述，所以我们可以先处理加法的形式。

时间序列的分解包含了以下步骤：

第一步，计算一个阶数等于季节长度的移动平均数。例如，对于季度性数据来说，计算一个四期的移动平均数。这个移动平均数是用来消除季节性和随机干扰因素的。因此

$$M_t = \hat{\mu}_t + \hat{\phi}_t \tag{3.49}$$

其中的尖型符号，即 "^" 号表明该值是变量的估计值。

第二步，从原始的时间序列中减去该移动平均数，以消除季节变动因素和随机干扰因素的影响。这可以通过对移动平均数取中心值完成。因而

$$\hat{\gamma}_t + \hat{\varepsilon}_t = S_t - M_t \tag{3.50}$$

我们总是可以取到移动平均数的中心值的。例如，利用时间点 1、2 和 3 的观测值计算出来的一个三期的移动平均数，其中心在时间点 2。同样，一个通过 2、3 和 4 时间点上的观测值计算出来的三期移动平均，其中心在时间点 3。因而，三期移动平均中心点可以在 2、3、4 等等。然而当对一个偶数如 4 阶的移动平均数取中心点时，问题就出现了。例如，通过 1、2、3、4 时间点上的观测值来计算移动平均数时，其中心点就在 2.5，等等。为了解决这一问题，我们可以先计算一个四期的一次移动平均数，再计算一个两期的两次移动平均数。而后者的中心点就可以在 3、4、5，等等。

第三步，通过对每一个季节的 $S_t - M_t$ 值取平均数，季节变动因素就可以被剔除出去。这里的意思就是季节变动因素在一年的各季节中是会发生变化的，但是所有年份中同一个季节的季节变动因素影响都是恒定的。这是对确定性的季节因素的描述。然而季节变动因素在某种意义上可能是随机的，即季节因素会随着时间发生变化。不像我们后面要讨论的结构时间序列模型，这里论述的技术不能处理随机的季节变动因素。和季节 i 相联系的季节变动因素可计算如下：

$$\hat{\gamma}_i = \frac{1}{L} \sum_{i=1}^{L} (S_t - M_t)_i \tag{3.51}$$

其中的 L 是每个时间期限的季节变动因素，所有的时间期限构成了完整的季节长度（比如四个季度）。

第四步，我们需要先识别出趋势的合适形式（例如，线性或指数的形式），然后再估算出该因素的影响。这种趋势可以通过回归方程估算出来。例如，线性趋势可以通过一个线性回归方程估算出来，在该方程中因变量是汇率，而解释性变量是时间。因而

$$\hat{\mu}_t = a + bt \tag{3.52}$$

其中的 a 和 b 可以从下面的线性回归方程中估算出来：

$$S_t = a + bt \tag{3.53}$$

再则，该方程是确定性的时间趋势的定义形式。如果趋势性因素是随机的，即它会随时间而改变，那么就必须使用另一套技术来估算这一因素。一种可能是使用 Hodrick-Prescott（HP）滤波。随机性趋势也可以通过后面要讨论的结构时间序列模型来处理。

第五步，从趋势性因素和循环变动因素的和中减去趋势性因素就可获得循环变动因素。因而

$$\hat{\phi}_t = M_t - \hat{\mu}_t \tag{3.54}$$

第六步，通过从原始时间序列中减去其他三个因素，我们就可以把随机干扰因素提取出来。因而

$$\hat{\varepsilon}_t = S_t - (\hat{\mu}_t + \hat{\phi}_t + \hat{\gamma}_t) \tag{3.55}$$

第七步，进行一个特定时间点的预测，我们可以通过把该时间点上估算出的趋势性因素、循环变动因素及季节变动因素相加而得到。因而

$$\hat{S}_{t+j} = \hat{\mu}_{t+j} + \hat{\phi}_{t+j} + \hat{\gamma}_{t+j} \tag{3.56}$$

估算出趋势性和季节变动因素是比较简单的（如果它们是静态的话），然而循环变动因素的估算则没有如此简单。但是，在汇率变化中循环变动因素要远比季节变动因素重要。无论如何，对数据的初步检验要求有一个关于这些因素有说服力的理论，这个理论应该在模型中和例如趋势描述等其他一些特征中体现出来。图 3-1 显示出了这些模式中的部分特征。我们在后面的论述中会讨论到结构性时间序列分析，而这是能有效解决上述问题的一个比较有说服力的技术。

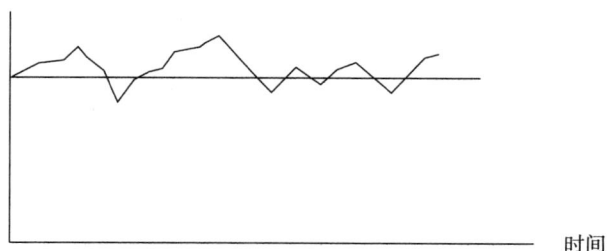

（a）无趋势性、循环变动性和季节性因素模式

图 3-1　一些可能的时间序列模式

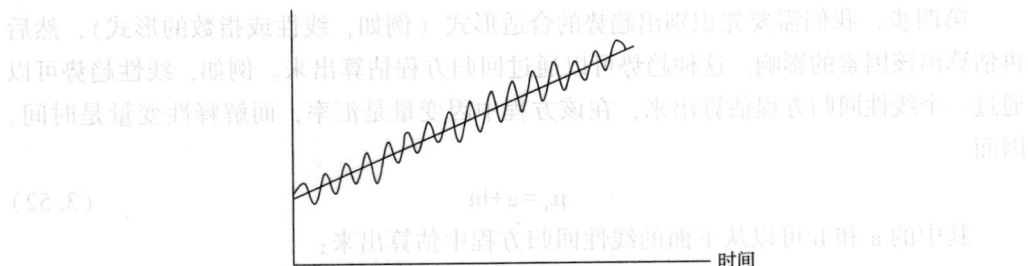

（b）递增线性趋势

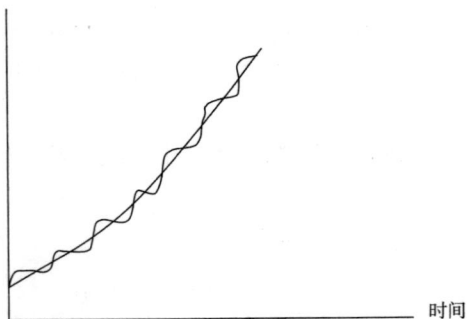

（c）递增指数性趋势

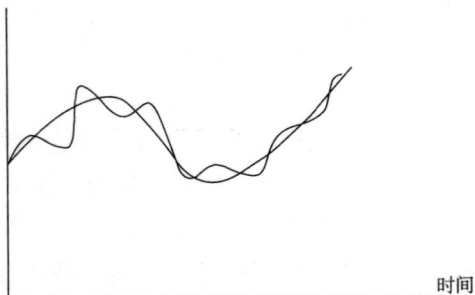

（d）随机性趋势

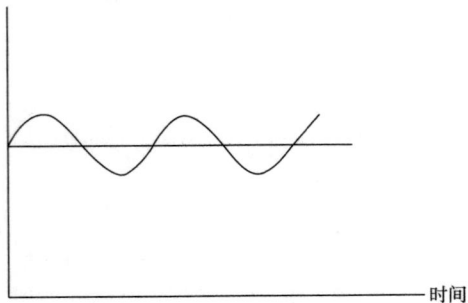

（e）季节性趋势（加法的、决定性的）

图 3-1　一些可能的时间序列模式（续）

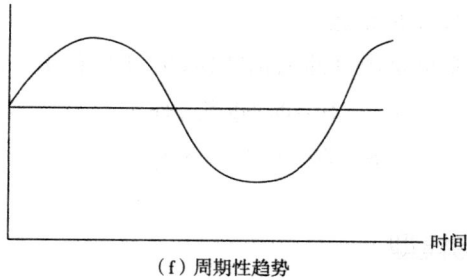

（f）周期性趋势

图 3-1　一些可能的时间序列模式（续）

如果我们想不求助于做对数的转换就能处理原始数据，那么我们就可以利用比例移动平均的方法，该方法涉及的是除而不是减。因此，模型的方程将转变成下列形式：

$$S_t = \mu_t \times \phi_t \times \gamma_t \times \varepsilon_t \tag{3.57}$$

$$M_t = \hat{\mu}_t \times \hat{\phi}_t \tag{3.58}$$

$$\hat{\gamma}_t \times \hat{\varepsilon}_t = \frac{S_t}{M_t} \tag{3.59}$$

$$\hat{\phi}_t = \frac{M_t}{\hat{\mu}_t} \tag{3.60}$$

$$\hat{\varepsilon}_t = \frac{S_t}{\hat{\mu}_t \times \hat{\phi}_t \times \hat{\gamma}_t} \tag{3.61}$$

$$\hat{S}_{t+j} = \hat{\mu}_{t+j} \times \hat{\phi}_{t+j} \times \hat{\gamma}_{t+j} \tag{3.62}$$

3.6　Box–Jenkins 方法：ARIMA 模型

ARIMA 模型是这样的一种模型，即该模型根据历史数据模式得出预测。如果时间序列的观测值在统计上是彼此相关的，那么使用这种方法做出预测就是比较合适的。一旦该模型建立起来，它就要经受历史数据的检验。如果模型的预测结果和现实较符合，它就可以用来预测，否则就要选择一个新的模型。如果模型的预测结果和现实符合得很好的话，那么残差必须很小，而且必须是随机的。

3.6.1　自回归模型

一个 p 阶的自回归模型 AR（P）可表述为：

$$S_t = \phi_0 + \phi_1 S_{t-1} + \phi_2 S_{t-2} + \cdots + \phi_p S_{t-p} + e_t \tag{3.63}$$

其中 e 是误差项，而 φ 是系数。

在自回归模型中因变量是由其滞后值决定的，因而 AR（1）和 AR（2）可写为：

$$S_t = \phi_0 + \phi_1 S_{t-1} + e_t \tag{3.64}$$

$$S_t = \phi_0 + \phi_1 S_{t-1} + \phi_2 S_{t-2} + e_t \tag{3.65}$$

3.6.2　移动平均模型

一个 q 阶的移动平均模型 MA（q）可写成：

$$S_t = \theta_0 + e_1 - \theta_1 e_{t-1} - \theta_2 e_{t-2} - \cdots - \theta_q e_{t-q} \tag{3.66}$$

因而，MA 模型可以根据带有误差项的滞后值形式来表达因变量。尽管系数有可能是负的，也可能是正的，但是一般习惯在系数前加个负号。系数之和不必等于 1。因此，MA（1）和 MA（2）模型可写为：

$$S_t = \theta_0 + e_t - \theta_1 e_{t-1} \tag{3.67}$$

$$S_t = \theta_0 + e_t - \theta_1 e_{t-1} - \theta_2 e_{t-2} \tag{3.68}$$

3.6.3　混合模型：ARMA 和 ARIMA

混合的 ARMA 模型（自回归移动平均模型）是这样的一个模型，即该模型说明因变量是由自回归和移动平均的混合过程决定的。ARMA（p，q）模型可写为：

$$S_t = \mu + \phi_1 S_{t-1} + \phi_2 S_{t-2} + \cdots + \phi_p S_{t-p} + e_t - \theta_1 e_{t-1} - \theta_2 e_{t-2} - \cdots - \theta_q e_{t-q} \tag{3.69}$$

如果 S 是非稳态（就像其通常情形一样），那么该模型就是一个自回归求积移动平均模型，即 ARIMA（p，d，q），括号中的 d 表示把时间序列变成稳态形式需要拆分的阶数。汇率需要通过差分来取得平稳性，因而上述模型即 ARIMA（p，1，q）。相应地，ARMA（p，q）或 ARIMA（p，0，q）可写成一次差分的形式：

$$\Delta S_t = \mu + \phi_1 \Delta S_{t-1} + \phi_2 \Delta S_{t-2} + \cdots + \phi_p \Delta S_{t-p} + e_t - \theta_1 e_{t-1} - \theta_2 e_{t-2} - \cdots - \theta_q e_{t-q} \tag{3.70}$$

因此，ARMA（p，q）模型和 ARIMA（p，0，q）模型是完全相同的。表 3-4 列举了 ARIMA 模型的一些具体形式。

表 3-4　ARIMA 模型的一些具体形式

模型	表述方程	评价
ARIMA（0，0，0）	$S_t = \mu + e_t$	非自回归的或移动平均过程
ARIMA（0，1，0）	$S_t = S_{t-1} + e_t$ $\Delta S_t = e_t$	当以一次拆分表述模型时，该模型表示的是非自回归的或移动平均过程
ARIMA（1，0，0）or AR（1）	$\Delta S_t = \phi_0 + \phi_1 \Delta S_{t-1} + e_t$	一阶平稳自回归模型
ARIMA（0，0，1）or MA（1）	$\Delta S_t = \theta_0 + e_t - \theta_1 \Delta e_{t-1}$	一阶平稳移动平均模型

模型	表述方程	评价
ARIMA（1，0，1） or ARMA（1，1）	$\Delta S_t = \mu + \phi_1 \Delta S_{t-1} + e_t - \theta_1 e_{t-1}$	含有平稳变量的简单复合模型
ARIMA（1，1，1）	$S_t = \mu + \phi_1 S_{t-1} + e_t - \theta_1 e_{t-1}$	含有非平稳变量的简单复合模型

3.6.4 用 ARIMA 模型来预测

用 ARIMA 模型来预测，包含三个步骤：

（1）模型识别。

第一步要确定序列是否是平稳的，汇率是不平稳的，因而必须使它们变得平稳。在此步骤中，预测者必须确定参数 d 的值，该值是用来确定汇率的。下面我们就要建立用来预测的模型。模型的建立过程包括了对自相关和偏自相关系数与这些系数的理论分布值的比较。自相关和偏自相关函数表明系数和滞后的时间长度有关。

S_t 与 S_{t-k} 之间的自相关系数 r_k 可如下计算：

$$r_k = \frac{\text{Cov}\ (S_t,\ S_{t-k})}{\sqrt{\text{Var}\ (S_t)\ \text{Var}\ (S_{t-K})}} \tag{3.71}$$

其中的 Cov（S_t，S_{t-k}）是 S_t 与 S_{t-k} 之间的协方差，而 Var（S_t）是 S_t 的方差。S_t 与 S_{t-k} 之间的偏自相关系数根据以下假定计算，即其他滞后时间长度的滞后值是不变的。

如果汇率是非平稳的 1 阶序列，自相关函数不会表现出衰减的特征。自相关和偏自相关函数的图形形状决定了模型的具体形式。一般来说，预测者应该识别出指数衰减的自相关系数。如果自相关系数呈指数形式衰减到零，那么一个自回归（AR）过程则将显示出这一变化。如果偏自相关系数呈指数形式衰减到零，那么一个移动平均模型（MA）则会表明这一变化。如果上述两种情况都存在，那么就需要由一个混合的 ARIMA 模型来解释这种情形。通过计算出明显不同于零的自相关和偏自相关系数的数目，预测者可以确定出 AR 或 MA 过程的阶数。表 3-5 列举了各种可能性，而图 3-2 则列出了自相关和偏自相关函数的可能形式。无论如何，事实依然是对混合模型的识别包含了某种程度上的试错法。这就是检验模型相当重要的原因。

表 3-5　一些 ARIMA 模型中的自相关和偏自相关函数的特征

自相关函数	偏自相关函数	AR	MA
指数衰减或正弦振荡衰减	滞后 1 期截尾	1	0

自相关函数	偏自相关函数	AR	MA
滞后1期截尾	指数衰减或正弦振荡衰减	0	1
滞后1期截尾，然后指数衰减或正弦振荡衰减	滞后1期截尾，然后指数衰减或正弦振荡衰减	1	1
滞后1期截尾，然后指数衰减或正弦振荡衰减	滞后2期截尾，然后指数衰减或正弦振荡衰减	2	1
滞后2期截尾，然后指数衰减或正弦振荡衰减	滞后1期截尾，然后指数衰减或正弦振荡衰减	1	2
滞后2期截尾，然后指数衰减或正弦振荡衰减	滞后2期截尾，然后指数衰减或正弦振荡衰减	2	2

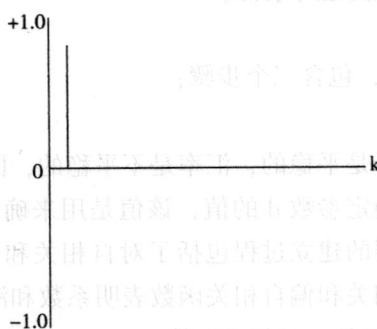

（a）滞后1期截尾

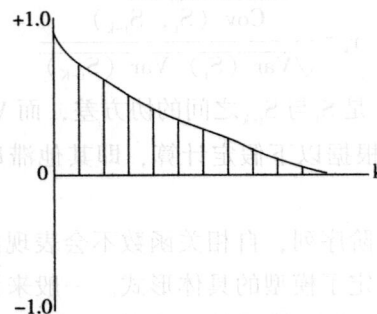

（b）指数衰减（无振荡）

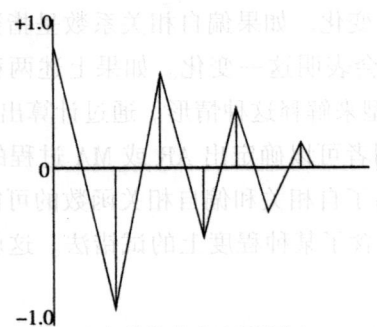

（c）指数衰减（有振荡）

图3-2 自相关和偏自相关函数的模式

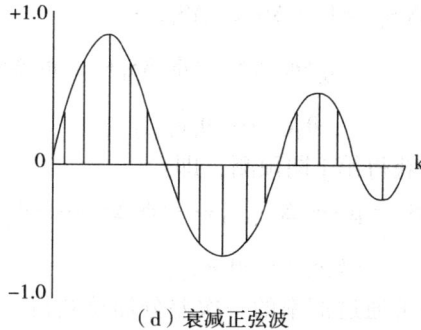

（d）衰减正弦波

图 3-2　自相关和偏自相关函数的模式（续）

（2）模型估计和检验。

回归系数是通过运用非线性的最小二乘法估计出来的，最小二乘法是一个反复运用的估算方法。初始的估计通常只是作为一个起点，直到获得最后的估计值，估计才算是完善了。一旦模型估计出来了，我们就可以通过检验误差项，尤其是误差项的自相关系数来验证模型的充分性。如果有几个滞后值是明显不同于零的，那么模型就是不充分的。我们可以使用 Box- Bierce 的 Q 统计量来做到这一点。该用来检验的统计量可计算如下：

$$Q = (n-d) \sum_{k=1}^{m} r_k^2 \tag{3.72}$$

其中，n 是原始时间序列观测值的数目，m 是最大的滞后数目，而 d 是差分的阶数（通常汇率序列的差分为 1），检验的统计量是 m-p-q 自由度下的 χ^2 分布。如果检验的统计量是显著的，那么模型就是不充分的。在这种情况下，预测者就要回到第一步重新开始。

（3）预测。

一旦模型被估计出来了，并通过了检验，那么模型就可以用来预测未来一期或几期的汇率。预测 $\hat{S}_{t+j}$ 的计算可以通过使用估计出来的 ARIMA 模型来完成。这意味着首先要计算出初始预测 $\hat{S}_{t+1}$，然后再用这个预测计算 $\hat{S}_{t+2}$，依此类推。我们先计算领先一期的一次差分预测 $\Delta \hat{S}_{t+1}$，过程如下：

$$\Delta S_{t+1} = \mu + \phi_1 \Delta S_t + \phi_2 \Delta S_{t-1} + \cdots + \phi_p \Delta S_{t-p+1}$$
$$+ e_{t+1} - \theta_1 e_t - \theta_2 e_{t-1} - \cdots - \theta_q e_{t-q+1} \tag{3.73}$$

预测可以通过取 $\Delta \hat{S}_{t+1}$ 的条件期望值计算出，方法如下：

$$\Delta \hat{S}_{t+1} = E(\Delta S_{t+1} \mid \Delta S_t, \cdots)$$
$$= \mu + \phi_1 \Delta S_t + \phi_2 \Delta S_{t-1} + \cdots + \phi_p \Delta S_{t-p+1}$$
$$- \theta_1 \hat{e}_t - \theta_2 \hat{e}_{t-1} - \cdots - \theta_q \hat{e}_{t-q+1} \tag{3.74}$$

其中，$\hat{e}_t$ 是观测到的残差。通过使用一期预测，我们可得到如下的两期预测：

$$\Delta \hat{S}_{t+2} = E\ (\Delta S_{t+2} \mid \Delta S_t, \cdots)$$

$$= \mu + \phi_1 \Delta \hat{S}_{t+1} + \phi_2 \Delta S_t + \cdots + \phi_p \Delta S_{t-p+2} \qquad (3.75)$$

$$- \theta_2 \hat{e}_t - \cdots - \theta_q \hat{e}_{t-q+2}$$

此过程反复迭代直到获得第 j 期预测，即：

$$\Delta \hat{S}_{t+j} = \mu + \phi_1 \Delta \hat{S}_{t+j-1} + \cdots + \phi_j \Delta S_t + \cdots + \phi_p \Delta S_{t-p+j} \qquad (3.76)$$

$$- \theta_j \hat{e}_t - \cdots - \theta_q \hat{e}_{t-q+j}$$

汇率原始序列的预测可通过汇率的一次差分加总获得。因而有：

$$\hat{S}_{t+j} = S_t + \Delta \hat{S}_{t+1} + \Delta \hat{S}_{t+2} + \cdots + \Delta \hat{S}_{t+j} \qquad (3.77)$$

3.7 时间序列分析：HARVEY 的结构时间序列模型

Harvey 的结构时间序列模型（1985，1989）是把一个观测到的时间序列分解成未观测过的组成部分。这些组成部分可以分别地预测，然后再组合起来得出整个时间序列的预测。通过考查其不同组成部分，就认为该模型能代表一个时间序列的主要特征，这点是颇有争议的。模型可写成如下形式：

$$S_t = \mu_t + \phi_t + \gamma_t + \varepsilon_t \qquad (3.78)$$

其中，S_t 是观测到的汇率（或是其对数形式），μ_t 是长期趋势因素，ϕ_t 是循环变动因素，γ_t 是季节变动因素，而 ε_t 是随机干扰因素。尽管公式看起来和时间序列分解下的公式是一样的，但仍然有很大的差异。模型先对过程中产生的各组成部分做了假定，因而允许诸如随机性（而不是决定性）、趋势性和季节性等各种可能性的存在。趋势性、循环变动、季节变动因素被假定为彼此是不相关的，而 ε_t 则假定为白噪声。

代表时间序列长期运动方向的趋势性因素假定为随机性的和线性的。这个组成因素可表达如下：

$$\mu_t = \mu_{t-1} + \beta_{t-1} + \eta_t \qquad (3.79)$$

$$\beta_t = \beta_{t-1} + \xi_t \qquad (3.80)$$

其中，$\eta_t \sim NID\ (0,\ \sigma_\eta^2)$，$\xi_t \sim NID\ (0,\ \sigma_\xi^2)$。$\mu_t$ 是一个带有漂移项的随机漫步，β_t 由公式（3.80）所表示的一阶自回归过程所决定。如果 $\sigma_\xi^2 = 0$，该过程就会衰减成一个简单的带有漂移项的随机漫步。同样地，如果 $\sigma_\eta^2 = 0$，那么该过程就会衰减成一个决定性的线性趋势。如果 $\sigma_\eta^2 = 0$ 而 $\sigma_\xi^2 \neq 0$，那么该过程就会有一个变化相对平缓的趋势。

假定平稳线性过程的循环变动因素可以表达如下：

$$\phi_t = a\cos\theta t + b\sin\theta t \qquad (3.81)$$

其中的 t 表示时间，循环变动因素的振幅由 $(a^2+b^2)^{1/2}$ 给定。为了使循环变动因素变成随机的，必须使参数 a 和 b 随时间而变化，而在引入随机因素前可通过对 ϕ 的递归保持一致性。通过引入干扰项和一个衰减因素，我们可得：

$$\phi_t = \rho\,(\phi_{t-1}\cos\theta + \phi_{t-1}^*\sin\theta)\, + \omega_t \tag{3.82}$$

$$\phi_t^* = \rho\,(-\phi_{t-1}\sin\theta + \phi_{t-1}^*\cos\theta)\, + \omega_t^* \tag{3.83}$$

通过构造分别与 σ_ω^2 和 $\sigma_{\omega^*}^2$ 不相关的白噪声干扰项 ω_t 和 ω_t^*，就可能得出 ϕ_t^*。参数 $0 \le \theta \le \pi$ 和 $0 \le \rho \le 1$ 分别是循环变动因素和衰减因素的频率。循环变动因素的周期是一个周期内取其完整的序列值所花费的时间，即 $2\pi/\theta$（Harvey，1989）。当 $\theta = 0$ 或 π 时，公式（3.82）和公式（3.83）中的随机性循环变动因素就会衰减成一个 AR（1）过程。为了使数字最优化更容易些，约束性条件 $\sigma_\omega^2 = \sigma_\omega^2 *$ 是必须的。

尽管关于季节变动因素有非常多的函数表述形式（Harvey，1989），但是三角函数法的表述是最值得推荐的。对于一个偶数 s 来说，这里的 s 是每年的季节数（对于季度数据来说就是 4），季节变动因素可写成：

$$\gamma_t = \sum_{j=1}^{s/2} \gamma_{j,t} \tag{3.84}$$

$\gamma_{j,t}$ 由下式给定：

$$\gamma_{j,t} = \gamma_{j,t-1}\cos\lambda_j + \gamma_{j,t-1}^*\sin\lambda_j + \kappa_{j,t} \tag{3.85}$$

$$\gamma_{j,t}^* = -\gamma_{j,t-1}\sin\lambda_j + \gamma_{j,t-1}^*\cos\lambda_j + \kappa_{j,t}^* \tag{3.86}$$

这里的 $j = 1, \cdots, s/2-1$，$\lambda_j = 2\pi j/s$ 且

$$\gamma_{j,t} = -\gamma_{j,t-1} + \kappa_{j,t}, \quad j = s/2 \tag{3.87}$$

其中，$\kappa_{j,t} \sim NID\,(0,\ \sigma_\kappa^2)$，$\kappa_{j,t} \sim NID\,(0,\ \sigma_{\kappa^*}^2)$。再则，$\sigma_\kappa^2 = \sigma_{\kappa^*}^2$ 是已被假定的。这种表述方法的一个好处就是允许季节间更平滑的变化（Harvey and scott，1994）。

趋势、季节、循环变动因素随时间发展变化的程度视 σ_η^2、σ_ζ^2、σ_κ^2、σ_ω^2、θ 和 ρ 这些参数的值而定。一旦模型被表述成状态向量形式（Harvey，1989），那么这些参数就能用时间或频率空间中的最大似然法估计出来。频率空间估计要快得多，但是由于其步骤是在类似于频率空间的似然函数的基础上做出的，因而它只能提供略微不同的结果。当通过 Kalman 滤波估算出这些参数时，获得未观测的因素的估计是非常可能的。下面是对状态空间形式和估计方法的一个简要描述。

模型写成状态空间形式可表示为：

$$S_t = Z'_t A_t + \varepsilon_t \tag{3.88}$$

$$A_t = B_t A_{t-1} + V_t \tag{3.89}$$

公式（3.88）和公式（3.89）是测量和转换方程，公式中的 Z_t 是一个 $n \times 1$ 的固定向量，A_t 是一个 $M \times 1$ 的不可观测的状态向量，B_t 是一个非随机的 $m \times m$ 矩阵。公式（3.89）告诉我们状态向量是每期都更新的，且由具有零均值的不相关随机扰动项（由 $m \times 1$ 向量 V_t 表示）和方差协方差矩阵 M_t 决定。一旦模型写成状态空间形式，使用 Kalman 滤波更新未观测因素的估计值，再通过最大似然法就能获得对模型参数

的估计。如果 a_{t-1} 是 A_{t-1} 的一个估计，且 R_{t-1} 是其协方差矩阵，a_t 和 R_t 的最优（最小均方误差）线性影射由下式给定：

$$a_{t \mid t-1} = Ba_{t-1} \qquad (3.90)$$

且

$$R_{t \mid t-1} = BR_{t-1}B + M_t \qquad (3.91)$$

根据由下述公式所描述的过程，Kalman 滤波可通过 S_t 中包含的新信息来更新 $a_{t \mid t-1}$。

$$a_t = a_{t \mid t-1} + R_{t \mid t-1}Z_t \ (S_t - Z'_t a_{t \mid t-1}) \ /k_t \qquad (3.92)$$

$$R_t = R_{t \mid t-1} - R_{t \mid t-1}Z_tZ'_tR_{t \mid t-1}) \ /k_t \qquad (3.93)$$

其中，

$$k_t = Z'_tR_{t \mid t-1}Z_t + \sigma_\varepsilon^2 \qquad (3.94)$$

公式（3.92）显示预测指数 $a_{t \mid t-1}$ 是通过整合以 $S_t - Z'_t a_{t \mid t-1}$ 为权重的预测误差 $R_{t \mid t-1}Z_t/K_t$ 来更新的。同样，公式（3.93）显示协方差矩阵 R_t 是通过其新值等于旧值减去以 Kalman 结果为权重的 $Z'_tR_{t \mid t-1}$ 这一思想来更新的。

模型的有效性是以对拟合优度（R^2、R_d^2 和 Akaike 的信息判据，即 AIC）的测量以及序列相关性（Q）、正态性（N）和异方差（H）的估算为基础来评判的。下面是对这些统计量的一个简要描述［要了解更多细节请看 Koopman 等（1995）］。

设残差为 V_t，而 $t = d+1, \cdots, T$，且 t 是样本容量。同时设预测误差的方差（PEV）由 $\tilde{\sigma}^2$ 表示，该方差是稳定状态下提前一步预测误差的方差。决定性系数因而可描述为：

$$R^2 = 1 - \frac{(T-d)\tilde{\sigma}^2}{\sum_{t=1}^{T}(S_t - \bar{S})^2} \qquad (3.95)$$

其中的 S 是原始汇率序列（因变量），而 $\bar{S}$ 是其均值。Harvey（1989）认为对趋势性时间序列数据来说，R_d^2 是拟合优度的一个更为合适的测量指标。这个测量指标计算如下：

$$R_d^2 = 1 - \frac{(T-d)\tilde{\sigma}^2}{\sum_{t=2}^{T}(\Delta S_t - \overline{\Delta S})^2} \qquad (3.96)$$

其中的 $\overline{\Delta S}$ 是 S 的一阶差分的均值。一个负的 R_d^2 值意味着估计出来的模型比一个带有漂移项的简单的随机漫步模型更糟糕。另一个用作比较用途测量拟合优度的指标是 Akaike 的信息判据（AIC），计算如下：

$$AIC = \log \tilde{\sigma}^2 + 2m/T \qquad (3.97)$$

其中，m 是超参数的数目与非平稳因素的数目之和。

对序列相关性的诊断检验采用 Ljung-Box（1978）的 Q 统计量。Q 统计量是在残差的第一批 n 个自相关系数基础上计算得到的。

$$Q（n, q）= T（T+2）\sum_{t=j}^{n}\frac{r_j^2}{T-n} \tag{3.98}$$

其中，r 是自相关系数。在此情形下，Q 服从 χ^2（q）分布而 q=n+1-k，k 是被估参数的数目。

对正态性 N 的诊断是用 Bowman-Shenton 的检验统计量来完成的，该统计量是用来测量第 3 阶矩、第 4 阶矩数据对其正态条件下期望值的离散程度。第 3 阶矩、第 4 阶矩分别是对偏斜度和峰态系数的测量（对正态分布来说，它们的值是 0 和 3）。该检验统计量可计算如下：

$$N=\left(\frac{T-d}{6}\right)b_1+\left(\frac{T-d}{24}\right)（b_2-3）^2 \tag{3.99}$$

其中的 b_1 是第 3 阶矩的平方，而 b_2 是第 4 阶矩的平方。该检验统计量服从 χ^2（2）分布。

最后，H 是对异方差（Heteroscedasticity）的检验，可计算如下：

$$H（h）= \sum_{t=T-h+1}^{T} v_t^2 / \sum_{t=d+1}^{d+1+h} v_t^2 \tag{3.100}$$

此式表明 H 是最后 h 个残差平方对最早 h 个残差平方的比例，而 h 是最接近 T/3 的整数。因而一个大（低）的统计值意味着方差随着时间递增（递减）。

如果模型是令人满意的，对各因素和整个序列的预测就可以计算出来。预测可能反复生成。要了解更多细节，请看 Harvey（1989）和 Koopman 等（1975）的文献。

3.8　计算机软件

有几种计算机软件包可以运用到本章所阐述的各种预测技术中。下面是对这些软件包及其运用条件的简单描述。但是要强调的一点是，这个名单并没有穷尽所有的方法，它仅仅是选择性的。

3.8.1　Excel

Excel 和类似的 Spreadsheet 软件可以进行平均化和平滑化方法的操作。由于这些软件不是专为预测设计的软件包，因此利用这些软件要求对那些预测技术的数学基础有一个很好的理解。由于同样的原因，这些软件并不能自动地决定移动平均的阶数，或者不能提供一般意义上最优模型的选择。所以，用这些软件进行工作可能很麻烦，且耗费时间。然而也由于同样的问题，这些软件能起到很好的效果。

3.8.2　Forecast Pro

Forecast Pro 是专门为预测设计的软件包，它能自动地生成预测并评价它们。它同样也能得出一组预测，即它自动地允许预测者利用该软件得到 10 个序列以下的单变量预测。这个软件的扩展版本 Forecast Pro XE，可以通过同样的原理处理 100 个序列以下的情形。该软件包含了以下的例行程序：

3.8.2.1　平均法

该软件有三个功能选择："自动生成""移动平均"和"随机漫步"。选择"自动生成"功能会以样本期内的最小误差为标准决定移动平均的阶数；"移动平均"功能允许用户自己选择移动平均的阶数；"随机漫步"功能设定移动平均的阶数为 1，以使预测成为最后一个观测值。

3.8.2.2　指数平滑法

Forecast Pro 的一个特征就是它把 Harvey 的结构时间序列模型看作是对指数平滑的一个扩展。该程序把指数平滑视为一个适宜的 Kalman 滤波。它允许利用一次指数平滑法、Holt 方法和 Winter 方法自动选择模型，并尝试使用加法和乘法的表述形式。最优模型的选择必须在最小化 Schwartz's-Bayesian 信息准则（SBC）的基础上做出。

为了估计出模型的参数值，程序需要反复寻找样本期内最小化误差平方和的那个值。结果显示了对指数平滑预测或高或低的信心制约。

3.8.2.3　ARIMA 模型

Forecast Pro 为预测者快捷、便利地建立 ARIMA 模型提供了自动算法。该软件决定了差分阶数可使时间序列变得平稳。这是对一组候选模型估计的结果。每个模型都被检验，有最小 SBC 值的模型就被选择。因而，该软件既可以自动识别，也允许进行人工的识别。

3.8.3　Smart Forecasts

Smart Forecasts 是另一种可能运用多种预测技术的程序。这个程序能提供以下便利：

（1）提供了使用移动平均和指数平滑法的预测。后者包括了一次指数平滑、两次指数平滑和 Winter 指数平滑。

（2）提供了涉及大量时间序列的组预测处理。

（3）提供了对基本统计量、自相关和交叉相关函数的计算，基本统计量包括了均值、标准差、变量系数、最小值和最大值、阶数统计量、变动范围和中位数。

（4）提供了加法和乘法的时间序列分解及季节调整方法。

（5）提供了一组相关数据序列的多层次预测及其使用到的严密的模型。

（6）提供了自动预测，该预测会根据事件调整模型反映特殊事件的影响。

3.8.4　Microfit

尽管 Microfit 不是一个单变量时间序列软件包，但它可以承担以下与本章所述预测技术有关的任务：

（1）计算简单和移动平均数。

（2）估计出自相关函数并画出其点图。

（3）估计出线性和 HP 趋势。

（4）在没有模型识别的情况下估计出 ARIMA 模型。尽管 Microfit 不是专为估计 ARIMA 模型而设计的，但是这项任务可以通过估计一个自回归模型并描述一个特定阶数误差项的移动平均过程来完成。在这种软件中不存在识别阶段。

3.8.5　Shazam

Shazam 是一个计量经济学软件包，它也能够估计 ARIMA 模型。ARIMA 建模过程包括了以下三个阶段：

（1）识别阶段对自相关和偏自相关函数做出评述，而这可能会决定模型的具体表达形式。

（2）估计阶段对被估模型的参数做出评价，同时诊断性检验也用作验证模型的有效性。

（3）预测阶段，该阶段提供了点预测及置信区间。

3.8.6　STAMP

STAMP（结构性时间序列分析器、建模器和预报器）是一种专门处理结构性时间序列模型的计算机软件。该软件能够用来估计结构性时间序列模型，检验它们，并用它们来预测时间序列。该软件还有额外的特征，例如数据操作和转换。

STAMP 5.0 允许用户输入时间序列，并估计出单变量时间序列模型。用户可以选择由以下任何因素组合的模型：长期趋势因素（由水平趋势和倾斜趋势组成）；循环变动因素；季节变动因素；随机干扰因素。就趋势性因素来说，用来在决定性水平和随机性倾斜趋势之间选择，季节变动因素同样如此。选择可以在三个不同频率的周期之间做出。该软件也能够画出各组成因素的平面图，并显示出最终状态向量的估计结果。

就预测而言，当模型是在部分样本期间内建立时，该软件同时也允许做出样本外预测。此种情形下，该软件也会显示出对预测准确性检验的结果。当模型是在整个样本期间内估计建立时，该软件能够在事前的基础上预测出时间序列数据。要了解更多的细节，可以去阅读 Koopman 等（1995）。

3.8.7　EViews

和以命令驱动的软件包 Shazam 不一样，EViews 是一种菜单驱动的计量经济学软件，它可以估计和评价 ARIMA 模型。和 Shazam 软件一样，EViews 软件也包含了识别、估计和预测阶段。

3.9　深入阅读

处理单变量时间序列的技巧是相当多的，它提供了某种指标告诉我们什么方法和模型是可以运用的。对有兴趣的读者来说，有非常多的优秀文献可以阅读。

Markridakis 等（1983）对单变量时间序列预测技术进行了综合应用。该书在第3章阐述了平均化和平滑化方法，时间序列分解在第 4 章得到阐述，第 8 章、第 9章描述了 ARIMA 模型，而第 10 章处理的是多变量 ARIMA 模型的情形（本书没有讨论这个主题）。最初的关于 ARIMA 模型的文献是由 Box 和 Jenkins 合写的著作，该书现在已经有了第三版（Box et al.，1994）。该书第 2、3、4 章论述了 Bowerman 和 O'Connell（1987）关于 ARIMA 模型的建模过程。Diebold（1998a）在第 4、5、6和 7 章提供了对建模过程中趋势、季节性、循环变动因素的处理方法。两种比较好地分析了单变量时间序列的一般性文献是 Mills（1990）和 Harvey（1993）。对HARVEY 结构性时间序列模型的综合处理体现在 Harvey 1989 年的文献中，而 Koopman 等（1995）则对该模型进行了简化处理。

4 多变量时间序列模型

4.1 综 述

第 3 章所描述的单变量时间方法和模型仅处理一个时间序列的情形，该时间序列中包含的汇率观测值只用来预测特定时间内的汇率。本章处理的是多变量时间序列模型。该模型就像名字所显示的一样，涉及一个以上的时间序列。时间序列可能和各种汇率的预测相关，或者和一个汇率及其决定性变量相关。这些模型采取了以下的形式。

4.1.1 单方程经济模型

单方程经济模型也叫作单方程经济计量模型，或是简约形式的模型。这些模型中仅包含了单个方程。该方程把汇率（因变量）表示为一些解释变量的函数。因为这些模型不像第 3 章描述的模型，它们是以经济理论为基础做出的，所以它们是经济模型。由于它们是采用了诸如 OLS 这样的一些经济计量方法来建模，所以它们也被称作经济计量模型。因为单个方程通过其他的解释变量（外生的）解释了因变量（内生的），所以它们是简约形式的模型。

4.1.2 单方程结构时间序列模型

单方程结构时间序列模型和 Harvery 结构时间序列模型（在以前章节已有所论述）相似，但单方程结构时间序列模型包含了解释变量。在这样一个模型中，汇率由其时间序列因素和解释变量决定。

4.1.3 多方程经济模型

这些模型也叫作联立方程模型，包含了一个以上的方程，而这些方程中都含有解释变量。除了汇率方程外，还有其他一些方程可以根据外生的和预定的变量来解释其他的内生变量。这种方程可能包含了一些确切的关系和等式。

4.2 单方程经济模型：说明与预测

一个单方程模型正如经济理论所揭示的一样，可表述为汇率（或其变化率）由一个或多个解释变量所决定。一般来说，一个单方程模型可以表达为：

$$S_t = f\ (X_{1,t},\ X_{2,t},\ \cdots,\ X_{n,t}) \qquad (4.1)$$

该式告诉我们，t 时汇率的值由解释变量 X_1，X_2，X_3，$\cdots$，X_n 所决定。汇率和解释变量也可以自然对数的形式来衡量。解释变量可能会包含所有影响汇率的因素，例如价格、利率、货币供应和收支头寸的平衡等。这些变量在许多模型中被假定为影响汇率的因素，例如在购买力平价模型、非抛补的利率平价模型、流量模型和货币模型中。这些变量也可以是合成变量，如 X 可以作为汇率决定中的货币模型里的相对货币供应。此外，这些变量中的某些变量可能具有像 t+1 或 t-1 形式的不同的时间下标，这意味着模型可能涉及时间滞后或提前。如果 t 时汇率由某变量将来的或滞后的值（即分别为 $X_{1,t+1}$ 和 $X_{2,t-1}$）所决定，就会出现上述情形。方程（4.1）所给出的函数关系常常被描述成一个线性方程，可表述如下：

$$S_t = a_0 + a_1 X_{1,t} + a_2 X_{2,t} + \cdots + a_n X_{n,t} \qquad (4.2)$$

其中的 a_0，a_1，$\cdots$，a_n 是用来衡量每个解释变量对汇率影响的重要程度和方向趋势的参数。a_0 是个常数项，它反映的是汇率中的自发因素，即汇率时间序列因素中和任一解释变量 X_1，$\cdots$，X_n 不相关的因素。一个随机误差项通常也加在方程中以反映汇率中无法解释的变化。方程（4.2）的估计可通过一个以历史数据为基础的经济计量学回归方法来得出系数 a_0，a_1，$\cdots$，a_n 的值的过程来完成。一旦获得了这些估计结果，就可能通过估计 t+1 时或以后的汇率值而完成预测，这个预测值只有当我们知道或预先假定了解释变量的未来值才可以得到。因而

$$S_{t+1} = a_1 X_{1,t+1} + a_2 X_{2,t+1} + \cdots + a_n X_{n,t+n} \qquad (4.3)$$

我们下面可以通过例子来说明单方程模型是如何用来产生预测的。出于这个目的，我们首先使用一个简单的两变量模型：

$$S_t = \alpha + \beta X_t + \varepsilon_t \qquad (4.4)$$

其中，$\varepsilon_t \sim N\ (0,\ \sigma^2)$。我们首先考虑一下无条件的预测，该预测假定 X_{t+1} 在 t 时是已知的。t+1 时最优的汇率预测 $\hat{S}_{t+1}$ 由下式给出：

$$\hat{S}_{t+1} = E\ (S_{t+1}) = \alpha + \beta X_{t+1} \qquad (4.5)$$

预测误差由下式给出：

$$\hat{e}_{t+1} = \hat{S}_{t+1} - S_{t+1} \tag{4.6}$$

预测误差有两种属性：零均值和最小的方差，该方差指的是所有可能的由线性方程产生的预测的方差。第一个属性相当明显，这点可以从下式看出：

$$E(\hat{e}_{t+1}) = E(\hat{S}_{t+1} - S_{t+1}) = E(-\varepsilon_{t+1}) \tag{4.7}$$

预测误差的方差是：

$$\sigma_t^2 = E[(\hat{e}_{t+1})^2] = E[(\hat{\varepsilon}_{t+1})^2] = \sigma^2 \tag{4.8}$$

由于 $e \sim N(0, \sigma^2)$，一个关于 S 预测值的显著性检验可以通过计算正态误差来做出：

$$\lambda = \frac{\hat{S}_{t+1} - S_{t+1}}{\sigma} \tag{4.9}$$

其中，$\lambda \sim N(0, 1)$。我们可以构造出一个 95% 的置信度区间，因为：

$$\text{prob}\left[-\lambda_{0.05} \leqslant \frac{\hat{S}_{t+1} - S_{t+1}}{\sigma} \leqslant \lambda_{0.05}\right] = 0.95 \tag{4.10}$$

其中，$\lambda_{0.05}$ 的值可以通过查正态分布表得到。因此，置信度区间也可以写为：

$$\hat{S}_{t+1} - \lambda_{0.05}\sigma \leqslant S_{t+1} \leqslant \hat{S}_{t+1} + \lambda_{0.05}\sigma \tag{4.11}$$

这里有一点应该引起特别注意：即使模型有一个很高的 R^2 值和显著的 T 检验，单方程模型仍然可能得出糟糕的预测结果。例如当序列有一个结构性中断时，上述情况就可能会发生。如果因变量表现出很小的波动，一个有较低的 R^2 值和不显著的 T 检验的模型却有可能产生好的预测结果。

我们现在来处理条件预测的情形，该情形下解释变量 X 的值是未知的。对比一下方程（4.4）所表达的模型，在条件预测下我们有以下关系：

$$\hat{X}_{t+1} = X_{t+1} + u_{t+1} \tag{4.12}$$

$$\varepsilon_t \sim N(0, \sigma^2) \tag{4.13}$$

$$u_t \sim N(0, \sigma_u^2) \tag{4.14}$$

$$E(\varepsilon_t u_t) = 0 \tag{4.15}$$

$$E[(\hat{X}_{t+1} - X_{t+1})(\hat{\beta} - \beta)] = E[(\hat{X}_{t+1} - X_{t+1})(\hat{\alpha} - \alpha)] = 0 \tag{4.16}$$

其中的 $\hat{\alpha}$ 和 $\hat{\beta}$ 分别是 α 和 β 的最小二乘法（OLS）的估计结果。因而有：

$$\hat{S}_{t+1} = \hat{\alpha} + \hat{\beta}\hat{X}_{t+1} \tag{4.17}$$

预测误差由下式给定：

$$\hat{e}_{t+1} = \hat{S}_{t+1} - S_{t+1} = (\hat{\alpha} - \alpha) + (\hat{\beta}\hat{X}_{t+1} - \beta X_{t+1}) - \varepsilon_{t+1} \tag{4.18}$$

因此

$$E(\hat{e}_{t+1}) = 0 \tag{4.19}$$

可以看出，此种情况下预测误差的方差要小于以前的情形，以前的情形能产生一个更大的置信区间，这是因为预测 X 会导致一个更大的预测误差。要了解更多的细节，请看 Pindyck 和 Rubenfeld（1991）第八章的相关内容。

4.3 单方程模型的问题

用单方程经济模型来预测汇率会出现一些问题。下面我们将依次讨论这些问题。

4.3.1 "黑箱"问题

一个单方程模型之所以被称作简约形式的模型，是因为它只是根据其他变量的值来解释汇率值，而没有告诉我们这些解释变量是如何决定的。这就像是把信息输入"黑箱"然后不知道里面发生了什么事就生成预测。例如，假定汇率是由利率差异决定的模型暗含的假设是利率由模型外的因素决定。模型排除了汇率对利率影响的可能性。而这种情形是不能排除的，即有可能出现两者反向运动的偶然性。例如，当本币承受压力并开始贬值时，政府可能通过提高利率来支持本币。在这种情形下，就出现了汇率和本国利率反向运动的偶然性。另外，模型在某种意义上是"黑箱"，因为它并没有解释其中的传递机制，而利率正是凭此传递机制来影响汇率的。一种更可信的观点似乎是认为汇率和利率两者是同时决定的，它们是一个机制产生的两个产品。

必须提醒的是，单变量时间序列模型比单方程多变量的"黑箱"现象更为严重。前者，除了告知其过去的历史外，甚至不告诉我们是什么因素决定了汇率。"黑箱"问题可以通过引入一个多方程或是联立方程组来解决。

4.3.2 条件预测

预测可能要视解释变量的未来值而定。如果出现上述情形，那么汇率的预测要视解释变量预测的准确性而定。例如，在汇率与通货膨胀存在理论联系的情况下预测汇率要求对未来的通货膨胀率有所认识。我们可以根据过去的经验站在货币政策的立场上或通过获取一个官方的预测来假定这些变量，政府预算中就暗含有这种预测。但是汇率决定于解释变量未来值这一判断依然是正确的。这种问题一般出现在多方程模型的情形中（事实上这种预测更为准确）。由于单变量模型中没有包含解释变量，所以这种问题不会出现在单变量模型的情形中。

4.3.3 数据频率

如果我们想在一个日常数据的基础上预测汇率，那么为了能估计出汇率的函数关系，解释变量的日常数据也必须是可获得的。但通常并不是这样的。价格仅仅只能获得其月度数据，而国民收入也只能获得其季度数据。因而，我们不能用这样一种模型去预测日常数据基础上的汇率，在该模型中汇率是由通货膨胀率决定的。日常预测为外汇市场中的每日交易所必需。另外，这种问题也不会出现在单变量时间序列模型中。

4.3.4 结构性变化

预测技术中隐含了这样一个假定，即从历史数据中估计出来的函数关系在整个预测界限内是有效的，这意味着被估系数在一定时间内是不变的。因此，需要在模型的函数关系中考查其结构性变化以对模型做出修正。修正模型的一个办法是用最近期的数据来重估该模型。模型也可能在发生了时间变化的参数框架中被估计出来。结构性变化的问题出现在所有的模型当中，因为所有的模型都是从历史数据中估计出来的。

4.3.5 测量误差

在一些解释变量中还存在着测量误差，例如收支头寸的平衡是以误差和遗漏项来衡量的。有人认为，即使数据中存在着测量误差，影响汇率的决策也是在已公布数据的基础上做出的。这种问题不会出现在单变量模型中，因为该模型中不存在解释变量。单变量模型的潜在原理是汇率的行为反映了所有解释变量的变化，其中包括了定性变量的变化。

4.3.6 定性变量

当某些解释变量在现实中是定性的，如市场情绪或市场心理变量，就会导致一个更大问题的出现。通过对从计量模型中导出的预测进行数量调整，或者求助于判断性预测，这个问题就可以得到解决。

4.4 理论基础：购买力平价
（Purchasing Power Parity）

我们可以看出单方程模型是由经济理论推导出来的。经济理论分析会告诉我们变量 X_1，X_2，$\cdots$，X_n 各表示什么意义。本节和接下来几节都将回顾汇率决定理论中的一些经典的理论，利用这些理论来分析变量各自的含义。本节要讲的是购买力平价理论（PPP）。要想了解 PPP 的理论背景和实证证据，请参阅 Moosa 和 Bhatti (1997)。

4.4.1 绝对购买力平价（Absolute PPP）

购买力平价理论是描述价格和汇率之间关系的理论。它最简单也是最严格的形式（也是绝对购买力平价的形式），可写成下式：

$$P=SP^*\qquad(4.20)$$

其中的 P 和 P^* 分别是国内和国外的价格水平，S 是以一单位外币的本币价格表示的汇率价格。该 PPP 理论写成汇率决定模型的形式是：

$$S=\frac{P}{P^*}\qquad(4.21)$$

因而，当本币价格相对于外币价格上升时，S 将上升（本币贬值），反之则反。PPP 方程表达成函数的形式是：

$$S=a+b\left(\frac{P}{P^*}\right)\qquad(4.22)$$

其中的 a 和 b 是可以通过回归得到的常数系数，且 b>0。方程（4.21）表示的是即期汇率是价格比率的一个线性函数。在可验证的对数形式中，PPP 关系可表达成下式：

$$s_t=a+b\,(p_t-p_t^*)\qquad(4.23)$$

其中的 s，p 表示的是变量的自然对数形式，t 是时间下标。通过放松对称性的假设——该假设假定本币价格和外币价格对汇率有相同的影响，PPP 模型可写成：

$$s_t=a+b_1p_t+b_2p_t^*\qquad(4.24)$$

其中，$b_1>0$，$b_2<0$。

4.4.2 相对购买力平价（Relative PPP）

相对购买力平价表示成变化率的形式是：

$$\dot{S} = \dot{P} - \dot{P}^* \tag{4.25}$$

其中字母变量上的点表示的是该变量的变化率。因而，$\dot{S}$ 是汇率的变化率，$\dot{P}$ 是本国的通胀率，而 $\dot{P}^*$ 是外国的通胀率。这个方程表示的是一个关于汇率差异与利率差异之间关系的比较静态假设，说明了汇率变化等于通货膨胀率的差异。如果 $\dot{P} > \dot{P}^*$ 那么 S>0，这意味着本币贬值。也就是说，有更高通胀率的国家其货币倾向于贬值，反之则反。因而，绝对购买力平价描述的是汇率和价格在特定时间点上的关系，而相对 PPP 描述的是汇率在价格变化（即通货膨胀）的影响下从一个水平变化到另一个水平。表示成对数的形式，方程可写为：

$$\Delta s_t = a + b\ (\Delta p_t - \Delta p_t^*) \tag{4.26}$$

或写成不严格的形式是：

$$\Delta s_t = a + b_1 \Delta p_1 + b_2 \Delta p_t^* \tag{4.27}$$

其中的 $b_1 > 0$，$b_2 < 0$。

相对 PPP 允许我们去计算汇率的相对价值。在两个时间点 0 和 1 上，相对 PPP 意味着：

$$\frac{S_1}{S_0} = \frac{P_1 / P_1^*}{P_0 / P_0^*} \tag{4.28}$$

或

$$S_1 = S_0 \left[\frac{P_1 / P_1^*}{P_0 / P_0^*} \right] = S_0 \left[\frac{P_1 / P_0}{P_1^* / P_0^*} \right] \tag{4.29}$$

方程（4.29）也可写成：

$$S_1 = S_0 \left[\frac{1 + \dot{P}}{1 + \dot{P}^*} \right] \tag{4.30}$$

方程（4.29）和方程（4.30）表达了以下内容：从以时间 0 的汇率 S_0 开始，时间 1 的汇率 S_1 不同于 S_0 的地方在于其含有一个反映本国和外国通胀率的因素。因而，这两个方程可以用来计算 PPP 情形下的汇率，或者称作 PPP 率。这里潜在的想法是，如果 PPP 理论在 0、1 期间是有效的，在某种意义上相对通货膨胀就是决定汇率的唯一因素，那么实际汇率和 PPP 率之间就没有偏差。然而由于是要素对汇率的影响而不是通货膨胀对汇率的影响，这就导致了偏差的出现。一般而言，符合 PPP 的汇率（一般均衡汇率的某种形式）可计算如下：

$$\bar{S}_t = S_0 \left[\frac{P_t}{P_t^*} \right] \tag{4.31}$$

其中的价格是以相对于同一基期 0 的价格指数来表示的。

4.4.3 事前 PPP

事前 PPP 是根据商品市场上的跨期投机推导出来的。除了要使用变量的预测值而不是实际值外，事前 PPP 的形式和相对 PPP 是一致的。这种函数关系可写成：

$$\dot{S}^e = \dot{P}^e - \dot{P}^{*e} \tag{4.32}$$

其中字母变量的上标表示的是该变量的预期值。用对数的形式，它可以写为：

$$\Delta s^e = \Delta p^e - \Delta p^{*e} \tag{4.33}$$

由于方程（4.33）表达的是变量预期值之间的关系，因此变量上的时间下标（为了简便没有标出）应该是 t+1，这意味着 t 时做出了 t+1 时汇率值的预期。

如果理性预期假设可以用来替代具有实际值的变量的预期值，事前 PPP 就具有和相对 PPP 一样的可验证形式。这个假设告诉我们，预期值等于实际值加或减一个随机误差值。要了解关于理性预期替代假设的更多细节，请参阅 Moosa 和 Bhatti（1977）。

4.4.4 PPP 模型的修正

在短期由于受价格以外变量的影响，PPP 模型可以通过引入其他解释变量来加以修正。这些变量的引入对于解释实际汇率与 PPP 决定的汇率之间的偏差是十分必要的。

这些修正方法中的第一种是由 Balassa 在 1964 年提出的，Balassa 对用 PPP 理论来解释均衡汇率的决定因素的有效性持怀疑态度。他的生产力差异假设认为，非贸易品对贸易品的相对价格比率在发达国家要高于发展中国家。结果是以消费者价格为基础计算出来的 PPP 汇率往往低估了有更高生产力水平的发达国家的真正的均衡汇率值。PPP 方程必须通过引入生产力水平这一解释变量来加以修正。因而修正后的 PPP 方程变为：

$$s_t = a + b\ (p_t - p_t^*)\ + c\ (\upsilon_t - \upsilon_t^*) \tag{4.34}$$

其中的 $\upsilon\ (\upsilon^*)$ 是本国（国外）生产力水平。这个假设可以用来解释日元对美元在相当长一段时间内的持续升值。

另一个修正是基于以下假定，即 PPP 的失效是由商品和资产市场上汇率、利率和价格之间的相互影响造成的。这里一个潜在的假定是套利在商品市场上成本巨大而在资产市场上则小得多。结果是汇率受来自于高度易变性的资产市场上的短期波动和相关商品市场上的长期效应的综合影响。因而，不考虑利率的 PPP 模型是不可能的。因此，修正后的模型形式是：

$$s_t = a + b\ (p_t - p_t^*)\ + c\ (i_t - i_t^*) \tag{4.35}$$

这里的 i（i*）是本国（国外）利率。

对 PPP 的第三种修正可以通过引入贸易条件作为解释变量来完成。一国贸易条件的改进，即其出口品价格相对于进口品价格的上升，会导致本币的升值。有些国家，像澳大利亚，其贸易条件对商品价格的变动非常敏感，因而商品价格也可以用作解释变量。

4.5　理论基础：抛补的和非抛补的利率平价
（Covered and Uncovered Interest Parity）

抛补的利率平价（CIP）是抛补套利基础上的一种套利关系。抛补套利是一种寻利活动，其过程如下：一个套利者借了一笔 x 货币（假设为本国货币），再将该货币转换成另一种货币 y（假定为外国货币），然后在以 y 货币投资的同时在远期合约上卖掉它。这个过程由即期汇率、远期汇率和两种货币利率的某种特定组合所引发。只有当利率和汇率的组合违反了抛补利率平价的条件时，抛补套利才会发生。套利通过引起汇率和利率的变化来影响供给和需求状况直到均衡条件恢复为止。当均衡条件实现时，套利就不再有利可图。隐含在抛补利率平价中的均衡条件要求国内市场的回报率和抛补的国外市场回报率相等。这个条件可以写为：

$$1+i = \frac{F}{S}（1+i^*）\tag{4.36}$$

其中的 F 是远期汇率，用来表达该条件的一个更简化的形式是：

$$i-i^* = f \tag{4.37}$$

其中，f=（F-S）/S 是远期升（贴）水率，它定义为即期与远期汇率的差除以即期汇率的比率。这个均衡条件告诉我们：提供更低利率的货币将在远期升值，售出该货币时必须加上一个升水额；而提供更高利率的货币将在远期贬值，售出该货币时必须减去一个贴水额。

同样，非抛补利率平价是从非抛补套利中推导出来的。除了非抛补套利中的多头头寸在远期市场是非抛补的这点以外，非抛补套利的其他操作和抛补套利是相似的。而且，货币的转换是以投资到期时的那个即期汇率进行的。做出非抛补套利这个决策时的汇率是未知的。因而，决策必须在投资到期时的那个预期的即期汇率 S^e 的基础上做出。UIP 的条件可以写成：

$$1+i = \frac{S^e}{S}（1+i^*）\tag{4.38}$$

该方程表达的意思是，国内回报必须等于预期的非抛补的国外回报。这个条件表示为更简化的形式为：

$$i-i^* = \dot{S}^e \qquad\qquad (4.39)$$

该方程表明汇率变化的百分率等于利率差异。这个等式告诉我们：有更低利率的货币必定预期升值，而有更高利率的货币必定预期贬值。这对汇率预测来说是一个非常重要的启示，因为利率差异可以用作汇率的预报器。尽管这听起来有些奇怪，但事实确实如此，因为没有人会持有一种低利率并预期要贬值的货币。CIP 和 UIP 是汇率决定的货币模型中的重要因素。要了解更多关于 CIP 和 UIP 的内容，请参阅 Moosa（1997，1998）和 Bhatti（1998）。

4.6 理论基础：流量模型（The Flow Model）

汇率决定的流量模型假定汇率是由收支平衡表上记录的贸易和资本流量决定的。事实上，该模型认为贸易收支平衡和外汇市场在某种程度上是相关的，即贸易赤字是对外币过度需求的反应，而贸易盈余反映的是外币的过度供给。该模型中的汇率是由外汇市场上的一般均衡价格决定的，而该均衡价格是由供给和需求的力量推动形成的。供给和需求由三个重要因素决定：相对收入水平、相对价格水平和利率差异。因而，以对数的形式表示该模型可以写为：

$$s_t = a_1(y_t - y_t^*) + a_2(p_t - p_t^*) - a_3(i_t - i_t^*) \qquad (4.40)$$

这里的 a_1、a_2、a_3 是正常数。该模型的预测机制如下：

（1）如果国内收入增长快于外国收入的增长，进口的增长将快于出口的增长。贸易收支恶化的结果将导致本币的贬值（更高的 S）。

（2）如果本国价格水平增长快于外国的价格水平，本国商品将变得比外国商品更没有竞争力，接着出口将下降而进口将上升。由此导致的贸易收支的恶化将导致本币的贬值（更高的 S）。

（3）如果利率差异变大，本国金融资产会变得比国外金融资产更有吸引力。结果是资本的流入会导致贸易收支的改善和本币的升值（更低的 S）。

然而流量模型受到了以下诘问：它仅考虑流量均衡，而不考虑存量均衡。例如，它没有解释是什么因素导致了外国资产的积累。

4.7 理论基础：弹性价格货币模型
(The Flexible-Price Monetary Model)

流量模型是建立在这样的假定基础上的，即货币的供给和需求决定于贸易和资本流量。而货币模型则是一种资产模型，因而，货币模型认为货币的供给和需求由货币市场上的存量（而不是流量）均衡决定。事实上，模型告诉我们：既然汇率是一种货币以另一种货币表示的价格，那么它就必然由两种货币的相对供给和需求决定。

Frenkel（1976）和 Bilson（1978）提出的弹性价格货币模型假定 PPP 模型是有效的，即认为 PPP 不仅在短期有效，而且在长期也是有效的。我们假设存在一个稳定的货币需求函数形式，就可以推导出形式最简单的货币模型：

$$M_d = kPY \tag{4.41}$$

其中的 M_d 是货币需求数量，P 是价格水平，Y 是实际收入，k 为一个正常数。假设货币供应是外生的，那么由货币市场的均衡可以得到（这种均衡要求货币需求与外生决定的货币供应相等）：

$$P = \frac{M}{kY} \tag{4.42}$$

其中的 M 是货币供应。如果 PPP 模型成立，那么 $S = P/P^*$。我们把方程（4.42）代入 PPP 方程中得到：

$$S = \frac{M}{kP^*Y} \tag{4.43}$$

这个模型告诉我们：当货币供应增加、收入水平下降或国外价格水平下降时，汇率将上升（本国货币将贬值）。该模型也告诉我们：货币供应和汇率之间存在一种比例关系，即货币供应增加 10%，将导致汇率上升 10%。这个预测是由货币数量理论和 PPP 理论共同导出的，这两个理论都体现了资产之间的比例关系。货币数量理论认为，货币供应的上升将导致价格水平成比例的上升；而 PPP 模型则认为，价格水平的上升会导致汇率成比例的上升。

我们同样可以写出国外货币需求的方程式，即：

$$M_d^* = k^*P^*Y^* \tag{4.44}$$

综合本国和外国货币市场的均衡条件，我们可得：

$$\frac{M}{M^*} = \frac{kPY}{k^*P^*Y^*} \tag{4.45}$$

把 PPP（$S=P/P^*$）代入方程（4.45），再调整一下形式，我们就可以得出一个表达货币模型的方程：

$$S = \frac{M/M^*}{(k/k^*)(Y/Y^*)} \tag{4.46}$$

上述货币模型的形式告诉我们：汇率是由相对货币供应和相对收入决定的。本国货币供应相对于外国货币供应的上升会导致汇率的（成比例的）上升（本币贬值）。另外，本国收入相对于外国收入的上升会导致本币的升值。

货币模型中利率的作用

我们可以把利率引入货币模型中对货币的需求函数进行重新表述。为了便于论述，每个变量都将加上时间下标。货币需求函数的对数形式经常被用于以下目的：

$$m_{d,t} - p_t = \beta_1 y_t - \beta_2 i_t \tag{4.47}$$

$$m_{d,t}^* - p_t^* = \beta_1 y_t^* - \beta_2 i_t^* \tag{4.48}$$

其中的 β_1 和 β_2 是正常数，而除了利率（i 和 i^*）外，其他的小写字母都表示的是该字母变量的自然对数。为了简化，我们曾做了对称性的假设，即假设收入弹性（β_1）和货币需求的利率弹性（β_2）相等。结合货币市场上一般均衡条件下的货币需求方程和 PPP 模型，我们可得：

$$s_t = (m_t - m_t^*) - \beta_1 (y_t - y_t^*) + \beta_2 (i_t - i_t^*) \tag{4.49}$$

该方程表明 s 和 $i - i^*$ 之间有一个正向的关系，即本国利率相对于外国利率的上升会导致汇率的上升（本币的贬值）。因而，考虑了收入和利率对汇率的影响的货币模型的预测结果刚好和流量模型相反。

需要注意的是，放松对称的假定后，外国的货币需求函数可以写成：

$$m_{d,t}^* - p_t^* = \beta_1^* y_t^* - \beta_2^* i_t^* \tag{4-50}$$

在这种情况下，弹性价格货币模型就要变成：

$$s_t = (m_t - m_t^*) - \beta_1 y_t + \beta_1^* y_t^* + \beta_2 i_t - \beta_2^* i_t^* \tag{4.51}$$

放松比例性的假定，该模型也可以写成一般的可验证形式：

$$s_t = \alpha m_t - \alpha^* m_t^* - \beta_1^* y_t + \beta_1^* y_t^* + \beta_2 i_t - \beta_2^* i_t^* \tag{4.52}$$

在此种情况下，比例性可通过虚拟假设 $\alpha = \alpha^* = 1$ 而获得，而对称性可通过假设 $\beta_1 = \beta_1^*$ 和 $\beta_2 = \beta_2^*$ 而获得。

4.8 理论基础：弹性价格货币模型的扩展

方程（4.49）所表达的货币模型可以通过几种方法来加以修正。下面依次介绍这几种方法。

4.8.1 引入 CIP

把方程（4.37）代入方程（4.49），可以得到：

$$s_t = (m_t - m_t^*) - \beta_1 (y_t - y_t^*) + \beta_2 f_t \tag{4.53}$$

方程（4.53）告诉我们，即期汇率不仅由相对货币供应、相对收入决定，还由远期差价决定。关系为正，表明加了远期升水后售出的货币预期要升值。

4.8.2 引入 UIP

UIP 写成对数形式是：

$$i_t - i_t^* = \Delta s_{t+1}^e \tag{4.54}$$

把方程（4.54）代入方程（4.49）可以得到：

$$s_t = (m_t - m_t^*) - \beta_1 (y_t - y_t^*) + \beta_2 \Delta s_{t+1}^e \tag{4.55}$$

其中的 Δs^e 是汇率的预期变化。方程（4.55）表明如果某种货币预期升值或贬值，那么该货币就将升值或贬值。这是因为如果某种货币预期要贬值的话，交易者就会卖掉它，而这会导致货币的真正贬值，反之则反。

方程（4.55）可用来推导货币模型在理性预期情形下新的形式。该方程可以写为：

$$s_t = (1+\beta_2)^{-1} (m_t - m_t^*) - (1+\beta_2)^{-1} \beta_1 (y_t - y_t^*) + \beta_2 (1+\beta_2)^{-1} s_{t+1}^e \tag{4.56}$$

如果预期是理性的，经过递推方程（4.56）可重新表达为：

$$s_t = (1+\beta_2)^{-1} \sum_{j=0}^{\infty} \left[\frac{\beta_2}{1+\beta_2} \right]^j [(m_{t+j}^e - m_{t+j}^{*e}) + \beta_1 (y_{t+j}^e - y_{t+j}^{*e})] \tag{4.57}$$

4.8.3 引入事前 PPP 模型

另一个修正的方法是把由方程（4.33）表达的事前 PPP 代入方程（4.55），可得：

$$s_t = (m_t - m_t^*) - \beta_1 (y_t - y_t^*) + \beta_2 (\Delta p_{t+1}^e - \Delta p_{t+1}^{*e}) \tag{4.58}$$

其中的 Δp^e（Δp^{*e}）是本国（外国）价格水平的预期变化，即预期的本国（外国）的通货膨胀率。方程（4.58）说明汇率也决定于预期通胀率。因而，如果预期本国的通货膨胀要高于外国的通货膨胀，那么本币将贬值（S 上升）。而且，如果通胀预期主要是由对货币供应增长的预期引发的，那么在方程（4.58）中预期的相对货币供应的增长（$\Delta m^e - \Delta m^{*e}$）就能替代（$\Delta p^e - \Delta p^{*e}$）。因而：

$$s_t = (m_t - m_t^*) - \beta_1 (y_t - y_t^*) + \beta_2 (\Delta m_{t+1}^e - \Delta m_{t+1}^{*e}) \tag{4.59}$$

其中的 Δm^e（Δm^{*e}）是本国（外国）货币供应的预期增长。方程（4.58）和方程（4.59）表明预期在汇率决定中扮演了重要角色，但这些预期是由货币因素引发的。汇率的当前水平不仅受本国和外国货币供应的影响，而且还受到未来货币的预期供应的影响。

4.8.4 引入贸易品和非贸易品的区分

Moosa（1994）曾提出过货币模型的另一种表达，即区分了贸易品和非贸易品的表述形式。这个修正也是对关于 PPP 只对贸易品是有效的这个争论的一个回应。在该情况下，PPP 采取的是下述形式：

$$S = \frac{P^T}{P^{T*}} \qquad (4.60)$$

其中的 P^T（P^{T*}）是本国（外国）贸易品的价格。我们让价格水平是贸易品价格（P^T 和 P^{T*}）和非贸易品价格（P^N 和 P^{N*}）的加权平均数。因而：

$$P = (P^N)^\gamma (P^T)^{1-\gamma} \qquad (4.61)$$

$$p^* = (P^{N*})^\gamma (P^{T*})^{1-\gamma} \qquad (4.62)$$

接着可推导出：

$$\frac{P}{P^*} = \frac{S}{(P^T/P^N)^\gamma / (P^{T*}/P^{N*})^\gamma} \qquad (4.63)$$

方程（4.63）写成对数形式后，可以表达为：

$$P_t - P_t^* = s_t - \gamma (g_t - g_t^*) \qquad (4.64)$$

这里的 $g = \log (P^T/P^N)$。因此，货币模型最终可表达为：

$$S_t = (m_t - m_t^*) - \beta_1 (y_t - y_t^*) + \beta_2 (i_t - i_t^*) + \gamma (g_t - g_t^*) \qquad (4.65)$$

该方程表明相对内部价格结构会影响汇率，即与外国相比本国贸易品的相对价格的上升会导致本币的贬值。

4.9　理论基础：黏性价格货币模型
（The Sticky-Price Monetary Model）

对弹性价格货币模型的一个主要批评就是该模型假定 PPP 在短期和长期内都有效。这个假定是在完全价格弹性（古典）假设基础上做出的：这就是发展到如今的货币模型仍被称作弹性模型的原因。然而，实证证据并不支持 PPP 在短期内有效，在某种意义上短期内汇率和 PPP 决定的汇率有显著和持续的偏差。由于这种证据的存在，所以人们曾经一度认为货币模型实证上的失败是由于（至少部分由于）短期 PPP 模型的失效（Lane，1991）。

为了克服货币模型的这个弊病，Dornbusch（1976）尽管仍然保持着 PPP 长期有效的假定，但是放松以短期 PPP 有效的假定从而发展出了一个新的货币模型。这个模型假定价格在短期内是黏性的，因为商品市场对于货币冲击的调整要滞后于金融资产市场。于是，该模型也被描述成一种混合模型，即在某种意义上它包含了凯恩斯短期价格固定和古典经济学长期价格弹性的假定。

黏性价格货币模型的推导如下：PPP 模型仅在长期有效，这意味着 PPP 模型决定了汇率的长期均衡水平。因而，长期 PPP 模型可写为：

$$\bar{s}_t = \bar{p}_t - \bar{p}_t^* \qquad (4.66)$$

这里，字母上的短线表示的是变量的长期均衡值。因而：

$$\bar{s}_t = (\bar{m}_t - \bar{m}_t^*) - \beta_1 (\bar{y}_t - \bar{y}_t^*) + \beta_2 (\bar{i}_t - \bar{i}_t^*) \qquad (4.67)$$

短期汇率 s 可能会偏离均衡水平 $\bar{s}$，但前者在长期内会向后者靠拢。因而，汇率的预期变化由当前汇率对长期汇率的偏离程度决定，调整机制由以下表达式所描述：

$$\Delta s_{t+1}^e = \theta(\bar{s}_t - s_t) \qquad (4.68)$$

其中的 θ 是一个（正的）调整系数。方程（4.68）表明如果当前汇率在其长期水平之上（$s > \bar{s}$），前者预期将下降，反之则反。调整速度由调整系数的值来衡量。这个过程会一直持续到两个汇率相等为止。

把方程（4.68）和 UIP 结合在一起，可以得到：

$$i_t - i_t^* = \theta(\bar{s}_t - s_t) \qquad (4.69)$$

方程（4.69）变形后可调整为：

$$s_t = \bar{s}_t - \frac{1}{\theta}(i_t - i_t^*) \qquad (4.70)$$

结合方程（4.70）和方程（4.67），可以得到：

$$s_t = (\bar{m}_t - \bar{m}_t^*) - \beta_1 (\bar{y}_t - \bar{y}_t^*) + \beta_2 (\bar{i}_t - \bar{i}_t^*) - \frac{1}{\theta}(i_t - i_t^*) \qquad (4.71)$$

如果解释变量的当前值只是长期均衡值，那么

$$s_t = (m_t - m_t^*) - \beta_1 (y_1 - y_t^*) - \beta_3 (i_t - i_t^*) \qquad (4.72)$$

其中，$\beta_3 = -(\beta_2 - 1/\theta)$。除了利率差异的系数是负的外，黏性价格模型的这个表达式和由方程（4.49）表达的弹性价格模型是一致的。出现这个差异的原因很简单。在弹性价格模型中，利率差异反映了预期通胀的差异。因而，本国利率相对于外国利率的上升意味着一个预期的更高的通胀率，而这将导致本币的贬值，即 s 上升。在黏性价格模型中，利率差异反映的是相对流动资产的头寸。在这种情况下，本国利率的上升表明本国货币市场上流动性资产的相对短缺，这将增加资本流入，因而本币升值，即 s 下降。

4.10　理论基础：汇率决定的其他模型

通过对货币模型的修正和扩展，经济学家已经提出了许多其他的汇率决定模型。这些扩展和修正是通过放松某些假定或是引入一些新的决定变量来完成的。我们下面将依次讨论这些模型。

4.10.1 实际利率差异模型（The Real Interest Differential Model）

该模型是由 Frankel（1979a）发展起来的，除了加了一个实际利率差异作为额外的解释变量外，和黏性价格货币模型完全一样。通过假定 PPP 在短期失效而在长期内有效，就能从黏性价格模型中推导出该模型。唯一的差别在于预期形成机制。此模型假定汇率的预期变化取决于两个因素：当前汇率和长期均衡汇率的偏离以及预期的通货膨胀差异（就像弹性价格模型中所表示的一样）。因而：

$$\Delta s_{t+1} = \theta(\bar{s}_t - s_t) + (\Delta p^e_{t-1} - \Delta p^{*e}_{t+1}) \tag{4.73}$$

结合方程（4.73）和非抛补的利率平价，经过调整后可以得到：

$$\bar{s}_t = s_t + \frac{1}{\theta} [(i_t - \Delta p^e_{t+1}) - (i^*_t - \Delta p^{*e}_{t+1})] \tag{4.74}$$

如果 $\bar{s}$ 是由弹性价格模型决定，那么

$$\bar{s}_t = (m_t - m^*_t) - \beta_1(y_t - y^*_t) + \beta_2(\Delta p^e_{t+1} - \Delta p^{*e}_{t+1}) \tag{4.75}$$

结合方程（4.74）和方程（4.75），可以得到：

$$s_t = (m_t - m^*_t) - \beta_1(y_t - y^*_t) + \beta_2(\Delta p^e_{t+1} - \Delta p^{*e}_{t+1}) - \frac{1}{\theta}[(i_t - \Delta p^e_{t+1}) - (i^*_t - \Delta p^{*e}_{t+1})]$$

$$\tag{4.76}$$

4.10.2 Hooper-Morton 模型

Hooper 和 Morton（1982）认为货币模型最严重的缺陷在于它忽略了汇率决定过程中往来账户的作用。因而，他们引入了往来账户并把其作为另一个解释变量。然而，往来账户并不会直接影响汇率，但会通过对汇率预期的影响来间接地影响汇率。Hooper-Morton 模型是根据以下假定建立起来的，即存在一个均衡的实际汇率水平，而这个水平和往来账户的均衡相一致。但是在任一个时间点上，均衡汇率是由过去和现在的往来账户平衡表的累积和决定的，即：

$$q_t = f(c_t, c^*_t) \tag{4.77}$$

其中的 q 是实际汇率，c（c*）是本国（外国）累积的往来账户头寸。这意味着累积的往来账户头寸的变化会导致市场上长期实际汇率预期的变化，这反过来又会导致名义汇率预期的变化。例如，如果累积性的往来账户盈余上升，那么将导致货币实际价值（因而也是名义价值）的一个向上调整。这一模型的方程如下：

$$s_t = (m_t - m^*_t) - \beta_1(y_t - y^*_t) + \beta_2(\Delta p^e_{t+1} - \Delta p^{*e}_{t+1}) - \beta_3(i_t - i^*_t) - \beta_4(c_t - c^*_t) \tag{4.78}$$

4.10.3 证券资产组合平衡模型（The Portfolio Balance Model）

货币模型在某种意义上可能会被认为是局限性太强，因为在该模型中货币是唯一的资产形式。证券资产组合平衡模型就是为了弥补这个缺陷而建立起来的。这个模型放松了金融资产是完全替代的这个假定，在此种情况下风险溢价的存在导致了 UIP 模型的失效。该模型认为人们持有的本国债券相对于外国债券的比例是由它们的相对回报率决定的。后者定义为利率差异和汇率的预期变化之和。该模型最终可通过一个方程表达出来，在此方程中汇率取决于相对回报率，也取决于本国和外国债券的存量。因而：

$$s_t = -a_1 \ (i_t - i_t^* - \Delta s_{t+i}^e) \ + a_2 \ (b_t - b^*) \qquad (4.79)$$

其中，$b \ (b^*)$ 是本国（外国）债券的存量。可以得到：

$$s_t - \bar{s}_t = -\left(\frac{1}{\theta}\right)\left[\ (i_t - \Delta p_{t+1}^e) - (i_t^* - \Delta p_{t+1}^{*e})\ \right] + \left(\frac{1}{\theta}\right)(i_t - i_t^* - \Delta s_{t+1}^e) \qquad (4.80)$$

该方程表明汇率偏离其长期均衡水平的值等于实际利率差异与风险溢价和的一个数量比例。如果均衡汇率由基本的货币模型决定，那么

$$s_t = (m_t - m_t^*) - \beta_1(y_t - y_t^*) + \beta_2(\Delta p_{t+1}^e - \Delta p_{t+1}^{*e}) - \left(\frac{1}{\theta}\right)\left[\ (i_t - \Delta p_{t+1}^e) - (i_t^* - \Delta p_{t+1}^{*e})\ \right]$$

$$+ \frac{1}{\theta}(i_t - i_t^* - \Delta s_{t+1}^e) \qquad (4.81)$$

在标准货币模型中，PPP 模型中的实际利率差异为零，而 UIP 模型中的风险溢价是零。这意味着方程（4.81）可以简化成方程（4.58）。结合方程（4.81）和方程（4.79），可以得到：

$$s_t = (m_t - m_t^*) - \beta_1(y_t - y_t^*) + \beta_2(\Delta p_{t+1}^e - \Delta p_{t+1}^{*e}) - \left(\frac{1}{\theta}\right)\left[\ (i_t - \Delta p_{t+1}^e) - (i_t^* - \Delta p_{t+1}^{*e})\ \right]$$

$$+ \left(\frac{1}{\theta a_1}\right)\left[a_2(b_t - b^*) - s_t)\ \right] \qquad (4.82)$$

从方程（4.82）中解出 S，可以得到：

$$s_t = \frac{1}{\theta a_1 + 1} + \frac{\theta a_1}{\theta a_1 + 1} \ (m_t - m_t^*) \ - \frac{\theta a_1 \beta_1}{\theta a_1 + 1} \ (y_t - y_t^*)$$

$$+ \frac{a_1 \ (\theta \beta_2 + 1)}{\theta a_1 + 1} \ (\Delta p_{t+1}^e - \Delta p_{t+1}^{*e})$$

$$- \frac{a_1}{\theta a_1 + 1} \ (i_t - i_t^*) \ + \frac{1}{\theta a_1 + 1} \ (b_t - b_t^*) \qquad (4.83)$$

该方程表明本国债券相对于外国债券的过度供给会导致本币贬值。

4.10.4 货币替代模型（The Currency Substitution Model）

货币替代成为个人和企业调整本币和外币持有构成的一个趋势。货币替代的一个重要应用即本币和外币具有较高的替代性，很小的经济基本面的变化，都会引起汇率很大的波动。

在货币模型中体现出这种货币替代的效应是有可能的。这可通过重新表达货币需求函数来完成：

$$m_{d,t} - p_t = \beta_1 y_t - \beta_2 i_t - \beta_3 \Delta s_{t+1}^e \tag{4.84}$$

$$m_{d,t}^* - p_t^* = \beta_1 y_t^* - \beta_2 i_t^* + \beta_3 \Delta s_{t+1}^e \tag{4.85}$$

需要注意的是，汇率预期变化的系数在本国货币需求方程（4.84）中是负的，而在外国货币需求方程（4.84）中是正的。β_3 测度的是本币和外币需求对汇率预期的弹性。它同时也是对本币与外币之间替代弹性的一个测度。如果我们通过 PPP（$s = p - p^*$）。模型把方程（4.84）和方程（4.85）结合起来，就可得：

$$s_t = (m_t - m_t^*) - \beta_1 (y_t - y_t^*) + \beta_2 (i_t - i_t^*) + 2\beta_3 \Delta s_{t+1}^e \tag{4.86}$$

因为 $i_t - i_t^* = \Delta p_{t+1}^e - \Delta p_{t+1}^{*e} = \Delta m_{t+1}^e - \Delta m_{t+1}^{*e}$，所以可以推导出：

$$s_t = (m_t - m_t^*) - \beta_1 (y_t - y_t^*) + \beta_2 (\Delta m_{t+1}^e - \Delta m_{t+1}^{*e}) + 2\beta_3 \Delta s_{t+1}^e \tag{4.87}$$

如果 $\Delta s_{t+1}^e = \Delta m_{t+1}^e - \Delta m_{t+1}^{*e}$，那么

$$s_t = (m_t - m_t^*) - \beta_1 (y_t - y_t^*) + (\beta_2 + 2\beta^3)(\Delta m_{t+1}^e - \Delta m_{t+1}^{*e}) \tag{4.88}$$

在（$m - m^*$）和（$y - y^*$）对汇率的影响这点上，方程（4.88）和方程（4.59）是相同的。两个方程的差异在于方程（4.88）中通货膨胀预期的影响是由预期的货币供给增长引起的。

4.11 单方程模型：一些经济计量学上的问题

在将单方程模型用于预测之前，我们讨论与单方程模型的估计和检验有关的一些问题。我们将依次讨论三个问题：①动态表述；②用积分变量建模；③诊断和对拟合优度的测量。

4.11.1 动态表述

我们可以看出 PPP 假设是由一个静态模型来表达的 [方程（4.23）和方程（4.24）]。我们称这个模型为绝对 PPP。该假设也可用一个一次差分形式 [方程（4.26）和方程（4.27）] 的动态模型来表达，我们称之为相对 PPP。这里出现的

问题是在 PPP 模型的基础上选择何种表述来预测汇率。

一般来说，用动态模型来预测要更准确些，特别是在短期预测的情形下。然而，可以看出即使是绝对 PPP 这样的静态模型也是一般自回归分布滞后（ADL）模型的特殊情况。我们可把该模型写成如下形式：

$$s_t = \alpha + \sum_{i=0}^{m} \beta_i p_{t-i} + \sum_{i=0}^{m} \gamma_i p_{t-i}^* + \sum_{i=1}^{m} \delta_i s_{t-i} + \varepsilon_t \tag{4.89}$$

其中，ε 是一个 i，如果 $m = 1$，该模型可简化为：

$$s_t = \alpha + \beta_0 p_t + \beta_1 p_{t-1} + \gamma_0 p_t^* + \gamma_1 p_{t-1}^* + \delta_1 s_{t-1} + \varepsilon_t \tag{4.90}$$

通过对方程参数强加某种限制约束条件，我们就可以从方程（4.90）中推出 PPP 的各种模型表述形式。如果 $\beta_1 = \gamma_1 = \delta_1 = 0$，那么模型就可简化为：

$$s_t = \alpha + \beta_0 p_t + \gamma_0 p_t^* + \varepsilon_t \tag{4.91}$$

这是表示绝对 PPP 的一个静态模型。如果 $\beta_1 = -\beta_0$，$\gamma_1 = -\gamma_0$，$\delta_1 = 1$，那么我们将得到以下方程：

$$\Delta s_t = \alpha + \beta_1 \Delta p_t + \gamma_1 \Delta p_t^* + \varepsilon_t \tag{4.92}$$

这是用来表示相对 PPP 的一个表述。如果 $\beta_1 = \gamma_1 = 0$，那么模型就可简化为：

$$s_t = \alpha + \beta_0 p_t + \gamma_0 p_t^* + \delta s_{t-1} + \varepsilon_t \tag{4.93}$$

该方程是应用到 PPP 中的局部调整模型。

为了简便，我们将用 PPP 方程的简化形式来推导出误差纠正模型（Hendry et al. , 1984），我们以下面的方程开始推导：

$$s_t = \beta_0 (p - p^*)_t + \beta_1 (p - p^*)_{t-1} + \delta_1 s_{t-1} + \varepsilon_t \tag{4.94}$$

方程（4.94）可以重新参数化，因此可得：

$$\Delta s_t = \beta_0 \Delta (p - p^*)_t + (\beta_1 + \beta_0)(p - p^*)_{t-1} + (\delta_1 - 1) s_{t-1} + \varepsilon_t \tag{4.95}$$

或

$$\Delta s_t = \beta_0 \Delta (p - p^*)_t + (\delta_1 - 1)[s_{t-1} - \theta(p - p^*)_{t-1}] + \varepsilon_t \tag{4.96}$$

其中，$\theta = (\beta_0 + \beta_1) / (1 - \delta_1)$，表示的是长期回应，而 $[S_{t-1} - \theta(p - p^*)_{t-1}]$ 项就是误差纠正项。参数 β_0 测量的是冲击的影响，而 $(\delta_1 - 1)$ 是对反馈效应的测量。如果 $\theta = 1$，那么模型可以简化为：

$$\Delta s_t = \beta_0 \Delta (p - p^*)_t + (\delta_1 - 1)[s_{t-1} - (p - p^*)_{t-1}] + \varepsilon_t \tag{4.97}$$

该方程是线性模型同次性的特殊情况。这种动态表述至少在以下三个方面上要优于局部调整模型：

（1）就像 Hendry（1980）所说，前者提供了一个一般滞后结构，而该结构没有给模型规定一个具体的形态；

（2）它避免了由 Granger 和 Newbold（1974）提出来的谬误回归（Spurious Regression）问题；

（3）如果误差纠正模型是一个合适的动态表述形式，那么局部调整模型就会出现序列相关的问题。

Wickens 和 Breusch（1988）认为对于标准的局部调整和误差纠正模型来说，有几个可替代的方案可以通过对该形式的一般自回归分布滞后模型施加某些限制来推导得到。

$$s_t = \sum_{i=1}^{m} \alpha_i s_{t-i} + \sum_{i=0}^{n} \beta_i x_{t-i} + \varepsilon_t \tag{4.98}$$

其中，x 是可以决定汇率的任一变量，在 PPP 模型的情况下该变量是（p−p*）。很明显，方程（4.98）仅表示了方程的短期动态形式，长期条件下汇率对价格的比率可从方程（4.98）中推算出来：

$$\theta = \frac{\sum_{i=0}^{n} \beta_i}{1 - \sum_{i=1}^{m} \alpha_i} \tag{4.99}$$

因而，有必要对 θ 值及其方差进行额外的计算。一个更方便、更直接的步骤是通过利用 Bewley 转换方程（1979）来重写方程（4.98）。方程（4.98）两边同减去（$\sum \alpha_i$）s_t，再经过整理可得：

$$s_t = -\lambda \sum_{i=1}^{m} \alpha_i \Delta_i s_t + \lambda \left(\sum_{i=0}^{n} \beta_i \right) x_t - \lambda \sum_{i=1}^{n} \beta_i \Delta_i x_t + \lambda \varepsilon_t \tag{4.100}$$

其中，$\Delta_i s_t = s_t - s_{t-1}$，$\Delta_i x_t = x_t - x_{t-i}$，且 $\lambda = 1/(1 - \sum_{\alpha i})$，由此可得 $\theta = \lambda (\sum \beta_i)$。另一种表述形式会涉及一次差分的应用：

$$s_t = -\lambda \sum_{i=0}^{m-1} \left(\sum_{j=i+1}^{m} \alpha_j \right) \Delta s_{t-i} + \lambda \left(\sum_{i=0}^{n} \beta_i \right) x_t - \lambda \sum_{i=0}^{n-1} \left(\sum_{j=i+1}^{n} \beta_j \right) \Delta x_{t-i} + \lambda \varepsilon_t \tag{4.101}$$

我们可获得一个含有 s 和 x 的 i 次差分的表述形式：

$$s_t = \sum_{i=1}^{m} \phi_i \Delta^i s_t + \theta x_t + \sum_{i=1}^{n} \gamma_i \Delta^i x_t + \lambda \varepsilon_t \tag{4.102}$$

其中，$\Delta^i x_t = \Delta \Delta^{i-1} x_t = \Delta^{i-1} x_t - \Delta^{i-1} x_{t-1}$，这同样也适用于 s。

在 s 对 x 的回应中，用来计算平均滞后时间长度的另一种表述形式可表示为：

$$s_t = -\lambda \sum_{i=1}^{m} i \alpha_i \Delta s_t + \lambda \sum_{i=2}^{m} \alpha_i \left(i \Delta s_t - \Delta_i s_t \right) + \lambda \left(\sum_{i=0}^{n} \beta_i \right) x_t$$
$$- \lambda \sum_{i=1}^{n} i \beta_i \Delta x_t + \lambda \sum_{i=2}^{n} \beta_i \left[i \Delta x_t - \Delta_i x_t \right] + \lambda \varepsilon_t \tag{4.103}$$

Wickens 和 Breusch（1988）将这些方程的表述形式与标准局部调整模型进行了比较。

$$s_t = \alpha_1 s_{t-1} + \beta_0 x_t + \varepsilon_t \tag{4.104}$$

该方程可重写为：

$$s_t = \frac{-\alpha_1}{1 - \alpha_1} \Delta s_t + \frac{\beta_0}{1 - \alpha_1} x_t + \frac{\varepsilon}{1 - \alpha_1} \tag{4.105}$$

明显可以看出，方程（4.105）是方程（4.102）的一个特殊（有限动态）形式。

4.11.2 求积变量建模

求积变量是非平稳变量，它们需要通过差分来获得平稳性，这对避免获得一个谬误关系的风险来说是十分必要的。汇率和其决定因素必然地都是一些求积变量。

对求积变量之间关系建模的古典方法是用一次差分来对这些关系进行建模，在这种情况下标准渐近线理论的应用和对被估系数量值的推断都可以在传统的 t 统计量基础上推导出来。然而该方法的问题是，它排除了变量之间存在相关性的可能性。而且，它会导致变量间信息的丧失。这就是差分不是一个合适的方法的原因。

另一种方法是应用 Engle-Granger（1987）的两步法来估计出一个误差纠正模型，该模型可能会采取一个简单的形式：

$$\Delta s_t = \gamma + \delta \Delta x_t + \theta(s_{t-1} - \beta x_{t-1}) + \varepsilon_t \tag{4.106}$$

这里的 β 是从协积回归 $S_t = \beta x_t + u_t$ 中估测出来的协积参数，它表示了汇率和其决定因素 x 之间的一个长期关系。Engle-Granger 的两步法由于具有简便性而相当具有吸引力，但是在一些小样本中，它可能会产生严重的偏差。

Wickens 和 Breusch（1988）认为误差纠正模型是方程（4.97）的另一种表达方式，但是这个模型不是很方便。为了估算出长期和短期的动态形式，运用方程（4.100）和方程（4.102）得到的结果可能会更好些，这种情况下用到的方程是：

$$s_t = \phi_1 \Delta s_t + \theta x_t - \gamma_1 \Delta x_t + u_t \tag{4.107}$$

有学者认为：在存在非平稳变量的情况下，在 s 和 x 中引入时间滞后以获取对长期系数完全有效的估算是十分必要的。事实上，他们也认为：通过省略高阶滞后和差分项而导致对含有非平稳变量的模型动态结构的错误表述也是有可能的。

沿着 Granger 和 Engle 开拓的道路，误差纠正模型的另一个替代方法是推导出下面的表达式：

$$\Delta s_t = \gamma + \delta \Delta x_t + \alpha_1 s_{t-1} + \alpha_2 x_{t-1} + \varepsilon \tag{4.108}$$

其中的 a_2 等于方程（4.106）中的 $-\theta\beta$。Sims 等（1990）已经证明标准渐近分布理论可以应用到方程（4.108）中的所有系数估算中去。同样可以看出，由非线性最小二乘法直接估测出来的方程（4.106）和由最小二乘法（OLS）估算出的方程（4.108）是一样的。

这些方法背后的一般原则是：长期系数的估测值可以通过引入短期动态形式而得到改善。一般的双边估算器（GTS）要利用由误差纠正项和解释变量的占先和滞后所传达的信息。这里要用到的模型是：

$$s_t = \beta x_t + \sum_{i=-k}^{k} \delta_i (s - \beta x)_{t-i} + \sum_{i=-k}^{k} \gamma_i \Delta x_{t-i} + \varepsilon_t \tag{4.109}$$

误差项 ε_t 的属性与妨碍参数无关。方程（4.109）运用了非均衡动态学，这是以误差纠正项（s-βx）的提前和滞后来表示的；还运用了冲击动态学，而这是以解

释变量 x_t 变化的提前和滞后来表现的（Lim and Martin，1995）。

Phillips-Loretan（1991）估算模型就是在类似于方程（4.109）的方程的基础上建立起来的，但是它不含有提前的误差纠正项。通过对方程（4.109）施加 $\delta_i = 0$，$\forall i < 0$ 这样的限制条件，我们就可获得这样的方程：

$$s_t = \beta x_t + \sum_{i=0}^{k} \delta_i (s - \beta x)_{t-i} + \sum_{i=-k}^{k} \gamma_i \Delta x_{t-i} + \varepsilon_t \qquad (4.110)$$

通过非线性二乘法就可以把该方程估算出来。

同样，Saikkonen（1991）估算模型和由 Stock 和 Watson（1995）提出的估算模型是一样的，都可以通过对方程（4.109）施加 $\delta i = 0$，$\forall i < 0$ 的条件限制来获得。因而，我们有：

$$s_t = \beta x_t + \sum_{i=-k}^{k} \gamma_i \Delta x_{t-i} + \varepsilon_t \qquad (4.111)$$

该方程可以通过最小二乘法（OLS）估算出来。

4.11.3　诊断和对拟合优度的测量

在这方面有两个问题需要讨论：第一个问题是，当我们估算一个带有一般滞后的动态模型时，我们应该怎样选择最终的、最简洁的模型表述形式？换句话来说，就是我们应该排除和包括哪些滞后？第二个问题是，一旦模型估算出来，在将其用于预测前怎样检验它的有效性？两个问题的答案就在于诊断检验和对拟合优度的测量中，而这两者即是用来检验模型的有效性的，就像我们用 Box-Pieree 检验去验证一个 ARIMA 模型有效性一样。

这里有一点必须特别提醒注意：经济计量模型的建构有假设检验和预测两个目标。在假设检验时，我们主要对变量间显著性关系的检验感兴趣。例如，PPP 模型可以用来检验价格决定汇率的假设。在这种情况下，我们主要关注 t 统计量的显著性结果与检验模型不存在序列相关，就像由 Durbin-Watson（DW）统计量所判断的那样。另外，如果我们想用模型来预测汇率，那么重要的就是模型的解释值和预测值。有人也许会说两种事情碰巧会同时发生，即产生显著 t 统计量的解释变量也具有更高的解释力。然而这不是关键。假设本国和外国价格是如此的高度相关，以至于 PPP 模型显 7K 出多重共线性（Multicollinearity）的特征。这种多重共线性会导致被估系数更高的标准误差和低的（或不显著的）t 统计量，但它不会影响到以 R^2 指标表示的模型的解释力。因此，尽管模型不能够充分地展现出价格效应对汇率量值和方向上的影响，但是该模型仍然可以用来产生预测。自然地，同样的情形也出现在单变量时间序列模型上。

做到简洁表述的一个普通方法就是使用从一般到特殊的方法。这种方法的思想是，先建立一个具有一般滞后结构 [就如方程（4.98）所表达的那样] 的动态模型，然后根据拟合优度和诊断性检验统计量剔除掉不显著的滞后量。既然大家都熟知这些检验，下面就只对各检验统计量做一个简要叙述。要了解更多的细节，可以阅读 Cuthbertson（1992）和 Pesaran（1997）。

（1）决定系数。

决定系数 R^2 衡量的是模型的解释力。R^2 的值等于回归平方和除以总离差平方和的比例。

（2）调整的决定系数。

调整的决定系数 $\bar{R}^2$ 是对自由度进行调整后的决定系数。R^2 和 $\bar{R}^2$ 之间的关系如下：

$$1-\bar{R}^2 = \left(\frac{n-1}{n-k}\right)(1-R^2) \tag{4.112}$$

其中，n 是观测值的个数，而 k 是解释变量的个数。

（3）F 检验。

F 检验是对总体回归关系是否显著的一种假设检验。在总体参数为零的假设下，F 统计量服从自由度为 k-1 和 n-k 的 F 分布。

（4）DURBIN-WATSON（DW）检验。

当模型中不存在滞后的因变量时，DW 检验用来检验是否存在一阶序列相关的情况。DW 检验统计量的值为 2 时，说明不存在序列相关。

（5）Durbin 的 h 检验。

当模型中包含了一个滞后因变量时，使用 Durbin 的 h 检验就比较合适。在不存在序列相关的假设下，h 统计量服从标准正态分布。

（6）序列相关的 GODFREY 检验。

这个检验有两种形式，而这两种形式是渐近等价的：拉格朗日乘子检验和 F 检验。这两种检验形式分别对应的是 χ^2 分布和 F 分布（Godfrey，1978a，1978b），在两种情形中虚拟假设意味着不存在序列相关。

（7）RAMSEY 的函数形式的再检验。

这是个关于线性和二次方程表达式的检验，也有拉格朗日乘子检验和 F 检验两种形式。虚拟假设意味着方程表达式是线性的。

（8）对残差正态性的检验。

Jarque-Bera 检验（Jarque and Bera，1980；Bera and Jarque，1981）可以用来检验残差的正态性，而此检验中的虚拟假设意味着残差是正态分布的。不能通过此检验的模型并不一定意味着该模型的表达形式是不适当的：它可能仅仅只表明了例外数据的存在。这种情况下可能会用到虚拟变量。

（9）异方差检验。

异方差检验是在因变量被估值平方的基础上，对残差平方值进行回归做出的。虚拟假设意味着误差是同方差的，即它有相等的误差方差。Breush 和 Pagan（1979）

提出了另一种异方差检验方法。

（10）AKAIKE 信息判据（AIC）。

这是一个模型选择判据，即根据对数似然函数最大值表示的统计拟合来判定。其计算如下：

$$AIC = \log(\tilde{\sigma}^2) + \frac{2k}{n} \qquad (4.113)$$

这里的 $\tilde{\sigma}^2$ 是对误差项方差的最大似然估计，k 是被估系数的数目，n 是样本容量。更低的 AIC 值意味着统计上的模型具有更好的拟合程度。

（11）SCHWARZ BAYESIAN 判据（SBC）。

该准则的计算过程如下：

$$SBC = \log(\tilde{\sigma}^2) + \left(\frac{\log n}{n}\right)k \qquad (4.114)$$

同样，更低的 SBC 值意味着统计模型具有更好的拟合度。

（12）HANNAN-QUINN 判据（HQC）。

该准则的计算过程如下：

$$HQC = \log(\tilde{\sigma}^2) + \left(\frac{2\log\log n}{n}\right)k \qquad (4.115)$$

同样，更低的 HQC 值意味着统计模型具有更好的拟合度。

4.12　单方程结构时间序列模型

除了含有解释变量外，单方程结构时间序列模型和第 3 章研究过的那些模型一样。因而，汇率被认为除了受其组成因素决定外，还受如包含了滞后因变量的解释变量的决定。

该模型的一般形式可表达为：

$$s_t = \mu_t + \phi_t + \gamma_t + X'_t B + \varepsilon_t \qquad (4.116)$$

其中，X_t 是解释变量的向量，而 B 是未知系数的向量。例如，如果唯一的解释变量是利率差异，那么该模型可写为：

$$s_t = \mu_t + \phi_t + \gamma_t + b(i_t - i_t^*) + \varepsilon_t \qquad (4.117)$$

该式说明汇率是由其组成要素（趋势性因素、循环变动因素、季节变动因素和随机干扰因素）及利率差异决定。该式的潜在原理是，如果解释变量只是部分成功地解释了汇率，那么在此种情形下汇率组成要素就起到了解释其他被遗漏变量的作用；如果解释变量很成功地解释了汇率的变化，那么趋势性因素就将简化成一个常数，而循环变动因素和季节变动因素就显得无关紧要了。

这个模型可以和用来估计单变量结构时间序列模型的线性方程一起被估算出来。该模型写成状态空间形式后就可以通过使用 Kalman 滤波更新被估数据的最大似然法来估算。国家向量看上去是如此地不同，因为它包含了不同解释变量的系数。

4.13　多方程经济模型

多方程模型解决了单方程模型带来的"黑箱"问题。这些模型由许多的方程组成，而这些方程可能代表了整个宏观经济运行的数据状况或者代表了宏观经济的一个子向量。这里的想法是，如果决定汇率的方程中含有内生变量，而这些变量和汇率又是共同地由机制决定的话，那么模型就应该包含有描述变量如何被决定的方程。这些模型显示了内生基础变量的影响是如何传递到汇率的。很明显，根据这些模型的数据和估计方面的需求（其中有些模型可能含有数百个方程），要想获得这种优点必须花费很大的成本。有种反对多方程模型的观点认为，系统中一个方程的表述失误将溢出到系统中的其他方程中去。

下面介绍一个简单的多方程模型。该模型由下列方程组成：

$$\Delta s_t = \alpha_0 + \alpha_1 \Delta p_t + \alpha_2 \Delta p_t^* + \alpha_3 i_t + \alpha_4 i_t^* \tag{4.118}$$

$$\Delta p_t = \beta_0 + \beta_1 \Delta p_t^m + \beta_2 \Delta m_t + \beta_3 (y_t - \bar{y}_t) \tag{4.119}$$

$$i_t = \gamma_0 + \gamma_1 \Delta p_{t+1}^e \tag{4.120}$$

$$y_t - \bar{y}_t = \delta_0 + \delta_1 \Delta m_t + \delta_2 \Delta g_t \tag{4.121}$$

$$\Delta p_t^e = \frac{1}{2} (\Delta p_t + \Delta p_{t-1}) \tag{4.122}$$

该模型是由 4 个行为方程、1 个含有 5 个内生变量的概念方程、6 个外生变量及一个预定（滞后）变量所组成。模型中的内生变量是：

Δs：汇率的一阶对数差分；

Δp：本国的通货膨胀率；

i：本国利率；

y：实际产出（收入）；

Δp^e：预期的本国通货膨胀率。

由模型外因素决定的外生变量有：

Δp^*：外国通货膨胀率；

i^*：外国利率；

Δp^m：进口价格的一阶对数差分；

Δm：货币供应的一阶对数差分；

$\bar{y}$：潜在产出（收入）；

Δg：政府支出的一阶对数差分。

第一个方程告诉我们，汇率是由国内和国外的膨胀率和利率共同决定的，因而它是一个调整后的 PPP 方程，它考虑了利率的短期影响。第二个方程通过进口价格、货币供应和产出差（即实际产出与潜在产出的差额）来解释本国的通货膨胀率。潜在产出之所以是外生的，是因为它被假定为由劳动力增长、资本增加和技术进步共同决定的。第三个方程说明本国利率是由预期通货膨胀率决定的。这是一个简单的 Fiher 方程。第四个方程说明实际产出与潜在产出的偏差是由经济中的货币和财政激励共同决定的。最后一个方程是一个概念性的方程，该方程说的是预期通货膨胀率可以由一个实际通货膨胀率的两期移动平均计算得到，通过替代，我们可以得到简化形式的汇率方程。因而有：

$$\Delta s_t = \alpha_0 + \alpha_1 \left[\beta_0 + \beta_1 \Delta p_t^m + \beta_2 \Delta m_t + \beta_3 \left(\delta_0 + \delta_1 \Delta m_t + \delta_2 \Delta g_t \right) \right]$$

$$+ \alpha_2 \Delta p_t^* + \alpha_3 \left[\gamma_0 + \frac{\gamma_1}{2} \left(\Delta p_t + \Delta p_{t-1} \right) \right] + \alpha_4 i_t^* \tag{4.123}$$

该式扩展以后可得到：

$$\Delta s_t = \left[\alpha_0 + \alpha_1 \beta_0 + \alpha_1 \beta_3 \delta_0 + \alpha_3 \gamma_0 + \frac{\alpha_3 \gamma_1 \beta_0}{2} + \frac{\alpha_3 \gamma_1 \beta_3 \delta_0}{2} \right]$$

$$+ \left[\alpha_1 \beta_1 + \frac{\alpha_3 \gamma_1 \beta_1}{2} \right] \Delta p_t^m$$

$$+ \left[\alpha_1 \beta_2 + \alpha_1 \beta_3 \delta_1 + \frac{\alpha_3 \gamma_1 \beta_2}{2} + \frac{\alpha_3 \gamma_1 \beta_3 \delta_1}{2} \right] \Delta m_t$$

$$+ \left[\alpha_1 \beta_3 \delta_2 + \frac{\alpha_3 \gamma_1 \beta_3 \delta_2}{2} \right] \Delta g_t$$

$$+ \alpha_2 \Delta p_t^* + \frac{\alpha_3 \gamma_1}{2} \Delta p_{t-1} + \alpha_4 i_t^* \tag{4.124}$$

当模型组中的结构性方程估计完后，该方程就可以用来预测汇率。为了这个目的，我们必须用到二阶段最小二乘法和三阶段最小二乘法。多方程模型的另一种形式就是向量自回归模型（VAR）。在该模型中，所有变量都被认为是内生的，是被共同决定的。

4.14 实证证据

在一项里程碑式的研究中，Meese 和 Rogoff（1983a）对到目前为止本章所描述的几种模型的解释力和简单的随机漫步模型、各种单变量时间序列模型及 VAR 模型的解释力进行了比较。这项研究的结论是，没有其他模型比随机漫步模型具有更强的解释力。Meese 和 Rogoff 进一步推论说："我们的发现结果，即随机漫步模型在所有的汇率预测中几乎总是具有最小的均方误差根，这使我们可以毫不犹豫地认为其他模型做得没有随机漫步模型好。"在另一项研究中，Meese 和 Rogoff（1983b）对模型的预测表现受到联立方程误差影响的可能性进行了调查。通过运用 VAR 模型，他们发现以前研究中所用的工具并不是真正外生，因而例证了上述的可能性。这次的研究结果也表明随机漫步模型的界限有可能不超过 12 个月。对这一发现的可能解释是尽管汇率在短期是随机漫步的，但长期汇率的变动路径是由经济基本面决定的。Krugman（1993：7）曾这样讥讽经济模型的预测力，他说"提供另一套不遇到困境的弱回归结果已变得非常困难"，接着还补充说"汇率决定理论还没有从 20 世纪 80 年代早期的实证困境中复苏"。

有些经济学家试图通过引入一个可以进行动态调整的滞后因变量来提高经济模型的预测力。通过这项工作，Somanath（1986）发现了优于随机漫步模型的模型。Boothe 和 Glassman（1987）做了同样的工作，但是他们的结果证实了 Meese 和 Rogoff 的发现。Boughton（1984，1987）也发现通过运用一个资产组合平衡模型就有可能得到比随机漫步模型更优的结果。然而，Pentecost（1991）认为引入一个滞后因变量作为解释变量能有效地将模型转变成一个有额外解释变量的随机漫步模型。

其他一些经济学家试图通过引入非线性来改善经济模型的预测状况。Wolff（1987a，1987b）、Schinasi（1989）和 Swamy（1989）已经进行过这样的研究。这些研究的结果并不明朗，但是表明了存在着优于随机漫步模型的可能性。

单方程模型糟糕的预测表现，导致一些经济学家认为在应对外生性冲击时多方程模型能更好地捕捉到汇率和其他变量的互动关系。这种看法是基于以下认识产生的，即在这些模型的解释变量中都固有地含有一些内生变量（例如利率和价格）。例如，Papell（1988）认为在 Dornbuseh（1976）的超调模型中，价格和汇率的动态关系不能通过单方程技术来使之模型化。Gandolfo 等（1990）同样认为汇率仅仅只是宏观经济模型内生变量中的一个，它是和其他内生变量一同产生的。他们认为，仅从单方程模型转向宏观经济体模型也有可能得到优于随机漫步模型的结果。他们的研究还显示了在预测样本外，如里拉对美元的汇率中其意大利经济体模型做得就要比随机漫步模型好。

4.15　计算机软件

有三种计算机软件很普遍地应用在估计模型和生成预测中：Microfit、Shazam 和 EViews。既然它们都具有相似的功能，那么我只对第一种软件 Microfit 做一下简单的介绍。需要了解更多细节可以查看 Pesaran（1997）。

Microfit 4 是一种自我包含的互动性经济计量分析软件包，它能提供许多有用的功能。它有一个强大的数据处理功能和初级分析菜单，同时还有图表制作功能。它有两个主要选项：单方程模型的估计和检验及多方程模型的估计和检验。在单方程方法下，有几个选项可供选择。OLS 估计法允许有关于残差值的各种假设，该方法包括了自回归过程、移动平均过程和 ARCH/GARCH 过程。其他选项包括迭代回归、滚动回归、非线性回归、Phillips-Hansen 估计法、自回归分布滞后模型及 LOGIT 和 PROBIT 模型。多方程选项中包含了非约束性的 VARs 模型、协积 VARs 模型和不相关回归。和预测功能一起提供的还有许多对拟合优度的测量和诊断方法。

要估计在有或者没有解释变量情况下的单结构和多结构时间序列方程，我们必须使用 STAMP 5.0 软件。它提供了超强的预测功能，而且用来做静态和动态预测都行。如果使用了多个单变量方程模型（表面上似乎是不相关的时间序列方程），它甚至可以做出事前预测。

4.16　深入阅读

大部分有关预测的著作都有一到两章论述回归分析，但是这仍是不充分的。综合性的经济计量学和时间序列分析著作当属 Hamilton（1994）的大作。这本书论述了各种估计和检验方法，并且还专门有一章论述预测。另外一本更强调预测并容易阅读的著作是 Pindyck 和 Rubinfeld 1991 年的大作。Pesaran 1997 年的著作中含有一个关于预测方面的综述，该综述也是对使用到 Microfit 4 软件的经济计量学的一个有用说明。关于单结构和多结构时间序列方程的论述，可以查看 Harvey（1989）和 Koopman（1995）。

5 基于市场的预测：即期和远期汇率

5.1 导　言

本章讨论基于市场的预测，其中包括利用当前的即期汇率和远期汇率来预测未来某一时点的即期汇率。之所以叫作基于市场的预测，是因为预测依据（即期和远期汇率）是由即期和远期外汇市场提供的。

基于市场的预测建立在两个假说之上：随机漫步假说（Random Walk Hypotheses）和无偏有效假说（Unbiased Efficiency Hypotheses）。随机漫步假说认为各个时期即期汇率的变化是随机的和不可预测的。明天的即期汇率高于或者低于今天水平的可能性是一样的。因此，对于明天汇率水平最好的预测就是今天的汇率。无偏有效假说认为当前的即期汇率是远期合同到期日即期汇率的一个无偏有效预测。这是因为汇率被认为反映了未来即期汇率水平的市场预期。这些预测依据（即期和远期汇率）的重要性，在于它们可以被用作评价前两章所提供的模型的预测表现的标准。问题就是某一特定模型是否能优于随机漫步模型或远期汇率。这两个假说同时也包含了市场是有效的这一含义。随机漫步模型暗示，即期市场是弱式有效的（Weakly Efficient），而无偏有效假说则表明即期和远期市场都是有效的。所有这些问题都将在本章中得到讨论。

5.2 以即期汇率作为预测依据：随机漫步模型

假设我们有一个由即期汇率观察值组成的样本，这些观察值包含的时段在时点1和当前时间 t 之间。由此，我们就得到观察值 S_1，S_2，…，S_t。使用即期汇率作为预测依据，也就是：

$$\hat{S}_{t+1} = S_t \tag{5.1}$$

得出这一结论的理论基础是随机漫步模型，该模型能用下面的方程表示：

$$S_t = S_{t-1} + \varepsilon_t \qquad (5.2)$$

方程（5.2）代表了这样一个假设，t 时间的汇率不同于 t-1 时间的汇率，它们之间有一个误差项，该误差项具有下面的性质：

$$E(\varepsilon_t) = 0 \qquad (5.3)$$

$$E(\varepsilon_t \varepsilon_{t-j}) = \sigma_\varepsilon^2 \qquad 若\ j=0 \qquad (5.4)$$

$$E(\varepsilon_t \varepsilon_{t-j}) = 0 \qquad 若\ j \neq 0 \qquad (5.5)$$

方程（5.3）至方程（5.5）表明该误差项是一个"白噪声"，具有零均值和固定的方差，而且它是与系统不相关的。根据随机漫步假说，汇率的变动走势就如同一个醉汉的行为一样。如果你要寻找一个喝得酩酊大醉的人，那么就到他最后一次被看到的地方试试看。同样，如果你想预测汇率，那么就用它最近的观测值试试看。

如果考虑到长期趋势因素的话，方程（5.2）所描述的随机漫步模型可以被改写。这里，它能被写作：

$$S_t = \alpha + S_{t-1} + \varepsilon_t \qquad (5.6)$$

此处，α 是一个漂移项（Drift Factor）。因此，所要预测的汇率由下式给出：

$$\hat{S}_{t+1} = \alpha + S_t \qquad (5.7)$$

方程（5.2）和方程（5.6）能分别被改写成汇率改变量的形式：

$$\Delta S_t = \varepsilon_t \qquad (5.8)$$

$$\Delta S_t = \alpha + \varepsilon_t \qquad (5.9)$$

方程（5.8）和方程（5.9）表明汇率各期之间的变化是随机且不可预言的。这是因为汇率随着交易者对新近获得的信息的反映而改变。由于信息是以随机的模式出现的，汇率自然也就随机变动。

现在让我们来看如何计算预测误差的方差。对于 t+1 时点汇率的预测是：

$$\hat{S}_{t+1} = E(S_{t+1} \mid S_t, \cdots, S_1) \qquad (5.10)$$

由于 $S_{t+1} = S_t + \varepsilon_{t+1}$ 独立于 $S_{t-1}, \cdots, S_1$，于是有：

$$\hat{S}_{t+1} = S_t + E(\varepsilon_{t+1}) = S_t \qquad (5.11)$$

同样，对于 t+2 时点汇率的预测是：

$$\hat{S}_{t+2} = E(S_{t+2} \mid S_t, \cdots, S_1) = E(S_{t+1} + \varepsilon_{t+2})$$

$$= E(S_t + \varepsilon_{t+1} + \varepsilon_{t+2}) = S_t \qquad (5.12)$$

总而言之，

$$\hat{S}_{t+j} = S_t \qquad (5.13)$$

因此，不管我们所要预测的未来时间有多远（与 j 的取值无关），预测结果都是一样的。然而，预测误差的方差却随着 j 值的增大而增大。为了证明这一论断，我们先来计算一期后的预测误差：

$$e_1 = S_{t+1} - \hat{S}_{t+1} = S_t + \varepsilon_{t+1} - S_t = \varepsilon_{t+1} \qquad (5.14)$$

预测误差的方差为：

$$E\left(\varepsilon_{t+1}^2\right)=\sigma_\varepsilon^2 \tag{5.15}$$

同样，两期后的预测误差为：

$$e_2=S_{t+2}-\hat{S}_{t+2}=S_t+\varepsilon_{t+1}+\varepsilon_{t+2}-S_t=\varepsilon_{t+1}+\varepsilon_{t+2} \tag{5.16}$$

且其方差为：

$$E\left[\left(\varepsilon_{t+1}+\varepsilon_{t+2}\right)^2\right]=E\left(\varepsilon_{t+1}^2\right)+E\left(\varepsilon_{t+2}^2\right)+2E\left(\varepsilon_{t+1}\varepsilon_{t+2}\right) \tag{5.17}$$

由于 ε_{t+1} 和 ε_{t+2} 相互独立，于是有：

$$E\left[\left(\varepsilon_{t+1}+\varepsilon_{t+2}\right)^2\right]=E\left(\varepsilon_{t+1}^2\right)+E\left(\varepsilon_{t+2}^2\right)=2\sigma_\varepsilon^2 \tag{5.18}$$

同样的道理，我们可以得到 j 期后的预测误差方差为 $j\sigma_\varepsilon^2$。随之，预测值的置信区间将随着 j 的增大而变宽，如图 5-1 所示。

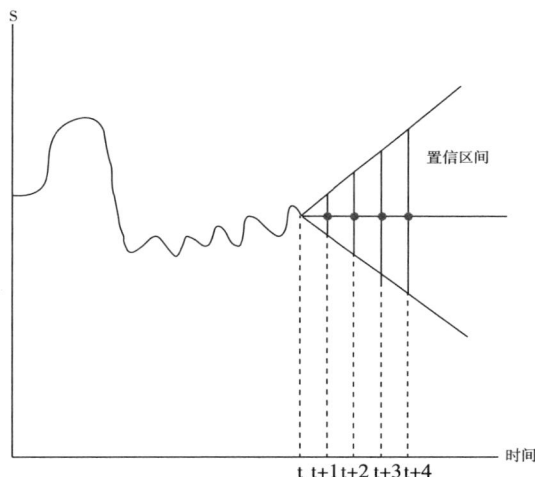

图 5-1 随机漫步预测的置信区间

当我们考虑带有长期趋势因素的随机漫步模型时会得出同样的结论。一期后的预测为：

$$\hat{S}_{t+1}=E\left(S_{t+1}\mid S_t,\cdots,S_1\right)=S_t+\alpha \tag{5.19}$$

同样，j 期后的预测为：

$$\hat{S}_{t+j}=S_t+j\alpha \tag{5.20}$$

一期后的预测误差为：

$$e_1=S_{t+1}-\hat{S}_{t+1}=S_t+\alpha+\varepsilon_{t+1}-S_t-\alpha=\varepsilon_{t+1} \tag{5.21}$$

即它与前面的结果具有相同的方差。同样，预测误差随 j 值的增大而增大。带有漂移项的随机漫步模型预测的置信区间如图 5-2 所示。

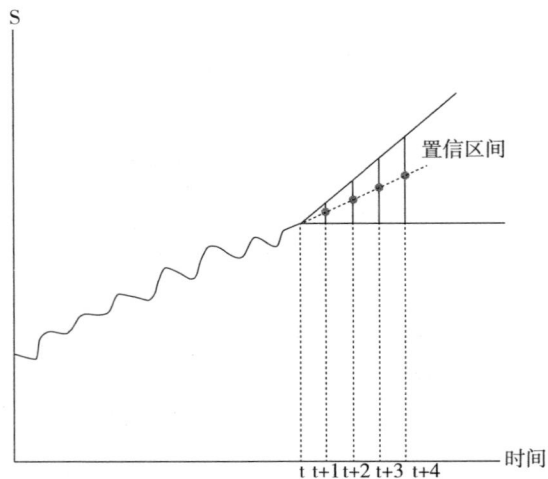

图 5-2 带有漂移项的随机漫步预测的置信区间

5.3 一些修正

如果数据是趋势性的,那么就需要进行第一种修正。通过加入上一个实际观察值和它前一个观察值的差异来对预测进行调整。于是有:

$$\hat{S}_{t+1} = S_t + (S_t - S_{t-1}) \tag{5.22}$$

这里使用汇率的变化率也许比绝对改变量($S_t, -S_{t-1}$)更恰当。所以,预测可以这样来计算:

$$\hat{S}_{t+1} = S_t \left[\frac{S_t}{S_{t-1}} \right] \tag{5.23}$$

用过去的绝对改变量或改变率的平均值来调整上一个实际观察值也许会更好。如果使用两期的,那么我们可以得到:

$$\hat{S}_{t+1} = S_t + \frac{1}{2} \left[(S_t - S_{t-1}) + (S_{t-1} - S_{t-2}) \right] \tag{5.24}$$

和

$$\hat{S}_{t+1} = S_t \left[\frac{1}{2} \left(\frac{S_t}{S_{t-1}} + \frac{S_{t-1}}{S_{t-2}} \right) \right] \tag{5.25}$$

方程(5.25)可以修改为几何平均数的形式为:

$$\hat{S}_{t+1} = S_t \left[\sqrt{ \left(\frac{S_t}{S_{t-1}} \right) \left(\frac{S_{t-1}}{S_{t-2}} \right) } \right] \tag{5.26}$$

使用 n 期的情况我们得到:

$$\hat{S}_{t+1} = S_t + \frac{1}{n} \left[\sum_{i=0}^{n} s_{t-i} - S_{t-i-1} \right] \qquad (5.27)$$

$$\hat{S}_{t+1} = S_t \left[\frac{1}{n} \sum_{i=0}^{n} \left(\frac{S_{t-i}}{S_{t-i-1}} \right) \right] \qquad (5.28)$$

$$\hat{S}_{t+1} = S_t \left[\prod_{i=0}^{n} \left(\frac{S_{t-i}}{S_{t-i-1}} \right) \right]^{\frac{1}{n}} \qquad (5.29)$$

5.4 以远期汇率作为预测依据：无偏有效假说

下面关于利用即期和远期汇率之间的关系进行投机的例子有助于说明无偏有效假说。如果一个投机者相信 n 期的远期汇率将低于t+n时的即期汇率，那么当远期合约的到期日为 t+n 时买入（外币）远期同时卖出即期将是有利可图的。设 S_{t+n} 为t+n时的即期汇率，t 为现在的时间，F_t^{t+n} 为在 t 时达成的交割期为 t+n 的远期汇率。如果投机者的预测是正确的，他或她将能够获利，数值为卖出汇率和买入汇率之间的差价。也就是：

$$e_{t+n} = S_{t+n} - F_t^{t+n} \qquad (5.30)$$

如果这个投机者基于公共信息行事，那么就没有理由说明为什么其他的投机者不用同样的方法来获得和第一个投机者同样的利润。如果这种情况发生了，其结果就会导致对远期合约的需求增加，进而将提高远期汇率，从而使获利降低直到消失。当在 t 时做出投机的决定时，S_{t+n}是未知的，也就意味着投机者不得不以他或她根据即期汇率所做的预期来行事。因此，投机者将在 t 时买入远期外币，同时在t+n时卖出即期外币，如果即期汇率的期望值高于远期汇率，即如果：

$$E(S_{t+n}) > F_t^{t+n} \qquad (5.31)$$

当下面的条件成立时投机将结束：

$$E(S_{t+n}) = F_t^{t+n} \qquad (5.32)$$

或如果预期利润为零，即：

$$E(e_{t+n}) = 0 \qquad (5.33)$$

e_{t+n}代表投机利润的那一项，也是把远期汇率用作即期汇率预测依据的预测误差。如果远期汇率是即期汇率的一个无偏有效估计，那么市场有效性在总体上是成立的。无偏性（Unbiasedness）意味着在平均水平上远期汇率等于（并且不会系统性高估或低估）远期合约到期日时适用的即期汇率。预测的有效性意味着通过利用远期汇率所包含的其他信息不可能改进所做的预测。这就是这种有效性被称为无偏有效性的原因。

使用更一般的形式，方程（5.32）可被改写为：

$$E\ (S_{t+n})\ = a+bF_t^{t+n}+\varepsilon_t \tag{5.34}$$

此处的 ε_t 是一个误差项。在市场有效的情况下，下列条件一定要满足：①$a=0$；②$b=1$；③ε_t 是完全随机的。这也被称作简单有效性，但是我们还将继续使用"无偏有效"的叫法。一般有效是由放松 $a=0$ 的限制条件得来的。简单有效和一般有效之间的区别就是风险溢价（Risk Premium）是否存在，它在方程（5.34）中用 a 来表示。无偏有效表明 $a=0$，说明代理人（交易商或市场参与者）是风险中性的（Risk Neutral），即如果能够提供相同的回报率，他们对国外或者国内的货币资产无特别偏好。如果 $a \neq 0$，那么代理人就不再是风险中性而是风险厌恶的（Risk Averse），从一种货币转换为另一种就需要一个风险溢价作为补偿。

方程（5.32）和方程（5.34）是以远期汇率和预期的即期汇率形式写就的，它们还能被改写成远期差价（Forward Spread）f 和即期汇率预期改变量 $\dot{S}$ 的形式。这样，无偏有效假说就可以写成：

$$E\ (\dot{S}_t^{t+n})\ = f_t^{t+n} \tag{5.35}$$

其中，$\dot{S}_t^{t+n}$ 是t时和t+n时之间汇率改变量的百分比，f_t^{t+n} 是远期价差。方程（5.35）告诉我们，在 t 时和t+n时之间即期汇率的预期改变量等于到期日为 t+n 的远期合约的远期价差。一般有效的公式为：

$$E\ (\dot{S}_t^{t+n})\ = a+bf_t^{t+n} \tag{5.36}$$

这一预测有什么含义呢？如果无偏有效假说成立，那么预测者就能基于远期汇率相关的表现来评判。如果一般有效假说成立就会存在一个风险溢价，那么预测汇率将会超过远期汇率。这里衡量的尺度是风险溢价调整的（Risk-premium-adjusted）远期汇率。如果简单有效和一般有效都不成立，远期汇率就不是一个评价预测表现的良好标准。这是因为此种情况下远期汇率不反映市场隐含的预测。

5.5　经验证据及合理性

图5-3 显示了 1986~1998 年英镑兑美元（GBP/USD）的即期汇率和滞后三个月的远期汇率。从中可以看出，即期汇率的转折点出现在滞后的远期汇率转折点之前，好像是远期汇率跟随而不是带领着即期汇率变化。

通常情况下，获得的经验证据不能支持无偏有效假说。目前，已经有几个能解释这种偏离的因素被发现，其中包括政治风险、外汇风险、购买力风险和利率风险。其他还包括预期的非理性和信息的影响，即经济变量难以预测的改变会影响外汇市场。

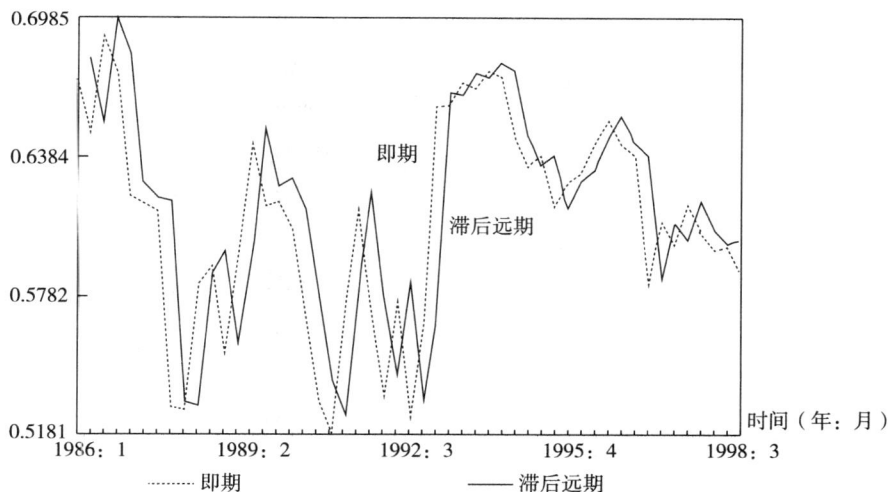

图 5-3 英镑/美元：即期汇率和滞后三个月的远期汇率

虽然关于这个问题的证据是多种多样的，但是近来应用更为复杂的技术所做的研究多数得出了难以令人满意的结果。这些结果还对模型的表述形式非常敏感。基于各具体水平的模型所得出的结果，比那些基于不同数据的结果更具支持力。现在一般认为无偏有效假说不能成立，并且不存在风险溢价，然而，事实可能是风险溢价没有被发现，因为它的符号会变，而且平均值为零。这说明风险溢价是变动的，而且只能用 TVP 回归才能发现。

如果远期汇率不是未来即期汇率的一个无偏预测，那么我们对这种偏离该做出何种解释呢？有几种解释已经被提了出来，我们将依次讨论这些解释。

5.5.1 抛补的利率平价（Covered Interest Parity）

根据抛补的利率平价（CIP）理论，远期利率不反映汇率预期，而是反映利率的差别。这样，如果差别不反映汇率预期，偏离就会产生。

5.5.2 风险溢价

风险溢价源于对风险的厌恶，在这个意义上如果没有风险溢价作为补偿的话，市场参与者不会将一种货币转换为另一种货币。然而，相反的观点是，如果外汇风险能够被分散掉，那么就不再需要风险溢价。已经发展了几个模型来表示和估计风险溢价，其中包括均方差优化模型（Mean-variance Optimization Model）（Frankel，1979b，1982）、法玛的分解模型（Fama's Decomposition Model）（Fama，1984）、卢卡斯的模型（Lucas，1982）、ARCH 模型（Domowitz and Hakkio，1985）、GARCH 模型（Bollerslev，1986）和状态空间模型（State Space Model）（Wolff，1987a）。

5.5.3 非理性预期

利用汇率预期的调查数据开展的研究有几项已经完成了，这些数据与代理人在预期形成时可获得的信息有关。这些研究可以分成两类：第一类关注于检验以调查为基础的数据的有效性，这些数据与代理人在预期形成时可获得的信息有关。出于这个目的，远期升水被分解为预期的和风险溢价两个组成部分，调查数据被用于探察远期汇率偏差的产生是因为风险溢价还是非理性预期。第二类关注于模型化预期形成机制，目的是弄清楚预期形成机制是否具有适应性、可外推性或可回归性。了解外汇市场是否被宪章主义分子或正统基督教分子所支配是很重要的。有关这个问题的经验证据是掺杂在一起的（Dominguez，1986；Froot and Frankel，1986，1989；Frankel and Froot，1987；Liu and Maddala，1992；MacDonald，1992）。

5.5.4 比索问题（The Peso Problem）

"比索问题"是用于形容在 1976 年第三季度墨西哥比索贬值前，困扰它的形势的专门术语。在贬值被预期到的很多年以前，比索就以远期贴水在进行交易。只要贬值不发生，如果研究人员使用贬值前的数据，远期汇率就表现为有偏的预测。Krasker（1980）认为，这种情况下的偏离并不意味着市场无效，而是样本的分布偏离了正态。

5.5.5 政府干预（Government Intervention）

政府干预能通过两种途径影响远期汇率的预测效力。首先，如果中央银行是外汇市场上的一个重要参与人，而且其行事不是出于利润动机的话，那么远期汇率能被保持在与未来即期汇率无关的水平上。其次，中央银行能利用货币政策来影响国内利率。如果抛补的利率套利十分活跃，那么远期汇率既反映国内货币政策，也反映汇率预期。相反的观点认为，风险中性的（Risk Neutral）代理人将寻求预期投机利润，其代价由中央银行付出。

5.5.6 交易成本（Transaction Costs）

交易成本的效果是在当前远期汇率和未来即期汇率之间生成套期机会（Hedge）。这样，方程（5.34）中的系数限制条件 a = 0 将不再成立。

5.5.7 政治风险（Political Risk）

政治风险的一个来源是政府的更替。暗含的观点就是大选能够提供（政府）追求不同经济政策的可能性的消息。执政党的变换也许能改变国家资产的相对价值，从而影响远期汇率的偏差。当政府可能增税或者改变管制资本回流的规章制度时，该偏差会趋于增大。

5.5.8 外汇、购买力和利率风险

外汇风险的出现是因为汇率对无抛补利率平价的偏离，也就是汇率变化的数量不同于利率差别的数量。购买力风险产生于通货膨胀率的变化，因而它可以用通货膨胀率的标准差来衡量。类似地，利率风险来源于利率差别的变化，这样它也可以用利率差别的标准差来衡量。这些风险也导致了汇率的偏离。

5.5.9 实际利率差异和汇率

如果市场代理人能够事先预测到实际汇率的变动和各国间实际利率的差异，那么远期汇率就将不同于未来的即期汇率。例如，Levine（1989）以他自己的经验为根据得出结论，风险溢价不是解释偏离的唯一因素。

5.5.10 信息的作用

这里，信息是指影响汇率之基础变量的无法预期的部分。例如，可以论证如果汇率低于人们的心理预期价位，一个高的货币增长率也许不会导致货币贬值。相反，如果它高于人们的心里预期价位，那么一个低的货币增长率也可能引起货币贬值。对于这种情形的解释是，一个低于（高于）预期的货币增长表明货币当局控制货币供给的能力的改善（恶化），从而对本国货币具有积极（消极）的意义。在这两种情况下，信息或者难以预料的成分由该基础变量的实际值和预期值之间的差别来度量。

一个简单的信息模型（News Model）可以由下面的推导得出。设汇率由下面的方程决定，该方程把汇率变化的百分比和一个基础变量向量 z 联系了起来：

$$\Delta s_{t+1} = \gamma z_{t+1} + \varphi_{t+1} \tag{5.37}$$

其中，φ 是一个误差项。当代理人在 t 时形成理性预期时，我们得到：

$$\Delta s_{t+1}^{e} = \gamma z_{t+1}^{e} \tag{5.38}$$

两式相减我们得到：

$$\Delta s_{t+1} - \Delta s_{t+1}^e = \gamma \ (z_{t+1} - z_{t+1}^e) \ + \varphi_{t+1} \tag{5.39}$$

该式说明，预测误差是由与决定汇率的基础变量有关的消息带来的。通过带入一般有效假说（$\Delta s_{t+1}^e = a + bf_t$），我们得到：

$$\Delta s_{t+1} = a + bf_t + \gamma \ (z_{t+1} - z_{t+1}^e) \ + \varphi_{t+1} \tag{5.40}$$

该式表明，汇率的百分比改变量由风险溢价 a、远期差价 f 和信息决定。

5.6 市场有效的其他概念

市场有效性的概念最初是由股票市场发展而来的，但是它同样适用于外汇市场，事实上也适用于一般意义的市场，即金融市场或其他市场。在有效的市场上，价格反映了所有可获得的信息。这一定义的含义是依靠可获得的信息来预言价格的运动是不可能的，因为这些信息已经在价格里得到了反映。由于信息的到来是随机的，并且假定新的信息被迅速地反映在价格里，所以各期之间价格的变化也是随机的。另一个含义是，与消极的购买和持有策略相比，想通过积极的交易来获得超常的（更高的）收益也是不可能的。市场有效性分为三个层次，是根据基本信息集的内容分别定义的。我们参照外汇市场来解释这些概念。需要指出的是，在这里我们指汇率而非价格。

5.6.1 弱式有效（Weak Efficiency）

在弱式有效市场上，汇率的当前水平反映了它过去的走势中所包含的一切信息。这显然是一个有限信息集，因为它排除了影响汇率的其他相关变量。如果外汇市场是弱式有效的，那么就意味着汇率的未来变动不能从它过去的行为中得到预测。这一假说对单变量时间序列模型、技术性预测和机械交易规则的可靠性和有用性提出了质疑。

5.6.2 半强式有效（Semi-Strong Efficiency）

在这种情况下，信息集不仅包含汇率的过去信息，而且包含所有可获得的公共信息。就外汇市场而言，可获得的公共信息是有关影响汇率、经济和其他变量的信息。诸如由当局（中央银行和财政部）发布的经济消息是公共可获得的信息，因为这些信息一经发布就会被媒体报道出来。这些信息包括对影响汇率的变量的统计和分析，诸如那些出现在第 4 章中所描述的模型中的变量。相关的信息还包括由媒体和金融机构准备的公众可以得到的各种报道和分析。非经济因素包括诸如内阁重组、政府更替、政治和军事的发展，等等。如果外汇市场从这个意义上说是有效的，那么即使是对影响汇率的基础因素的研究也不能帮助我们预言它的未来情形。这一层次的有效性不仅对单变量时间序列模型，而且对一些建立在基本经济理论基础之上的多变量经济模型的可靠性也提出了质疑。

5.6.3　强式有效（Strong Efficiency）

在这种情况下，汇率反映所有可以获得的信息，包括私人信息和内部信息。通常认为，这个层次的有效性不适用于外汇市场，因为内部信息对外汇市场不像对股票市场那样重要。然而，列举出外汇市场内部信息和私人信息并不困难。内部信息可能通过和中央银行官员一起就餐而获得，他（或她）会把其了解的干预外汇市场的计划，或者改变汇率安排的计划（私自地）传递出来。内部信息也可能由财政部官员传递出来，这些人了解那些尚未公布的经济政策的变化，这些变化肯定会对汇率造成影响。私人信息可能在（例如分析师）发展了一个有利的交易原则而尚未将其变成公共信息时产生。如果外汇市场在这种意义上是有效的，那么内部和私人信息不能帮助我们预测未来的汇率走势或者赚取超常的利润。

5.6.4　改进及含义

关于有效性概念的讨论从两个途径上得到了改进：第一个方面，因为收集信息是一个花费成本的过程，市场参与者不会选择通晓一切信息。这样，即使在有效的市场上，价格也不是完全地反映所有信息。第二个方面，关注的是市场参与者本身的差异性。由于市场参与者在财富、预期、风险厌恶程度和预测的准确性等方面是不同的，不同的市场价格反映的是多种观点的一个混合结果，每一种观点以其背后支持它的资金为权重。

上面这些论断的含义是检验市场的有效性应包括检验一个联合假设。对市场有效性假设的拒绝可能归咎于两个因素：第一个是代理人利用信息赚取超常利润的失败；第二个是检验本身有问题。学者们对超常利润的构成还存在不同观点，而超常利润使市场有效性的检验难于被公式化和解释。

5.7　截面效率和协积化
（Cross-Sectional Efficiency and Cointegration）

截面效率是在恩格尔（Engle）和古瑞哲（Granger）1987年所写的一篇广受欢

迎的综述文献中出现的一个概念。其思想很简单：如果两个变量被一种长期的关系联系在一起，它们就被说成是协积化的，也就不会偏离得太远。进而，由均衡关系得出的均衡值的偏离只有在短期内才是可能的。

令 S_1 和 S_2 为由同一单位，如美元，计量的两种货币的（非平稳）即期汇率。两种即期汇率之间的长期（或共同的）关系可以表示为：

$$S_{1,t} = a_0 + a_1 S_{2,t} + \varepsilon_t \qquad (5.41)$$

其中，$S_{1,t} \sim I(1)$，$S_{2,t} \sim I(1)$，且 $\varepsilon_t \sim I(0)$。根据这一关系，当考虑到短期内出现偏离的可能性时，$S_{1,t}$ 的值应该由相关的 $S_{2,t}$ 的值决定。然而在长期内，误差项的均值将变为零，在这种情况下 $S_{1,t}$ 的值就将像方程（5.41）定义的那样由相关的 $S_{2,t}$ 的值决定。给定这样一种长期关系，就会推导出下面的误差纠正（Error Correction）模型：

$$\Delta S_{1,t} = b_0 \Delta S_{2,t} + b_1 (S_{1,t-1} - a_0 - a_1 S_{2,t-1}) \qquad (5.42)$$

其中，$b_1 < 0$。括号中的项是误差纠正项，是对于 $t-1$ 时的长期均衡条件偏离的一个表达式。这个模型告诉我们，$S_{1,t}$ 的短期（即各期之间）变化是由 $S_{2,t}$ 的短期变化和前一期对方程（5.41）所列长期均衡条件的偏离所决定的。例如，如果 $S_{1,t-1}$ 低于由长期均衡条件所得的均衡值，那么我们应预期它将上升，即 $\Delta S_{1,t}$ 为正。这一推理的含义是，$t-1$ 时可获得的信息能用来预言 t 时刻汇率的值，这和市场有效性假说是不一致的。所以，截面市场有效性要求汇率是非协积化的。通常，经验证据好像支持这一假说（Tronzano，1992；Copeland，1991）。

Baillie and Bollerslev（1989）认为一阶误差纠正模型（表现资产和价格之间的动态关系）表明价格（或汇率）的部分变化将可以预言。这暗示非均衡误差（来源于联系价格或汇率的协积化关系）是下一期变化的重要部分，而且这可以解释为对弱式有效的背离。

协积化和有效性之间的矛盾产生于两个互相冲突的论断：①在有效市场上价格的变化不能被预言；②价格对于协积化关系的偏离表明未来变化是可预言的。

另一种解释

协积化汇率和市场有效性之间矛盾的命题已经从两个方面受到了挑战：首先是这种约束仅适用于真实的不同资产（Copeland，1991：187）。然而，这种挑战建立在"真实的不同资产"（Genuinely Different Assets）这一概念之上，这个概念是很松散的，因为很难在不同的资产之间划分出明确的界限。Granger（1986）虽然使用了金和银的例子，但是能够论证这两种资产并不是真正地不一样，并且它们都属于家庭的贵金属。另外，Copeland（1991）提出了两种协积化和有效性之间的矛盾不成立的情况：①两种固定汇率；②衍生证券与基础资产的价格。

矛盾命题的第二个挑战更为根本。Dwyer 和 Wallace（1992）论证，协积化和市场有效性之间"所谓的矛盾"是建立在对有效市场的一个定义之上，在这个市场上资产价格的变化不可预言。提出的论点如下：如果有效市场被定义为是这样一些市场，这些市场上不存在超过代理人可获得的机会成本的无风险回报，给定交易成本和信息，那么有效性并不排除协积化。有几篇论文被用来支持这个论点：第一，在信息的改变频率高更加重要，而基础情况以低频率改变更重要的假设基础上，Sims（1984）推导出了在高频率情况下市场有效性和价格的不可预见性之间的联系。既然协积化是频率为零的一种关系，那么不可预测性和协积化之间的联系就是松散的。第二，LeRoy（1989）认为没有明显的理由对不可预测性特别感兴趣。第三，Fama（1990）在他关于市场有效性的早期论文中指出，在有效的股票市场上，股票价格的变化是可以预测的。总而言之，Dwyer 和 Wallace（1992：325）提出，如果有效性被定义为不存在套利机会的话，那么在市场有效性和协积化之间就不存在矛盾。

6　判断性和合成性的预测

前面的章节中所讲述的预测技术，主要是通过对历史数据的分析处理来进行预测。这一方法隐含的一个假设是，预测者自己的判断并不对预测的结果产生影响。然而事实并非如此。合理的判断是各种良好的预测技术的合成。换言之，在此之前我们假定只能依靠一种方法或者模型来进行预测。例如，一个预测，要么是由 PPP 模型得出的，要么是由 ARIMA 模型，或者是指数平滑模型得出的。到目前为止，我们还没有讨论如何合成不同方法或者模型中得到的预测结果。

在这一章里，我们将放松以上两个假设条件。通过考察判断性的预测，我们放松了预测只能由一种机械的方法或者模型得出，而不考虑预测者判断的假设。通过考察合成性预测，我们将发现能否通过合成不同模型和方法产生的不同预测而获得一些好处，这种好处主要体现在预测的准确性方面。

6.1　判断性预测综述

就某种意义而言，所有的预测都是判断性的。既然预测的对象是属于未来的事物，那么人类判断的一些元素就总会被包含在归纳性推断的产生过程中。预测是人类大脑每天都必须做的工作。当我们面对不停变化的周边环境时，我们也在随着时间的变化而不断地更新预测。例如，当我们需要通过预测来回答那些问题时，我们就要考虑以下情形。这些问题是非常典型的：

（1）谁会赢得世界杯的冠军？

（2）她会和我一起出去吗？

（3）我会得到昨天面试的工作吗？

（4）火车开走之前，我能赶到车站吗？

这些仅仅是我们每天在生活中要面对的无数问题中的四个，它们都需要进行预测。这些预测都是判断性的。你不会去构造一个模型，并使用计算机去预测她是否会接受你的邀请并和你共赴晚宴，即便你是一个数学天才或者计算机专家。然而，你会用所有你能得到的信息去预测，因为她的决定（正是你试图去预测的）将取决于众多因素。

　　在对你的约会能否成真的预测过程中，你应该对一些重要的信息进行充分的考虑，因为它们可能会导出让你难以面对的负面的结论。在这个约会的例子中，与其说做出的是判断性的预测，不如说是充满希望的期待。这倒让我想起 1982 年西班牙世界杯比赛中，一个不知名球队的骄傲自大的领队所做的预测。就是这位领队，他的球队第一次（也是最后一次）进入世界杯决赛圈。他预测说他的球队必将取得决赛阶段的胜利，并且还说他并不关心哪一支队伍会与他的球队相遇（言下之意，无论如何他的球队都将获胜）。这位领队忽略了一些信息，即他的球队是一支并不怎么样的队伍。这种预测并不能被视为判断性预测，甚至连非理性的预测都不算。它只不过是充满希望的想法罢了。当然，那支球队在第一轮就被淘汰了。具有讽刺意味的是，球队被淘汰之后，那位领队在接受采访时又做了另一个预测（长期的）。他说：“尽管要等上一百万年，但我们终究会赢得世界杯！”

　　关于判断性预测被用于诸如约会和足球等情形可能存在争议，但在商业决策上，情形却并非如此。然而这并不是关键，因为预测经常是在判断的基础上做出的。一个通常使用正规模型来预测汇率的经济学家，也可能在某些场合使用判断性预测。例如，这位经济学家可能正在和上司参加一个会议，在会上，他被要求（意外的）对某种通货发表一些看法。他不可能离开会议而用他电脑中的模型去做预测，而是在一阵思索（很快）之后，就提出自己的看法。自然，这种看法代表了一种理性的预测，因为这就是经济学家的工作之所在。在其他情形下，诸如数据难以得到、测度难题和其他原因都可能使这位经济学家求助于判断性预测。

　　即便这位经济学家有足够的时间用他电脑里的正规模型去准备预测，判断依然是很重要的。他可能在选择所用的模型、数据、时间界限、估算方法及其他会影响预测精确度的因素时，用到自己的判断。实际上，两个同样优秀的经济学家很可能会因为各自判断不同，而得出明显不同的预测结果。这就是汇率预测服务的准确性存在明显差异的原因。有关这一部分，我们将在第 12 章详细讨论。

　　当高级主管人员的会议要取得一致预测时，同样需要判断性预测。假设举行一个会议，在会议上要决定是否对 6 个月后应收的外国货币进行套期交易。结论的得出必然依赖于本国货币和应收货币计价所用的外币之间汇率的波动情况。会议的主席可能开始就让与会人员预测 6 个月后汇率的水平，而与会人员的结论可能各不相同。这一例子的问题在于，团体选择可能会扭曲决策过程，从而得到一个也许没有经过全体与会人员认真思考过的所谓的“一致预测”。Dephi 方法在这一例子中可能会有用。我们会在以后的篇幅中讨论该方法。

　　除去上述情形，判断在预测中可能会扮演以下几种角色：

　　（1）判断性预测是决策过程中必不可少的一部分；

　　（2）预测中的判断性处理由正规模型做出；

　　（3）关于情景描述的判断将产生条件预测。

　　在以下三节中，我们将分别讨论这三种角色。

6.2　作为决策过程一部分的判断性预测

决策理论描述的是一些基本因素，这些因素包括商业经理在决策制定中的作用等，也就是说，预测是决策制定过程的一部分。期望值及效用的概念对于决策制定是非常重要的。决策树对于帮助决策者看清复杂的环境、做出理性的决策也是很有用的。

Phillips（1987）提出了决策制定过程中的三原则：

（1）概率代表了决策制定者的信念，0 代表不可能发生，1 代表必然发生。

（2）效用（或者期望效用）是产出的期望值和产出风险的函数，其中风险由标准差度量。

（3）决策制定者选择效用最大化的行动计划。

让我们用以下的例子来解释期望值和决策树的概念，这个例子是很常见的。假设有这么一家美国公司，6 个月后它要向一家英国公司支付到期的债务，总额为 1 百万英镑。假设目前 6 个月的远期汇率（GBP/USD）为 1.68，而即期汇率为 1.65，公司必须对是否进行套期交易做出决定。这一决策的实施意味着这家美国公司在 6 个月之后将支付 168 万美元。套期交易是否可行，取决于 6 个月后交割时的即期汇率与当前的远期汇率之间的关系。如果英镑升值，也就是说 6 个月后的即期汇率比当前的远期汇率 1.68 还要高，那么套期交易就将是有利的，因为公司所支付的美元将比没做套期交易的情况下少。相反，如果英镑贬值，套期交易就不再有利了，因为公司所支付的美元将比没做套期交易的情况下多。很明显，这一决策中包含了预测行为，而这一预测可能是判断性的，是作为整个决策制定过程的一部分，由策略制定者经过思索产生的。

让我们设想一下，策略制定者有以下的判断性预测：英镑升值到 1.75 的概率为0.4，贬值到 1.60 的概率为 0.6。可能出现以下的结果：

（1）做套期交易，英镑升值，公司支付 168 万美元，而不是 175 万美元，公司获利 7 万美元。

（2）做套期交易，英镑贬值，公司支付 168 万美元，而不是 160 万美元，公司损失 8 万美元。

（3）不做套期交易，英镑升值，公司支付 175 万美元，而不是 168 万美元，公司损失 7 万美元。

（4）不做套期交易，英镑贬值，公司支付 160 万美元，而不是 168 万美元，公司获利 8 万美元。

这一问题的决策树如图 6-1 所示。如果策略制定者对他（或她）的汇率预测很有信心，那么决策的制定将依赖于各种结果的期望值，就是所谓的偿付（Payoff）。在套期交易的情况下，偿付可以是获利 70000 美元，也可以是损失 80000 美元，它们的概率分别为 0.4 和 0.6。这意味着偿付的期望值为－20000 美元。如果没有套期交易，那么公司的偿付就是损失 70000 美元，或者获利 80000 美元，概率分别为 0.4 和 0.6。此时偿付的期望值就是 20000 美元。在这种情况下，策略制定者将选择不做套期交易。

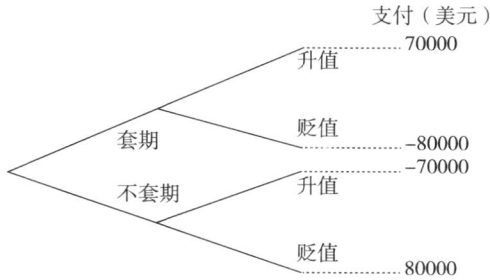

图 6-1　套期交易的决策树

让我们用一个更复杂的决策树来解决一个更为复杂的难题。一个以英镑为本币的商业主管正在考虑一个短期金融融资问题，他面临两个选择：一是完全进行外币融资；二是混合融资，即本币占 50%。有三种货币可以考虑：美元、日元和德国马克。决策目标是使融资期间的实际融资成本最小化。由于外币的实际融资成本取决于融资期间的汇率变动，因此实际融资成本在事前是不确定的。为了计算各种外币可能的实际融资成本，我们需要预测外汇对英镑的汇率。同样，这一预测是判断性的，是整个决策制定过程的一部分。假设决策者要对每一种货币提出两种可能的判断性预测，这就意味着在 1 和 2 两种情形下（概率分别为 0.4 和 0.6），每种货币各有一个实际融资成本。表 6-1 显示了在判断性预测条件下，每种外币实际融资成本的期望值。需要注意的是，本币（这里是英镑）的实际融资成本是确定的，就是本国的利率。

表 6-1　两种情形下的实际融资成本

货币	实际融资成本（1）（%）	实际融资成本（2）（%）
美元	5.5	10.5
日元	4.5	12.5
德国马克	8.5	13.5
英镑	9.0	9.0

决策制定者将面临以下的选择：

（1）如果只以一种外币融资，那么是选择美元、日元，还是德国马克？

（2）如果以这三种外币的组合融资，那么三者的份额是一样多还是不一样多？如果不一样多，那么假设三种外币的份额分别为：美元（50%）、日元（30%）和德国马克（20%）。

（3）如果采取本币和外币混合融资，且只包括一种外币的话，那么本币和外币各占50%。

（4）采取本币和外币混合融资，各占50%。其中外币的构成与（2）相同。

这一问题的决策树如图6-2所示。在各种选择条件下的实际融资成本的期望值如表6-2所示。如果决策制定者的目标是实际融资成本最小化，那么他会选择以一种外币融资的方式，即美元。

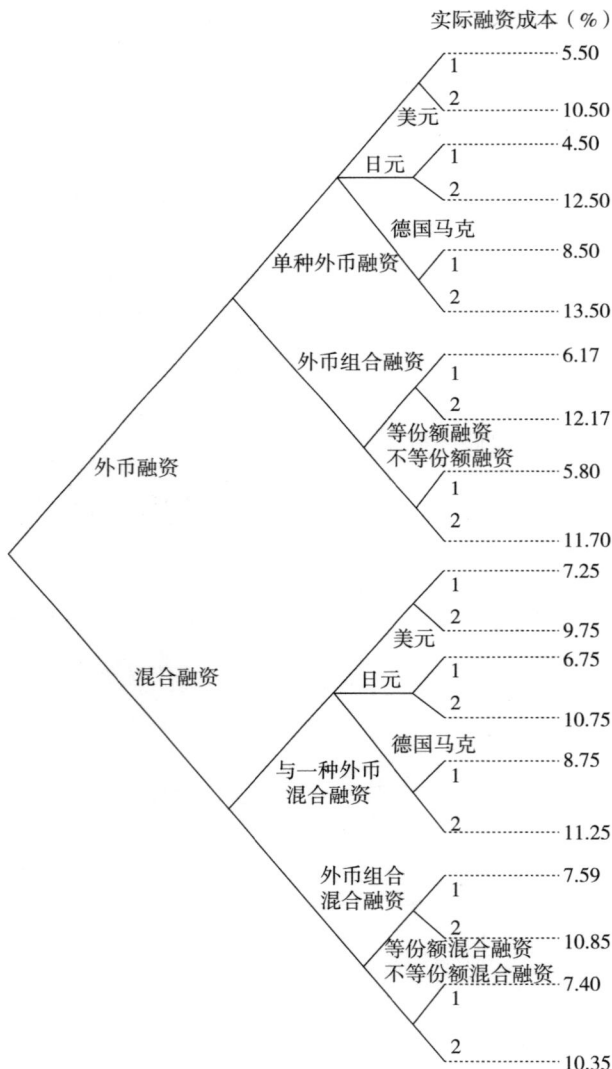

实际融资成本（%）

美元 1	5.50
美元 2	10.50
日元 1	4.50
日元 2	12.50
德国马克 1	8.50
德国马克 2	13.50
外币组合融资 1	6.17
外币组合融资 2	12.17
等份额融资 不等份额融资 1	5.80
不等份额融资 2	11.70
美元 1	7.25
美元 2	9.75
日元 1	6.75
日元 2	10.75
德国马克 1	8.75
德国马克 2	11.25
外币组合混合融资 1	7.59
外币组合混合融资 2	10.85
等份额混合融资 不等份额混合融资 1	7.40
不等份额混合融资 2	10.35

图6-2　短期融资的决策树（1）

表6-2 实际融资成本的期望值

融资方法	期望值（%）
单种外币（美元）	8.50
单种外币（日元）	9.30
单种外币（德国马克）	11.50
外币组合（等份额）	9.77
外币组合（不等份额）	9.34
与一种外币（美元）混合融资	8.75
与一种外币（日元）混合融资	9.15
与一种外币（德国马克）混合融资	10.25
与等份额外币组合混合融资	9.55
与不等份额外币组合混合融资	9.17

但是，我们在决策制定的过程中好像丢了些东西。只以美元进行融资的实际融资成本是8.5%，但并不确定；而如果以本币（英镑）进行融资，实际融资成本只有9%，并且是确定的。如果决策者是风险厌恶者，他将选择以本币融资。选择以美元进行融资意味着决策者有可能面临10.5%的实际融资成本。这里就需要引入效用的概念了。更为确切地说，决策取决于决策者的效用，效用不仅决定于实际融资成本的期望值，也决定于风险。后者由实际融资成本的标准差度量。

为什么效用会有如此作用？我们将通过以下的例子来了解。假设本币融资的实际成本是9%，而以外币融资会有两种概率相等的可能情况：12%和6%。如果决策者选择以外币进行融资，那么根据以上的数据，他可能比以本币融资好3%，也可能比本币融资坏3%。如果决策者认为比本币融资坏3%所带来的效用损失比好3%所带来的效用增进要大，他将选择以本币融资。这种效用函数反映了风险厌恶。需要注意的是，以外币融资的期望融资成本也是9%。在这一例子中，有三个假定陈述如下：

（1）如果决策者选择本币融资，那么他是一个风险厌恶者。

（2）如果决策者选择外币融资，那么他是一个风险喜好者。

（3）如果决策者认为两种融资方案无差别，那么他是一个风险中立者。

让我们考虑下面更容易理解的例子。决策者想要从三种外币中选择一种进行融资。三种外币的利率和当前的汇率如表6-3所示。

表6-3 利率和汇率

货币	利率（%）	汇率（货币/英镑）
美元	8	1.6500

货币	利率（%）	汇率（货币/英镑）
日元	6	215.00
德国马克	9	2.8500

为了计算实际融资成本，决策制定者必须对三种外币在融资结束时的汇率做出预测。决策者用自己的判断做出预测。既然不确定性的水平很高，决策者设定四种不同情形的概率分别为 0.1、0.2、0.3 和 0.4。表 6-4 说明了在四种不同情形下，融资结束时的汇率。对应的实际融资成本（粗略的结果由利率和汇率变动的百分率相加得到）同样显示在该表中。这一问题的决策树如图 6-3 所示。

表 6-4　汇率与实际融资成本

货币	情形 1 (0.4)	情形 2 (0.3)	情形 3 (0.2)	情形 4 (0.1)	期望值
			汇率		
美元	1.5710	1.6170	1.6830	1.7284	1.6229
日元	198.38	208.55	221.45	232.20	209.43
德国马克	2.7930	2.8215	2.8785	2.9070	2.8301
			融资成本（%）		
美元	13.03	10.04	6.04	3.46	9.78
日元	14.38	9.09	3.09	-1.40	8.96
德国马克	11.04	10.01	8.01	7.60	9.78

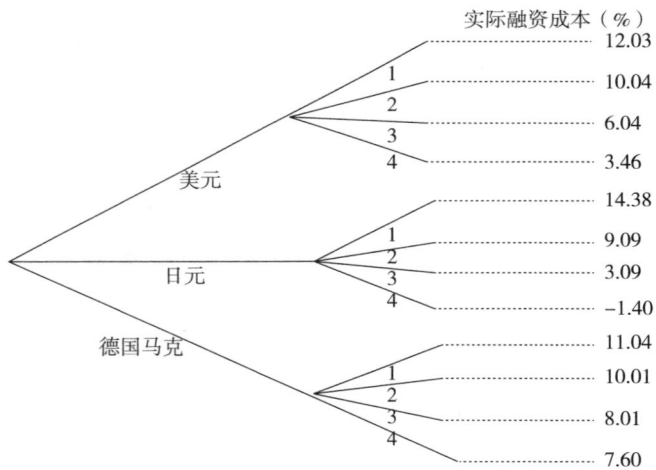

图 6-3　短期融资的决策树（2）

决策的结果是什么呢？如果仅仅基于最小化实际融资成本的目标，决策者应当选择日元，而对马克和美元无差异。但如果效用还取决于风险，结论就不同了。决策者将不再对美元和马克无差异，因为美元的实际融资成本更多变，更具风险性，选择美元就意味着可能面对 12.03% 的实际融资成本。另外，尽管日元的实际融资成本更小，但它的风险却比另外两种货币更大。这样，给定在美元和马克之间做出选择，决策者必然会选择马克。而在日元和马克之间的选择决定于决策者的效用函数和他对待风险的态度。

让我们考虑以下外币投资选择决策的制定过程。在这一例子中，投资者希望能在既定的风险水平下，实现实际投资回报率的期望值最大化。和实际融资成本一样，实际投资回报率的粗略计算结果是由利率加上汇率的期望变动率得到的。

表 6-5　实际投资回报率的期望值和标准差

货币	期望值（%）	标准差（%）	单位标准差的预期回报率（%）
美元	10	4	2.5
日元	8	4	2.0
德国马克	9	3	3.0
组合 A	15	6	2.5
组合 B	15	5	3.0
组合 C	7	2	3.5

同时，我们假设期望效用是实际投资回报率的期望值与其标准差的比值的线性函数（见表 6-5）。这是衡量单位风险回报率的有效方法，其中风险由标准差的 100 倍表示。因此，目标变成了谋求每单位标准差的预期回报率最大化。这一目标有以下含义：

（1）尽管组合 A 的预期投资回报率要明显高于美元，但决策者对组合 A 和美元是无差异的。

（2）尽管组合 B 的预期投资回报率要高出马克 6 个百分点，但决策者对组合 B 和马克是无差异的。

（3）对日元的投资要比其他所有投资都差，虽然日元的预期回报率要高于组合 C。

（4）决策者会选择组合 C，虽然组合 C 的预期回报率是最低的。

（5）如果以降序排列，这些选择所对应的期望效用的大小关系是：组合 C；组合 B 和德国马克；组合 A 和美元；日元。

为了得到连续的和一致的偏好次序，需要根据概率和效用进行决策。在本例中，重要的并不是就某一点做出预测，而是做一系列的预测。就汇率的未来值（对应着实际投资回报率）而言，既然存在无数种可能的情形，那么任何一个特定的情形都对应一个很小的概率。然而通常的情况是，只有少数可能的情形被预测到，这就造成了概率的不准确，并可能产生误导。Phillips（1987）对此提出了相反的意见。他认为，期望效用规则仅仅提供了各种概率下的选择之间的相对比较。因此，真正重要的不是各个概率的绝对值，而是它们之间的相对大小关系。所以，尽管所列的概率并非是完备的，它们的和也不是 1，但期望效用规则仍然可以被用于不同方案之间的选择。

事实上，如果概率之和不为 1，我们完全可以通过单位化的方法解决这一问题。在下面的例子里，决策制定者力图使实际融资成本最小化，他有三种选择：美元、日元和德国马克。相应的信息在表 6-6 中，假设那四种情形就是所有可能的情形。在这个例子里，概率（i）的四种情形的概率和为 1。现在假设决策制定者认为这四种情形只占所有情形的 60%，这样我们就有了概率（ii），它的四个概率之和就不是1，而是 0.6。

表 6-6　实际融资成本及其概率

	情形 1	情形 2	情形 3	情形 4
美元实际融资成本（%）	13.0	10.0	6.0	3.0
日元实际融资成本（%）	14.0	9.0	4.0	2.0
德国马克实际融资成本（%）	11.0	10.0	8.0	3.0
概率（i）	0.40	0.30	0.20	0.10
概率（ii）	0.24	0.18	0.12	0.06
单位化的概率（ii）	0.40	0.30	0.20	0.10

对概率进行单位化，就是用概率（ii）的各个概率值除以各个概率的和。所得的概率位于表 6-6 最下面的一行，它和概率（i）完全一致。既然这两行概率完全相等，那么它们对应的实际融资成本的期望值也应该是相等的。这样，不论决策制定者是选择完备事件的概率（i），还是选择被单位化了的概率（ii），结果都是相同的，而概率（ii）并不是完备的。决策制定者会提出相同的偏好顺序：德国马克（9.3）、美元（9.7）和日元（10.0）。

6.3　预测的判断性处理

到目前为止，预测的产生还是依赖于在历史数据的基础上建立的模型，用这些模型去推测相应的数据并产生预测。这里隐含的假设是，能够正确再现过去汇率产生过程的模型，就一定能够正确地预测未来的汇率。这一假设没有考虑各种参数之间的关系可能出现的转变和结构性的突变。在某些情况下，预测者考虑到一些不同寻常的事件，并且认为历史难以准确地预言未来，就会在自己判断的基础上做出预测。当历史数据偏少，或者历史数据被认为存在偏颇的时候，判断在预测过程中的成分还要再多一点。在极端的情况下，预测者会认为历史数据和预测过程并没有什么直接关系，那么他就会完全用自己的判断进行预测。

考虑以下的例子。假设汇率由线性模型决定：

$$S_t = \alpha + \beta X_t + \varepsilon_t \tag{6.1}$$

建立模型，得到下面的式子，预测就可以得出：

$$\hat{S}_{t+1} = \alpha + \beta X_{t+1} \tag{6.2}$$

如果预测者认为由于会出现汇率上升的转变，而 $\hat{S}_{t+1}$ 不能全部反映汇率在 t+1 期的这种变化，那么实际的模型就不会完全由历史数据决定，而是：

$$S_t = (\alpha + \gamma) + \beta X_t + \varepsilon_t \tag{6.3}$$

此时，预测为：

$$\hat{S}_{t+1} = \alpha + \gamma + \beta X_{t+1} \tag{6.4}$$

既然 γ 不是由历史数据决定的，那么预测者就必须用自己的判断来设定这一参数的值。例如可能出现这样的情况，美国股票价格即将上升，于是预测美元的需求会增加。

当一些可定性的或者说是不可定量的事件出现时，如情感方面，或者军事紧张的局面，也可能出现与以上例子相同的问题。此时，模型应该为：

$$S_t = \alpha + \beta X_t + \delta Z_t + \varepsilon_t \tag{6.5}$$

其中，Z 是一个可定性的或者不可定量的参量。预测为：

$$\hat{S}_{t+1} = \alpha + \beta X_{t+1} + \delta Z_{t+1} \tag{6.6}$$

显然，方程（6.6）是无法由历史数据推导出的，预测者必须用他的判断来为 δZ_{t+1} 赋值。这种情况在出现泡沫时尤其常见，例如在 20 世纪 80 年代上半期出现的美元升值的泡沫。此时，模型会一直低估美元，这就需要一个关于升值的判断性调整。需要注意的是，同样的调整却可能被用在单变量时间序列模型中。

研究表明，如果可以得到相应的历史数据，判断性的处理会降低模型产生的预测结果的精度。这可能要归因于某些预测者的偏见。McNees（1990）提供的证据表明，预测者可能对他们未经处理的预测过于倚重。这些证据同样揭示了判断性的修正在长期预测方面也是没有好处的。

6.4 判断性预测在情景描述中的作用

如果预测者并不确定那些影响汇率的因素会发生什么变化，那么基于经济模型的条件预测就需要一些具体的情景。这种情况在多变量模型中经常出现，但在单变量模型中就很少出现。例如，PPP 模型告诉我们汇率的变动率取决于本国和外国的通货膨胀率。要预测汇率的变动率，预测者就必须输入通货膨胀率的值，但当他进行预测时，他并不知道这些通胀率。因此，预测者需要对这两国的通胀率赋值。一个情景就有一对赋值。而情景几乎完全是由预测者根据自己的判断设计的。

情景是对未来可能的情况的一种描述，在这些可能的情况下，预测者能够确定潜在的发展状况。它们并不是描述未来是什么样子，而是描述所有可能出现的情形。要分析众多情景的原因之一，就是整个过程没有设定任何思考的限制。

《简明牛津词典》这样定义"情景"（Scenario）："假想的未来事件的结果。"在预测学的文献中，有两个关于"情景"的非常流行的定义。Khan（1965）把情景定义为："假想的事件结果，其目的在于聚焦事件发展的因果过程和最后的决定"；第二个定义由 Mitchell 等（1979）给出，情景是"在对现在和未来一段时间内的一系列事件进行假设的条件下，对可以设想的状态的大概描述"。Jungermann 和 Thuring（1987）认为重点在于初始点和终点之间所发生的事情，并在此基础上对以上两个定义做了区分。Khan 的定义强调的是对事件与行为链的解释，以及它们之间偶然的关系。Mitchell 等人的定义则强调在给定对发生时间段的假设的条件下，对初始状态的描述。因此，Jungermann 和 Thuring 称第一个定义为"链情景"（Chain Scenario），称第二个定义为"快照情景"（Snapshot Scenario）。由此，他们列举了情景的以下性质：

（1）在某种意义上，情景对可能的未来的描述都是假设的。

（2）在某种意义上，情景用一种可能的状态表现更为复杂的状态，这一过程是有选择性的。

（3）在某种意义上，情景由有限数量的状态、事件、行为和结果构成，这是必然的。

（4）在某种意义上，情景的各要素之间的联系是有条件的，或者是偶然的。

（5）在某种意义上，对情景的概率和偏好程度的值的判断是可测的。

Ducot 和 Lubben（1980），提出了界定情景的三条标准：

（1）情景既是解释性的，又是预测性的。解释性的情景是"前向指导性"的（Forward-directed），即它们从某些假设的最初状态出发，去探索未来可能发生的结果。而预测性的情景，则是"后向指导性"的（Backward-directed），它们首先从事件的最终状态出发，然后去探讨产生这些影响的可能事件。

（2）情景既是描述性的，又是规范性的。描述性的情景展现潜在的未来，而不在意具体的要求或者其他东西。而规范性的情景则对目标和数值有着精确的描述。

（3）情景既是有趋势的，又是突变的。在没有特定行为发生的情况下，有趋势的情景描述的是正常的、没有任何让人惊奇的事件和状态，而突变的情景则描述中断趋势的那些令人惊奇的和不令人惊奇的事件。

Geschka 和 Reibnitz（1983）提出了情景描述的过程，具体步骤如下：

（1）界定并构建任务，确定目标范围，识别出目标范围的主要相关特征。

（2）描述重要的外部因素，以及它们对目标范围的影响。这些因素构成影响域。

（3）确定每一个区域的主要描述对象，同时对它们的未来趋势做出假设。

（4）检查假设（对关键的描述对象的假设）之间的组合是否保持内在一致性，由此确定假设束。

（5）将这些假设与非关键的描述对象的趋势假设相结合，从而构建出每一个区域的情景。

（6）对可能的干扰因素及其发生的概率和对区域的影响做出假设。

（7）评估每一个区域情景对目标范围和描述对象的影响。

（8）确认能够加速或者延缓情景中的事件发展的策略。

Jungermann 和 Thuring（1987）提出了进行情景描述的人的认知行为步骤：

（1）在个人的知识库中激发相关问题。

（2）构建一个基于积极知识的认知模型，该模型包含了具体任务所需要的该领域中的诸多元素和相互关系。

（3）考察认知模型，得出推论。

（4）根据相关性、可能性、兴趣或者其他任何可能的标准选择推论，从而构成情景知识。

一个例子：一个 PPP 预测模型的情景

情景描述涉及对不确定的未来的界定，这种界定是通过描述可能影响汇率的变量来完成的。一个"最可能"的情景是伴随着一个或多个可能，但可能性不大的情景一起确定的。在情景描述的过程之后，通常会有一个讨论，以获取对该情景的一致同意或者其他可能的情景。例如，某一情景先由首席经济学家提出，然后由管理团队人员进行讨论。

考虑 PPP 模型：

$$\dot{S}_t = \alpha + \beta \dot{P}_t + \gamma \dot{P}_t^* + \varepsilon_t \tag{6.7}$$

由此可以得到预测：

$$\hat{S}_{t+1} = \alpha + \beta \dot{P}_{t+1} + \gamma \dot{P}^*_{t+1} \tag{6.8}$$

这一情景涉及 t+1 期的通货膨胀率。表 6-7 显示了四个可能的情景,其概率在 0.4 与 0.1 之间。

表 6-7　PPP 模型的各个情景

情景	本国通货膨胀	外国通货膨胀	$\dot{P}_{t+1}$	$\dot{P}^*_{t+1}$	概率
1	高	高	10	12	0.4
2	高	低	10	4	0.3
3	低	高	3	12	0.2
4	低	低	3	4	0.1

给定这四个情景,可以做出四个不同的点预测。以四个情景的概率为权重,计算四个汇率变动百分比的加权平均数,作为汇率变动百分比的期望值。

6.5　判断性预测:最后评价

关于判断性预测在商业决策中的运用是没有疑义的。事实上,一些专家的建议经常是在判断性预测的基础上做出的。但这并不意味着预测者可以信口开河,随便预测。相反,预测者需要尽一切可能去搜集相关信息,然后努力去做出理性的预测。然而收集相关信息的过程是计算机无法代劳的,它只能由预测者在头脑中完成。因此,预测不可能以完全精确的方式做出,而是通过预测者的思考所判断的"概率平衡"的方式做出。

这就是为什么判断性预测会被认为缺少客观性。沃顿经济计量学预测协会(WEFA)在其网页上明确表示它的预测不是判断性的。它有以下的明确表态:

与其他众多汇率预测不同,我们的预测绝非基于直觉判断。它们是由全国专家在理性分析的基础上通过适中的模型推导出来的。

这给人一种印象,就是为了预测,他们付出了大量的努力,而且是基于科学的方法,绝非"巫术"。但有一点是正确的,就是尽管这些预测是在理性且高度复杂的经济学模型的基础上做出的,判断性的处理在预测中依旧有用。理性分析和全国的专家有两个作用,它们都牵扯到判断性预测。首先,他们描述了产生条件预测所需的情景;其次,当模型产生的预测不太合理时,他们需要对预测做一些处理。

最可能的情况是,相对于判断性预测,某项预测服务的顾客通常对正规预测的印象更加深刻,这点至少在事前如此。一般而言,判断性预测会被一些普遍持有的观点所轻视。以下就是这些观点的几个例子:

（1）预测必须是科学的，而科学是建立在数学模型的基础上的。判断性预测不是科学的，更像是一些主观猜测的集合。

（2）建立在严密数学基础上的正规预测方法允许审查、复制和证实，而判断性预测则经不起这些检验。

（3）判断性预测更倾向于个人偏见，因此它在客观性方面要比正规预测差一些。

如果不考虑这些感性认识，求助于判断性预测在有些时候是必然的，而且实际的情况是，从事后看，正规预测并不比判断性预测更好。

6.6 合成性预测：一个综述

合成性预测就是通过把不同模型所产生的两个或多个预测合并起来，以得到最终的预测结果。这么做的原因之一，就是通过多样化来减少预测错误，并且通过合成不同的观点利用集体智慧。这些基本的预测是由经济模型导出的判断性预测或者正规预测。这样做的目的在于得到一个被众人认可的预测。

关于多样化原则有一句名言，就是"不要把所有的鸡蛋都放在同一个篮子里"。这句话通常被用于资产组合理论，在合成性预测中它也是最为重要的原因。然而，如果这些预测是由存在巨大差异的预测方法所导出的，那么由它们合成所得到的结论，就要比那些由相似预测方法导出的预测所合成得出的结论要好。举例来说，这就意味着，两个分别由 PPP 模型和 ARIMA 单变量模型导出的预测，它们合成所得到的结论，就要优于 PPP 模型和无偏效率模型（Unbiased Efficiency Model）的预测结果合成得到的结论。

合成性预测以及隐藏在其背后的原理同样可以解释，为什么很多公司会同时选择多家采用不同技术的预测服务。在这些预测被得到之后，它们会被汇总、合成，以得到一个能够被一致通过的合成性预测。这也是那些金融媒体得到一致预测的方法。

当团体效应可能会扭曲预测结果时，Dephi 方法可以被用来得到一致预测。这一方法可以帮助同属一间公司的经理人员和分析人员获得一个一致通过的判断性预测。假设一个公司打算进行一笔外币应付项目的套期交易，而最终是否进行交易的结论依赖于对相关货币汇率变动情况的预测。最初，每一个参与者都会被要求对汇率做出预测，然后以书面形式回答自己的预测结果和做出如此预测的原因。然后，具体负责这项工作的人员会汇总这些预测和相关评论，并把它们反馈给所有参与者。这样，参与者就可以看到别人的看法，继而有两种回应：要么坚持并且捍卫自己原先的观点；要么根据其他参与者的意见修正自己的预测。这一过程会持续进行下去，直到确认很多观点都已经被充分发展，并且每一个观点都被认真考虑过了。到了这一阶段，所有的参与者会被邀请参加一个会议，来讨论他们的观点。最后，就可以得到一个清晰的一致通过的预测了。

学者们对合成性预测有着不同的观点和看法。Armstrong（1989）提出，200 份研究的结果表明，尽管合成性预测可以达到某种和谐一致的结果，但在预测的精确度上并没有提高。他还加了一点，就是这些研究并没有很好地界定出在哪些条件下，合成性预测是最有效的，也没有很好地界定出在不同的情形下如何合成各种不同的预测方法。Mahmoud（1989）则认为，尽管学者们对合成性预测进行了众多的研究，但我们对管理人员何时和如何进行合成性预测依然所知较少。Clemen（1989）提出了一个相对积极的观点，认为通过合成不同的预测结果，可以显著地提高预测的精确度。

6.7 合成预测的方法

考虑这四个汇率预测模型：PPP 模型、ARIMA（2，1，0）模型、远期汇率模型和随机漫步模型。以下四个方程分别代表由这四个模型得出的预测：

$$\hat{S}_{t+1} = a + bP_{t+1} + cP_{t+1}^* \tag{6.9}$$

$$\hat{S}_{t+1} = \alpha + \beta S_t + \gamma S_{t-1} \tag{6.10}$$

$$\hat{S}_{t+1} = F_t \tag{6.11}$$

$$\hat{S}_{t+1} = S_t \tag{6.12}$$

$\hat{S}_C$ 合成性预测，用 $\hat{S}_P$、$\hat{S}_A$、$\hat{S}_F$ 和 $\hat{S}_R$ 分别表示以上四种预测。合成性预测可以是这四个单个预测的简单平均，计算如下：

$$\bar{S}_C = \frac{1}{4} + \left[\hat{S}_P + \hat{S}_A + \hat{S}_F + \hat{S}_R \right] \tag{6.13}$$

此外，它还可以是它们的加权平均数，即按以下方法计算：

$$\hat{S}_C = w_P \hat{S}_P + w_A \hat{S}_A + w_F \hat{S}_F + w_R \hat{S}_R \tag{6.14}$$

其中，

$$w_P + w_A + w_F + w_R = 1 \tag{6.15}$$

一般情况下，如果存在 k 种单个的预测，那么合成性预测的计算公式就是：

$$\hat{S}_C = \sum_{i=1}^{k} w_i \hat{S}_i \tag{6.16}$$

其中，

$$\sum_{i=1}^{k} w_i = 1 \tag{6.17}$$

有一点非常重要，要紧记于心，就是只有当不存在"预测包含"现象时，合成性预测才是有用的。所谓一个预测"包含"了另一个预测，就是说前者考虑了后者所有的相关因素。考虑一个关于汇率真实值的回归分析，有两个预测，即 $\hat{S}_P$ 和 $\hat{S}_A$。

$$S_{t+j} = \alpha_P \hat{S}_{P,t+j} + \alpha_A \hat{S}_{A,t+j} + \varepsilon_{t+j} \tag{6.18}$$

对预测包含的检验是基于对系数的检验。如果 $(\alpha_P, \alpha_A) = (1, 0)$，那么 PPP 预测就包含了 ARIMA 预测。相反，如果 $(\alpha_p, \alpha_A) = (0, 1)$，那么 ARIMA 预测就包含了 PPP 预测。由于不存在静止不变的汇率，因此最好对汇率的变动做回归分析，如下所示：

$$S_{t+j} - S_t = \alpha_P \ (\hat{S}_{P,t+j} - S_t) \ + \alpha_A \ (\hat{S}_{A,t+j} - S_t) \ + \varepsilon_{t+j} \tag{6.19}$$

同样，可以对上式做系数的检验。

现在我们面临的问题是如何确定不同预测结果的权重。这一问题涉及不同的合成预测方法。通常，我们用以下的方法对预测结果进行合成。

6.7.1 以相等的权重合成预测结果

这就是方程（6.13）所描述的方法。这一方法避免了对预测结果好坏的判断和选择，所以它对好的和坏的预测结果一视同仁。

6.7.2 以不等的权重合成预测结果

即对在样本期内表现更为精确的预测给予更大的权重。

6.7.3 方差—协方差方法

考虑一个基于 PPP 模型和 ARIMA 模型的合成性预测。其表达公式如下：

$$\hat{S}_{C,t+j} = w\hat{S}_{P,t+j} + \ (1-w) \ \hat{S}_{A,t+j} \tag{6.20}$$

那么，这个合成性预测的误差，也就是这两个预测误差的加权平均数。

$$e_{C,t+j} = we_{P,t+j} + \ (1-w) \ e_{A,t+j} \tag{6.21}$$

这个合成性预测误差的方差就是：

$$\sigma_C^2 = w^2 \sigma_P^2 + \ (1-w)^2 \sigma_A^2 + 2w \ (1-w) \ \sigma_{P,A}^2 \tag{6.22}$$

这里，σ_C^2 是合成性预测误差的方差，σ_P^2 是 PPP 模型预测结果误差的方差，σ_A^2 是 ARIMA 模型预测结果误差的方差，$\sigma_{P,A}^2$ 是两个预测误差的协方差。最优的权重为 w，表示如下：

$$W = \frac{\sigma_A^2 - \sigma_{P,A}^2}{\sigma_A^2 + \sigma_P^2 - 2\sigma_{P,A}^2} \tag{6.23}$$

方差和协方差可由已知样本数据得出。例如，协方差可以计算如下：

$$\sigma_{P,A}^2 = \sum_{t=1}^{N} e_{P,t+j} e_{A,t+j} \tag{6.24}$$

其中，N 是样本容量，如果协方差是零的话，那么式（6.23）可以简化为：

$$w = \frac{\sigma_A^2}{\sigma_A^2 + \sigma_P^2} \tag{6.25}$$

显然，如果 $\sigma_P^2 \to 0$，那么 $w \to 1$，而这就意味着将全部权重都赋予 PPP 模型。

6.7.4 以回归的权重来合成预测

在这种方法中，我们将对预测对象的实际值进行回归分析，并以由此得到的相关参量的系数作为权重。回归方程如下：

$$S_{t+j} = \beta_0 + \beta_1 \hat{S}_{P,t+j} + \beta_2 \hat{S}_{A,t+j} + \varepsilon_{t+j} \tag{6.26}$$

但当某一个系数为负值时，问题就出现了。尽管系数可能被假定为 $\beta_0 = 0$，$\beta_1 + \beta_2 = 1$，系数同样可以被假定为正值。Granger 和 Ramanathan（1984）表示，如果对系数不加限定，结果会更好。同时，即便单个的预测是有偏差的，合成性预测的结果仍然可能是无偏的。

以下介绍一些针对这种回归方法的不同的修正方式。例如，如果确信单个的预测结果的相对精确度会随着时间的变化而变化，那么就有必要取得随时间变化的回归系数。我们也可以让残差服从自回归过程或者移动平均过程，并在此基础上建立回归方程。另一种修正方法涉及对简单平均预测和回归预测的加权平均。最后，回归方程也可以采取比较特殊的非线性方程形式。

6.8　一致性的预测

一个常见的情况是，我们利用合成性预测的方法来获取一致性预测。不同的预测者拥有不同的信息和能力，这导致了预测结果的不同。通过合成不同的预测结果，我们有可能会得到一个被众人认可、一致通过的预测结论。媒体就经常通过合成不同预测者的预测方法来发布一致性的预测。

已经有四种研究涉及了一致性预测。这些研究得出了一些关于一致性预测的认识：

（1）某些研究将一致性预测定义为不同的单个预测的平均值或者中位数（Mc-

Nees，1987；Zarnowitz，1985）。

（2）Agnew（1985）认为，不同的预测者的预测结果之间存在着高度的相关性，所以，计算平均数并不会减少太多偏差。相反，他认为采用最优汇总法，使用回归权重随着时间变化而逐渐校正偏差。

（3）不同的预测者的预测结果之间会有不同的分布特征，一致性预测就是在此基础上定义的。Lahiri 和 Teigland（1987）以及 Schnader 和 Stekler（1991）认为，一致性预测要求预测是多样的、系统的，至少也像正态分布的密度函数一样有峰值。

（4）有些研究则追踪预测或者预测误差随时间变化的分布，以检测其显著性水平。显著特征表明，预测者之间并不相似。Stekler（1987）和 Batchelor（1990）所做的研究就是这些研究中的例子。

7 技术分析

7.1 定义与基本原则

技术分析可以被定义为基于供给和需求的汇率（以及其他金融产品价格）研究。技术分析师（也称作技术员或者制图者）通常以图表的形式记录汇率的历史数据，并从图表化的历史数据中推导出其未来可能的变动趋势。这一做法的基本思想是，我们在外汇市场上所能观察到的汇率完全由供给和需求决定，而供给与需求就是我们需要知道的内容。

技术分析的应用十分广泛，尤其是在影响汇率的经济基本面没有什么变动的情况下，或者是在短时间内进行交易（例如，每天的或一天以内的交易）的情况下。那些用于预测汇率的基本模型往往显得缺乏探索和预测的能力，在很大程度上，正是对它们的不满导致了技术分析的数量大大增加。自从 20 世纪 70 年代出现通货膨胀开始，汇率的真实变动情况就与那些由诸如 PPP 模型和货币模型等基本模型所得出的均衡汇率有着很大的偏差。由于这些模型所得出的都是均衡的汇率，所以任何高于均衡值的汇率上升，都会被理解为汇率下跌的信号。相反，只要没有迹象表明会出现反转，技术分析就把这些上升视为牛市的信号。

技术分析建立在这样的基本认识之上，即汇率不是随机变动的，其变动形式是重复的和可辨认的。汇率变动的时间序列反映了所有可以获取的信息，它们决定了需求和供给。这些信息既包括经济的基本面，也包括一些难以量化的因素，如预期、情感和心理等。正是这些因素导致了那些被技术分析师观察到的变动形式。然而，这一基本认识并非没有遭遇挑战。例如，Cootner（1964）和 Malkeil（1990）就认为，可见的股票价格变动轨迹（以及其他一般的金融产品价格）并不比中彩票更有规律，并认为它们可以由掷硬币的方式来复制。这种争论还在继续发展，Malkeil 深化了他自己的观点。他提出，即使市场有重复其自身历史的倾向，那也是通过众多的变量才实现的，而这些变量都需要去预测。回顾图 1-4，它显示了一个由随机数字产生的人造汇率变动轨迹。我们可以很容易地辨认出其中的一些变动形式，而技术分析师能给这些形式以确定的解释。

技术分析有三个原则：第一个原则是所有这些影响汇率的因素都得到了贴现，它们都由图表中汇率的实际变动来反映。这些因素包括：经济、政治、心理和其他因素。与基本分析不同，技术分析认为研究基本变量从而确定一种货币的内在价值的行为是徒劳的。在 20 世纪 80 年代，面对诸如较慢的经济增长和较低的利率等不利的经济基本面因素，美元依旧持续坚挺。使用 PPP 模型方法测算某种货币的内在价值，会发现这种货币的币值总是被高估或者低估。在 1998 年的下半年，没有人可以解释英镑的坚挺和澳大利亚元的疲软。以经济基本面为依据，试图去预测汇率的变动轨迹可能是徒劳的，这其中有两个原因：测度误差和一些无法准确得到的，诸如价格、产出和收支平衡等不断变化的变量值。因此，每天的汇率变化是不能用经济基本面来预测的。

汇率的变动仅仅反映了需求与供给两者力量对比的变化。技术分析并不关注，或者说并不试图去探索出需求与供给变化的原因。他们只关注发生了什么，而对为什么发生和如何发生兴趣索然。由此继续推导可以发现，他们只研究汇率的变动过程。这解释了那句名言"有利好消息就卖出"，因为如果实际发生的事件已经被预期到，那么它已经被反映在汇率水平上了。因此，我们不能指望这个消息会继续带来上涨。图 7-1 显示了需求与供给两者力量对比变化使汇率随时间变动而变动的路径。最初的汇率是 S_1，由需求曲线 $(Df)_1$ 和供给曲线 $(Sf)_1$ 的交点决定。随着需求曲线右移，汇率也先上升到 S_2 并接着上升到 S_3。随着供给曲线也向右移动，汇率下跌到 S_4，然后继续跌到 S_5。最后，需求曲线移回到 $(Df)_2$ 和 $(Df)_1$，汇率进一步跌至 S_6 和 S_7。

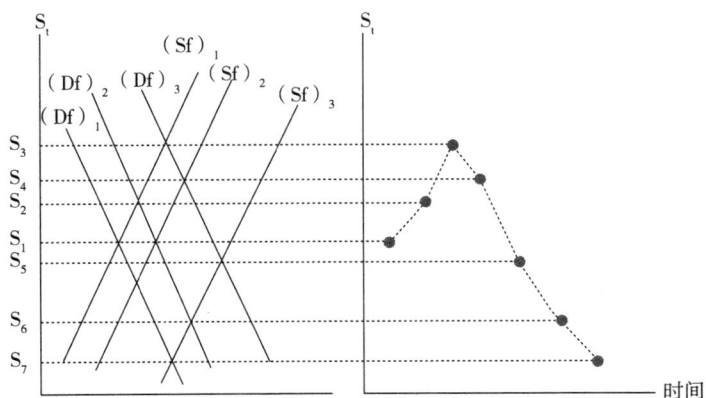

图 7-1　需求和供给曲线移动所产生的汇率随时间变动的路径

第二个原则是汇率的变动是有趋势的，而且这种趋势是持续的。需求和供给的平衡使汇率变动遵循一定的趋势，这一趋势会一直持续下去，直到结束。例如，一种货币正在升值，那么它就会一直升值，直到出现一个明显的反转。同样的道理也适用于一种货币的贬值。当一辆汽车正在往北开时，它不可能突然一下子就调转方向往南开：它必须先减速，甚至要停车。减速和停车就是汽车要改变行驶方向的信号。汇率变动的道理也是一样。当一种货币升值时，它的汇率上升，这样就出现了一个趋势。这一趋势会持续下去，直到上升速度降低以发出警告，最后才会反转并开始下降，这时一个新的趋势又产生了。那句座右铭"趋势是你的朋友"是正确的，因为一旦某种趋势很可能会继续下去的话，那么追随它的交易者就有可能赚到钱。

第三个原则是市场行为是有重复性的。这是因为人的本性决定了在相似的情况下，人会有相似的反应。既然外汇市场是人们（交易者）交易行为的总和，那么技术分析师就可以通过研究人们的行为，来考察在特定的情况下人们如何反应，以及汇率如何变动。换言之，技术分析师分析相似情景的再现，从而试图判定汇率变动的波峰和波谷。技术分析师通过检验图表来完成这项工作。这些图表意味着可以被解读出来的汇率未来可能的变动趋势。

技术分析是建立在对相关汇率历史数据的分析之上的。这些数据可能是一天以内的、每天的、每周的、每月的，甚至是每个季度的。具体使用什么频率的数据取决于交易者的主观判断。通常，每月的数据用于反映长期趋势，每周的数据用于反映中期趋势，每天的数据则反映短期趋势。

7.2　道氏理论和艾略特波浪理论

道氏理论和艾略特波浪理论是两个技术分析理论，它们的目的在于描述金融产品价格的变动形态。在这一节里，我们将简要地介绍这两个理论。

7.2.1　道氏理论

在 1900~1902 年，查尔斯·道（Charles Dow）在《华尔街日报》上发表了一系列的社论，这些社论中的思想后来被称为道氏理论。同样也是《华尔街日报》的编辑，威廉姆斯·汉密尔顿（William Hamilton）在另外一个系列的社论中继续发展了这项工作。第一次正式表述"道氏理论"的是 Rhea（1932a，1932b）。

道氏理论主要是讨论界定金融市场的变动趋势的。这个理论的第一个基本假设是市场贴现了所有的信息，这就意味着当前的价格（或者汇率）反映了所有的信息（与基本变量联系）。市场包括三种趋势：基本趋势、次要趋势和暂时趋势。基本趋势代表了长期趋势。次要趋势则是基本趋势的反向扰动，是一种调整。如果次要趋势是牛市中的一个下挫调整，就称为"暂时下跌"；如果次要趋势是熊市中的一个向上调整，就称为"暂时上涨"。暂时趋势是每一天之中的波动。所有的这些运动全都同时发生，各自形成大潮、波浪和涟漪。图 7-2 显示了牛市和熊市中的基本趋势和次要趋势（忽略暂时趋势）。

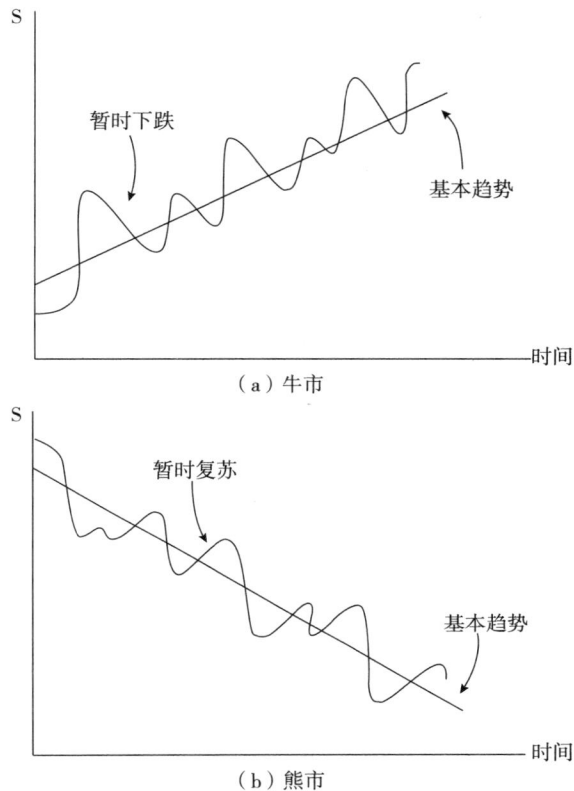

（a）牛市

（b）熊市

图 7-2　道氏理论中的牛市和熊市

　　道氏理论把牛市中上升的基本趋势又分解成三个阶段。相对于熊市结束时的惊恐大甩卖，反弹（由专家级的交易者所做）标志着一个牛市的开始。当其他的交易者受到资本利得的激励也加入进来时，第二个阶段就开始了。最后一个阶段会出现猖獗的投机行为，那些缺少经验的普通民众也参与其中。下跌的基本趋势与其完全相反。在一个真正的牛市中，每一次次要趋势过后的波谷都要高于前一个波谷，反之亦然。

　　道氏理论得到了广泛的认同与接受，但在某些方面它也受到了批评。第一个方面的批评认为，道氏理论给出的信号经常滞后于现实。道氏理论认为，只有在一个波峰高于上一个次要趋势的波峰时，才可以判断为牛市。因此，一些有利可图的投资机会经常会因为投资者等待牛市的确凿证据而被白白错过。第二个方面的批评指出，道氏理论没有给基本趋势和次要趋势的幅度和持续时间一个明确的定义。而且，这一理论没有就短期趋势提出相应的信号，并且有可能给出错误的信号。

7.2.2 艾略特波浪理论

由艾略特提出的艾略特波浪理论试图去预测反转，而非确定反转。根据这一理论，金融市场遵循一个重复的循环：五个波浪的上涨以及三个波浪的下跌，如图7-3所示。一个波浪既可以是从波谷上升到波峰（向上的波浪），也可以是从波峰下降到波谷（向下的波浪）。这些波浪在图7-3中被标上了+号和-号。前半部分的五个波浪包括三个向上波浪和两个向下的波浪。后半部分则包括两个向下的波浪和一个向上的波浪。

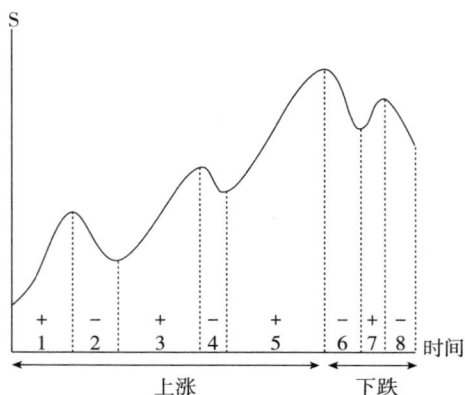

图7-3 艾略特波浪理论

基本的观点就是一次调整（如图7-3中的下落）不会超过五个波浪。图7-4（a）显示了一个真正的牛市。一次五个波浪的上涨紧接着就是三个波浪的下跌，然后又是一次五个波浪的上涨，一直持续下去。图7-4（b）显示了一个牛市是如何

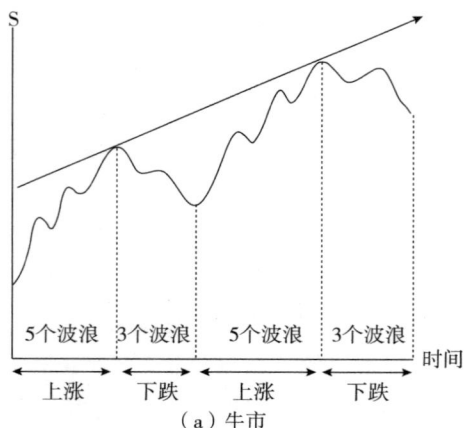

图7-4 牛市和熊市中的艾略特波浪

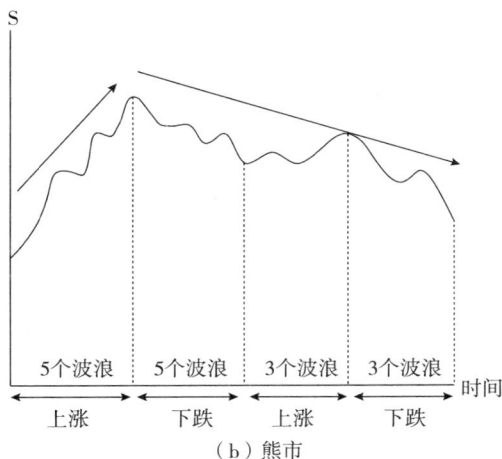

图7-4 牛市和熊市中的艾略特波浪（续）

变成一个熊市的。一次五个波浪的上涨紧跟着五个波浪的下跌。随后的三个波浪的上涨被证明是一次暂时的回升，之后市场就一直在下跌。

7.3 图表的种类

技术分析师的主要工具就是图表。他们通常使用以下四种图表：柱状图、走势图、圈叉图和日本K线图。下面依次介绍这四种图表。

7.3.1 柱状图

柱状图无疑是应用最为广泛的一种图表。在柱状图中，一条垂直的短线代表某一段时间汇率的变化范围，它的最底端代表汇率在这段时间里的最低值，最高端代表汇率的最高值。水平的短横线代表了收盘时的汇率水平。这样，对每一段时间而言，我们需要三个水平的汇率来画一个柱状图。

做一份柱状图是很容易的，如图7-5所示。竖轴代表汇率水平，横轴代表时间。某一段时间可以是一个小时，也可以是一天、一周，等等。每一段时间汇率的最高、最低和收盘价都已在图中标明。垂直的柱状短线连接了汇率的最高价和最低价，从中穿过的水平横线则代表了收盘价。有时，开盘价也会被标上。这时就有必要使用两根横线了：向左的横线代表了开盘价，向右的横线代表了收盘价。

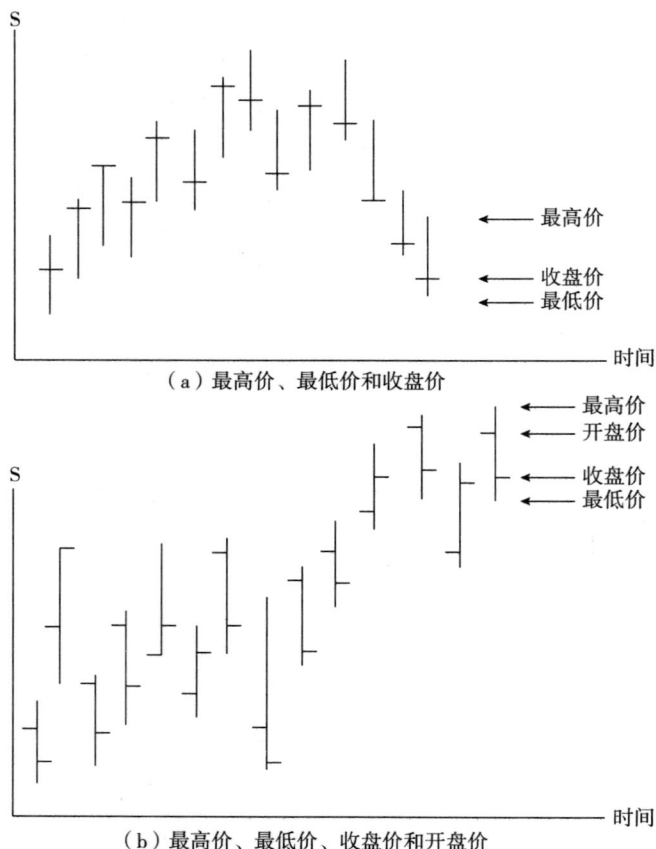

（a）最高价、最低价和收盘价

（b）最高价、最低价、收盘价和开盘价

图 7-5　柱状图

7.3.2　走势图

走势图标明了每个时期的观测数值，通常使用的是收盘时的汇率水平。这些点被光滑的线（或曲线）连接在一起，形成了汇率的时间路径。图 7-1 中右边的图就是一个走势图，是一个由真实数据构成的走势图。

走势图（或者柱状图）的优势在于简单、直观和便捷，但这是以牺牲某些信息为代价的。例如，如果一个走势图只标明每天收盘时的汇率水平，那么包含于其间的汇率的信息就被略掉了。如果考虑到收盘价是最重要的和最能代表每天交易的指标的话，这样做也许是合理的。这个问题也可以通过一个方法来解决，就是使用比每天更高频率的时间段来记录汇率。

7.3.3　圈叉图

尽管圈叉图没有柱状图和走势图那么应用广泛，但它大约在 1800 年就出现了。

柱状图和圈叉图最重要的区别就在于，后者没有时间维度，至少在图上没有标出时间。当我们在图形上标明汇率时是不考虑时间的。

与走势图和柱状图不同，圈叉图并不显示汇率的微小变动。只有当汇率产生"显著变化"时，我们才在圈叉图上做出相应的标记。什么是显著的变化取决于相关的汇率和技术分析师。例如，如果相关的汇率是日元/美元汇率，那么一个显著的变化可能是 2 日元。这样的话，如果汇率从 130 上升到 131.5，那么这个变化就不会被标出，因为变化小于 2 日元。但如果是从 130 上升到 132.5，就需要记录了。

图 7-6 即是一个圈叉图，我们用×表示汇率上升，用〇表示汇率下降。在图 7-6 中，左边第一列的 6 个×表明汇率从 S_1 升到了 S_2，也就是 6 个显著的上升变化。当汇率停止上升并且开始下降的时候，我们就开始新的一列。所以，第二列的 3 个〇就表示汇率又下降到 S_3。通过这样一次又一次的重复，我们就可以用这幅图来强调市场的主要趋势了。列的高度表明了上升趋势（×）或者下降趋势（〇）持续的幅度。从一列向右转到另外一列则表示趋势的反转。

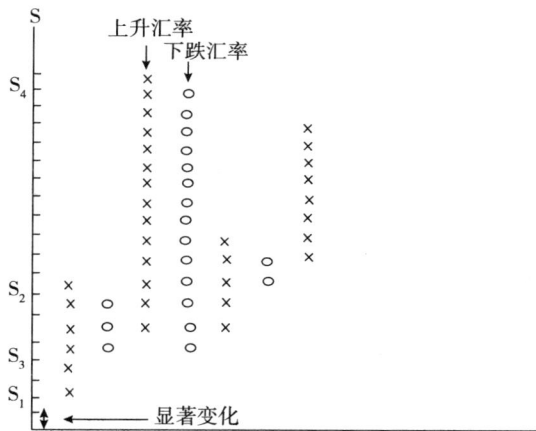

图 7-6　圈叉图

7.3.4　日本 K 线图

尽管 K 线图在日本已经被应用了数个世纪，但国际交易者在最近才注意到这种工具。K 线图很容易制作，如图 7-7 所示。每条线代表了一段时间（一小时、一天、一周，等等）的交易行为，它显示了汇率的最高价、最低价、开盘价和收盘价。K 线的主体部分（粗的部分）代表了这段时间开盘价和收盘价之间的范围。如果收盘价高于开盘价，那么这个部分就是白的（空的）。相反，如果收盘价低于开盘价，那么这个部分就是黑的（实的）。主体部分上下两条短线称为影线：代表这段时间的最高价和最低价。又长又白的主体部分说明是牛市，因为市场在上升很大一段之后在接近最高价的水平收市。又长又黑的主体部分说明是熊市，因为市场在下跌很大一段之后在接近最低价的水平收市。但市场收盘价和开盘价相同时，主体既不是白的，也不是黑的，这种情况称为空胜线。因为绘制这种图不仅需要收盘价，还需要开盘价，所以在那些通常无法得到开盘价的市场中是不能运用这种图来标记汇率的。然而，在货币期货合约中 K 线图可以被用于表示汇率的变动。

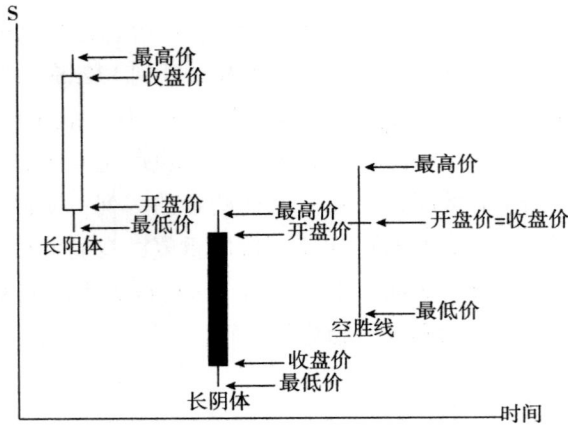

图 7-7　日本 K 线图

　　根据开盘价、收盘价、最高价和最低价之间的不同关系，K 线图有着各种不同的形状。图 7-8 显示了 k 线图的一些形状。以后我们会考察反转和持续的形态。

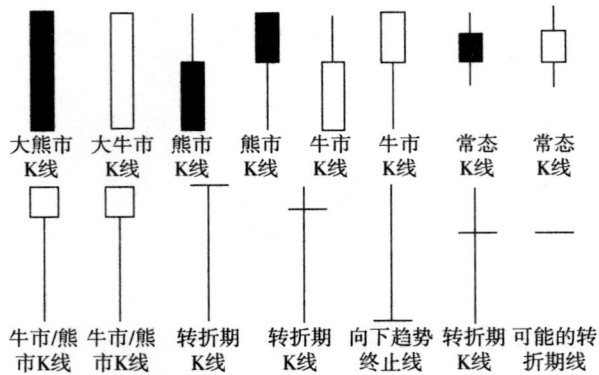

图 7-8　K 线图

7.4　图表格式：趋势线和通道

　　技术分析的一个基础性的原则就是汇率是按趋势变动的。趋势可以是向上的、向下的，或者如同图 7-9 中所示的样子横向摆动。一个向上的趋势就表现为连续的比前一个波峰更高的波峰和比前一个波谷更高的波谷。一个向下的趋势就表现为不连续的比前一个波峰更低的波峰和比前一个波谷更低的波谷。横向摆动的趋势反映了汇率的水平变化。交易者可以通过确定某种趋势，然后追随这一趋势直至反转的方式来获取利润。当出现一个向上的趋势时就应该持多头，而当出现一个向下的趋势时就应该持空头。

画趋势线是很容易的。趋势线就是连接一系列汇率水平的直线，这些汇率可以是波峰，也可以是波谷。当位于波谷的汇率的形状（或者时间路径）如图 7-9（a）所示时，就是一个向上的趋势。相反，如图 7-9（b）所示，由位于波峰的汇率所连接成的就是一条向下的趋势线，它显示了波峰汇率的时间路径。

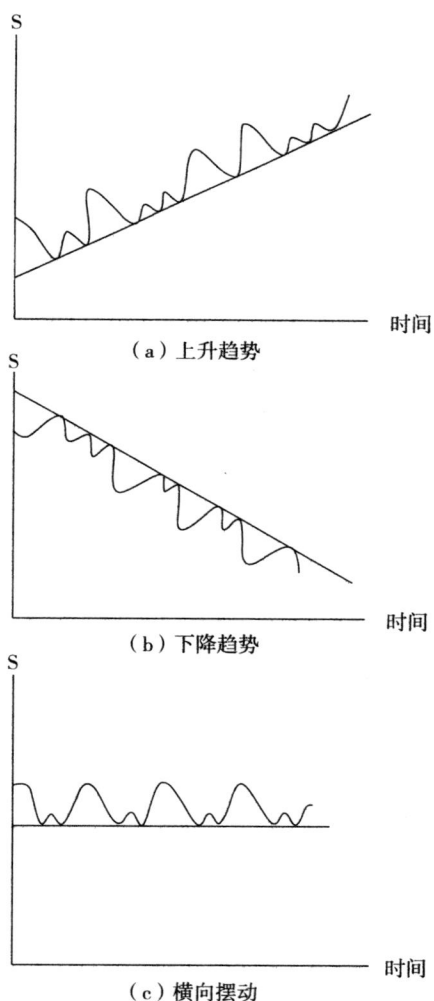

图 7-9　趋势

有两个因素决定了一条趋势线的显著性程度：一是趋势线所经过的点的数量；二是这一趋势线没有被突破的时间持续长度。不管时间多长，只要汇率水平向它移动并且继续延续这一趋势，那么上升趋势的显著性就得到了加强。同理，只要汇率水平向它移动并且继续延续这一趋势，不论时间多长，这一下降趋势的显著性就得到了加强。趋势线的长度表明了汇率高于或者低于趋势线的时间的长短。时间越长，趋势就越显著。一些技术分析师认为，趋势线的角度越大，趋势的显著性就越强。

7.4.1 趋势线的突破

绘制一条趋势线之后，当汇率穿过这条趋势线时，如图 7-10 所示，我们就可以认定趋势的方向发生了反转。有两个标准可以用来判断一个突破的有效性。第一个是突破的大小，即汇率距离趋势线的多少。例如，当天汇率的收盘价高出（向下的趋势）或低出（对于向上的趋势而言）趋势线的 3%，就可以认定这一突破是有效的。一些技术分析师也使用时间滤波判断，如果连续两天的收盘价都高于向上的趋势线或者低于向下的趋势线，那么就认为这是一个有效的突破，也就意味着汇率很有可能会继续这一反转的趋势。一旦确认是有效的突破，汇率就会在趋势线的相反方向上移动尽可能远的距离。

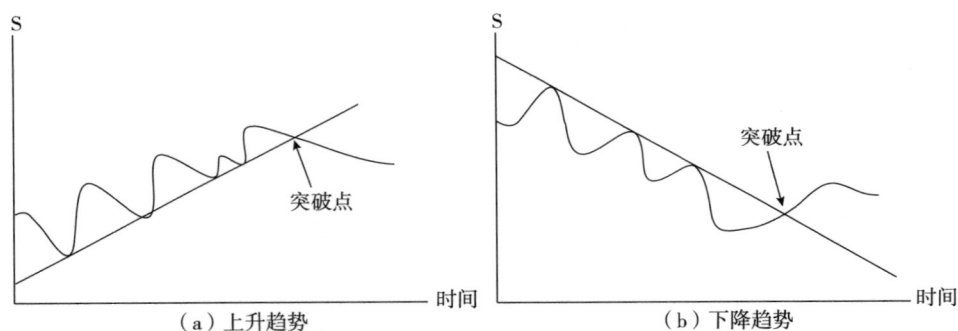

图 7-10 趋势线的突破

7.4.2 趋势通道

汇率重复地在离开趋势线相同幅度的空间内摆动，这种情况经常发生。在这种情况下，向上趋势的波峰和向下趋势的波谷都可以连接起来形成一条直线。这条线经常会与趋势线平行，被称为通道线。通道线和趋势线构成了一个趋势通道，即一个汇率变动的范围。图 7-11 分别显示了向上和向下两种趋势下的趋势通道。

趋势通道可以被用来确定利润赚取水平。例如，在一个上升的趋势中，当汇率

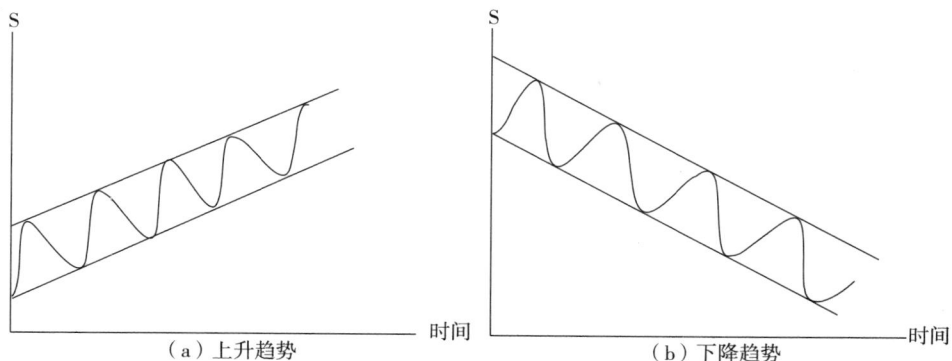

图 7-11 趋势通道

达到其趋势通道的上限时，我们就应该卖出该种货币。而且，通过观察汇率在趋势通道两条边界中的变动情况，还可以及早地发现趋势反转的警告信号。在一个向上的趋势通道中，如果汇率从趋势线处上升，但没有最终到达通道线处，那么这就可能是该趋势将要发生反转的信号，这条趋势线有可能会被突破。通常，汇率变动的波峰与通道线之间的距离和汇率穿过趋势线的距离相当。同样，在一个向上的趋势中，如果汇率上升并超过通道线，那么就意味着这一上升的趋势在加速。此时，一些交易者会做多头交易。相反，在一个向下的趋势中，如果汇率下降并穿过通道线底线时，就意味着这一下降的趋势加速了，这时就应当马上抛出该种通货。

7.4.3 扇形

通过画三条扇形的趋势线就可以得到一个扇形。可以按以下的步骤绘制一个向上趋势的扇形（见图 7-12）。首先，画一条趋势线连接一些波谷。然后，这条趋势线会被穿越或者突破，汇率会变动到一个比较低的水平，接着再向上变动到第一条趋势线的位置。连接第一条趋势线的起点和这个比较低的波谷，我们就可以得到第二条趋势线。汇率会再次穿越或者突破第二条趋势线，并且经过一个波谷之后上升到第二条趋势线的位置。第三条也是最后一条趋势线，同样是从第一条趋势线起点的那个波谷出发，通过新产生的波谷。如果汇率继续下跌并且突破第三条趋势线，那就意味着会出现一个反转。与此相似，我们还可以画出一个向下趋势的扇形。这时，向上打破第三条趋势线同样也是反转的标志。

7.5 支撑、阻力、回调和速度阻力线

"支撑"和"阻力"这两个词几乎就是需求和供给的同义词。支撑是一种汇率

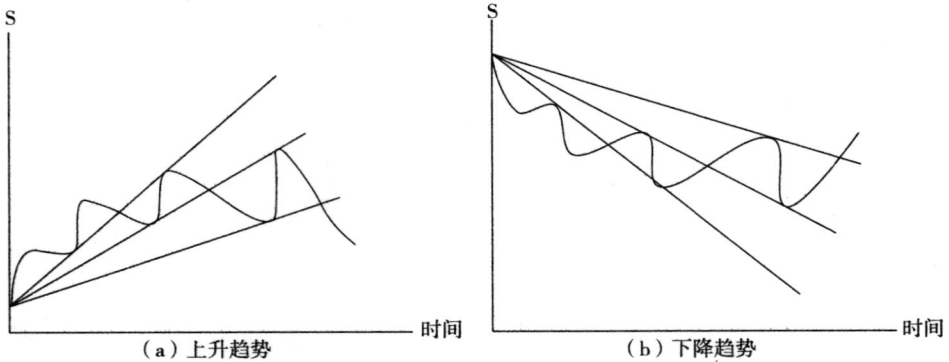

图 7-12　扇形

水平，在这一水平上市场中存在对该种通货足量的需求，以保证该种通货的汇率停止下跌，开始反弹；阻力同样是一种汇率水平，由于存在大量供给，该种通货不再上涨，开始下跌（见图 7-13）。如图 7-14 所示，在一个上升趋势中，支撑水平和阻力水平都上升了。典型的情形是，当阻力使上升趋势暂时停止时，支撑托住汇率。直到上升趋势被突破时，阻力水平才会被不断打破。在一个下降的趋势中，支撑水平和阻力水平都会下移。典型的情形是，当支撑使下降趋势暂时停止时，阻力压住汇率。直到下降趋势被突破时，支撑水平才会被不断打破。

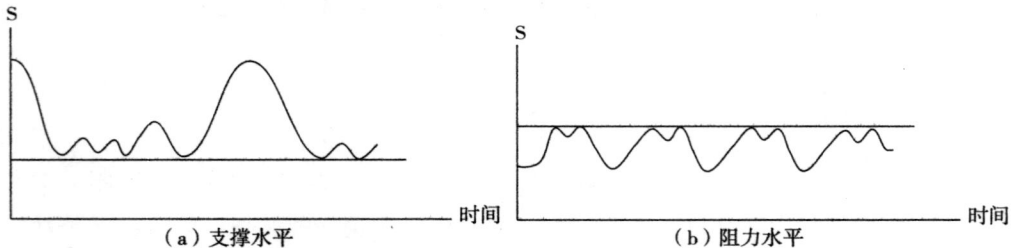

图 7-13　支撑和阻力水平

　　技术分析师们发现，汇率经常在诸如 10、15、20 等整数水平上获得支撑和阻力。这些数字扮演了心理防线的角色，此时上升或者下降的趋势会结束。例如，美元和日元之间的汇率（日元/美元）会在 150 的水平上出现阻力。一旦被打破，那么 155 就会成为新的阻力水平，而 150 成为支撑水平。观察到了这一点之后，那些依靠技术分析进行决策的投资者，就不会在整数水平上发出交易指令或者预防性的停止损失指令。技术分析师们建议，在一个上升的趋势中，最好是在汇率刚刚超出整数水平时发出买入指令，在汇率刚刚跌过整数水平时发出卖出指令。相反，在一个下降的趋势中，当汇率略低于整数水平时发出卖出指令，而当汇率水平高于整数水平时发出买入指令。

　　阻力水平和支撑水平经常改变角色，这称为角色转换。在一个上升的趋势中，当阻力水平被明显地突破之后，阻力水平经常会变成支撑水平，如图 7-15（a）所

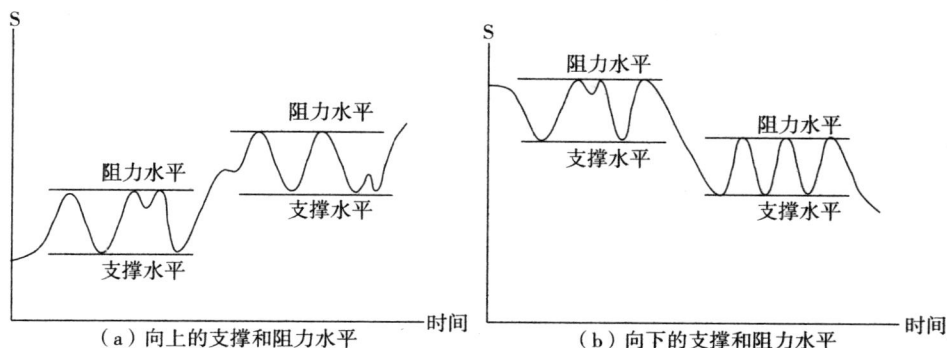

（a）向上的支撑和阻力水平　　　　　（b）向下的支撑和阻力水平

图 7-14　变动的支撑和阻力水平

示。而在下降的趋势中，相反的情况也会经常出现，支撑水平会变成阻力水平，如图 7-15（b）所示。当以下情况出现时，发生角色转换的可能性就很大：①在支撑水平或者阻力水平上发生的交易量很大；②汇率停留在支撑水平或者阻力水平附近的时间很长；③最近在那一水平上经常有交易发生。

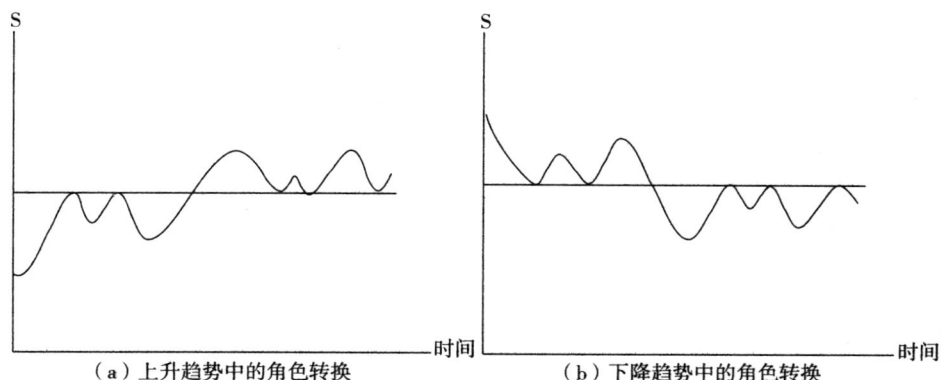

（a）上升趋势中的角色转换　　　　　（b）下降趋势中的角色转换

图 7-15　支撑与阻力水平的角色转换

在阻力和支撑的结合部我们可以监测到趋势反转的信号。当汇率无法突破阻力线时，上升的趋势就可能发生反转。图 7-16（a）显示了当汇率无法突破阻力线时，上升趋势发生反转的情形。图 7-16（b）显示了当汇率无法突破支撑线时，下降趋势发生反转的情形。我们要记住，并不是说汇率无法突破上升趋势的阻力线或者下降趋势的支撑线，就一定意味着趋势要发生反转，而是在交易者得到趋势已经改变的信号之前，反转的形状必然是已经发育得很充分了。关于反转的形状我们将在后面详细描述。

7.5.1　回调幅度

汇率在上升或者下降一段时间之后，通常都会往相反的方向变动，按一定的比例回调（或者调整）。然后，汇率再次遵循原来的趋势变动。一般情况下，汇率都

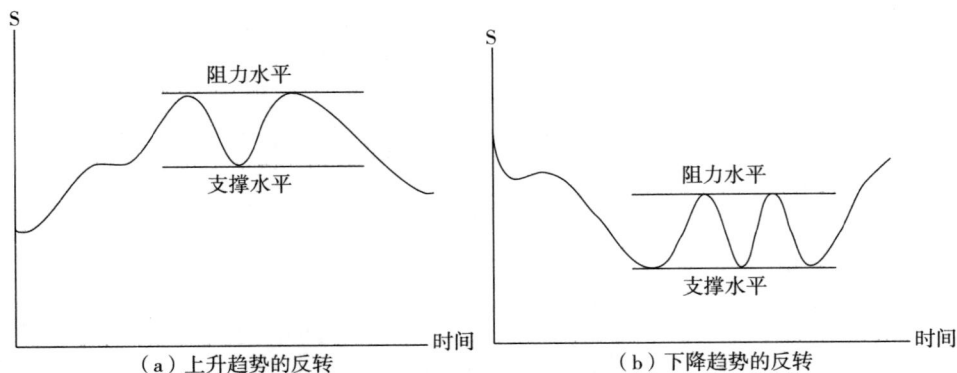

图 7-16　趋势反转

会在继续原有变动趋势之前，回调上一次变动幅度的 1/3~2/3。图 7-17 显示了回调幅度。一些交易者以 33%~50% 的回调幅度为上升趋势中的买入机会和下降趋势的卖出机会。2/3 的标准水平是最极端的。超过 2/3 的回调就很可能是趋势反转了。

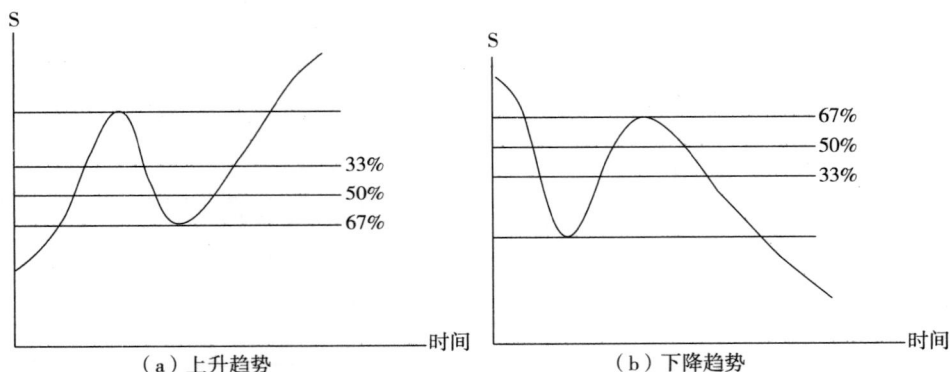

图 7-17　回调幅度

7.5.2　速度阻力线

速度阻力线（或简称为速度空头线）是基于这样的理论，即一个趋势可以分为三个部分。不同于回调幅度把汇率变动幅度看作三个部分，速度阻力线是从趋势出现的地方开始测量的。

在一个上升的趋势中，把从趋势开始到汇率达到最高值时的垂直距离等分，速度线就是通过这种方式绘制出的。把这一垂直距离三等分，这样就可以得到图 7-18 (a) 中的两条速度线。第一条速度线从趋势的起点开始，到垂直距离的 1/3 高度。第二条速度线也是从趋势的起点开始，到垂直距离的 2/3 高度。类似地，图 7-18 (b) 中是下降趋势中的速度线。在一个上升的趋势中，汇率达到了一个新的高度，然后开始回调，并且常常会回调至 2/3 的速度线再反弹。如果汇率继续回调，那么就很有可能会停在 1/3 的速度线上。如果 1/3 的速度线也没能保住的话，就可能是要反转了。

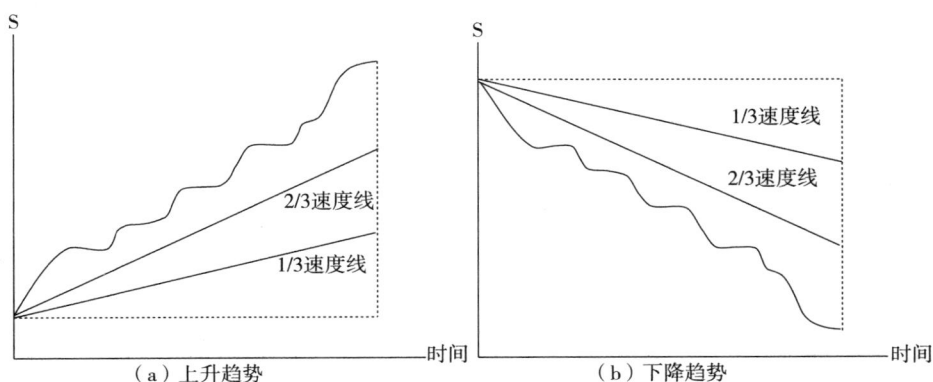

图 7-18　速度阻力线

7.6　反转形态

趋势改变的时候，图表上会出现一些可以辨认的形状。反转形态可以帮助我们辨认出汇率何时从上升趋势变成下降趋势，反之亦然。反转形态的重要性在于它可以帮助外汇投资者做出合理的决策，包括在巨额的贬值之前对持有的通货清仓，或者在升值之前补仓。技术分析师们已经确认了很多反转形态。其中，有一些形态经常出现，而另外一些则很少见；有一些非常可靠，而另外一些就会出现与投资者预测不相同的情况。图 7-19 显示了其中的一些形态。

是什么使一个趋势改变方向？是相关通货的供求力量的对比。市场达到波峰然后反转，是因为供给超出了需求，换言之是过度供给，这被称为分散效应。如果相反的情况发生，就是因为需求超过了供给，也就是过度需求，这被称为积聚效应。在这两种情况下，过度供给或者过度需求都是逐渐形成的，汇率会先上下振荡以发展反转形态，直到反转完全发育并完成。反转形态发展的时间越长，由它给出的信号就越可靠。

7.6.1　头肩形

头肩形（也称头肩顶）是最常见也是最可靠的一种图表形态。左肩是一次大的上升之后典型的形态。汇率在从左肩顶部跌落之后，又上升到一个新的高度，然后又跌落至一个与左肩最低点相当的波谷，这样就形成了一个头部。最后一次上升达到一个低于头部的高度之后接着就下降，从而形成右肩。连接左右肩的波谷可以绘制出一条颈线。如果汇率穿过颈线就可以认定这是一个反转的信号了。在下降一段时间之后，汇率会上升到颈线的水平，然后继续下跌。一旦颈线被打破，汇率可能下跌的距离与头顶到颈线的距离相当。一个反向的头肩顶则预示着一个由下跌变为上升的趋势反转。

7.6.2　三角形

三角形既可能是上升的，也可能是下降的。当汇率在一条水平的顶部界限和一条向上的底部界限之间变动时，就会产生三角形。当需求上升，而某一汇率水平的供给可以满足需求时，上升的三角形就会出现。一旦供给被大量需求消耗，汇率就会打破这种模式，迅速上升。下降的三角形则相反。

在以天为单位的图表中经常会出现三角形，但在以周为单位的图表中则很少见三角形。考虑到上升的三角形预示着牛市，而下降的三角形预示着熊市，交易者可以凭借对三角形的判断获取利润。通过绘制一条与顶部或底部界限平行的线（在图中是虚线），我们可以大概预测汇率突破三角形之后上升或下降的幅度。汇率会一直上升或下跌直到到达这条平行线。

7.6.3　矩形

矩形由汇率的一系列上下振动所构成，这些振动包含于两条水平或者接近水平的边界线之间。其间的空间称为交易空间或者交易范围。矩形的形成是由于在某一较高汇率上存在大量的供给，而在某一较低的汇率水平上存在大量的需求。当汇率降到较低界限的水平时，这种通货会被大量买入，从而推动汇率上扬；当汇率上升到较高界限的水平时，交易者又会大量卖出该通货，这样汇率又会下降到较低界限的水平。这种情况会一直继续下去，直到供求的一方或者另一方放弃，汇率就会在某一个方向上突破原先的界限。如果汇率在这个矩形之外收盘，那么收盘的汇率就预示着汇率突破矩形的变动方向。图 7-19（e）和图 7-19（f）分别画出了预示牛市和熊市的矩形。

一些短线投资者会在形态很好的矩形中进行交易。他们在汇率到达矩形底部时买入，在汇率上升到顶部时卖出。为了在矩形被突破时损失最小，他们无论是在矩形的顶部还是在矩形的底部买入或者卖出，都会同时发出中止损失的指令。一旦矩形真的被突破，他们只会发生较小的损失，同时，他们还会立即遵循矩形被突破的方向发出新的交易指令。

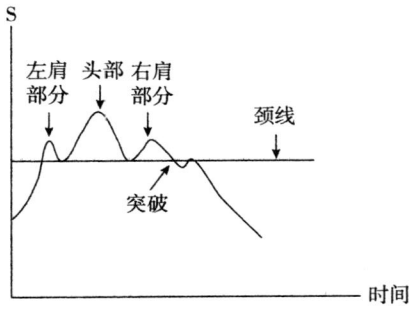

（a）头肩顶

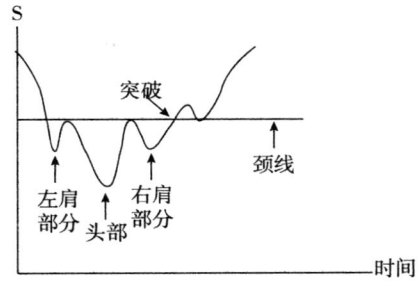

（b）头肩底

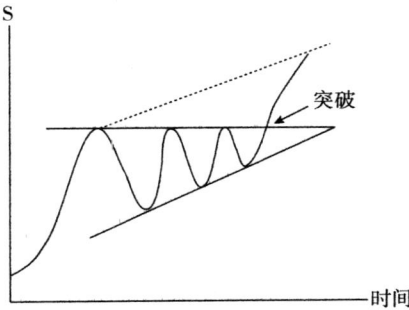

（c）上升三角形

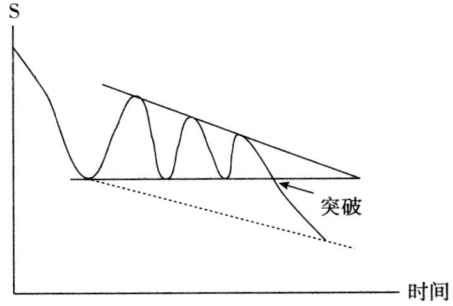

（d）下降三角形

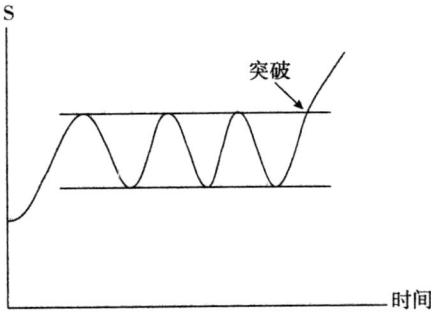

（e）牛市矩形

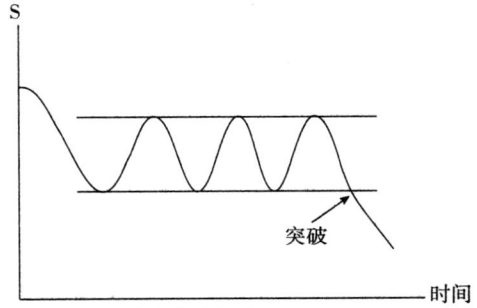

（f）熊市矩形

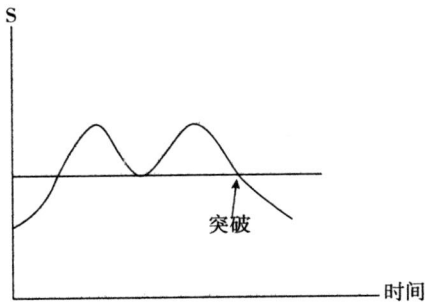

（g）双重顶

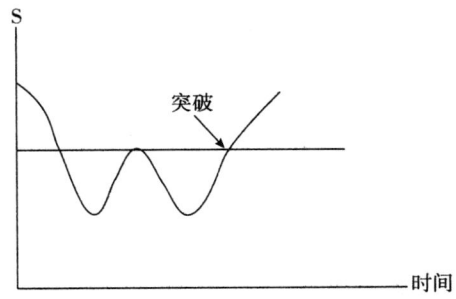

（h）双重底

图 7-19 反转形态

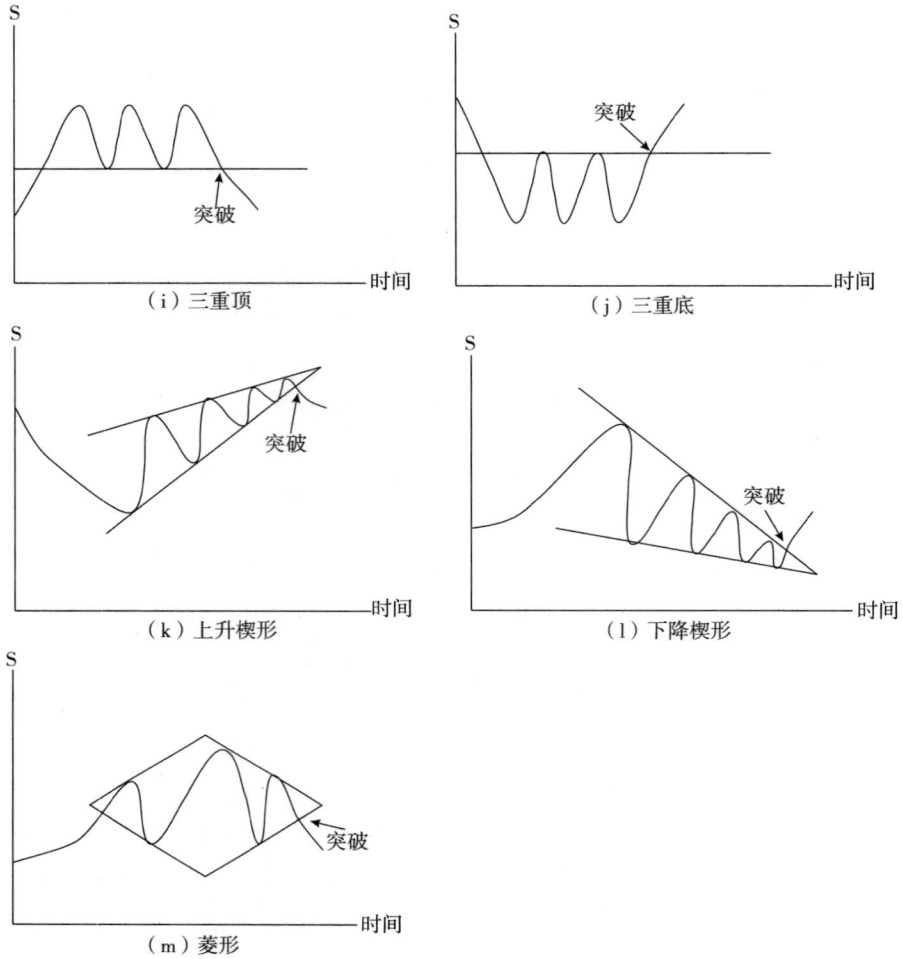

（i）三重顶

（j）三重底

（k）上升楔形

（l）下降楔形

（m）菱形

图 7-19　反转形态（续）

7.6.4　双重顶和双重底

如果汇率先上升到某一水平，然后下跌并反弹至这一水平，紧接着又下跌，并且跌破两次波峰之间的波谷水平时，一个双重顶就形成了。双重底与双重顶相同，只不过是向上的。有两种途径可以确定双重顶和双重底的出现：一个途径就是一直等到汇率低于两次波峰之间的波谷水平（或高于两个波谷之间的波峰水平）。另一个途径就是利用时间。一个标准的波峰的形成需要一个月的时间，而波谷所对应的汇率水平的形成时间至少要比波峰少 15%。在这两种形状后，汇率在反转的方向上变动的幅度至少是波峰到波谷的距离。

7.6.5 三重顶和三重底

这两个形状与双重顶和双重底相似，不同之处在于它们有三个波峰或波谷。它们的具体形状分别见图 7-19（i）和图 7-19（j）。

7.6.6 上升楔形和下降楔形

如果汇率在两条收敛的边界线中波动的话，就形成了楔形。就一个上升楔形而言，其一条边界线倾斜向上，而下面的另一条更为陡直。就一个向下的楔形而言，其一条边界线倾斜向下，而上面的另一条边界线更为陡直。在每日表中，形成一个楔形往往要三周或者更多的时间。当汇率突破上升楔形的下边界线时，它通常会下跌，这种情形就是一个卖出的信号。而当汇率突破下降楔形的上边界线时，就是一个买入的信号。

7.6.7 菱形

菱形其实就是两个三角形结合在一起。这一形状中，汇率的波动幅度先逐渐变大，接着又逐渐变小。当汇率打破第二个三角形的某一条边界线时，菱形就算是完成了。一旦突破，汇率上升或下降的幅度就至少与该形状的最低点和最高点之间的距离相等。

7.7 整理形态

一个整理（或者稳定）形可以被定义为在汇率上升或者下降的方向上，暂时打断趋势的上下摆动。往往在汇率上升或下降速度过快时，或者在导致汇率上升或者下降的供给或需求被完全吸收的汇率水平上，可能出现持续形。这时会发生三件事情：第一，汇率自身的趋势会发生反转，这种情形可能导致反转形态；第二，汇率在重回原来趋势之前，可能会下跌或上涨到一个支撑水平；第三，汇率上下波动，产生一个持续形，接着按趋势的原来方向继续发展。图 7-20 显示了一些最可靠的形状，这里将依次介绍。

7.7.1 旗形

旗形代表了汇率在一个快速的，几乎是竖直的上升或下降运动过程中的暂时停顿。在旗形中，汇率先上下波动形成一个像旗子一样的形状，然后突破这一形态，并按照原来的方向继续上升或下降。旗形通常会规则地出现在每日表中，四周左右的时间就可能完成一个旗形。因此，在周表和月表中一般不大可能出现旗形。它通

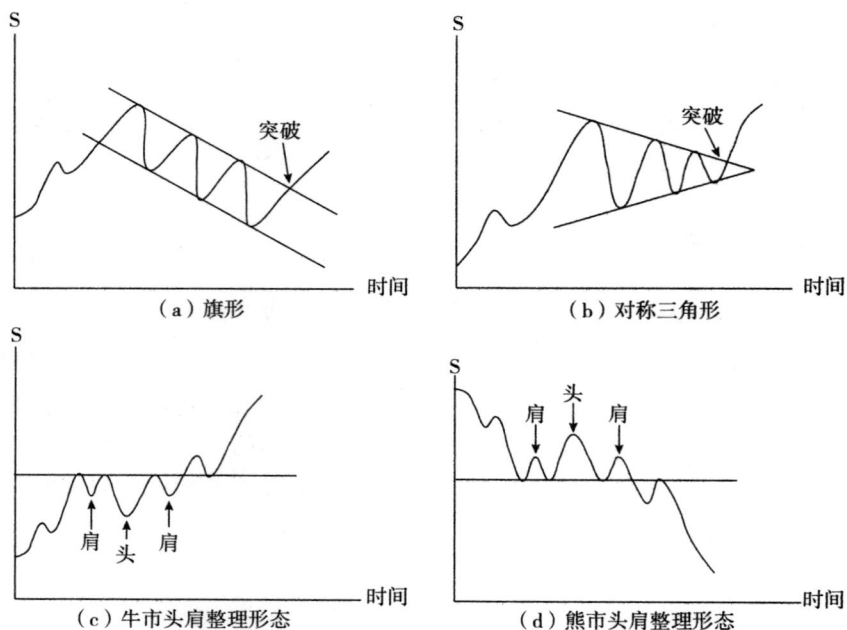

图 7-20　整理形态

常会出现在汇率上升或下降过程的中间。所以，人们可以在汇率突破旗形之后，期待着汇率按照旗形出现之前的方向继续变动。

7.7.2　对称三角形

在对称三角形中，一条向下倾斜的边界线和一条向上倾斜的边界线大致对称，汇率就在它们所围成的狭窄范围内上下波动。如果汇率真正地向上突破趋势时，它将继续上升，直到汇率到达一条平行于下面边界线的平行线。向下突破趋势亦然。

7.7.3　头肩整理形态

头肩整理形态相对于它们出现之前的汇率变动趋势的方向是相反的。当汇率原来的变动趋势是向下时，头肩整理形态类似一个头肩顶。而在一个汇率向上变动的趋势中，头肩整理形态又像一个倒置的头肩顶。

7.8　用 K 线图表示的牛市反转形态

图 7-21 显示了用日本 K 线图表示的牛市反转形态。以下我们将依次介绍。

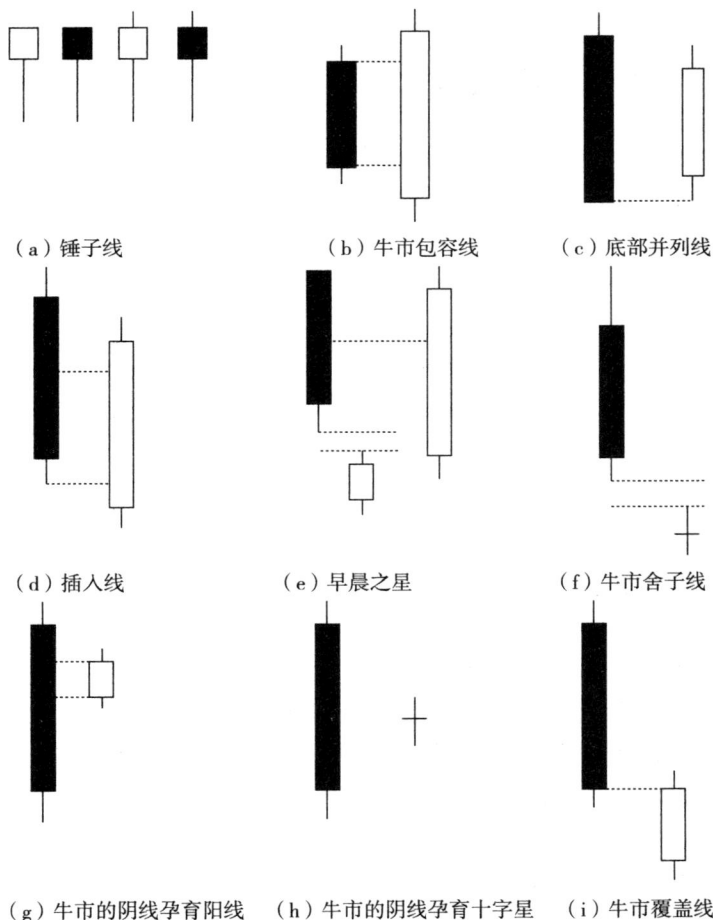

（a）锤子线　　　　　　（b）牛市包容线　　　　　（c）底部并列线

（d）插入线　　　　　　（e）早晨之星　　　　　　（f）牛市舍子线

（g）牛市的阴线孕育阳线　　（h）牛市的阴线孕育十字星　　（i）牛市覆盖线

图7-21　用K线图表示的牛市反转形态

7.8.1　锤子线

如果汇率从期内的一个比较低的水平上升，并且在接近开盘价的位置收盘，就会出现"锤子"。这构成了锤子的锤头，或是阴的，或是阳的。在锤头上面可能有一条极短的影线，也可能没有影线。其若是锤子，它的下影线的长度就必须是锤头长度的两倍以上。

7.8.2　牛市包容线

当汇率以低于前期收盘价开盘，同时又以高于前期开盘价收盘时，就出现了这一形状。这样，本期的大阳线就大于前期的阴线。此处，重要的是K线的主体部分，上下的影线可以忽略不计。

7.8.3 底部并列线

这一形状仅代表相邻两期有着相同的最低汇率。主体部分是阴是阳并不重要，对影线的长度也没有要求。唯一的条件就是相邻两期的最低汇率必须相等。

7.8.4 插入线

如果汇率以低于前期价格的水平开盘，并以高于前期阴线的中间价格收盘，就形成了插入线。这一形状包括了某一期的阴线和紧接着的一期阳线。其中第二期的阳线应该具有以下特征：开盘价低于前期的最低价，并且收盘价高于前期主体部分的中间价。

7.8.5 早晨之星

一个早晨之星形态的形成要经历三期时间。第一期，汇率以低于开盘价的水平收盘，所以它是一条阴线。第二期，汇率的开盘价要低于前一期的汇率水平，但收盘价会略高于开盘价，所以是一条很短的阳线。第三期，汇率继续上升，收盘价超过第一期主体部分的中间价。

7.8.6 牛市的舍子线

当汇率以低于前期收盘价的水平开盘，并以相同水平收盘时，就会出现牛市的舍子线形态。

7.8.7 牛市的阴线孕育阳线

在这一形状中，当期K线的主体部分位于前期K线主体部分的上下限内。不论这两个主体部分是阴的、阳的，还是两个不同颜色，这些都不重要。如果在下跌的趋势中出现牛市的阴线孕育阳线形态，就是一个向牛市反转的信号。

7.8.8 牛市的阴线孕育十字星

这一形态和牛市的阴线孕育阳线形态是一致的，唯一的不同就是这里的第二条K线的收盘价等于开盘价。同样，如果在跌势中出现牛市的阴线孕育十字星，就是一个向牛市反转的信号。

7.8.9 牛市的覆盖线

当汇率以低于前期收盘价开盘，并收盘于前期收盘价时，就形成了牛市的覆盖线。所以，第一期是一条阴线，紧接着第二期是一条阳线。

7.9 用 K 线图表示的熊市反转形态

图 7-22 中显示了一些熊市的反转形态。这些形态将在下面依次介绍。

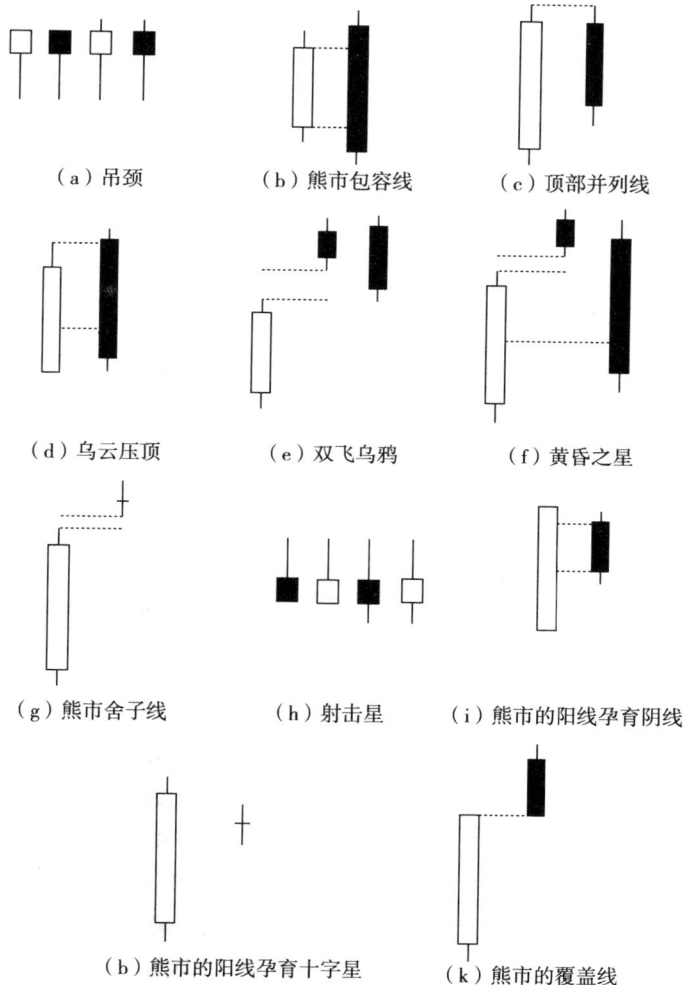

（a）吊颈　　　　　（b）熊市包容线　　　　（c）顶部并列线

（d）乌云压顶　　　（e）双飞乌鸦　　　　　（f）黄昏之星

（g）熊市舍子线　　（h）射击星　　　　（i）熊市的阳线孕育阴线

（b）熊市的阳线孕育十字星　　　（k）熊市的覆盖线

图 7-22　用 K 线图表示的熊市反转形态

7.9.1 吊颈

如果汇率从期内的一个比较低的水平上升，并且在接近开盘价的位置收盘，就会出现"吊颈"。吊颈的主体部分，或是阴的，或是阳的。在主体部分上面可能有一条极短的影线，也可能没有影线。其若是吊颈，它的下影线的长度就必须是其主体部分长度的两倍以上。区分某一形态到底是锤子还是吊颈，要依靠它出现的时间：如果它出现在一个下降的趋势之后，它就是个锤子；如果它出现在一个上升的趋势之后，它就是个吊颈。不论某一形态是锤子还是吊颈，它都是趋势反转的一个信号。

7.9.2 熊市包容线

当汇率以高于前期收盘价开盘，同时又以低于前期开盘价收盘时，就出现了这一形状。这样，本期的长阴线就大于前期的阳线。此处，重要的是 K 线的主体部分，上下影线忽略不计。

7.9.3 顶部并列线

这一形状仅代表相邻两期有着相同的最高汇率。主体部分是阴是阳（或者仅仅是空胜线）并不重要，对影线的长度也没有要求。唯一的条件就是相邻两期的最高汇率必须相等。

7.9.4 乌云压顶

当这一形态出现时，汇率以高于前期收盘价的水平开盘，然后下跌至低于前期阳线主体部分中间价的水平收盘。此种形态，就是一条阳线后面紧接着一条阴线。在第二期，开盘价高于前一期的最高价，而收盘价要低于前一期阳线主体部分的中间价。

7.9.5 双飞乌鸦

当汇率在上升之后，连续两期遭遇抵抗时，就会出现这种形态。在出现阳线之后，连续两期出现阴线。在阳线的主体部分和两条阴线的主体部分之间有一个向上的缺口。

7.9.6　黄昏之星

这一形态的形成需要三期。第一期，汇率以高于开盘价的水平收盘，所以它是一条阳线。第二期，汇率的开盘价高于前一期的汇率水平，从而产生一个向上的缺口，但收盘价会略低于开盘价（一条很短的阴线）。第三期，汇率继续下跌，直到低于第一期主体部分的中间价。

7.9.7　熊市舍子线

当汇率以高于前期最高价的水平开盘，并以开盘时的价格收盘时，就会出现熊市舍子线。

7.9.8　射击星

射击星的主体部分十分短小，既可以是阴线，也可以是阳线。在其主体部分的下端，可以没有影线，也可以有非常短的影线，但上影线一定很长。

7.9.9　熊市的阳线孕育阴线

在这一形状中，当期 K 线的主体部分位于前期 K 线主体部分的上下限内。不论这两个主体部分是阴的、阳的，还是两个不同颜色，这些都不重要。如果在上涨的趋势中出现熊市的阳线孕育阴线形态，就是一个向熊市反转的信号。

7.9.10　熊市的阳线孕育十字星

这一形态和熊市的阳线孕育阴线形态是一致的，唯一的不同在于这里第二条 K 线的收盘价与开盘价是相等的。同样，如果在上涨的趋势中出现熊市的阳线孕育十字星形态，就是一个向熊市反转的信号。

7.9.11　熊市的覆盖线

当汇率以高于前期收盘价开盘，并收盘于前期收盘价时，就形成了熊市的覆盖线。所以，第一期是一条阳线，紧接着第二期是一条阴线。

7.10 用K线图表示的整理形态

图 7-23 显示了一些整理形态。以下依次介绍。

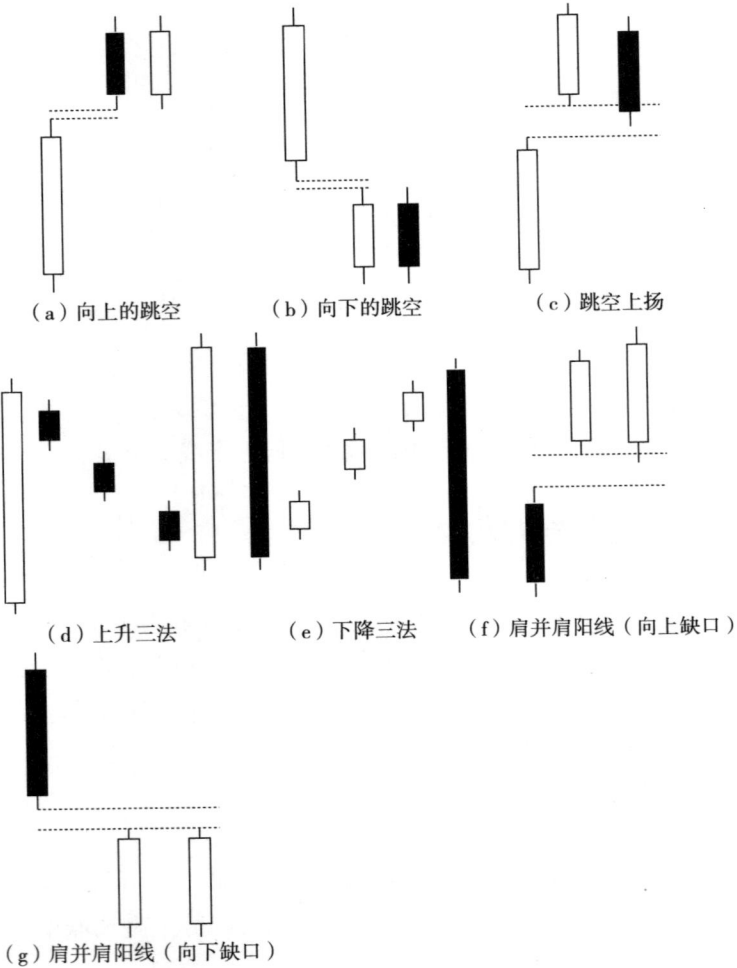

（a）向上的跳空　　　（b）向下的跳空　　　（c）跳空上扬

（d）上升三法　　　（e）下降三法　　　（f）肩并肩阳线（向上缺口）

（g）肩并肩阳线（向下缺口）

图 7-23　用 K 线图表示的整理形态

7.10.1 跳空

简而言之，跳空就是一个缺口，这一区间里没有实际的交易发生。一般认为向上的跳空代表牛市，而向下的跳空代表熊市。

7.10.2 跳空上扬

完成一个跳空上扬需要三期时间。第一期，汇率的收盘价高于当期的开盘价，所以是一条阳线。第二期，汇率的开盘价高于前一期的收盘价，出现了一个缺口，并且以更高的价位收盘，所以也是一条阳线。第三期，汇率的开盘价介于第二期开盘价和收盘价之间，这一期的收盘价低于开盘价，但这一收盘价还高于第一期的收盘价，缺口并没有被弥合。这表明发生的仅仅是暂时的回调，汇率还会继续上涨。在这里，缺口扮演了支撑水平的角色。

7.10.3 上升三法

这一形态出现时，先是一个长阳线，紧接着就是三个或者更多的短阴线或短阳线，然后又是一个长阳线，并以更高的价位收盘。该形态往往出现于汇率回升一段时间之后，预示着回升还将继续，投资者可以利用这一点获利。

7.10.4 下降三法

这一形态出现时，先是一个长阴线，紧接着就是三个或者更多的短阴线或短阳线，然后又是一个长阴线，并以更低的价位收盘。该形态往往出现于汇率剧烈下跌一段时间之后，预示着跌势还将继续，投资者可以利用这一点在下跌继续之前买回卖空的外汇。

7.10.5 肩并肩的阳线（向上的缺口）

这一形态的形成需要三个时期。第一期，K 线的主体部分既可以是阳线，也可以是阴线。第二期，汇率上涨，以高于前期的价格开盘，出现缺口，并以更高价格收盘。第三期，汇率的开盘价与第二期相同，但收盘价比第二期还要高。汇率无法弥合缺口，说明汇率存在强大的支撑力量。

7.10.6 肩并肩的阳线（向下的缺口）

这一形态的形成需要三个时期。第一期，K 线的主体部分既可以是阳线，也可以是阴线。第二期，汇率下跌，以低于前期的价格开盘，出现缺口，并以高于开盘价的价格水平收盘。第三期，K 线的主体部分仍为阳线，但收盘价与第二期相同。汇率无法弥合缺口说明汇率存在强大的抵抗力量。

7.11　数量技术指标

数量技术指标是一些量化的值，它们可以通过一定的方程计算出来。这些量化的值可被解读为买入和卖出的信号。以下将依次介绍三个数量技术指标：震荡量指标、相对强弱指数和随机指数。

7.11.1　震荡量指标

虽然震荡量指标的用途广泛，但设计这一工具的最初目的是更清晰地描述市场行为。它们之所以如此有用，一个重要的原因在于它们可以被用在不同情形中，不论是上涨的趋势、下跌的趋势，还是上下震荡形式。而另外的一些技术指标在上下震荡的情形中作用不大。

震荡量一般是用上下限来构造的，诸如−1到+1，或者0到100。震荡量的值就在上下限之间。通常，震荡量值的高低对应着汇率的高低。震荡量可以分为三种：

第一种是动量震荡量。设计这种震荡量的目的在于测量汇率的变动速度，或者是汇率的变动率。因此，一个动量震荡量可以测度汇率的加速程度或减速程度。某一特定时刻的 k 期动量震荡量的值由如下公式计算：

$$O_t^k = S_t - S_{t-k} \qquad (7.1)$$

其中，k 也被称为动量震荡量的阶数。如果当期的动量震荡量变大，就意味着当期汇率与 k 期之前比较上涨更快了，或者下跌更慢了。如果动量震荡量不变或者变小，我们也可以类似地做出解释。动量震荡量的好处之一在于，它能够领先于汇率显示市场转变的点。当汇率的变动趋势不变时，动量震荡量也保持稳定。

第二种是震荡量变动率。k 期震荡量变动率的计算公式如下：

$$O_t^k = \frac{S_t}{S_{t-k}} \qquad (7.2)$$

一般情况下，我们把这一结果乘以 100，这时震荡量的值就会在 100 的上下波动。

第三种是移动平均震荡量。移动平均震荡量是度量两个不同阶数的移动平均数之间的差异的。至少有两个原因决定了这一震荡量非常有用：①可以表征发散度；②可以使人们更容易地解读移动平均交叉。在第 8 章中，我们将在讨论移动平均交易规则时介绍移动平均震荡量。

震荡量的值被计算出来之后，它们就会被置于由上下线和中线构成的参照系中以确定其位置。就从−1到+1的上下线而言，中线就是0，而0到100的上下线的中线是 50。做完这些之后，我们就可能做出以下的解释：

（1）当震荡量穿越中线时，我们就可以得出一个信号，即汇率将按照震荡量穿越中线的方向运动。如果震荡量向上穿越中线，就预示着牛市。相反，如果震荡量向下穿过中线，就预示着熊市。

（2）如果汇率先走高，再走低调整，然后又重新走高，而震荡量走高、调整之后没有接着再一次走高，那就意味着汇市发生了一个熊市的背离，表明汇率可能会下跌。相反，如果汇率先走低，再走高调整，然后又重新走低，而震荡量走低、调整之后没有接着再一次走低，那就意味着汇市发生了一个牛市的背离，表明汇率可能会上涨。

（3）如果震荡量的值极高，就说明投资者买入过多，所以极高的震荡量可以被视作熊市的征兆。而如果震荡量的值极低，就说明投资者卖出过多，所以极低的震荡量可以被视作牛市的征兆。由于震荡量可能在相当长的一段时间里保持极高或极低的值，最好把极端的震荡量看作市场在这一时期非常脆弱，而不是特别的买入卖出信号。

7.11.2　相对强弱指数

设计相对强弱指数（RSI）这一指标的目的在于解决一些与震荡量相关的问题。第一个问题是，如果在不久之前汇率有过一段剧烈的变动，那么震荡量就会极不稳定地变动。例如，一旦汇率在 10 天前曾经剧烈地上涨或下跌，那么一个 10 天的震荡量（k=10）就可能误导人们得出过高或者过低的解释。第二个问题是，我们无法搞清楚汇率到底走高或者走低多大的程度，才能据此得出买入或者卖出的信号。第三个问题在于震荡量对数据的要求，即计算一个震荡量的值我们需要很多数据。相比之下，RSI 能够解决所有这些问题。

RSI 计算如下：

$$RSI = 100 - \frac{100}{1+RS} \tag{7.3}$$

其中，

$$RS = \frac{\frac{1}{n}\sum_{t=1}^{n} \Delta S_t^+}{\frac{1}{n}\sum_{t=1}^{n} |\Delta S_t^-|} \tag{7.4}$$

这里，n 是计算 RSI 所需要的时期数目，ΔS_t^+ 是正的变动值，而 $|\Delta S_t^-|$ 是负的变动值的绝对值。为了计算的需要，我们规定如果 $\Delta S_t \geq 0$，那么 $|\Delta S_t^-| = 0$，而如果 $\Delta S_t \leq 0$，那么 $\Delta S_t^+ = 0$。例如，如果我们考虑一个 10 天的期限（n=10），RS 就是这 10 天里正的变动值的平均数与负的变动值的绝对值的平均数的比值。

RSI 可以通过不间断地记录数据来计算。当我们按照时间的顺序从一个点移动到另一个点的时候，一个旧的数据就被舍弃了，另一个新的数据则被加来。为了在每一期都能更新 RSI 值，需要用过去上升或者下降的变动值的平均数乘以 n−1，然后再加上新的变动值来计算 RS。所以我们有：

$$RS_{t+1} = \frac{(n-1)\frac{1}{n}\sum_{t=1}^{n}\Delta S_t^+ + \Delta S_{t+1}^+}{(n-1)\frac{1}{n}\sum_{t=1}^{n}|\Delta S_t^-| + |\Delta S_{t+1}^-|} \tag{7.5}$$

和

$$RSI_{t+1} = 100 - \frac{100}{1+RS_{t+1}} \tag{7.6}$$

我们可以从 RSI 解读出以下内容：

（1）极端的 RSI 值意味着汇率可能是处于基本趋势的波峰或者波谷，但这一指数的精确程度一直存在争议。在有些时候我们会认为，一个超过 70 的上涨很可能是基本趋势的波峰，而一个低于 30 的下跌则可能是基本趋势的波谷。

（2）以前所讲述的形态分析方法同样适用于 RSI。在 RSI 中也经常可以看到三角形或者头肩形。同样，那些突破的规则也对 RSI 有效。

（3）指数上升至 70 以上，然后就下跌到一个比较低的水平（低点），接着又反弹，但没能达到 70 的水平就再次下跌，并且比之前的水平更低，形成又一个低点，这种形态就称为顶背离。在后一个低点，投资者就应该做出卖出的决定。图 7-24（a）反映的就是这一形态。图 7-24（b）则是一个底背离。

（4）支撑线和阻力线也经常先于汇率数据的变动而出现在 RSI 中。这里，对 RSI 穿越支撑线和阻力线的解释和在汇率走势图中的解释相同。

（5）汇率和 RSI 之间的差异表明汇率的走势即将发生反转。如果汇率上升或者保持大致不变，而 RSI 在下降，就说明汇率可能要下跌。相反，如果汇率下跌或者保持不变，而 RSI 在上升，就说明汇率可能要上涨。

7.11.3 随机指数

随机指数是用来测度汇率变动的速率的。其中暗含的一个观点是，随着汇率的上涨，收盘价有接近当期汇率最高水平的趋势。同理，如果汇率下跌，那么收盘价就有接近当期汇率最低水平的趋势。随机指数为 K，计算过程如下：

$$K = \frac{S_C - S_L}{S_H - S_L} \times 100 \tag{7.7}$$

其中，S_C 是汇率的最新收盘价，S_L 是过去 n 期汇率的最低水平，S_H 是过去 n 期汇率的最高水平。n 一般介于 5~21。为了使 K 更为平滑，我们通常要计算 K 在过去

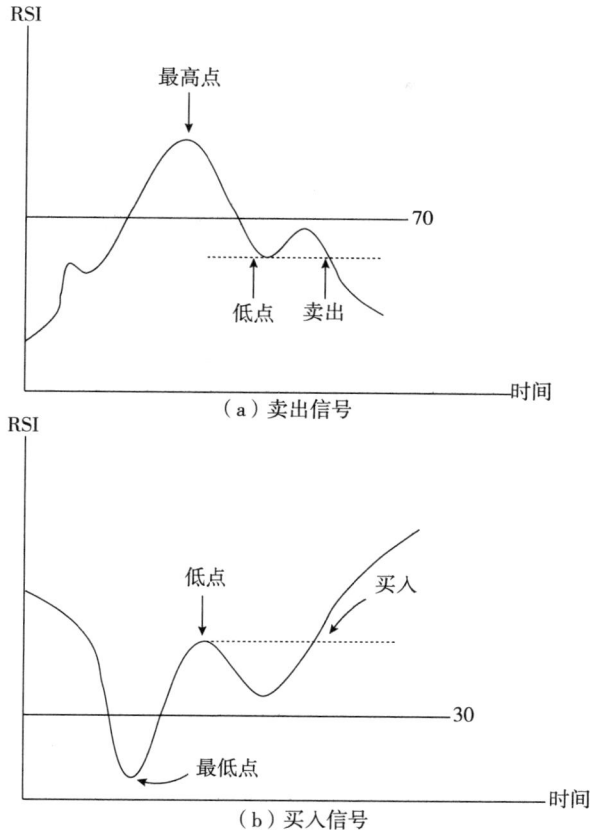

图 7-24 由 RSI 得出的卖出和买入信号

三期的移动平均数，从而得到另一个指标 D。K 和 D 都被画在同一个图中。对随机值的说明如下：

（1）图 7-25（a）显示了一个熊市的背离。汇率首先上涨，接着调整下挫，然后再次上涨到一个新的高度。与此同时，D 也上涨、下挫，接着再上涨，但新的波峰比前一个波峰要低。当 K 线与 D 线相交并开始低于 D 线时，就发出了一个卖出信号。7-25（b）则是一个牛市的背离。

（2）K 线的 0 值或是 100 并不能说明汇率到达了最低点或者是最高点，而是说明汇率是脆弱还是强劲的。当 K 线的值达到 0 时，它通常会上升到 20~25，然后再跌到 0 值附近。如果 K 线能够摆脱这一区域，汇率就可能出现一个较小的涨势。相似地，当 K 线达到 100 时，它通常会下跌到 75~80，然后再涨到 100 附近。如果 K 线再次下跌，那么汇率就可能出现一个较小的跌势。

（3）若 K 线已经连续多期按同一方向变动，并且在某一期突然发生反转（幅度在 2%~12%），那这就是一个警告信号。汇率可能在以后的一期或者两期内出现反转。

（a）熊市背离

（b）牛市背离

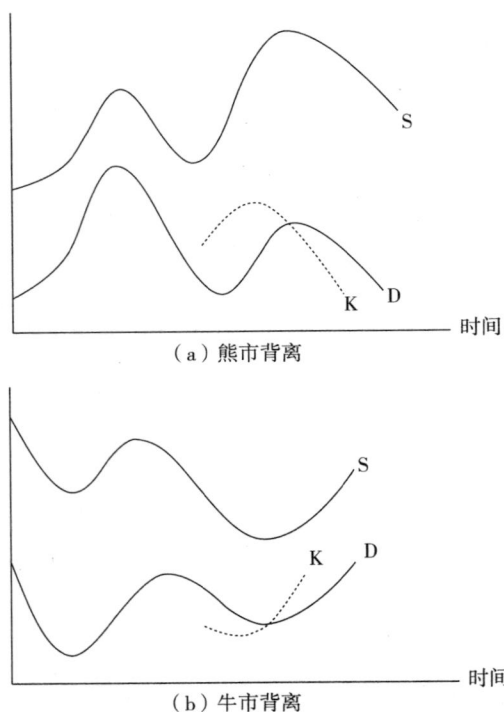

图 7-25　由随机指数表示的牛市与熊市的背离

7.12　技术分析经济学

　　经济学家们在技术分析方面投入的热情和精力越来越多，这可能是因为作为分析与预测的工具，基本模型是失败的。在研究技术分析时，经济学家们试图解决三个问题：①技术分析应用在预测汇率变动情况中的范围；②相对于基本模型，技术分析模型在预测方面的能力；③在汇率的决定机制方面，技术分析师的角色是什么。

　　第一个问题在文献中经常被提出。传统上，经济学家们拒绝接受技术分析师提出的建议，因为他们认为只有经济的基本面才是决定汇率的唯一因素。假设市场充分有效，那么旧的信息（尤其是公众所能得到的信息）是不起作用的，因为它已经包含于当前的汇率中了。Malkiel（1990：154）提出了一个具有讽刺意味的观点，认为"技术战略通常是有趣的，并且常常是安慰性的，但却没有实际价值"。然而，如果他是对的，那么为什么金融市场仍然如此需要技术分析师？Malkiel（1990）对此做了解答：经纪人之所以雇用他们，很大程度上是为了做出交易决策，并且巩固经纪人与客户之间的代理关系。Allen 和 Taylor（1993）提出了相反的观点，他们认为即便这是事实，这些技术分析策略的结果还是可以证明它们是能够自我检验的策略。尽管争论还在继续，但基本模型的失败还是使经济学家们不得不更加严肃地看待技术分析。

关于技术分析用途范围的研究，产生了一些结果，这些成果显示了技术分析在汇率预测方面的广泛用途，尤其是在短期预测方面。基于对伦敦240名外汇交易员的调查，Allen 和 Taylor（1989，1990）以及 Taylor 和 Allen（1992）展示了技术分析用途广泛的证据。关于在不同的时间跨度上技术分析所占的比重，调查揭示了一个被广泛认同的结论。在短期，从每天到每周的分析，90%的受访者使用技术分析；60%的受访者说，他们把技术分析看作和基本分析一样重要。调查结果还显示，在长期，技术分析的权重甚至还要大。只有很少的一部分外汇交易员（2%）宣称他们从来不用基本分析。就整体而言，这份调查表明技术分析和基本分析是互为补充的。

在更近一段时间里，Lui 和 Mole（1998）在香港的市场上做了一次相似的调查，他们共调查了153位外汇交易员。这个调查表明，很大比例的交易者在所有的时间跨度上都同时赋予了技术分析和基本分析一定的权重。然而，在较短的时间跨度上交易者更倾向于技术分析。而且，这个调查还反映出了另一个观点，即在预测汇率变动趋势方面，技术分析仅比基本分析稍微有用一点，但在预测拐点方面，技术分析明显更有用。

有相当数量的经济学家比较了技术分析与基本分析的预测精度。Allen 和 Taylor（1990）发现，在一周和四周时间跨度上，有一些个别技术分析预测比随机漫步模型、VAR 模型和 ARIMA 模型要好。然而他们同时指出，技术分析的预测结果之间存在巨大的差异。Neftci（1991）将技术分析与 Wiener-Kolmorgrove 预测理论做了一个对比，得出了一个结论，即技术分析可能考虑到了后者忽略掉的一些信息。LeBaron（1991）和 Brock 等（1992）发现，移动平均和其他的技术分析模型在预测方面是有价值的。

针对分别由技术分析和基本分析得出的汇率预测结果，Goodman（1979，1980）研究了它们的赢利状况。研究结果显示，技术预测在质量检验上优于远期汇率，而远期汇率又优于基本分析预测。Taylor（1994）将一个通道规则应用于未来数据，发现它"有着惊人的可赢利性"。Chang 和 Osier（1995）发展了一种算法，用以检测头肩形。通过分析这种算法，他们获得了"具有统计学和经济学意义的"利润。Curcio 和 Goodhart（1991）做了一个受控的实验，分别在有和没有技术分析软件的条件下进行货币交易。他们发现，尽管两种情况下的货币交易利润没有显著的差异，但使用技术分析软件的一组利润差别更小。最后，针对分别使用技术分析和基本分析预测结果的交易者，Pilbeam（1995）研究了他们的赢利状况和相互之间的差别，发现没有理由认为技术分析优于基本分析，反之亦然。

最近一段时间以来，经济学家们试图在汇率决定的过程中给予技术分析师一定的角色。这在短期内，且经济中的基本面没有发生变化的情况下尤其符合逻辑。在这些条件下，以技术分析为基础的操作变成了一种能够自验的预言。当一个交易者在分析某种图表形态后，确信汇率会在长时间的下跌之后反弹（这是一个预期中的向上反转），他就会购入这种通货，这将导致市场对这种通货的需求增加，进而使汇率上涨，就和图表中显示的一样。反之亦然。

以技术分析为基础的交易者和以基本面分析为基础的交易者，他们在行为上可能存在着巨大的差异。基本分析师关注汇率相对于均衡汇率的差异，而均衡汇率是由基本模型得出的。当汇率高于均衡水平时，我们应当卖出这种货币，这将导致该种货币汇率的下跌。然而事实并非总是如此。如果技术面分析师认为没有信号显示汇率会发生反转，他们就会继续买入这种货币，从而对该种货币的汇率起支撑作用。究竟汇率会发生什么变化，取决于基本面分析师和技术面分析师所产生的供给和需求的力量净对比。同样，在汇率低于均衡水平时也会出现类似的争执。

一些经济学家已经将前几段中的想法模型化了。Goodhart（1988）提出一个观点，认为汇率的失调取决于技术面分析师和基本面分析师的预测结果之间的平衡关系。同理，Fnmkel 和 From（1990b）建立了一个基于相似观点的模型，用以解释 20 世纪 80 年代上半期美元的急剧升值。由这个模型所得出的解释是，对美元需求的增长是因为技术面分析师在那段时间内占据了主导地位。Kirman 对 Frankel-Froot 模型做了进一步的扩展。

技术面分析和基本面分析之间的问题还远未结束。被一致认可的观点是，基本面分析是唯一能够对汇率的长期变动进行分析的方法，但在短期内技术面分析可能更加重要。针对为什么技术面分析在短期更为重要，Allen 和 Taylor（1993）给出了一个"科学的解释"。他们认为，技术分析可能就是在近似地对汇率决定过程"寻找一种感觉"，而对于基本面分析而言，这一过程可能由于过于复杂而难以考虑周全。这一观点被 Clyde 和 Osier 在一篇题为《图表：伪装下的混沌理论》的论文中模型化了。作者指出，技术面分析可能代表了一种粗暴但有用的方式，来探索数据的非线性本质。他们继而建议，技术分析可以根据其吸引力被重新陈述，并可以被认为等同于非线性预测方法。为了支持这一假设，他们还出示了一些证据。他们将一个头肩形的确认方法应用到一组宽尺度的非线性数据上，结果非常成功地确认了形态，并且做出了预测。

7.13　电脑软件和深入阅读

我们可以通过一些被广泛应用的程序，例如 Excel 等具有优秀图形处理能力的软件，得到各种图表。图 7-26 至图 7-30 显示了一些由应用程序绘制的图表。图

7-26至图 7-29 是截止到 1998 年 9 月 23 日的四种汇率的日常柱状图，每幅图有 150 个观察数据。图 7-30 是截至 1998 年 8 月的日元/美元汇率的每月 K 线图。

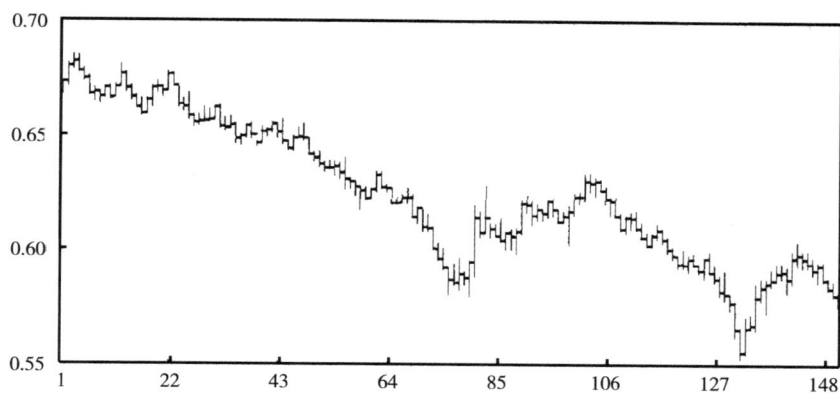

图 7-26　美元/澳大利亚元的每日柱状图

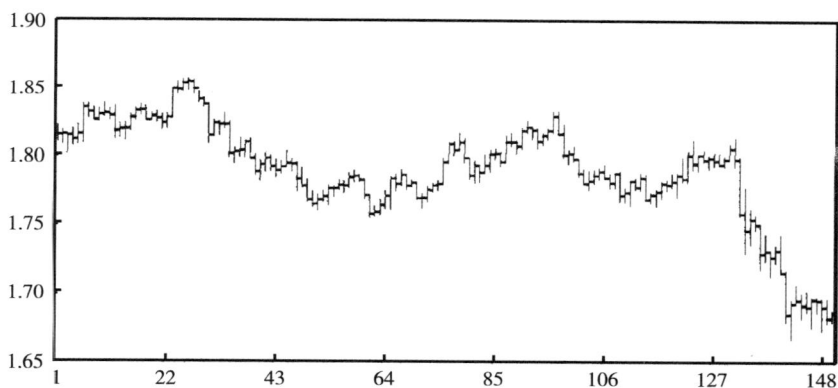

图 7-27　德国马克/美元的每日柱状图

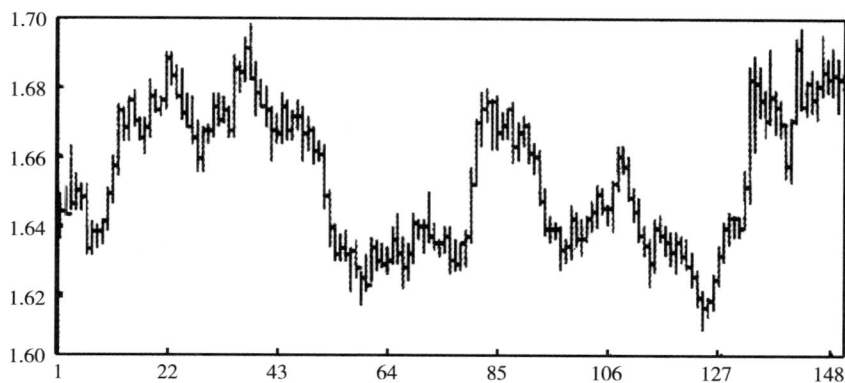

图 7-28　美元/英镑的每日柱状图

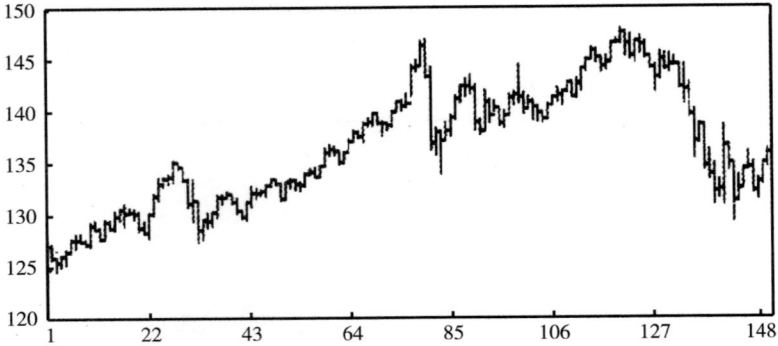

图 7-29 日元/美元的每日柱状图

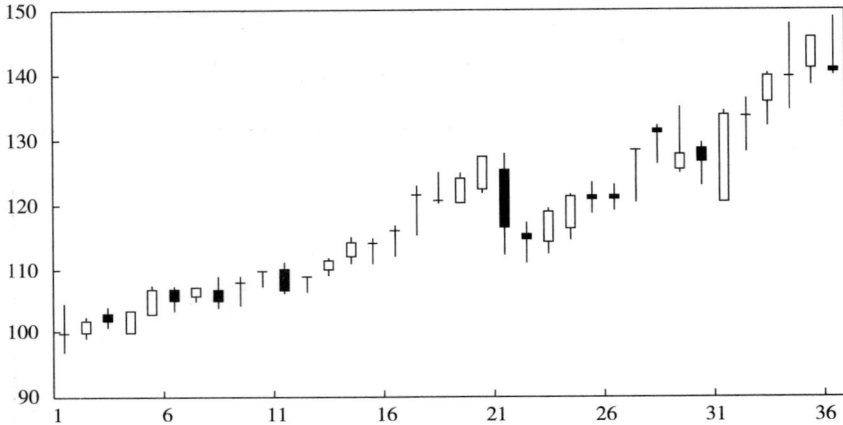

图 7-30 日元/美元的每月 K 线图

有一些软件包是专门为技术分析设计的。这些软件包可以被用来绘制所有类型的图表，并计算定量的技术指标。这些图表大部分是被设计用于股票市场和期货市场的，但也可以被用于外汇交易市场。这些软件包中最常用到的三种是 MetaStock、The Technician 和 Telescan Analyzer。从《个人投资者微机资源向导》中可以找到对这些技术分析软件包的描述，它是由美国个人投资者协会按年度出版的。

论述技术分析的书很多。Colby 和 Meyers（1988）、Wilder（1978）、Pring（1991）和 Schwager（1984）等著作中有对一般性技术分析的描述；Sheimo（1989）讲述了道氏理论；Prechter 和 Frost（1990）以及 Prechter（1980）则主要讲述了艾略特波浪理论；Nison（1991）对日本 K 线图做了容易理解的描述；Burke（1990）则讲述了圈叉图。

8 交易规则

8.1 导　言

　　交易规则就是交易者在金融市场上根据事先确定的标准获取买入或卖出信号的方法。尽管交易规则大多与技术分析相关，但也有一些交易规则是基于基本面分析设计的，而这些基本面分析是建立在经济模型的基础上的。所以，我们要区分技术规则和基本规则。在技术规则中，当证实一个上升的趋势已经形成并且将继续的时候，这就是一个买入的信号；而如果一个下降的趋势已经形成并将在未来持续一段时间的话，就出现了一个卖出的信号。如果交易规则是基于均衡汇率概念的话，就应该在该种通货被低估（汇率低于均衡水平）时买入，而在币值被高估（汇率高于均衡水平）时卖出。在基本规则中，买入和卖出的信号都是从汇率潜在的变动趋势中推导出来的，是由当前汇率与均衡汇率或者"公平汇率"之间的差异显示的。这样，分别基于技术分析和基本面分析的交易规则可能会有极大的差异，这一点我们将在以后看到。

　　本章的目标在于描述基本的技术交易规则以及它们的修正形式，并且提供基于这些规则的交易策略的盈利或者亏损的经验证据。我们也将描述一些基本交易规则，并将它们与技术规则做比较。我们将从对第一种技术交易规则——滤波规则的描述开始展开研究。

8.2　简单滤波规则

　　滤波规则最早是由 Alexander（1968）提出的，他将这一规则运用于股票市场。Fama 和 Blume（1966）也做过相似的尝试。接下来滤波规则就被应用于其他金融市场，包括外汇市场，一些经济学家做过尝试，包括 Dooley 和 Shafer（1976，1983）以及 Sweeney（1986，1988）。

一条滤波规则按如下所述的内容发挥作用。当某种通货升值（即该通货的汇率上升）到高出最近的低槽水平（即波谷或较低的价值）一定的百分比时，购入该种通货。相反，当某种货币贬值到低于最近的高峰水平（即波峰或较高的价值）一定的百分比时，卖出该种通货。一个 x% 滤波（这里的 x 是个很小的数）就这样发生作用：当某一通货高于最近的波谷值 x% 时，购入该种通货；当某一通货低于最近的波峰值 x% 时，卖出该种通货。当该通货的汇率下跌到波谷又重新上升的时候，这一过程将被不断重复。当 x = 1 时，我们就有了一个 1% 的滤波规则。同理，我们可以有一个 2.5%、5% 或 10% 的滤波规则。

滤波规则的潜在观点非常简单。当某种通货升值 x% 时，它应该继续升值（根据这些规则背后的基本理论），所以应当买进该通货。相反，当某种通货贬值 x% 时，它应该继续贬值，所以应当被卖出。图 8-1 显示了 x% 的滤波规则起作用的过程。汇率在 A 点到达波谷。一旦汇率上升到比 A 点高出 x% 的地方，就应该买进该种通货，并持多头直到波峰 B 点。一旦汇率下降到比 B 点低出 x% 的地方，就应该卖出该种通货。显然，在这买—卖的交易过程中投资者获得了利润，因为货币被卖出时的汇率高于其被买入时的汇率。这一操作过程将被不断重复。一旦汇率比波谷 C 高出 x%，就应当买入该种通货，并在汇率低于波峰 D 点 x% 时卖出。

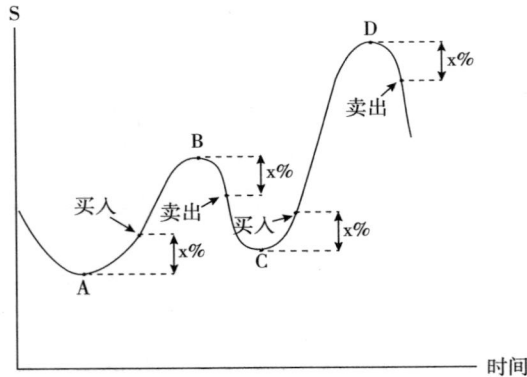

图 8-1　x% 的滤波规则

滤波规则暗含的一个假设是汇率存在一个均衡水平。但在技术上，该规则并没有确定这一均衡的汇率水平，也没有给出汇率达到均衡水平的途径。设计滤波规则的目的在于把握汇率对带状区域的穿越，所谓的带状区域就是图 8-1 中短线标明的部分。当汇率位于带状区域内时，通货被假设为大约按照其均衡值进行交易（也就是汇率位于均衡水平）。但当出现新的信息，并且该信息被反映到汇率上时，汇率将突破原先的均衡水平，并被假定向新的均衡水平运动。当汇率从旧的均衡水平向新的均衡水平运动时，滤波规则就可以抓住汇率的突破点，而汇率新的均衡水平就位于随后的那一个带状区域中。在图中，向上转变过程中的上面一条短线和向下转变过程中的下面一条短线就是突破点。但在一个有效的市场中这是不可能的，因为汇率会立刻调整到新的均衡水平，没有任何交易者能够抓住这一机会。

当然，如果在 A 点买入同时在 B 点卖出，投资者的获利会更大，因为它们分别就是波谷和波峰。但这些转折点是不可能被事先确定的。所以，问题是为什么还要等上 x%，为什么不是在刚过波谷时就买入同时在刚过波峰时就卖出？答案是等待汇率变动 x% 的目的在于确认汇率会继续从波谷反弹或从波峰下跌。

简单的 x% 滤波规则可以在两方面做简单的修正。一种修正方式是允许卖空某种货币，也就是当出现熊市迹象时，借入通货然后再卖出。从 B 点开始，如果交易者此时没有持有该种通货，那么当汇率降低 x% 时，卖空该种通货并等待。如果该通货从 C 点的波谷上升 x%，那么就买入该种通货并持有空头。另一种修正方式是构造 x-y 滤波。这时，当汇率比波谷高出 x% 时买入通货，在汇率低出波峰 y% 时卖出通货，可以是 x>y，也可以是 x<y。例如，汇率以一种不对称的方式运动，比如说它上升的幅度比下跌的幅度大，那么一个 x>y 的 x-y 滤波就更为合适。为了更好地说明这一点，我们假设 x=3，y=1，这时 x-y 滤波就这样发挥作用：当汇率上升到比波谷时高 3% 的地方，就买进该种通货；当汇率下降到比波峰时低 1% 的地方，就卖出这种通货。这一规则潜在的暗示是，我们需要汇率上升更大的幅度才能确认汇率将保持上升，而确认汇率将继续下跌的幅度相对较小。

8.2.1 滤波规则的模型表述

滤波规则之所以能发挥作用，依赖于对汇率序列的波峰和波谷（事后）的认识。假设在时间点 t-m，t-m+1，…，t，t+1 对汇率进行观察。在 t 时刻的汇率值是 S_t，那么一个波谷就可以定义为：

$$S_{t+1} - S_t > 0 \tag{8.1}$$

并且

$$S_{t-i} - S_{t-i-1} < 0, \quad i = 0, 1, \cdots, m-1 \tag{8.2}$$

方程（8.1）和方程（8.2）暗示，对于 S_t，定义一个波谷的必要条件是 $\Delta S_{t+1} > 0$，而充分条件是 $\Delta S_{t-i} < 0$，$i = 0, 1, \cdots, m-1$。相反，如果 S_t 是一个波峰，那么

$$S_{t+1} - S_t < 0 \tag{8.3}$$

并且

$$S_{t-i} - S_{t-i-1} > 0, \quad i = 0, 1, \cdots, m-1 \tag{8.4}$$

方程（8.3）和方程（8.4）暗示，对于 S_t，定义一个波峰的必要条件是 $\Delta S_{t+1} < 0$，而充分条件是 $\Delta S_{t-i} > 0$，$i = 0, 1, \cdots, m-1$。x% 滤波所确定的买入和卖出信号就可以按以下的内容定义。假设在 S_t 处是一个波谷，那么一个买入的信号就出现在 S_{t+i}，可得：

$$S_{t+i} = (1+x) S_t \tag{8.5}$$

其中，x 是一个十分位的小数，而不是百分比小数。相反，假设在 S_t 处是一个

波谷，那么一个卖出的信号就出现在 S_{t+i}，可得：

$$S_{t+i} = （1-x）S_t \qquad (8.6)$$

事实可能是 S_{t+i} 在特定时间点上是无法被观察到的，因为汇率值被假定是离散的。如果交易规则是基于低频率的数据，这一点就尤为明显。例如，假设在波峰时，美元/英镑的汇率是 1.6500，那么一个 5% 的滤波规则就意味着应当在 1.5675 的汇率水平上卖出英镑。然而，汇率有可能从 1.5700 的水平直接下跌到 1.5500 的水平，这时 1.5675 的汇率就不可能被记录到。交易者仍然会按照交易规则在汇率为 1.5500 时卖出英镑。因此，用不等式来描述买进和卖出的信号更为合适：当 $S_{t+i} \geq （1+x）S_t$ 时，出现买入信号；当 $S_{t+i} \leq （1+x）S_t$ 时，出现卖出信号。然而，我们还会使用到方程（8.5）和方程（8.6）表示的这些条件。

$x-y$ 滤波规则的表述与之类似。和方程（8.5）一样，当汇率从波谷上升 x% 时，就出现一个买入的信号。相反，当汇率从最近的波峰下跌 y% 时，就出现卖出的信号。关于这一点，把方程（8.6）中的 x 替换成 y 就可以了。

8.2.2 滤波幅度的影响

是什么决定了哪一个滤波幅度的盈利性最强？减小滤波幅度会有两方面的影响：交易费用会增多；我们掌握的趋势的错误可能性也更大。

图 8-2 显示了一条汇率的时间路径，从中我们可以检验这一观点。汇率在 A 点（时间 t_1）到达波谷，然后开始上涨，并在 C 点（时间 t_3）到达波峰，之后汇率又开始下跌，直到在 E 点（时间 t_5）重新形成波谷。图 8-3 显示了一些可能性：

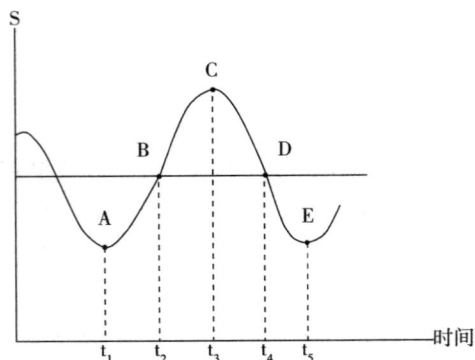

图 8-2　滤波幅度的影响

（1）如果某个滤波规则可以在 A 点和 B 点之间给出买入信号，而在 C 点和 D 点之间给出卖出信号，那么这个滤波规则就具有盈利性。

（2）如果某个滤波规则可以在 B 点和 C 点之间给出买入信号，而在 D 点和 E 点之间给出卖出信号，那么这个滤波规则就不具有盈利性。

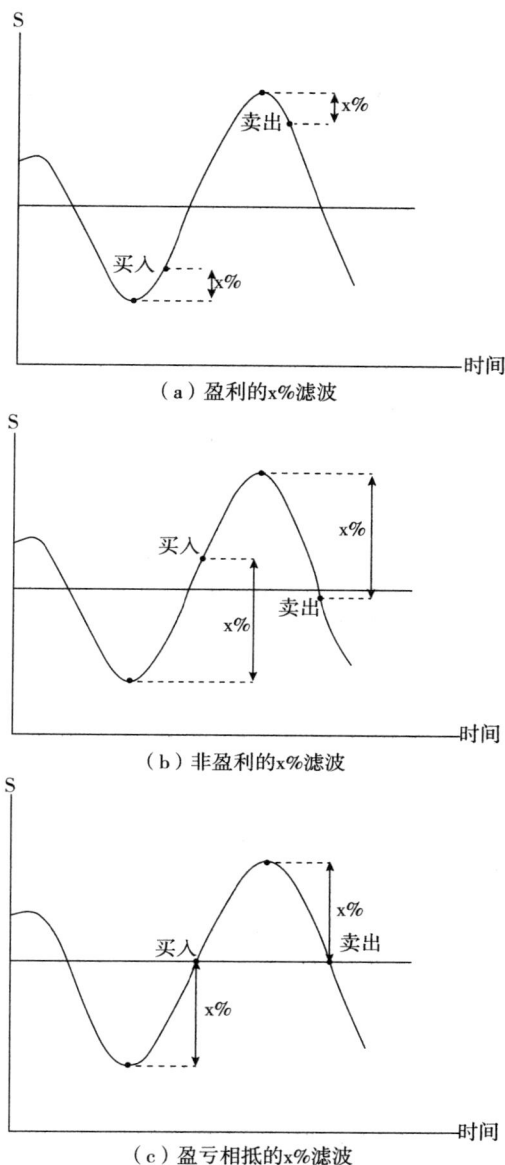

（a）盈利的x%滤波

（b）非盈利的x%滤波

（c）盈亏相抵的x%滤波

图 8-3　盈利及非盈利的滤波幅度（1）

（3）如果某个滤波规则在 B 点给出买入信号，而在 D 点给出卖出信号，那么这个滤波规则就是临界的，既不盈利，也不亏损。

滤波规则也有可能在 B 点和 C 点之间发出买入信号，在 C 点和 D 点之间发出卖出信号；或者在 A 点和 B 点之间发出买入信号，在 D 点和 E 点之间发出卖出信号。在这些情况下，我们使用 x-y 滤波规则将可能盈利，也可能亏损，或者盈亏相抵。图 8-4 显示了各种情况。一个滤波规则同样可能在牛市中导致投资者亏损，在熊市中给投资者带来盈利。这两种情况如图 8-5 所示。

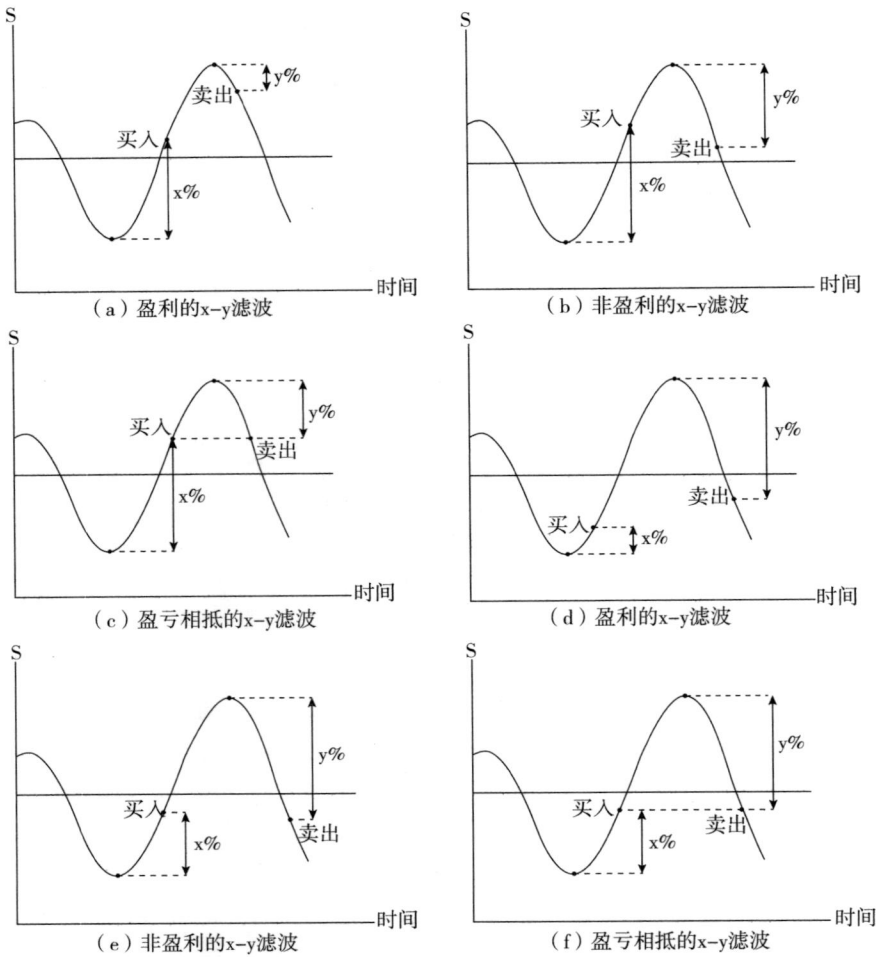

图 8-4　盈利及非盈利的滤波幅度（2）

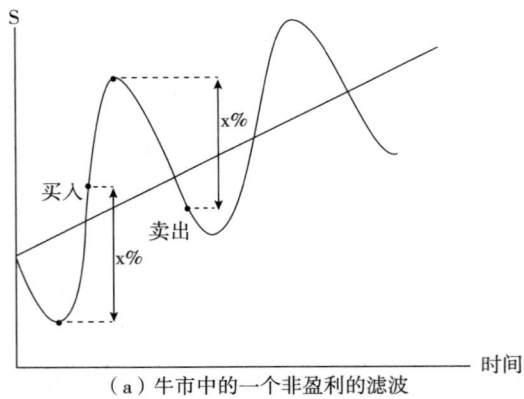

图 8-5　熊市和牛市中的滤波规则

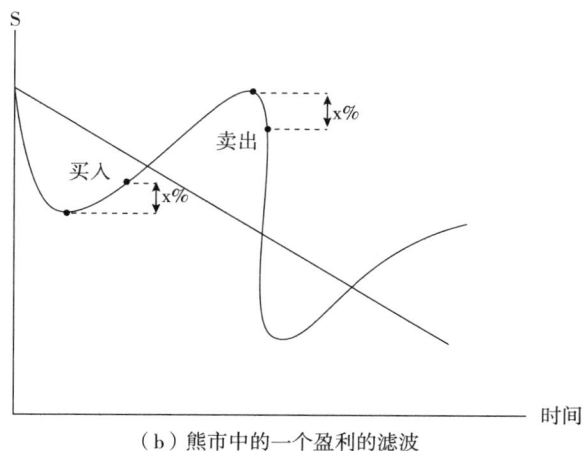

（b）熊市中的一个盈利的滤波

图 8-5 熊市和牛市中的滤波规则（续）

现在，让我们更加生动地讨论 x%滤波规则的问题。如图 8-6 所示，汇率在 t 时达到波谷，在 t+n 时到达波峰。所以，买入时的汇率应该是 $(1+x) S_t$，卖出时的汇率应该是 $(1-x) S_{t+n}$。图 8-6 还显示，从波谷上升 x%汇率用了 j 时间，而从波峰下跌 x%汇率用了 k 时间。因此，买入信号出现在 t+j 时，而卖出信号出现在 t+n+k 时。最后，图 8-6 还显示出分别对应于波峰和波谷的汇率有如下关系：

$$S_{t+n} = (1+\theta) S_t \tag{8.7}$$

其中，θ是对汇率摆动幅度的一种测度。这意味着我们可以将卖出时的汇率表示为 $(1-x)(1+\theta) S_t$。在汇率为 $(1+x) S_t$ 时买入同时在汇率为 $(1-x)(1+\theta) S_t$ 时卖出所获得的利润为：

$$\pi = \left[(1-x)(1+\theta) - (1+x) \right] S_t \tag{8.8}$$

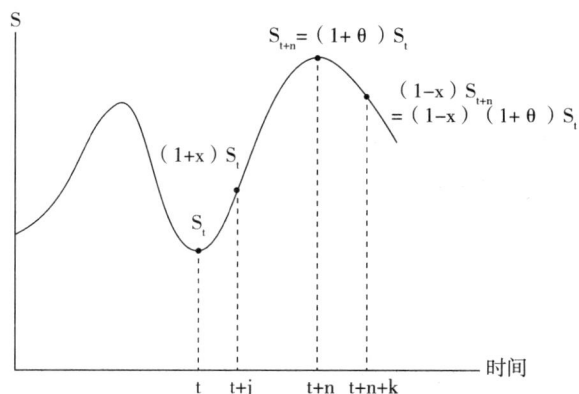

图 8-6 对滤波规则的分析

这意味着要想获取利润就必须

$$(1-x)(1+\theta) > (1+x) \tag{8.9}$$

或者

$$1+\theta>\frac{1+x}{1-x} \tag{8.10}$$

方程（8.10）表明，波峰和波谷之间的汇率差必须大于一个最小值（这是由滤波的幅度所决定的），才能保证规则是具有盈利性的。图 8-7 显示了这一点。在图 8-7中，汇率从波谷上升 x% 之后（一个买入信号），有两条时间路径：A 和 B。如果汇率遵循路径 A，即在上升到汇率为 $(1+\theta)$ S_t 的波峰后，在 $(1-x)$ $(1+\theta)$ S_t 时发出卖出信号，这时，操作是有利可图的；但如果汇率遵循路径 B，在 $(1+\lambda)$ S_t 时到达波峰，而 $\lambda<\theta$，所以在 $(1-x)$ $(1+\lambda)$ S_t 时发出卖出信号，这使该操作无利可图。

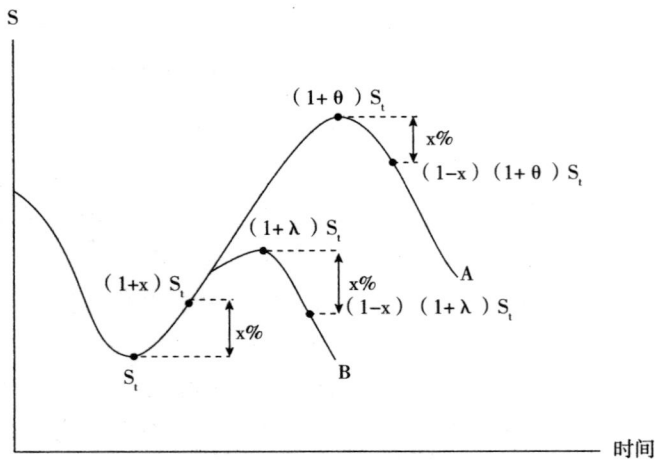

图 8-7　盈利的和非盈利的时间路径

盈亏相抵的滤波幅度的方程是：

$$x=\frac{\theta}{2+\theta} \tag{8.11}$$

表 8-1 显示了 θ 取 1%~10%的值时的盈亏相抵的滤波幅度。这意味着如果汇率的波峰比波谷高出 5%，那么盈亏相抵的滤波幅度就应该是 2.44%。需要注意的是，如果 θ 是一个非常小的数，那么就有：

$$x\approx\frac{\theta}{2} \tag{8.12}$$

任何大于 $\theta/2$ 的滤波幅度都会导致亏损，而小于 $\theta/2$ 的滤波幅度则会带来盈利。

表 8-1　不同 θ(百分比）的盈亏相抵的滤波幅度

θ	1	2	3	4	5	6	7	8	9	10
x	0.48	0.99	1.48	1.96	2.44	2.91	3.38	3.85	4.31	4.76

对于 x–y 滤波也有相似的结论。如果

$$1+\theta > \frac{1+x}{1-y} \tag{8.13}$$

那么，该滤波幅度就具有盈利性。

盈亏相抵的滤波幅度可由下式给出：

$$\frac{1+x}{1-y} = 1+\theta \tag{8.14}$$

这个方程可以决定 x 和 y 的组合。例如，如果 $\theta = 0.05$（5%），那么两个可能的盈亏相抵滤波幅度就是 1%~3.8% 和 3%~1.9%。

8.3 引入买卖差价和利率的滤波规则

我们将从滤波的幅度和盈利性两个方面考察一些因素所导致的效应，而这些因素往往会在一般的讨论中被忽略。在允许买卖差价和引入利率的情况下，我们将得到关于盈亏相抵滤波幅度的更加复杂的表达式。我们将依次讨论这些修正方案。

8.3.1 把买卖差价引入汇率

如果我们允许在汇率中引入买卖差价，那么投资者将以卖出汇率的水平买入通货，而以买入汇率的水平卖出通货。假设在买卖差价中，买和卖的时间没有变化，按照 x% 滤波规则得到的利润就是：

$$\pi = (1-x)(1+\theta)S_{b,t} - (1+x)S_{a,t} \tag{8.15}$$

其中，下标 b 和 a 分别代表买入汇率和卖出汇率。

假设方程（8.8）是根据中间汇率计算利润的，即买入和卖出汇率的平均数。它遵循这样一个规则，就是在有买卖差价条件下滤波规则所带来的利润要低于没有买卖差价的情况。这是因为 $S_{b,t} < S_t$ 且 $S_{a,t} > S_t$。解释非常简单：买卖差价实际上是一种交易费用，它必然会导致所有操作的利润都下降。如果存在买卖差价，那么一个滤波规则要想具有盈利性就必须

$$(1-x)(1+\theta)S_{b,t} > (1+x)S_{a,t} \tag{8.16}$$

根据定义就有：

$$S_{a,t} = (1+m)S_{b,t} \tag{8.17}$$

其中，m 为用百分比测度的买卖差价。这样，要使滤波规则具有盈利性的条件就变成了：

$$(1-x)(1+\theta)S_{b,t} > (1+m)(1+x)S_{b,t} \tag{8.18}$$

这意味着滤波规则具有盈利性，得到：

$$1+\theta > (1+m)\left[\frac{1+x}{1-x}\right] \qquad (8.19)$$

通过对方程（8.19）和方程（8.10）所表达的条件做对比，很明显，方程（8.19）的θ值要大于方程（8.10）的θ值。盈亏相抵滤波幅度就是：

$$1+\theta = (1+m)\left[\frac{1+x}{1-x}\right] \qquad (8.20)$$

可以得出 x 的表达式是：

$$x = \frac{\theta - m}{2 + \theta + m} \qquad (8.21)$$

方程（8.21）表明，在滤波幅度的决定中，买卖差价也起到了相应的作用。表8-2显示了θ和m取不同值时的盈亏相抵的滤波幅度。对比表8-2与表8-1，我们可以发现，对每一个θ值而言，有买卖差价时的滤波幅度都要小于无买卖差价时的滤波幅度。差价的值越高，滤波幅度的值越小。

表8-2　θ和 m 取不同值时的盈亏相抵的滤波幅度

θ	1	1	5	5	10	10
m	0.2	0.8	0.2	0.8	0.2	0.8
x	0.40	0.10	2.34	2.04	4.66	4.36

8.3.2　引入利率

现在，我们在考察滤波规则的盈利性时引入利率的影响。大多数关于外汇市场滤波规则的盈利性的文献都在很大程度上忽略了对利率的讨论，这一点看起来非常不幸，而且非常奇怪。这种忽略也许是因为滤波规则这一技术是从股票市场（这里通常没有利率的明确角色）直接外推到外汇市场的。但是，忽略利率所带来的一个暗示就是外汇市场所交易的是现金，而不是附着利率的银行存款。从买入信号的出现到卖出信号的出现，很可能会经历很长的时间。当交易者等待卖出信号的时候，他（或她）不大可能会持有大量的现金头寸，而放弃利息。相反，他（或她）会把其变为通知存款，以获取一些类似隔夜拆借利息的利益。不仅如此，如果规则导致了对某种通货的卖空，那么借来资金的利息就应当记入交易费用。因此，买卖的通货的利息是决定滤波的幅度和其他因素的非常重要的因素。忽略利率影响的另一个原因可能是这样一种想法，认为利率差异仅占总成本或者总收益中的一小部分，所以在实际上可以忽略不计。同样，我们没有理由认为事实就是如此。

在我们最初引入利率时，我们先假定在买入和卖出利率（即存款和贷款利率）

之间没有差别。我们也假定汇率不存在买卖差价。从一个投资者的角度考虑，他买卖的外汇的利率为 i^*，同时本国货币的利率为 i。参考图8-6，运用包括空头和多头交易的滤波规则，需要以下的步骤：

（1）在 $t+j$ 时交易者得到一个买入信号。他卖空（即借入）本国货币，并持有外汇的多头（即按计划买入）。得到的外汇量（每一单位的本国货币）是：

$$X_1 = \frac{1}{(1+x)\ S_t} \tag{8.22}$$

（2）得到的外汇按照该外汇的利率 i^* 进行投资，期限是从 $t+j$ 到 $t+n+k$，也就是在 $n+k-j$ 时可获得的外汇量是：

$$X_2 = \frac{1}{(1+x)\ S_t}\ (1+i^*)^{n+k-j} \tag{8.23}$$

（3）当在 $t+n+k$ 时出现卖出信号时，外汇被按照 $(1-x)\ (1+\theta)\ S_t$ 的汇率售出，得到的本国货币量是：

$$X_3 = \frac{(1-x)\ (1+\theta)\ S_t}{(1+x)\ S_t}\ (1+i^*)^{n+k-j} \tag{8.24}$$

（4）在 $t+n+k$ 时刻，卖空的本币必须偿还，也就是贷款（本金加上利息）必须偿付。本息和为：

$$X_4 = (1+i)^{n+k-j} \tag{8.25}$$

这一操作到此结束。从中获取的利润为：

$$\pi = X_3 - X_4 = \frac{(1-x)\ (1+\theta)\ S_t}{(1+x)\ S_t}\ (1+i^*)^{n+k-j} - (1+i)^{n+k-j} \tag{8.26}$$

如果这一操作是盈利的，就必须使

$$\frac{(1-x)\ (1+\theta)}{(1+x)}\ (1+i^*)^{n+k-j} - (1+i)^{n+k-j} > 0 \tag{8.27}$$

或者必须有：

$$1+\theta > \left(\frac{1+x}{1-x}\right)\left[\frac{(1+i)}{(1+i^*)}\right]^{n+k-j} \tag{8.28}$$

因此，盈亏相抵的滤波幅度就是：

$$x = \frac{(1+\theta)\ (1+i^*)^{n+k-j} - (1+i)^{n+k-j}}{(1+\theta)\ (1+i^*)^{n+k-j} + (1+i)^{n+k-j}} \tag{8.29}$$

表8-3给出了在不同的 θ、i、i^* 和 $n+k-j$（如果考虑每日的数据的话，就按天测度）的组合下，盈亏相抵的滤波幅度。对于一个不变的 θ 而言，随着利率差异 $(i-i^*)$ 的变大，滤波幅度变小，同时买入信号和卖出信号出现的间隔时间变长。

表 8-3 不同的 θ，i，i* 和 n+k-j 所对应的盈亏相抵的滤波幅度

θ	5	5	10	10
i	5	10	5	10
i*	4	2	4	2
n+k-j	60	180	60	180
x	2.4	0.5	4.7	2.8

8.3.3 将买卖差价引入汇率和利率

我们将在汇率和利率中同时引入买卖差价。这时的操作包括以下步骤：

（1）在 t+j 时，交易者得到一个买入信号。他卖空本国货币，持外汇多头。因为他是在卖出汇率水平上购入外汇的，所以他所得到的外汇（每单位本国货币）数量是：

$$X_1 = \frac{1}{(1+x) \ S_{a,t}} \tag{8.30}$$

（2）交易者所购得的外汇按照外汇的买入利率进行投资，即 $i_b{}^*$，期限从 t+j 时到 t+n+k 时，也就是在 n+k-j 时可以得到：

$$X_2 = \frac{1}{(1+x) \ S_{a,t}} \ (1+i_b{}^*)^{n+k-j} \tag{8.31}$$

（3）当在 t+n+k 时出现卖出信号时，外汇以 $(1-x) \ (1+\theta) \ S_{b,t}$ 的水平售出，得到的本币数量是：

$$X_3 = \frac{(1-x) \ (1+\theta) \ S_{b,t}}{(1+x) \ S_{a,t}} \ (1+i_b{}^*)^{n+k-j} \tag{8.32}$$

（4）在 t+n+k 时交易者必须偿还贷款，所偿还数额为：

$$X_4 = \ (1+i_a)^{n+k-j} \tag{8.33}$$

操作就此结束。从中获得的利润是：

$$\pi = X_3 - X_4 = \frac{(1-x) \ (1+\theta) \ S_{b,t}}{(1+x) \ (1+m) \ S_{b,t}} \ (1+i_b{}^*)^{n+k-j} - \ (1+i_a)^{n+k-j} \tag{8.34}$$

如果这一操作是盈利的，就必须

$$\frac{(1-x) \ (1+\theta)}{(1+x) \ (1+m)} \ (1+i_b{}^*)^{n+k-j} - \ (1+i_a)^{n+k-j} > 0 \tag{8.35}$$

或者必须有：

$$1+\theta > \left[\frac{(1+x) \ (1+m)}{(1-x)} \right] \left[\frac{(1+i_a)}{(1+i_b{}^*)} \right]^{n+k-j} \tag{8.36}$$

因此，盈利相抵的滤波幅度就是：

$$x = \frac{(1+\theta)(1+i_b^*)^{n+k-j} - (1+m)(1+i_a)^{n+k-j}}{(1+\theta)(1+i_b^*)^{n+k-j} + (1+m)(1+i_a)^{n+k-j}} \qquad (8.37)$$

因为$i_b^* < i$、$i_a > i$及$m > 0$，所以由方程（8.37）所决定的盈亏相抵的滤波幅度要小于方程（8.29）所决定的盈亏相抵的滤波幅度。此外，很明显，方程（8.36）大于号右边的值要大于方程（8.28）大于号右边的值。因此，在存在买卖差价的条件下，要保证某一滤波规则能够盈利，汇率要比不存在买卖差价的条件下上涨很多。这是因为买卖差价实际上是一种交易费用。

8.3.4 移动平均规则

移动平均规则是一种基于买卖信号的机械的交易规则，而买卖信号又是从汇率的日常变动行为中得出的。假设我们按照离散的时刻，$t = 0, 1, 2, 3, \cdots, T$，对汇率$S_t$进行观察。在t时，一个阶数（即长度）为q的移动平均数可计算为：

$$M_t(q) = \frac{1}{q} \sum_{i=0}^{q-1} S_{t-i} \qquad (8.38)$$

这称为简单移动平均数，其本质也就是移动算术平均数。由于它容易计算且非常有效，所以简单移动平均数在技术分析中应用得最为广泛。

如果认为最近观察得到的数据中包含了更加相关的信息，就应该使用加权移动平均数，而不是简单移动平均数。通过对近期观察到的数据赋予更高的权重，就可以计算加权移动平均数。需要注意的是，简单移动平均数暗含的一个假设是，所有的数据都包含着同等重要的信息，所以它们才会被赋予相同的权重。加权移动平均数的计算方法如下：

$$M_t(q) = \frac{1}{q} \sum_{i=0}^{q-1} w_i S_{t-i} \qquad (8.39)$$

加权移动平均数的一个特例是指数平滑移动平均数，这时，某一数据的权重是前一个数据权重的一个固定的比例。指数平滑移动平均数的计算方法如下：

$$M_t(q) = \frac{1}{q} \sum_{i=0}^{q-1} \alpha(1-\alpha)^i S_{t-i} \qquad (8.40)$$

其中，$0 < \alpha < 1$。这意味着当前汇率的权重为α，前一期汇率的权重为$\alpha(1-\alpha)$，依次类推。

8.3.5 一次移动和两次移动平均数规则

根据一次移动平均数规则，买入信号和卖出信号是由汇率变动的时间路径和某一阶数的移动平均数的交点来表示的。图8-8显示了理论上的利率和移动平均数变动轨迹（分别用S_t和M_t代替）。在t_1时之前，移动平均线高于汇率轨迹，即$S_t < M_t$或

者 $S_t - M_t < 0$。这种关系在 t_1 时的交叉发生之后就颠倒过来了，此时 $S_t > M_t$ 或者 $S_t - M_t > 0$。在 t_1 时，移动平均线和汇率轨迹有一次交叉，且是前者自上而下穿越后者。这是一个买入的信号。在 t_2 时（此时，移动平均线自下而上穿越汇率轨迹）之后，两者关系再次发生反转，即 $S_t < M_t$ 或者 $S_t - M_t < 0$。这是一个卖出信号。所以，如果运用一次移动平均规则，交易者就会在 t_1 时买入，而在 t_2 时卖出。这一买卖交易过程显然是有利可图的，因为从图 8-8 中我们可以看出，卖出时的汇率比买入时的汇率要高。图 8-8 的下半幅图中显示了汇率和移动平均数差异的曲线，从中也可以看出买入和卖出的信号。当两者之差从下往上穿越水平轴的时候，显示的就是买入信号，而当前者自上而下穿越后者时，显示的就是卖出信号。

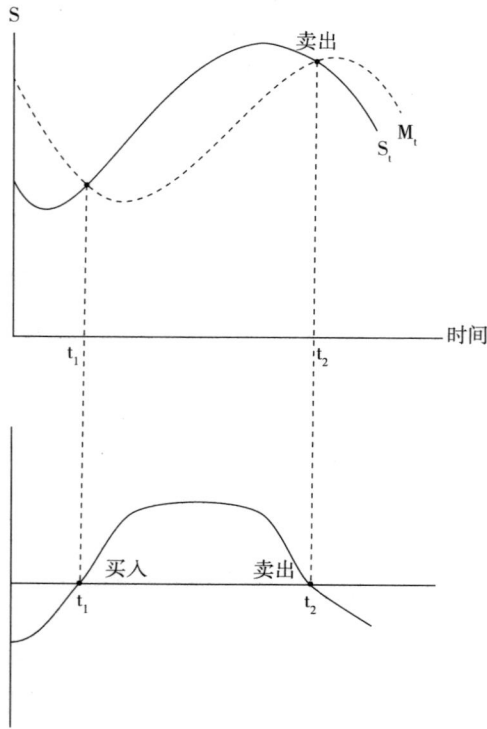

图 8-8　一次移动平均数规则

以下将这一规则做了一般化的处理：

（1）在移动平均线自上而下穿过汇率轨迹时买入，即当

$$S_t = M_t \text{ 或 } S_t - M_t = 0 \tag{8.41}$$

并且

$$S_{t-1} < M_{t-1} \text{ 或 } S_{t-1} - M_{t-1} < 0 \tag{8.42}$$

时买入。

（2）在移动平均线自下而上穿过汇率轨迹时买入，即当

$$S_t = M_t \text{ 或 } S_t - M_t = 0 \tag{8.43}$$

并且

$$S_{t-1} > M_{t-1} \text{ 或 } S_{t-1} - M_{t-1} > 0 \tag{8.44}$$

时卖出。

由交叉点确认的汇率可能是无法观察到的，这时的买入和卖出汇率是在穿越之后被立刻观察到并确认的。如果确实是这样，那么由方程（8.41）和方程（8.43）所代表的条件就应当被重新写为不等式的形式：

$$S_t \geqslant M_t \text{ 或 } S_t - M_t \geqslant 0 \tag{8.45}$$

和

$$S_t \leqslant M_t \text{ 或 } S_t - M_t \leqslant 0 \tag{8.46}$$

根据图 8-8 的下半图，当两者差别的符号从负变为正时，就出现了买入信号；当两者差别的符号从正变为负，就出现了卖出信号。我们可以将 $(S_t - M_t)/M_t$ 用作一个数量技术指标。如果这个数大于某一百分比（大约是 3.5%），那么汇率就比平常情况更快地上涨，说明是显著的牛市。相反，如果这个数小于 3.5%，那么就说明是显著的熊市。图 8-9 显示了英镑/美元的汇率变动情况，该图使用了 1998 年 3 月 6 日之前 100 个交易日的观察数据，图中还标明了一条 10 日的移动平均线。图 8-10 显示了图 8-9 中汇率和移动平均数的差额的变动轨迹，在这幅图中曲线和水平轴的交点即为买入和卖出信号。

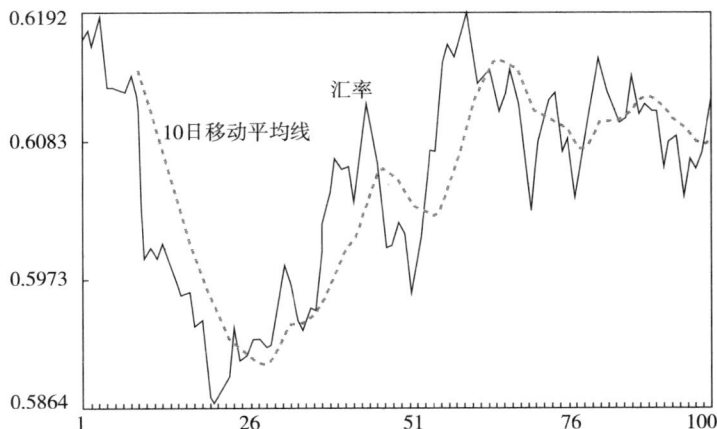

图 8-9　英镑/美元汇率图（1998 年 3 月 6 日之前 100 个交易日的每日数据）

两次移动平均数规则的原理与此十分相似，但两次移动平均数规则中的买入和卖出信号是由两条移动平均线的穿越显示的，即一条短期移动平均线 M_t^s 和一条长期移动平均线 M_t^ℓ。关于重复移动平均数规则的具体陈述如下：

（1）当长期移动平均线从上而下穿过短期移动平均线时买入，即当

$$M_t^s = M_t^\ell \text{ 或 } M_t^s - M_t^\ell = 0 \tag{8.47}$$

和

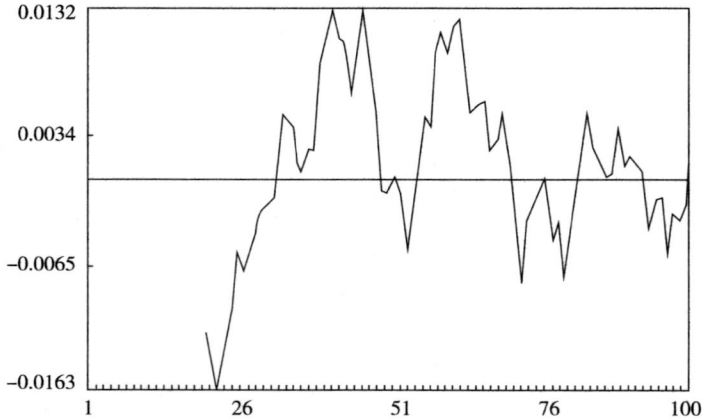

图 8-10　英镑/美元汇率与 10 日移动平均数的差异额

$$M_{t-1}^s < M_{t-1}^\ell \text{ 或 } M_{t-1}^s - M_{t-1}^\ell < 0 \tag{8.48}$$

时买入。

（2）当长期移动平均线从下而上穿过短期移动平均线时卖出，即当

$$M_t^s = M_t^\ell \text{ 或 } M_t^s - M_t^\ell = 0 \tag{8.49}$$

和

$$M_t^s > M_t^\ell \text{ 或 } M_t^s - M_t^\ell > 0 \tag{8.50}$$

时卖出。

　　将 M_t 和 S_t 分别换成 M_t^ℓ 和 M_t^s，图 8-8 就可以用来显示两次移动平均数规则。图 8-11 显示了一条 10 日的移动平均线和一条 20 日的移动平均线，其中所用的数据与图 8-9 中的数据相同。图 8-12 显示了两条移动平均线之间差额（$M_t^s - M_t^\ell$）的变动曲线。同样，该曲线和水平轴之间的交点就是买入和卖出信号。

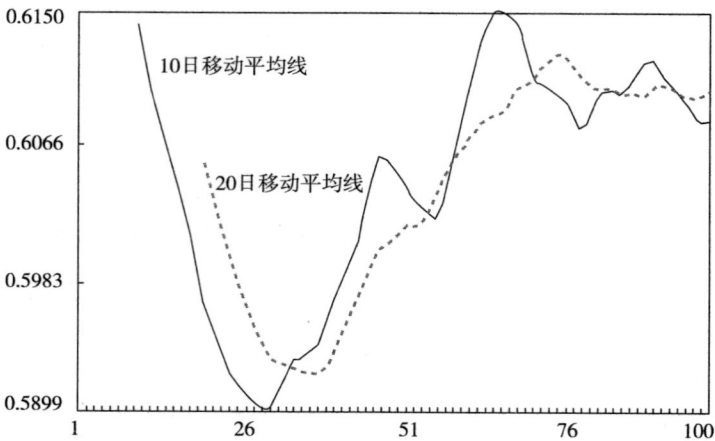

图 8-11　英镑/美元汇率的 10 日移动平均线和 20 日移动平均线

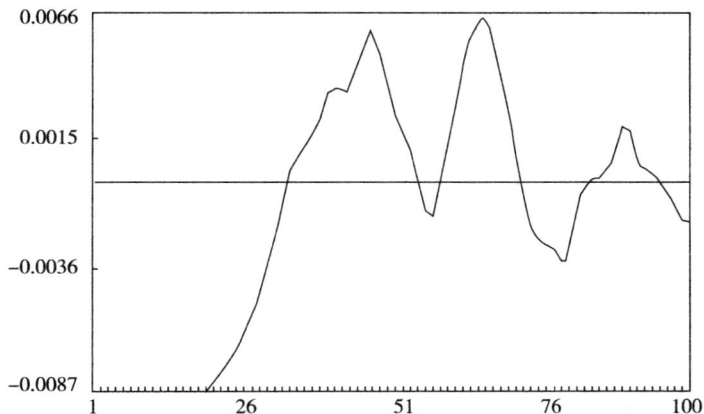

图 8-12　10 日移动平均线和 20 日移动平均线的差额

8.4　基于数量技术指标的交易规则

　　我们有可能根据数量技术指标创立一些交易规则，这些数量技术指标都是在第 7 章论述过的。基于数量技术指标的交易规则包括震荡量规则、RSI 规则和随机指数规则。图 8-13 显示了这些规则，以下我们将对它们逐一讲解。

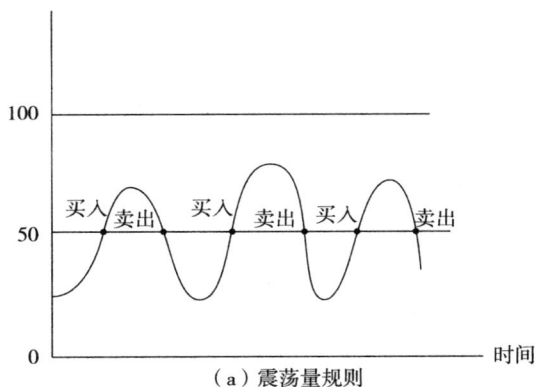

图 8-13　基于数量技术指标的交易规则

8.4.1　震荡量规则

　　当震荡量曲线自下而上穿越中线时买入，当震荡量曲线自上而下穿越中线时卖出。

（b）RSI 规则

（c）随机指数规则（K 线）

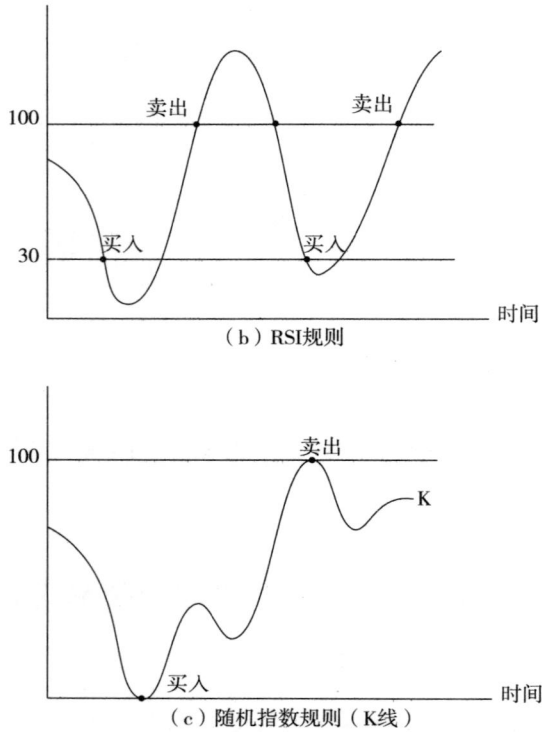

图 8-13　基于数量技术指标的交易规则（续）

8.4.2　RSI 规则

当 RSI 曲线低于 30 时买入，当 RSI 曲线高于 70 时卖出。

8.4.3　随机指数规则

当 K 线到达 0 值时买入，当 K 线到达 100 时卖出。

8.5　基本交易规则

基本交易规则是建立在一个或者多个经济模型的基础上的，这些模型描述了汇率和汇率的决定因素之间的关系。这些规则让投资者盈利还是亏损，取决于其经济模型的有效性。这些规则都假定存在一个均衡的汇率水平，而交易规则就是在实际汇率和均衡汇率之间的偏差的基础上得出的。当某种货币的价值被低估（即当实际汇率低于模型预测的水平）时，就是买入信号；当某种货币的价值被高估（即当实际汇率高于模型预测的水平）时，就是卖出信号。这其中暗含的观点就是如果某种货币被低估，它就很可能会升值；而如果某种货币被高估，它就很可能会贬值。基本交易规则会有一个数量幅度，即如果汇率水平低于均衡水平 x%，就发出了买入信号，而如果汇率水平高出均衡水平 x%，就发出了卖出信号。图 8-14 描述了一个基于实际汇率和均衡汇率（S 和 $\bar{S}$）之间关系的基本交易规则发挥作用的过程。其中，均衡汇率既可以是固定不变的，也可以是变动的。

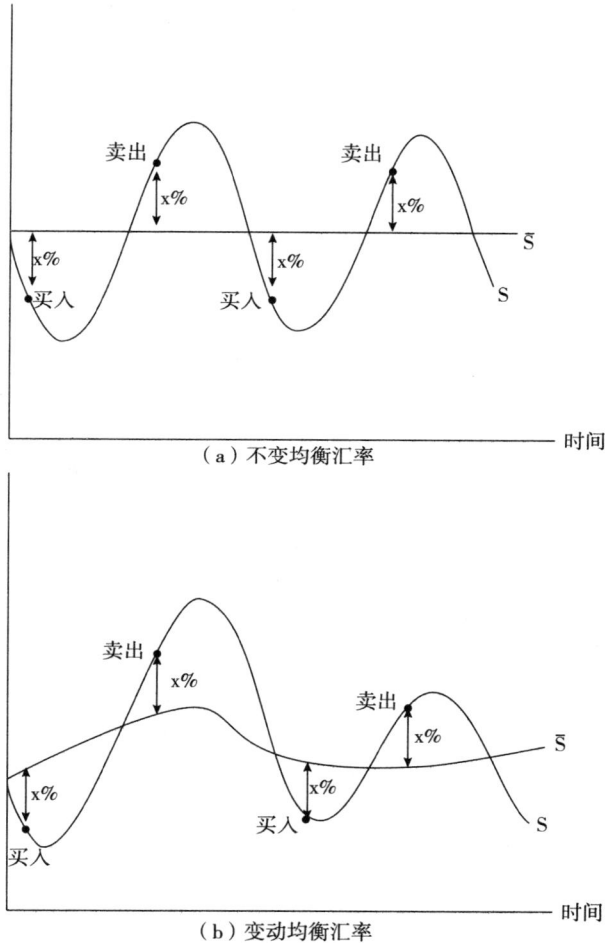

图 8-14　x%幅度的基本交易规则

一般情况下，汇率的均衡水平是由各个变量所构成的一个向量 X 所决定的，即：

$$\bar{S}_t = f(X_t) \tag{8.51}$$

由于可能存在一些随机性冲击，它们所导致的临时性的效应会使当前的汇率偏离均衡水平。所以，当前的汇率可以表示为：

$$S_t = \bar{S}_t + \varepsilon_t \tag{8.52}$$

其中的 ε_t 是一个随机项。这样，当 $S_t < \bar{S}_t$ 时，该种货币就被低估了，而当 $S_t > \bar{S}_t$ 时，该种货币就被高估了。如果在规则中加入数量幅度，那么当某种货币的汇率低于均衡水平一定的百分比（假设是 x）时，就发出了买入的信号。因此，当

$$S_t = (1-x)\,\bar{S}_t \tag{8.53}$$

时就产生了买入信号。而当

$$S_t = (1+x)\,\bar{S}_t \tag{8.54}$$

时就产生了卖出信号。

或者，买入信号和卖出信号的条件也可以分别写为：

$$S_t - (1-x)\,\bar{S}_t = 0 \tag{8.55}$$

和

$$S_t - (1+x)\,\bar{S}_t = 0 \tag{8.56}$$

方程（8.55）和方程（8.56）所代表的买入信号和卖出信号的产生条件可以在几何上由实际汇率和均衡汇率之间的偏差所导出。这一点可以参考图 8-15，图中显示只要 S 偏离了 $\bar{S}_x$ 个百分点，买入信号和卖出信号就会出现。

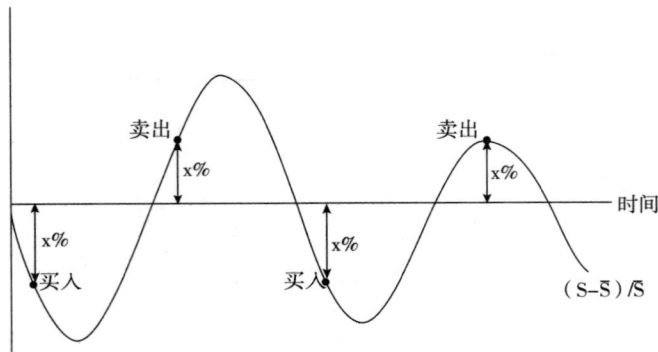

图 8-15　一个基于实际汇率与均衡汇率之间偏差 x% 的基本交易规则

但问题在于如何确定汇率的均衡水平。这自然取决于由各种不同的经济模型所假定的解释变量 X，也是我们会有如下交易规则的原因。

8.5.1　购买力平价（PPP）规则

这一规则是基于均衡汇率水平起作用的，而均衡的汇率水平则是根据 PPP 理论，由价格或者通胀率决定的。所以，均衡的汇率水平的计算方法如下：

$$\overline{S}_t = S_0 \left[\frac{1+\dot{P}_t}{1+\dot{P}_t^*} \right] \qquad (8.57)$$

其中，0 代表基期，小黑点则表示变量从 0 期到 t 期之间的改变率。所以 $\dot{P}$ 是本国的通货膨胀率，而 $\dot{P}^*$ 是外国的通货膨胀率。由于价格无法突变，而是平稳地变动，所以这一规则不能在短期内给出买入和卖出的信号。根据 PPP 规则，即便货币被高估或被低估了，它也会在很长一段时间内保持这一趋势，并且趋势反转的速度也极慢。所以，这一规则只能被用于长期交易。

8.5.2 非抛补的利率平价（UIP）规则

在这一规则中，均衡汇率是根据非抛补的利率平价理论，即由利率差异决定的。这样的话，均衡汇率的计算方法就是：

$$\overline{S}_t = S_{t-1} \left[\frac{1+i_{t-1}}{1+i_{t-1}^*} \right] \qquad (8.58)$$

其中，i 是本国的利率，而 i^* 是外国的利率。由于利率的变化比价格快得多，所以这一规则在短期内可以应用。

8.5.3 远期汇率规则

这一规则是建立在无偏有效假说基础上的，该假说认为远期汇率是对即期汇率的一个无偏且有效的预测。平均而言，某期的即期汇率应该等于前期确定的远期汇率。所以，均衡的汇率必须根据以下方程计算：

$$\overline{S}_t = F_{t-1} \qquad (8.59)$$

其中，F_{t-1} 是以前制定的远期汇率。

8.5.4 混合基本规则

一个混合基本规则可以通过两个或者多个规则的组合来导出。例如，假设一个交易者认为汇率是由通货膨胀率、利率和远期汇率三者的组合决定的，并且假设交易者知道这三个变量分别影响汇率的权重。那么在一个混合的 PPP−UIP−远期汇率规则中，均衡汇率由以下方程确定：

$$\overline{S}_t = w_1 \left[S_0 \left(\frac{1+\dot{P}_t}{1+\dot{P}_t^*} \right) \right] + w_2 \left[S_{t-1} \left(\frac{1+i_{t-1}}{1+i_{t-1}^*} \right) \right] + w_3 F_{t-1} \qquad (8.60)$$

其中，w_1、w_2 和 w_3 分别是在均衡汇率的决定过程中对 PPP、UIP 和远期汇率赋予的权重，$w_1+w_2+w_3=1$。

8.5.5　基本规则和技术规则的异同比较

通过对 x% 的滤波基本规则和 y% 的滤波技术规则做比较，我们会发现它们在做出的决策和利润率水平上都有所不同。出于简单的考虑，我们假设汇率在从波谷上涨到波峰的过程中，上涨的幅度 θ 大于 x 或者 y。

在假设均衡汇率固定不变的条件下，图 8-16 显示了四种可能。在图 8-16（a）中，基本规则发出买入信号比技术规则要早，但这两种规则最后都得到了相同的利润；在图 8-16（b）中，幅度很大的技术规则没有带来利润，而基本规则却是盈利的；在图 8-16（c）中，技术规则比基本规则更具盈利性；而在图 8-16（d）中，基本规则比技术规则盈利更多。

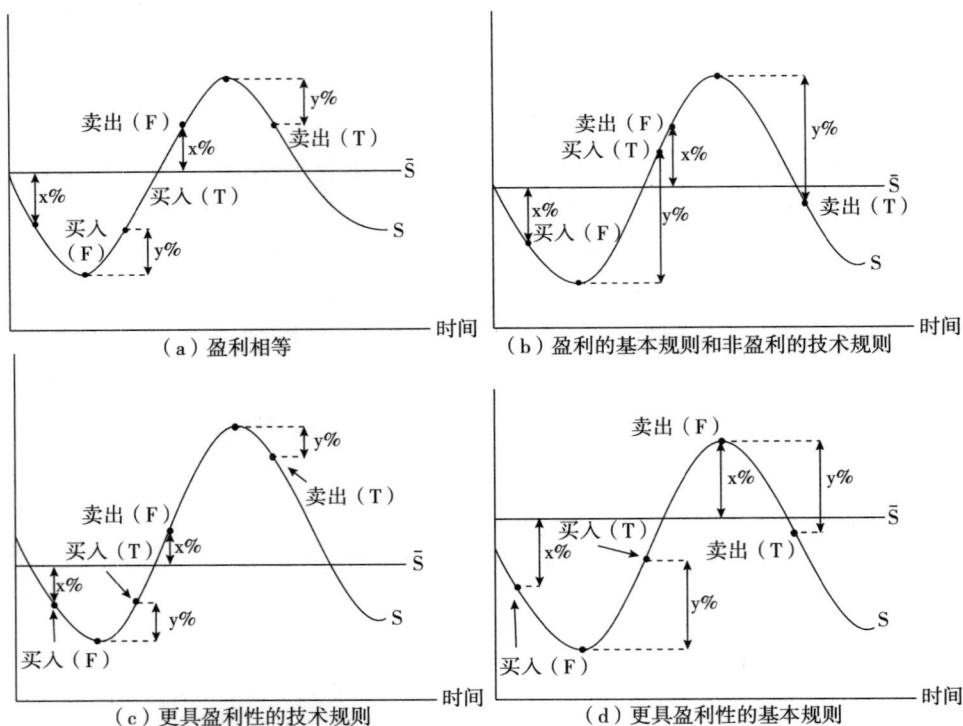

图 8-16　x% 滤波基本规则和 y% 滤波技术规则的比较（固定的均衡汇率）

8.6　对交易规则盈利性的测量

本节的目的在于发现交易者能否通过使用交易规则而在市场中表现得更加出色，

也就是说交易者能否通过使用交易规则，而不是仅仅采取消极的买卖策略来获取更高的回报率。所以，我们需要一个方法，并以此来计算出用于比较的回报率。以下将介绍这一方法。

为了简便起见，我们忽略买卖差价和利率差别。如果按照交易规则在时刻1买入同时在时刻2卖出的话，那么时刻1和时刻2之间的这段时间的回报率为R_1^2，其计算过程如下：

$$R_1^2 = \frac{S_2}{S_1} - 1 \tag{8.61}$$

这个公式也可以一般化，即如果在任意两个时刻t时和t+k时买入和卖出的话，那么就有：

$$R_t^{t+k} = \frac{S_{t+k}}{S_t} - 1 \tag{8.62}$$

现在，让我们假设最初的资本量（本国货币）X_0被用于货币交易。假设过了一段时间之后，规则在时刻1发出买入信号，在时刻2发出卖出信号，继而在时刻4发出买入信号，在时刻7发出卖出信号。如果事实确实如此，在时刻7积累的资本量（本国货币）就是：

$$X_7 = X_0 \left(1 + R_1^2\right)\left(1 + R_4^7\right) \tag{8.63}$$

假设在t＝0到t＝T的时间段内共出现了m次买入信号和卖出信号，那么方程（8.63）可以一般化为：

$$X_T = X_0 \prod_{i=1}^{m} R_i \tag{8.64}$$

其中，$R_i = R_{T-s}^{T-k}$，且$R_m = R_{T-\tau}^{T}$，s＞k，k＞τ。暗含的假设是第一次的买卖交易分别发生在T−s时和T−k时，最后一次的交易发生在T−τ时和T时。

如果代理费是总交易金额的τ%的话，方程（8.64）就成为：

$$X_T = X_0 \prod_{i=1}^{m} R_i \left(1 - \tau\right) \tag{8.65}$$

在两种不同情形下（有或没有代理费），整个时期的回报率可以由开始时的资本量和最终的资本量计算出来：

$$R_{T-s}^{T} = \frac{X_T}{X_0} - 1 \tag{8.66}$$

另外，一个买入并持有的策略意味着只买卖一次外汇。如果分别把第一次买入的汇率和最后一次卖出的汇率对应于买入和卖出时的汇率，并将之应用于交易策略中，那么就有：

$$X_T = X_0 R_{T-s}^{T} \tag{8.67}$$

加入代理费就有：

$$R_{T-s}^{T} = \frac{S_T \left(1 - T\right)}{S_{T-s}} - 1 \tag{8.68}$$

通过对比交易规则及购买并持有的交易策略的回报率，就有可能确定采取的交易规则的优劣。同样的方法也可以用来根据历史数据确定最优滤波幅度或移动平均数的阶数，而这正是产生最高利润率的幅度或阶数。

8.7　关于交易规则盈利性的经验证据

为了证实机械的交易规则是否具有盈利性，我们已经做了大量的研究工作。这些研究工作很大程度上是对金融市场有效性的关注。因为如果金融市场是有效的，那么机械的交易规则所带来的利润就不可能持续地高于买入并持有的消极策略。而且如果市场是有效的，并且非抛补的利率平价理论成立的话，基于交易规则的买卖策略所带来的利息成本应该等于平均利润。关于这一问题的证据非常繁杂。

最初在股票市场上运用滤波规则的时候，观点相当不一致。Alexander（1961，1964）出示的证据显示了滤波规则"优于市场"的能力，尽管交易费用可能会消耗掉所有的利润。相反，Fama 和 Blume（1966）得出结论，认为滤波规则不具备盈利性。追随着 Fama 和 Blume 的研究，主流的学术观点认为机械的交易规则不起作用。事实上，Fama（1970）否定了技术分析的作用。在更近的一项研究中，Brock 等（1992）考察了在没有交易费用的前提下，各种简单移动平均数所发挥的作用。他们得出结论，认为规则可以鉴别出这样的时期，即在该段时期内进入市场是明智的，此时利润率高而不确定性小。

如果在外汇市场上运用滤波规则，使用每日的数据研究发现存在一些证据可以证明这些规则的盈利性。这些研究包括 Cornell 和 Dietrich（1978）、Dooley 和 Shafer（1983）以及 Logue 等（1978）。Sweeney（1986）通过一个调整的风险测试来显示滤波规则的盈利性。另外，还有一些证据可以证明在外汇市场上移动平均规则的盈利性。Surajaras 和 Sweeney（1992）发现，一次移动平均和两次移动平均规则可以带来显著的样本外利润，并且其平均而言高于滤波规则产生的利润。不仅如此，Bilson（1981）及 Sweeney 和 Lee（1990）还发现，交易规则还可以在外汇远期市场上为交易者带来利润。另外，Engle 和 Hamilton（1990）提供了更有帮助但间接的证据，他们证明从 20 世纪 70 年代早期到 20 世纪 80 年代末期，美元容易受到长期波动或基本不间断趋势的影响，这种趋势很容易受机械的交易规则的影响。然而事实确实如此，我们不可能事先就知道滤波规则的最佳幅度，而且总是存在一些重要的风险因素，而这些风险往往会导致短时期内的重大损失。

在最近的一份研究中，Allen 和 Karjalainen（1999）从根本上批评了以上这些研究，他们指出那些事后对交易规则进行的特定研究可能会导致一些偏颇的检验结果。他们认为可以用一些纯粹的、不含偏见的算法来导出交易规则，这些规则不具有特定的目的，但就某种意义而言却是最优的。他们继而认为，这种方法之所以能够避免事后选择所导致的偏颇倾向，"是因为这些规则是在测试开始之前，由那些学习使用每日价格数据进行计算的机器给出的"。然而，他们的结论却证实了之前的研究，即认为市场是有效的，扣除交易费用之后使用技术交易规则不可能获得利润。

9 最新动态：混沌和神经网络理论

9.1 导 言

本章所涉及的一些最新发展动态和汇率预测并没有直接关系。这些最新的发展来自生物学和物理学领域，后来被引入经济学和金融学领域。混沌和神经网络这两个论题之间并没有必然的联系，只是因为它们对于汇率预测都有新的启发，因而笔者就将它们放在同一章中加以阐述。事实上，混沌和神经网络这两个论题对于汇率预测有着相反的含义。混沌理论讲的是，如果形成汇率的过程是混沌的，那么这个过程就是确定的，但它是不可预测的。而与此相反，那些极力主张将神经网络理论作为预测工具的人们却声称（这种方法具有可预测性），当对包括汇率在内的经济和金融变量进行预测时，神经网络理论要优于传统的手段。因此，讨论这两个理论所得到的结论和它们对于汇率预测的启发是截然相反的。

我们先从混沌理论谈起。近几年来，不同学科的学者都对这个论题产生了浓厚的兴趣，对于这个论题的讨论可谓铺天盖地。这种现象似乎有点不可思议，因为当讨论到数学层面时，需要耗费大量的精力。也许是由混沌可联想到金融变量（例如股票价格或汇率），进而可成为现实近距离的观察者，公众才有了浓厚的兴趣。为了便于非专业人士理解，以下章节对混沌理论的阐述都是极其简化的，对专业读者而言甚至是非常肤浅的。但是，为了使多数读者理解，这种表面化的阐述方法还是有意义的。毕竟，本书不是为专业的数学家和计量经济学家准备的。

9.2 混沌理论：背景

混沌理论是对不规则而又无法预测的现象及其过程的分析。一个混沌过程是一个确定性过程，但它看起来是无序的、随机的。像许多其他知识一样，混沌和混沌行为的研究产生于数学和纯科学领域，之后被经济学和金融学引用。在这些领域里，由于人们想知道在某些自然现象背后是否存在着尚未被认识的规律，所以人们对混沌展开了研究。科学家已经注意到了某些现象，例如行星运动，是有稳定规律的，但其他的，比如像天气之类，则是反复无常的。因此，关键问题在于天气现象是否是随机的。其曾经一度被认为是随机的后来又被证实是混沌的，这个问题激发了人们探索真理的热情。如果一个变量或一个过程的演进或时间路径看似随机，而事实上是确定的，那么这个变量或时间路径就表现出混沌行为。这个时间路径是由一个确定的非线性方程生成的。

在此，我们有必要介绍一下混沌理论的发展史。人们对于混沌动态学的认识应当归功于 Weiss（1991），而 Weiss 又是从几百年前从事天体力学的法国数学家 Henry Poincaré 那里得到的启示。Poincaré 提出，由运动的非线性方程所支配的动态系统是非线性的。然而，由于那个时代数学工具的不足，他未能正式探究这个设想。

在 Poincaré 之后的很长一段时间里，对于这个论题的研究趋于湮灭。然而，在 20 世纪 60~70 年代，数学家和科学家们又重新开始了对这个论题的研究。一个名叫 Stephen Smale 的数学家用差分拓扑学发展了一系列的理论模型。气象学家 Edward Lorenz 设计了一个简单的方程组来模拟气候，这个气候对于初始条件当中的变化极其敏感。生物学家 Robert May 使用逻辑的差分方程在连续的时间过程中对人口水平建模。这个模型恰好是我们在本章后面要介绍的用来生成汇率中的混沌行为的模型。

从此，数学家们发展了一个非线性和混沌系统的理论，在其他许多领域（如物理、生物、气象）的科学家也陆续揭示了混沌的现象。在一个时期内，大家都意识到数学家和科学家都在做同样一件事。更不要说，计算能力的提高使人们对混沌和非线性过程的理解在总体上有了一个较大的提高。

当经济学家发现混沌理论能够揭示出某些传统的模型所无法处理的经济和金融现象后，他们也加入到这个前沿的研究浪潮中。例如，经济学家已经得出了这样的结论，即关于基础汇率模型的预测能力的经验数据不容乐观。形成这样一个悲观的结论，是由于这些模型都无法确切地描述出一个不规则的汇率变化到底是什么样的。经济学家对此的反应尚未达成一致。一方面，有些经济学家用消息（News）来解释这种变化，这样就使汇率变成不可预测的，因为汇率要由消息决定，而从消息的定义来看，它就是不可预测的；另一方面，有些经济学家始终没有放弃对汇率的不规则运动建模。显然，汇率不是由简单的确定性过程形成的。经济学家采取两种方法进行汇率预测：第一种方法是将复杂的汇率变化归因到模型中所包含的众多影响因素上，为此建立起了许多复杂的模型；第二种方法是基于这样一种假设，即认为潜在的趋势是存在的，并且是随机误差的。事实上，主流的认识是，汇率运动是由噪声支配的，因此我们的目标是要理解噪声的属性并预测它对汇率的作用。这两种方法在汇率预测方面尚未取得成功。

这两种方法的问题在于其线性化的假设。这种假设的含义是汇率以一种线性的方式回应决定性变量（自变量）的变化，或者是汇率由单变量的线性过程产生。在方法论中，线性回归技术业已成熟，而针对非线性规范的工具目前仍然是很缺乏的，这就导致人们更愿意使用线性关系来处理问题。但是，我们没有理由说汇率与决定性变量必然是线性的关系。如果汇率是由非线性过程产生的，那么给定某种条件，汇率变化将表现为完全随机，正如它在现实中所表现的那样。这就是非线性的混沌行为：它是确定的，但不是随机的。Clyde 和 Osier（1997）指出："过度集中在线性，而排斥了其他的功能性特点，就像我们打赌隔壁房间的那只不知名的动物是大象还是别的什么动物。"

9.3　确定的和随机的模型

如果在某个特定的时点上的一个变量的值能够从确定的方程中获取，那么给予一定的信息预测这个变量就不成问题。这种情况下，这个变化在所有时点上都是确定的。换个方式看，如果变量是由确定的过程决定的，那么任何时点上的值都将唯一地决定它在连续时点上的值。比如，有这样一个自回归模型，其中 t 时刻上的汇率值是确定的：

$$S_t = aS_{t-1} \tag{9.1}$$

如果 a 值是已知的，那么未来任何一个时点上的 s 值也必然是可预测的。这就像天体运动一样。图 9-1 表示出初始值为 0.5000，a 值等于 1.02、0.95 和 1 时，由方程（9.1）所决定的汇率值在整个时间段上的变化。当 a＝1 时，汇率变化就类似于汇率在固定的汇率制度下的变化方式。

确定性的模型甚至可能包括解释变量。考虑以下确定性的模型：

$$S_t = aS_{t-1} + bX_t + cX_{t-1} \tag{9.2}$$

其中，解释变量 X 是由以下方程决定的：

$$X_t = \beta X_{t-1} \tag{9.3}$$

将方程（9.3）代入方程（9.2），可得：

$$S_t = aS_{t-1} + (b\beta + c) X_{t-1} \tag{9.4}$$

同样，如果参数 a、b、c 和 β 的值是已知的，那么就有可能预测任何一个时点上的汇率。这个模型下的汇率变化是由解释变量 x 的变化决定的。

通过检验图 9-1 中的汇率变化，我们马上得出结论，汇率不可能由方程（9.1）和方程（9.4）那样的确定性模型产生。汇率是反复无常的、非平滑的、稳定的和像图 9-1 表示的那样表现很好的曲线。经济学家过去是用随机模型表示包含具有白噪声特点的随机误差项的汇率。图 9-1 所表示的模型的随机对应项是：

$$S_t = aS_{t-1} + \varepsilon_t \tag{9.5}$$

其中，ε_t 是误差项。假设这一项根据定义是不可预测的，可得出结论，汇率只

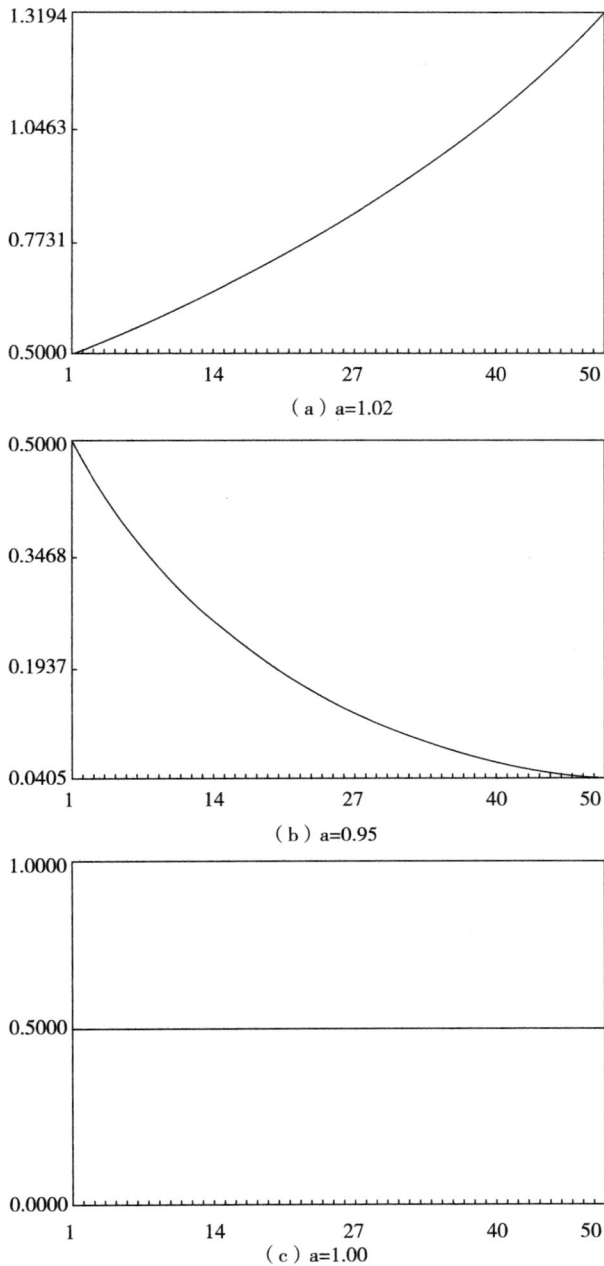

图 9-1 由确定性模型产生的汇率变化

能使 ε_t 所表示的预测误差来决定。我们注意到当 a＝1 时，这个模型就退化为不漂移的简单的随机游走模型。这一模型常用来代表汇率变化（如本书在第 1 章中所表示的特定的事实）。图 9-2 表示了当使用随机模型而不是确定性模型来表示的时候，汇率变化的情形（初始值为 0.5000）。这种变化与事实很相符。图 9-3

表示，正如图9-2中所示，整个序列 S_t 分解成一个确定性的组成部分 aS_{t-1} 以及一个随机部分 ε_t。

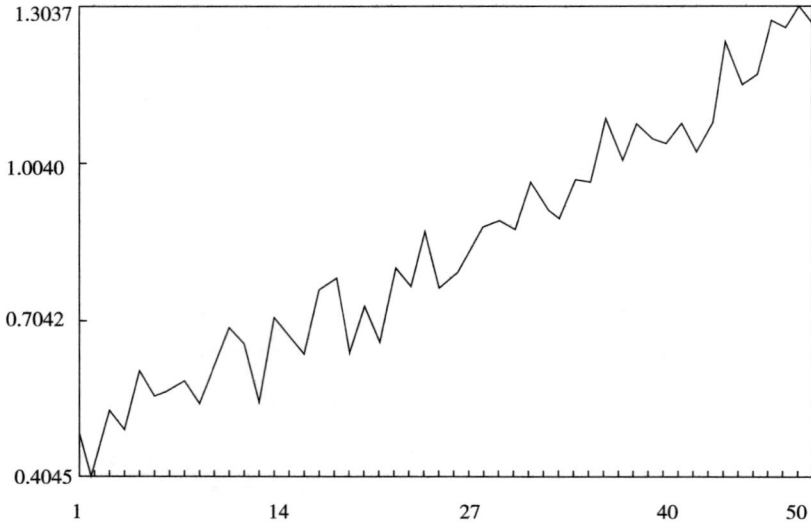

（a）a=1.02

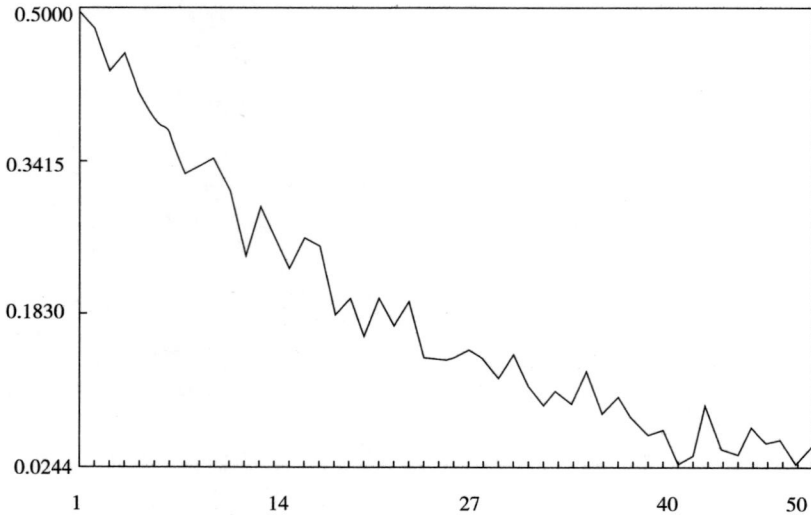

（b）a=0.95

图9-2　由随机模型产生的汇率变化

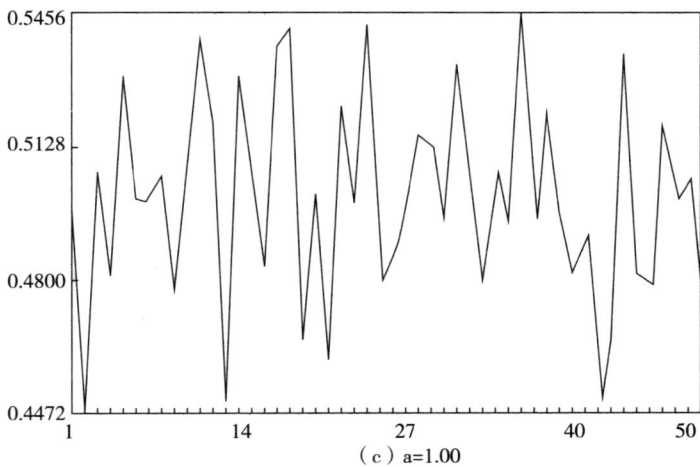

（c）a=1.00

图9-2 由随机模型产生的汇率变化（续）

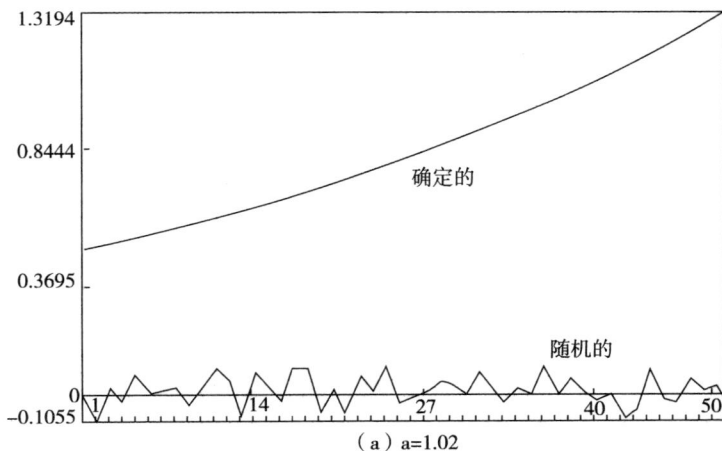

（a）a=1.02

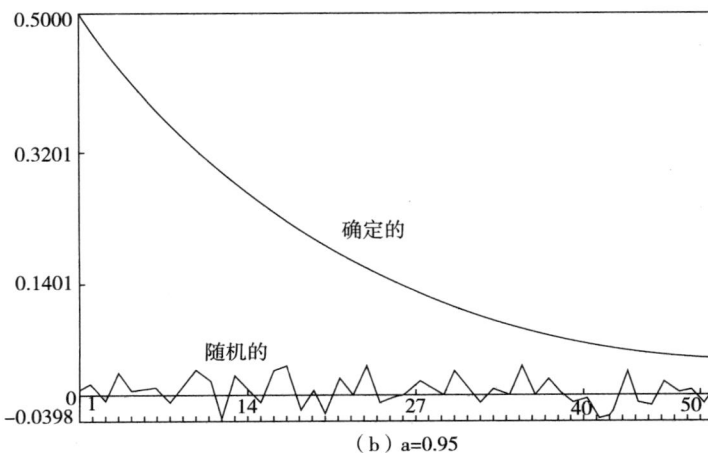

（b）a=0.95

图9-3 汇率系列分解为确定的和随机的组成部分

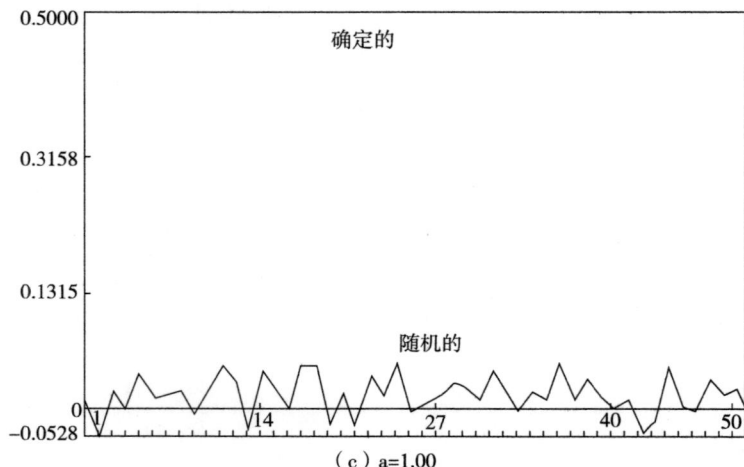

（c）a=1.00

图 9-3　汇率系列分解为确定的和随机的组成部分（续）

包含一个解释变量的模型的随机部分由以下方程式表示：

$$S_t = aS_{t-1} + bX_t + cX_{t-1} + \varepsilon_t \qquad (9.6)$$

和

$$X_t = \beta X_{t-1} + \xi_t \qquad (9.7)$$

所以

$$S_t = aS_{t-1} + (b\beta + c) X_{t-1} + (\varepsilon + b\xi)_t \qquad (9.8)$$

其中，我们得到了一个相反的随机部分 $(\varepsilon + b\xi)_t$，它具有白噪声特点。

9.4　非线性和混沌模型

也许我们这样说是比较合适的，即混沌模型必须是非线性的，但不是所有的非线性模型都是混沌的。在这一节中，我们将说明相同的非线性模型可能会形成混沌行为，也可能不会形成混沌行为。

有关混沌理论的文献为汇率变化提供了另一种解释。引入随机误差项后形成的随机变化也可能由一个简单的、确定的非线性模型产生。我们注意到，以上所描述的随机和确定的模型都是线性的（在变量方面）。最简单的能够产生混沌行为的非线性模型可以用以下的逻辑方程表示：

$$S_t = kS_{t-1} (1 - S_{t-1}) \qquad (9.9)$$

Copeland（1994）认为，这种表达式来源于回归期望表达式，这是汇率超调（Overshooting）模型的一个部分。我们看到，这个方程可以为汇率产生各种的时间路径，但取决于调整参数 k 和汇率初始值 S_0。

图 9-4 和图 9-5 表示了当方程（9.9）中的初始值 S_0 分别等于 0.25 和 0.50 时

汇率的时间路径。在每种情况中，k 被赋予 0.50~4.00 的 12 种不同的值。很明显，在两种情况中，汇率的路径都取决于 k 值。事实上，汇率的变化由某个范围决定，在这个范围中，k 值逐步降低。以下范围是显著的。

9.4.1　范围 0~1

当 k 值在 0~1 降低时，汇率收敛到 0。在这个范围内，汇率是无法支撑的，就无法称其为一个真实的汇率变化。图 9-4（a）和图 9-5（a）表示了汇率从初始值迅速降低到零的过程。

9.4.2　范围 1~2

在 1~2，汇率平滑地收敛到某个均衡值。如图 9-4（b）和图 9-5（b）所示，这种收敛的方式可以描述为"单调的"。这种变化表示，这个均衡随着任一真实的扰动而恢复。但是，应当引起注意的是这种变化的不同，这种变化是由于汇率的初始值（分别是 0.25 和 0.50）不同而形成的。在图 9-5（b）中，汇率攀升直至收敛到均衡值 0.3333。在图 9-4（b）中，汇率下降直至收敛到均衡值 0.3333。如图 9-4（c）和图 9-5（c）所示，当 k=2.00 时，这种变化的不同也是很明显的。特别要注意的是，图 9-4（c）中的汇率变化类似于图 9-1（c）由方程（9.1）所表示的确定性明显推导出来的变化。

9.4.3　范围 2~3

假设 k 值在 2~3，汇率开始呈现出稳定的周期，这个稳定的周期能够收敛到长期均衡的水平上。在图 9-4（d）和图 9-5（d）中，汇率一开始在周期性运动，然后收敛到均衡值 0.64。当 k 值增加时，周期数也增加，而且收敛的阶段延长。比如，当 k=2.99 时，如图 9-4（e）和图 9-5（e）所示，50 个阶段之后，将不再呈现收敛性。

9.4.4　范围 3~3.68

当 k 值在 3~3.68 时，汇率变化呈现周期性，但不收敛到一个均衡值上。然而，这些周期类型对 k 值高度敏感。如图 9-4（f）和图 9-5（f）所示，当 k=3.40 时，周期一开始就表现出递增的振幅，但是这种不稳定性是暂时的。很快地，一个两阶段的周期确立起来并不确定地保持着。当 k 值继续增长时，又有不同的周期出现。当 k=3.47 时，如图 9-4（g）和图 9-5（g）所示，汇率进行四阶段的周期性变化。

我们同样看到，如图 9-4（h）和图 9-5（h）所示，当 k = 3.60 时，汇率也呈现出这样的阶段性变化。

9.4.5 范围 3.68~4

如果 k 值在 3.68~4，混沌行为开始出现。当 k>3.60 时，周期不再稳定，而且时间路径的类型变得无穷。假设 k 值是 3.75、3.95 和 3.99 时，混沌行为非常明显。然而，应当注意到，当把 k 值从 3.99 提高到 4.00 时，这种行为改变得非常大。当 k = 4.00 时，这种变化既不是混沌的，也不是周期的。

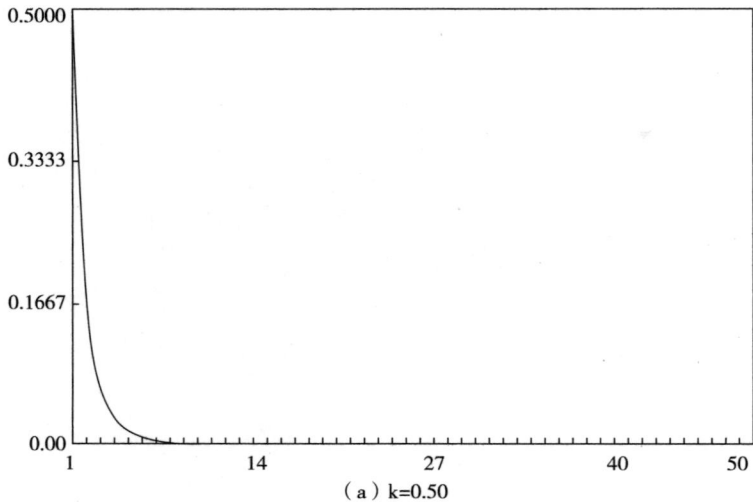

（a）k=0.50

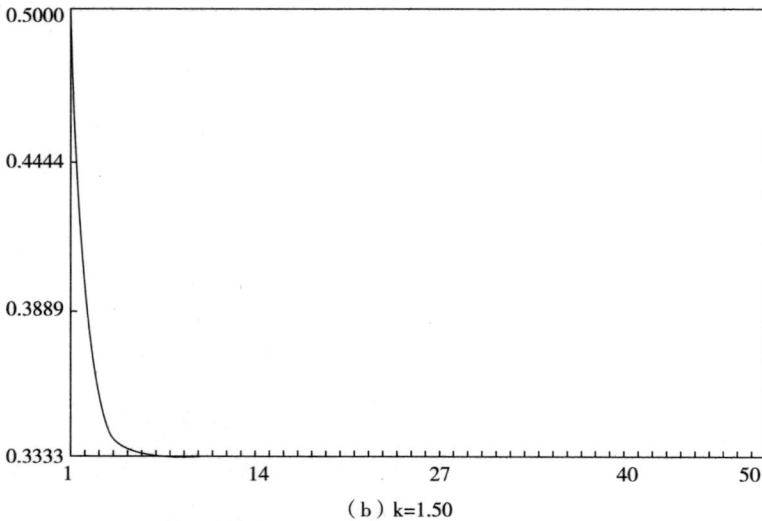

（b）k=1.50

图 9-4　非线性逻辑函数产生的汇率变化（初始值 = 0.50）

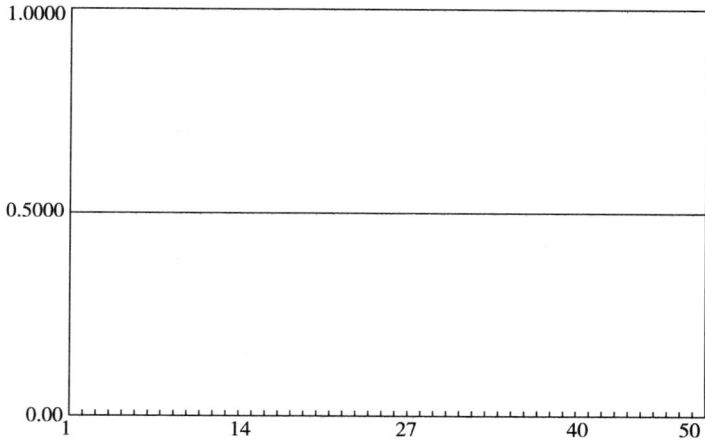

（c）k=2.00

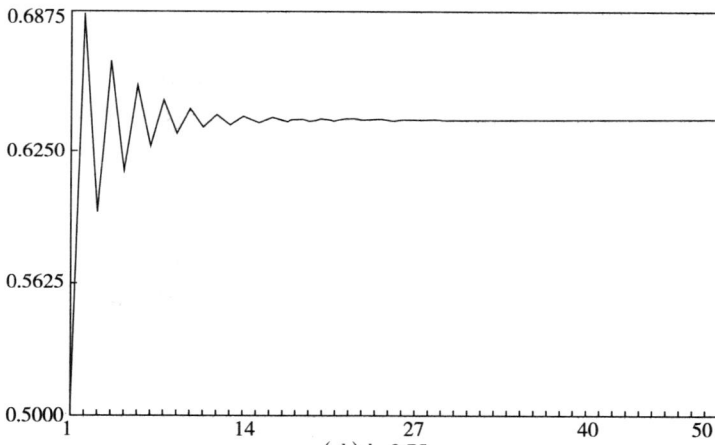

（d）k=2.75

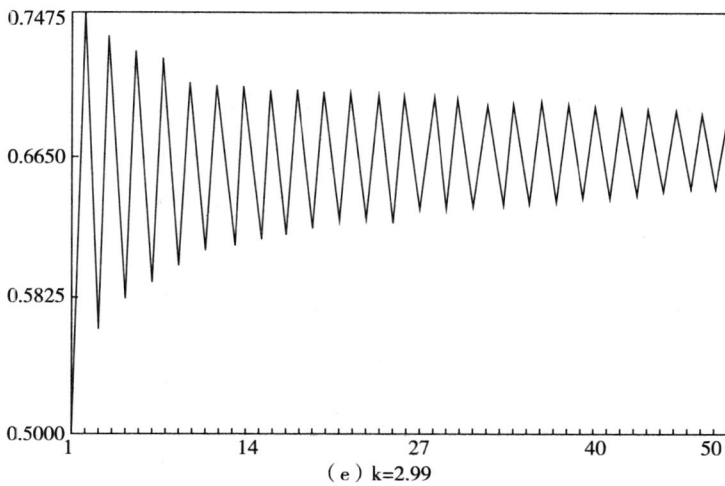

（e）k=2.99

图 9-4　非线性逻辑函数产生的汇率变化（初始值=0.50）（续）

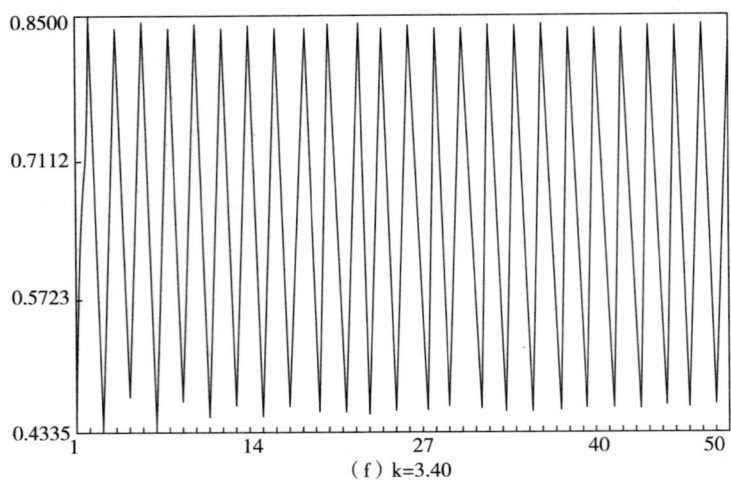

（f）k=3.40

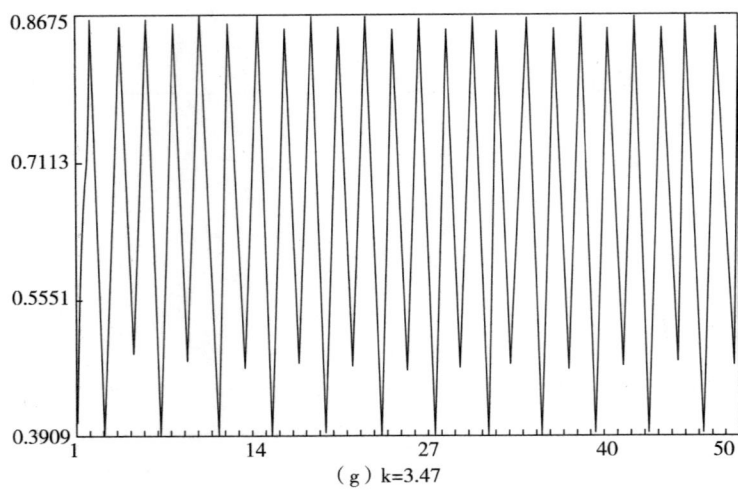

（g）k=3.47

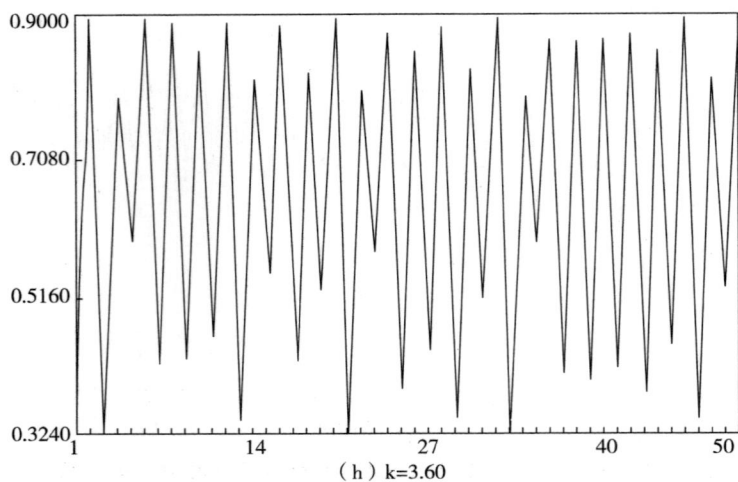

（h）k=3.60

图 9-4　非线性逻辑函数产生的汇率变化（初始值=0.50）（续）

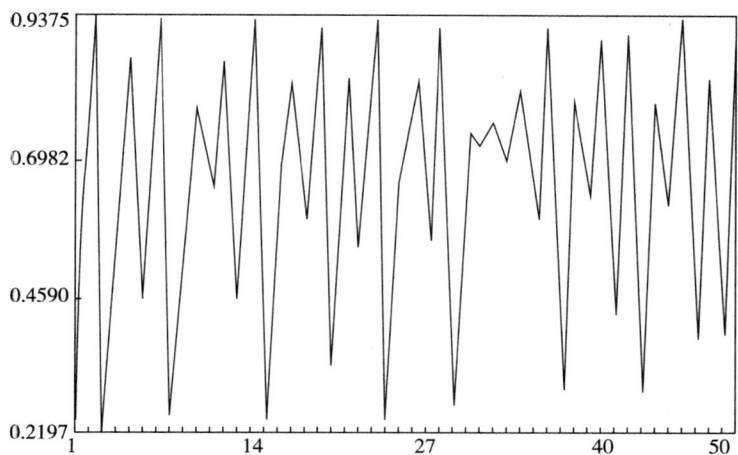

（i）k=3.75

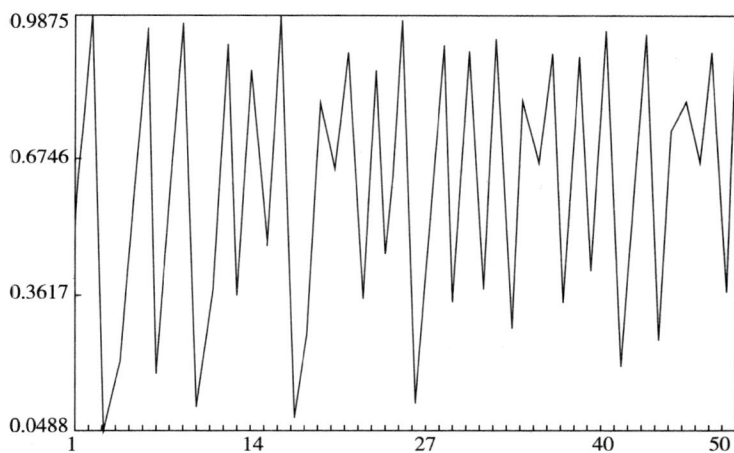

（j）k=3.95

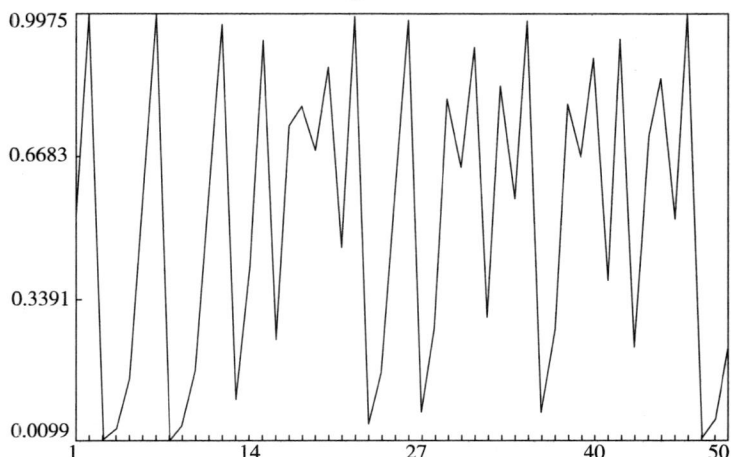

（k）k=3.99

图 9-4　非线性逻辑函数产生的汇率变化（初始值=0.50）（续）

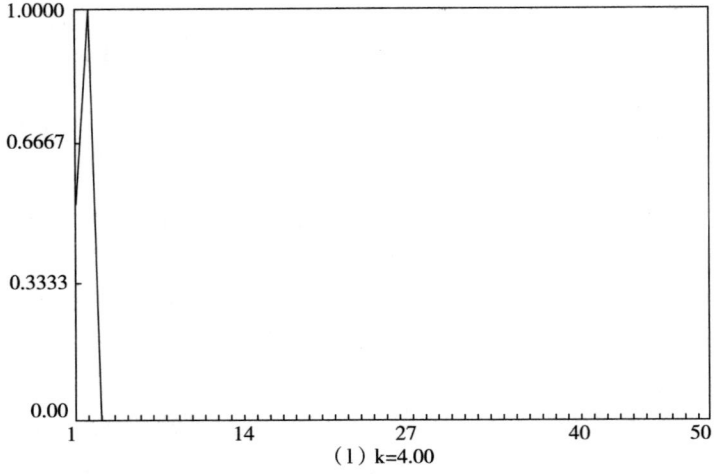

（1）k=4.00

图 9-4　非线性逻辑函数产生的汇率变化（初始值＝0.50）（续）

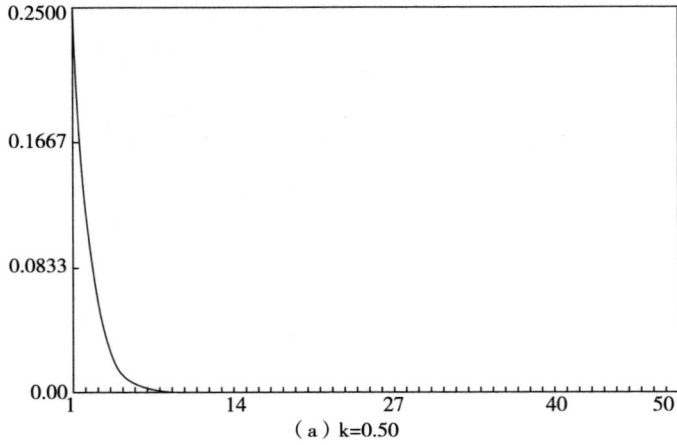

（a）k=0.50

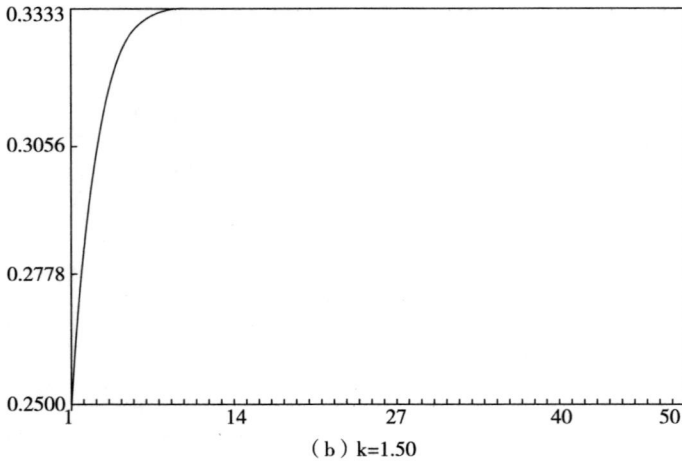

（b）k=1.50

图 9-5　非线性逻辑函数产生的汇率变化（初始值＝0.25）

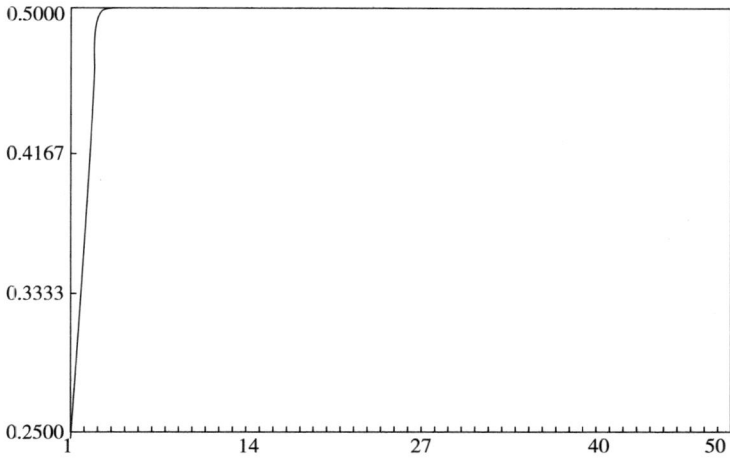

（c）k=2.00

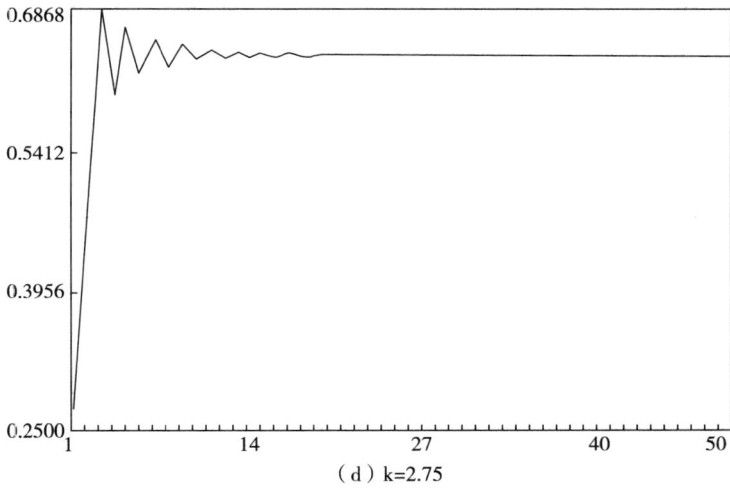

（d）k=2.75

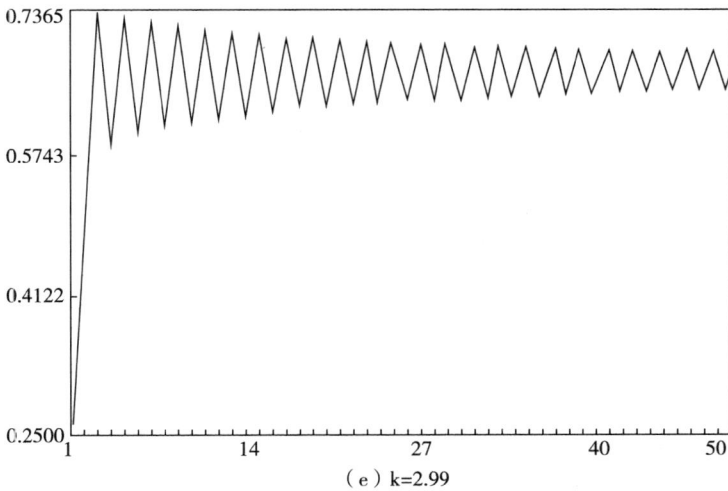

（e）k=2.99

图 9-5 非线性逻辑函数产生的汇率变化（初始值＝0.25）（续）

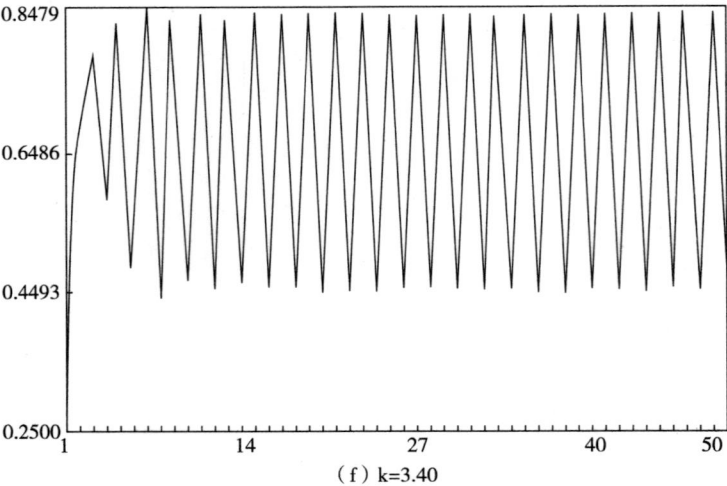

（f）k=3.40

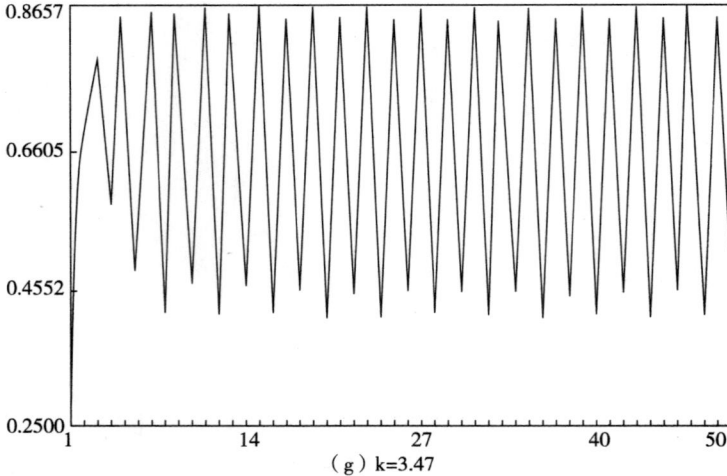

（g）k=3.47

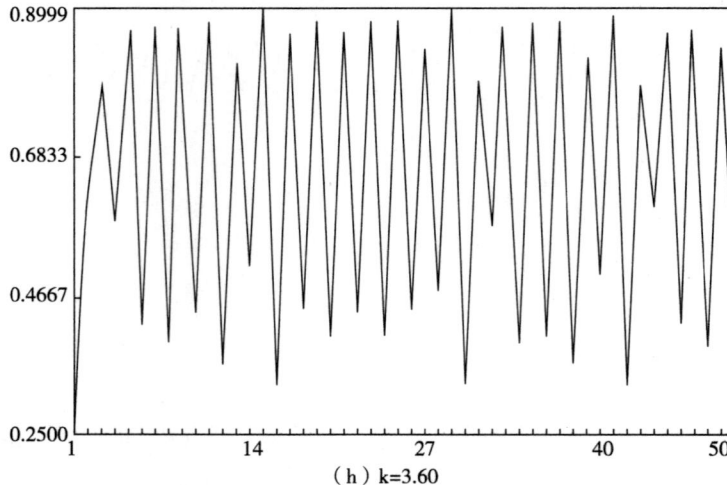

（h）k=3.60

图 9-5　非线性逻辑函数产生的汇率变化（初始值＝0.25）（续）

（i）k=3.75

（j）k=3.95

（k）k=3.99

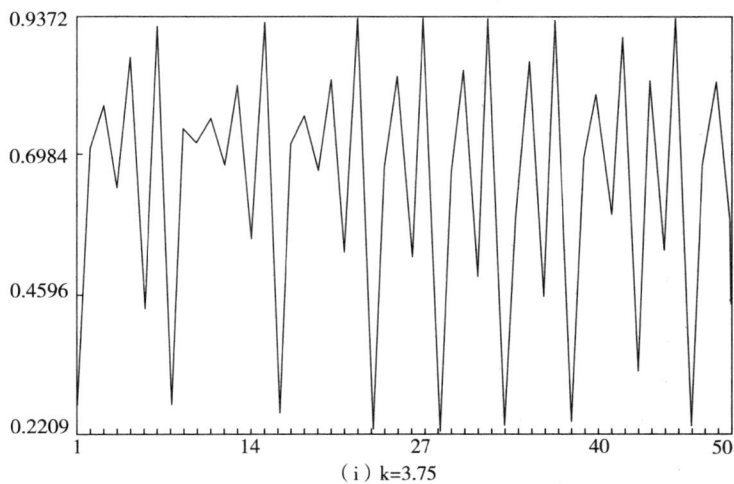

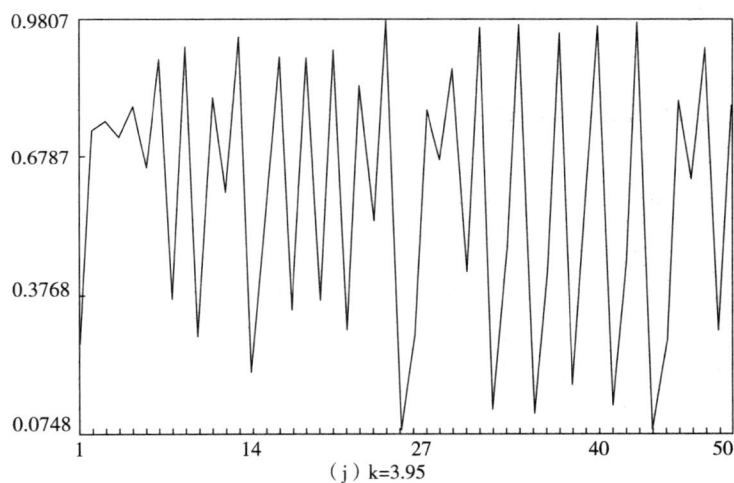

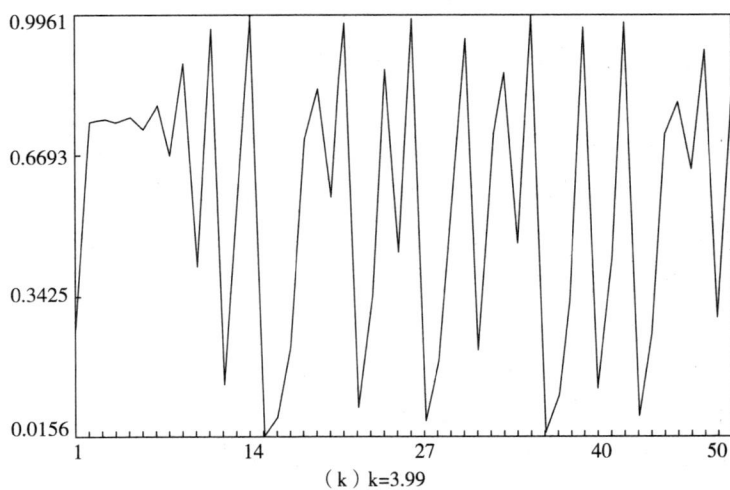

图 9-5　非线性逻辑函数产生的汇率变化（初始值=0.25）（续）

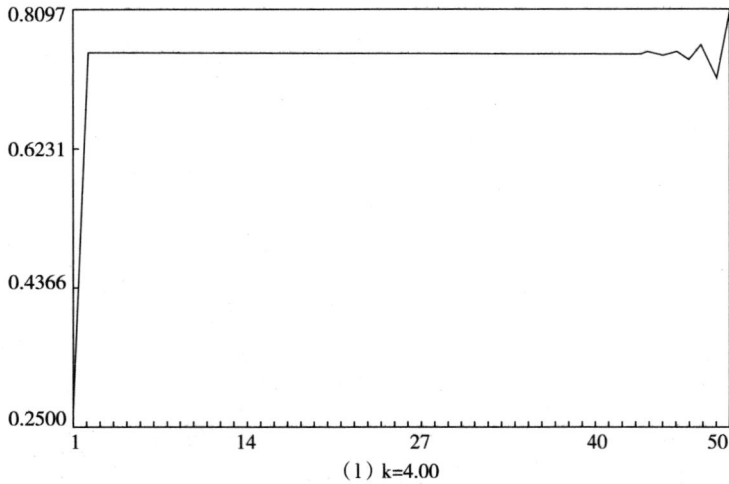

（1）k=4.00

图9-5　非线性逻辑函数产生的汇率变化（初始值＝0.25）（续）

9.4.6　各种可能性的总结

k值升高时的各种可能性可总结如下：

（1）当k在0和1之间时，汇率收敛到0；

（2）当k在1和3之间时，汇率收敛到某个非零值；

（3）当k>3时，周期开始出现，随着k值的增加，周期的变化过程呈现出两阶段周期、四阶段周期，依此类推；

（4）k值不断增加，接近于4又在4之内时，混沌开始出现，在这个范围内，有一个小区间，在这个区间上，出现了稳定的三阶段周期。

9.4.7　对初始条件和修正参数的敏感性

显然，在整个时间段上，汇率的变化对于汇率初始值S_0以及修正参数k值都很敏感。事实上，它是极端敏感的，而且在以下情况中表现尤为明显，正如图9-6所示。当$S_0=0.30$，k=3.68时，如图9-6（a）所示，明显出现混沌行为。再来看初始值微变到0.299时，发生了什么情况。图9-6（b）表示，当变化仍然是混沌的时，汇率变化完全不同于图9-6（a）所示的情形。当汇率初始值有微小变化时，其结果的差别之大令人吃惊。我们来看，当初始值恢复到0.30，而k值微变到3.679时，会发生什么情况。同样，k值的微小变化造成了汇率反应的重大改变［见图9-6（c）］。最后，图9-6（d）表明了当S和k都变化时发生的情况。在更长的时间内，由于初始值和修正参数的变化而导致的汇率的变化将更加显著。图9-6仅仅描述了100个时间段汇率的变化。

9.4.8 非混沌的、非线性的变化

自然地，并非所有的线性都能够产生混沌行为。例如，考虑这样一种非线性方程：

$$S_t = aS_{t-1}^2 \tag{9.10}$$

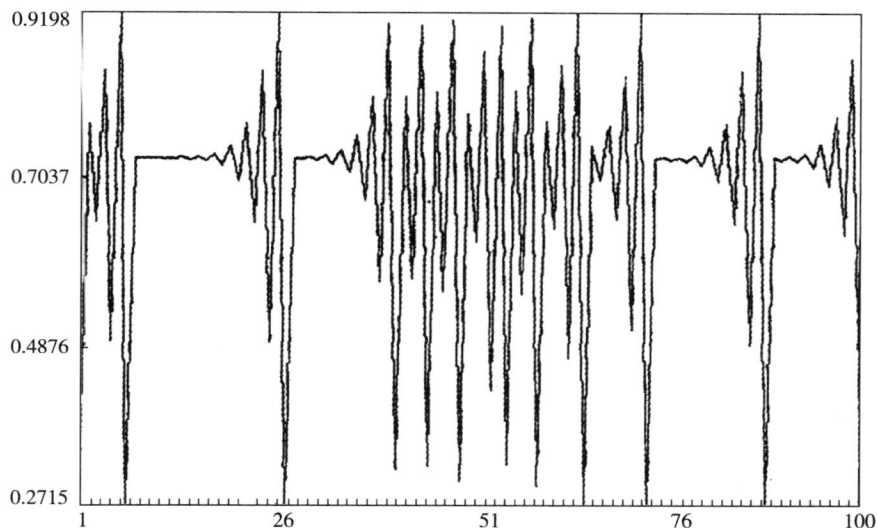

（a）$S_0=0.30$, $k=3.68$

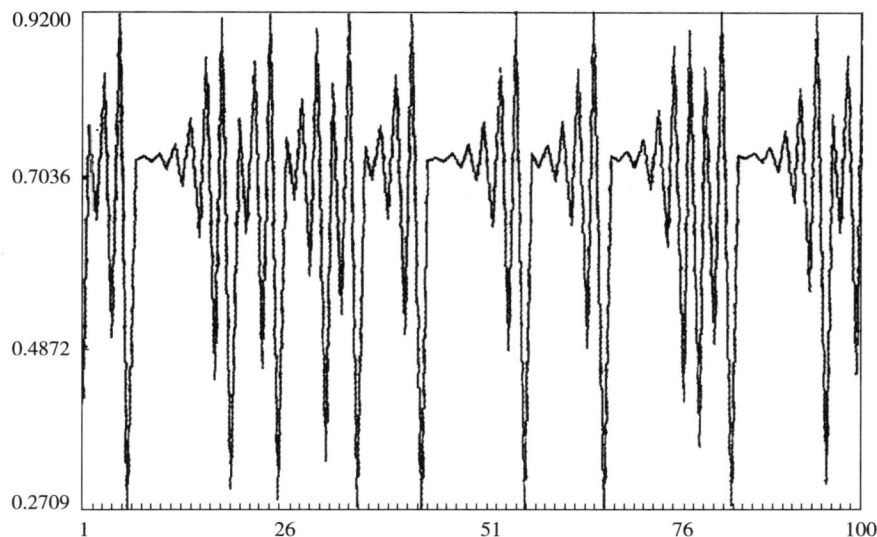

（b）$S_0=0.299$, $k=3.68$

图 9-6　汇率变化对初始值和修正参数的敏感性

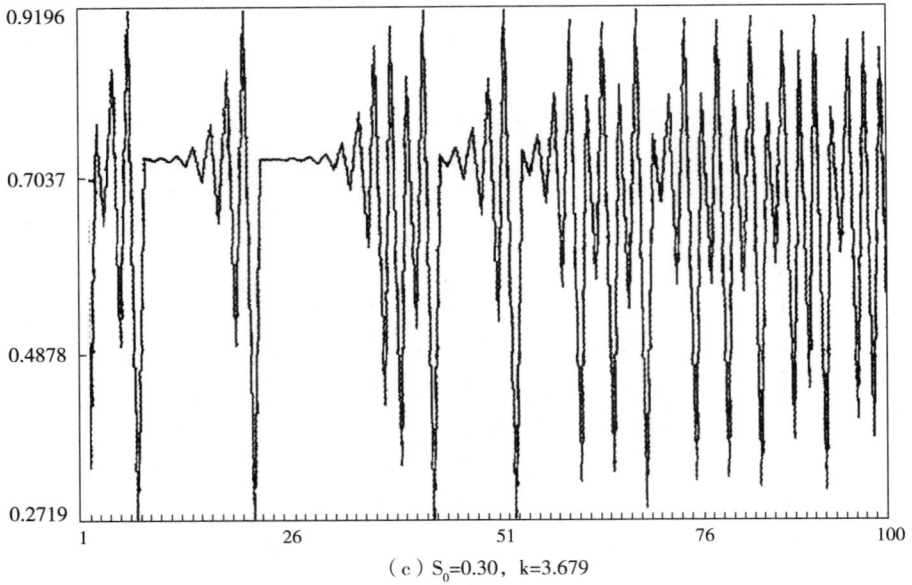

（c）S_0=0.30，k=3.679

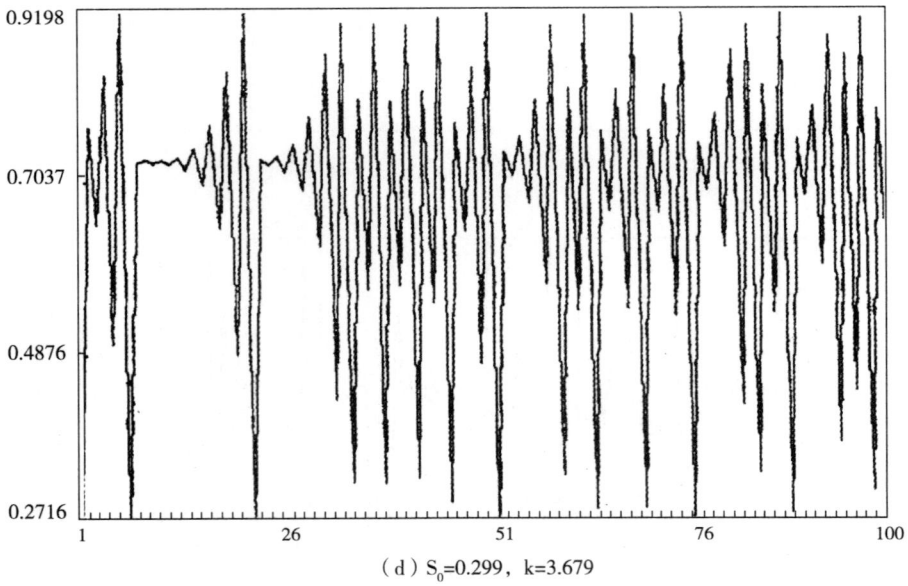

（d）S_0=0.299，k=3.679

图9-6　汇率变化对初始值和修正参数的敏感性（续）

图9-7表示了当初始值为1.00时S的变化值。a取值为1、0.999和0.40。当a取1时，呈现出水平线的样式，取其他两个值时，呈现指数衰减的样式，汇率都收敛到零，唯一不同的是收敛的速度，收敛的速度是由参数a决定的。

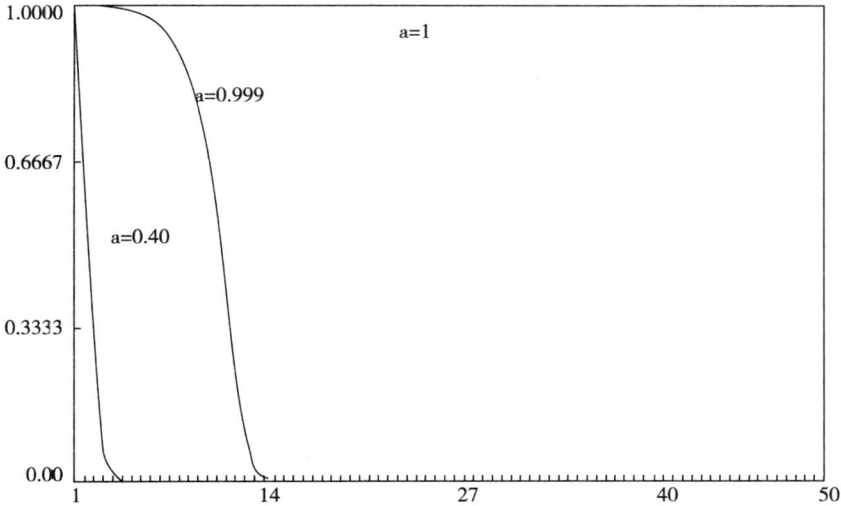

图 9-7 非混沌的及非线性的汇率变化

9.5 混沌和随机过程的比较

比较一个混沌过程和随机过程的变化最简单的方式是从这两个过程中形成观察资料，并进行直观的检验。图 9-8 表明了这些过程的变化。图 9-8（a）是根据由前面用过的逻辑方程产生的观察资料绘制成的，其中 S_0 和 k 值分别等于 1 和 3.75。两个时间序列的变化看起来非常相似：混沌过程看起来和随机过程一样无序。但是，此时尚无法直接得出结论。

现在，让我们利用相位图（相位空间）来检验这两个过程的变化。这个相位图是某阶段汇率与其上一阶段汇率的比较值所构成的一系列散点的组合。混沌过程和随机过程的相位图如图 9-9 所示，两者相当不同。混沌过程相位图中的点呈现为平滑的曲线（吸引子），这一曲线由方程式 $S_t = 3.75 S_{t-1}（1 - S_{t-1}）$ 表示。随机过程相位图上的点布满整个空间。表面上，在图 9-8 中，这两个过程的变化看起来很相似，但实际上，在图 9-9 中是完全不同的。这种不同是必然的，因为混沌过程是确定的，它由一个确定的方程式表示。

混沌过程和随机过程最大的不同在于如下方面：随机过程是"噪声"，因而统计学家们用各种平滑的方法来处理。但是，这些方法并不适合于混沌过程。显然，混沌过程不同于随机过程，用平滑方法可能会失去重要信息。但是，有一种情况可能出现，即这个过程表现为非线性变化和噪声的混合。对这些过程的分析必须同时包含非线性影响和剩余噪声。

（a）混沌的

（b）随机的

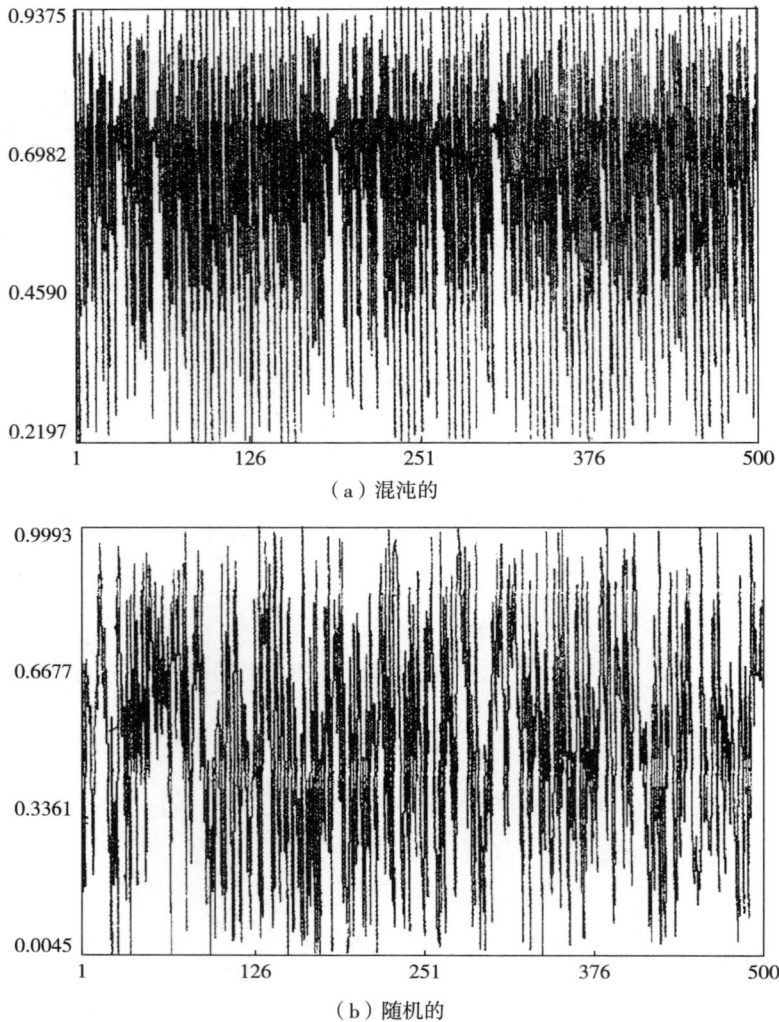

图 9-8　混沌过程和随机过程的变化

　　如何比较一个由非线性方程式产生的混沌过程和一个像方程（9.1）的线性方程所生成的确定性过程？例如，令方程式 $S_t = 0.996S_{t-1}$，由这个方程产生的汇率变化（初始值为 1.0000）如图 9-10（a）所示，其相位图如图 9-10（b）所示，这种情形下的点构成了一条直线。图 9-11 进一步表明了这种情况下汇率的变化不像对初始值和系数 a 的变化那么敏感。图 9-11（a）中，分别用 3 个初始值（1.0、0.8、0.6）代入，其汇率变化仍然是相似的：在所有情形中，汇率都收敛到某个接近零的值。在图 9-11（b）中，当参数 a 取不同的值时，汇率变化唯一的不同在于收敛速度有快有慢。

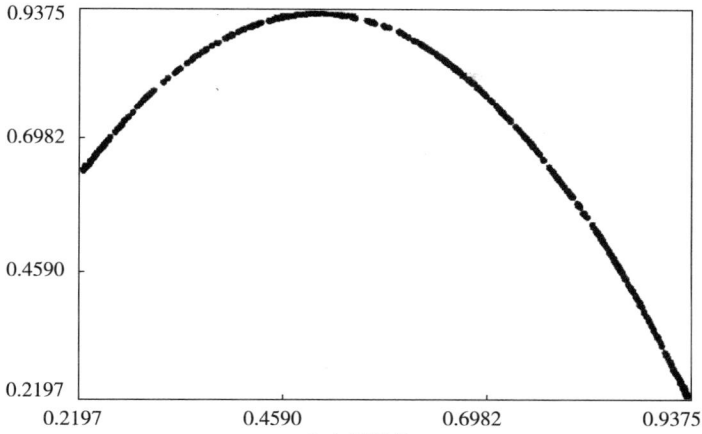

（a）混沌的

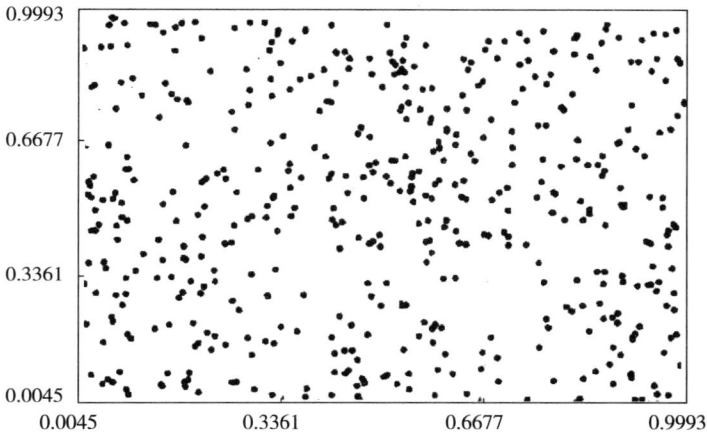

（b）随机的

图 9-9　混沌过程和随机过程的相位图

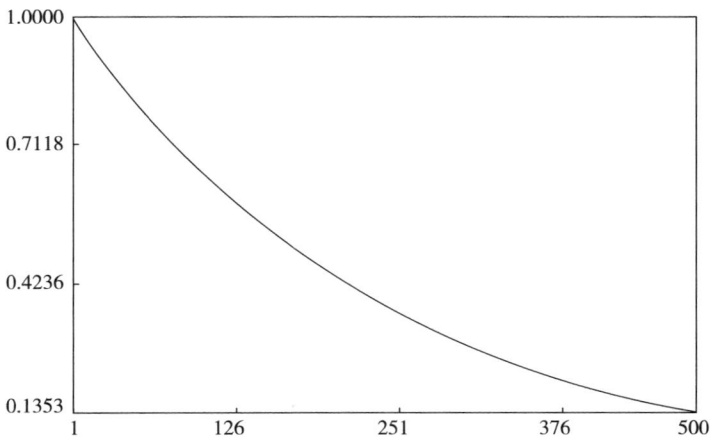

（a）时间路径

图 9-10　曲线性确定模型产生的汇率变化

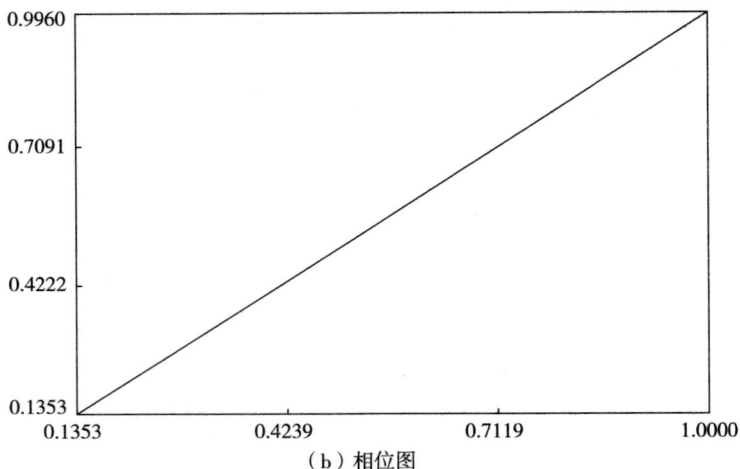

（b）相位图

图 9-10　曲线性确定模型产生的汇率变化（续）

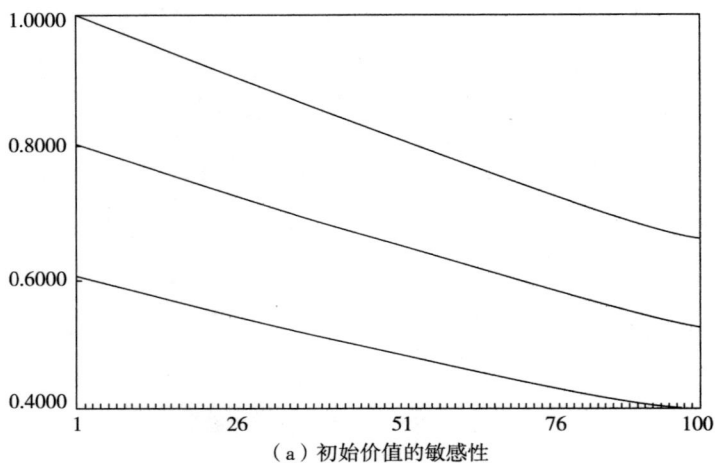

（a）初始价值的敏感性

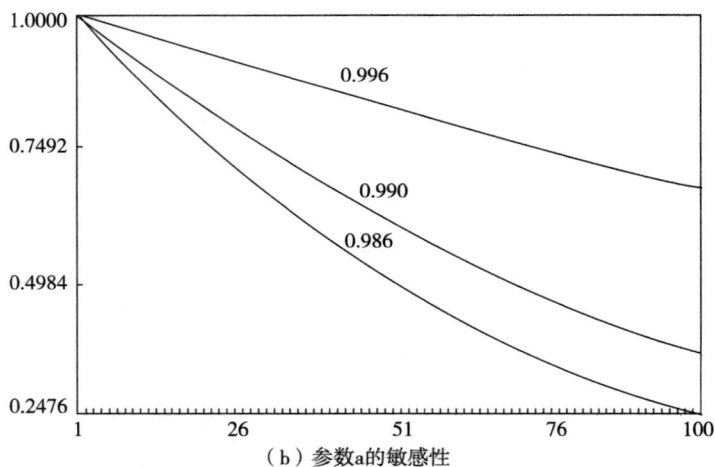

（b）参数a的敏感性

图 9-11　曲线性确定性模型产生的汇率变化的敏感性

9.6 非线性的根源

有一个问题被提出：如果混沌行为要求非线性的话，那么对于经济和金融的时间序列（如汇率），非线性结构将表现为混沌的。这种情况下，在这些时间序列中，造成非线性的根源是什么？

要理解汇率运动中的非线性，我们必须了解反馈效果的概念（Fedback Effects）。根据平抑投机假设，当汇率过高时，使先买入的货币先出，从而降低汇率；当汇率过低时，买进货币，导致相反方向汇率的变化。这就是反馈效果的一个例子。这种反馈效果可以是线性的，也可以是非线性的。

线性反馈意味着调整，这种调整是与汇率和其均衡值之差成比例的。作为这种调整的结果，汇率重新变为直线。但问题在于，一个线性的反馈效果无法产生我们在现实中观察到的那种随机的或看似随机的汇率运动。

另外，非线性反馈效果意味着校正是不成比例的。Savit（1988）列举理由证明，非线性反应的一个根源是市场心理学，市场心理学引发了投资者对坏信息的过度反应。非线性反馈可以由方程（9.9）改写而成：

$$S_t = kS_{t-1} - kS_{t-1}^2 \tag{9.11}$$

非线性项 kS_{t-1}^2 和线性项 kS_{t-1} 相抵产生了负反馈，它在某种条件下，有助于平抑汇率波动。例如，如果 $k>1$，但不太大，并且 $0<S_0<1$ 时，那么无论 t 值是多少，$0<S_t<1$。另外，如果 $S_t = kS_{t-1}$，那么 $S_t \approx k^t$，这意味着这个汇率变化过程是爆炸性的。

人们对于非线性模型越来越感兴趣，因为这些变化是多种多样的。线性模型只能产生四种变化：①振动的和稳定的；②振动的和爆炸性的；③非振动的和稳定的；④爆炸性的。非线性模型能够生成一种行为模式，这种行为模式的特点是突然的一阵阵爆发和间歇的大幅度运动。这种变化类型能够在货币危机中观察到。

值得注意的是，非线性和混沌能够通过用包含解释变量的模型来描述，使在某个时点 t 上的汇率由函数关系当中的一个或多个解释变量决定：

$$S_t = f(X_t) \tag{9.12}$$

其中，X 是一个解释变量中的单变量或一个向量。假设现在 X 是由非线性差分方程产生的：

$$X_t = g(X_{t-1}) \tag{9.13}$$

当 $t \to \infty$ 时，如前所述，有四种可能性：①不切实际的情形；②收敛到某个常数；③收敛到一个有限的周期；④收敛到某一个"奇异的吸引子"。最后一种情形描述了由解释变量的混沌行为推导出来的汇率的混沌行为，这个"奇异的吸引子"

将是一个"非退化的吸引子",它对初始条件(即汇率的初始值,或在这种情况下的解释变量)敏感。

在某些文献中,一些理论模型被认为能够说明:在某种条件下,汇率变化将是非线性的,或者可能是混沌的。其中一个较早的模型是考虑到出口商的投机和套利活动,调整回归预期形成机制而推导出的(Copeland,1994)。De Grauwe 和 Vansamen(1900)发展了另一种汇率模型,这种模型引入了非线性从而导致混沌行为。Liao(1997)发展了一个模型,其中汇率呈现出非线性和混沌行为,这是投机商和中央银行的活动交互作用的结果。

9.7 混沌对于预测的意义

混沌对于预测的意义是非常悲观的。这些意义等于主张,预测混沌过程既是不可能的又是错误的,以至于这种预测毫无用处。这种主张从下列意义的描述来看是很明显的。从一开始,如果我们假设汇率是由混沌过程产生的,那么这些意义将是令人信服的。

(1)现在我们知道,当汇率值已知时,每个预测都得从某个时点开始。由于对初始值的敏感,随着时间的推移,任何微小的测量误差都可能导致实际值和预测值之间的巨大差距。任何初始条件细分上的误差(甚至非常小的错误,例如由于计算机在第 100 位小数上的四舍五入),都可能引起汇率的预测和实际毫不相干。从另一个角度看,初始值的任何微小误差,经过一段时间后将导致非常大的预测误差,虽然这个汇率是从确定性的方程式中推导出来的。这肯定是会发生的,因为数量计算永远无法绝对精确。

(2)更大的问题是,我们还不了解其生成的过程。我们有许多证据表明汇率是混沌的,但这并不必然说明非线性的方程式可以生成。我们在此章中使用的用于生成混沌行为的逻辑方程式并不是唯一的。当然,也有人提出异议,他们认为,我们未必需要了解生成方程。所有我们需要知道的仅仅是从相位图的构成中鉴别吸引子,一旦吸引子是确定的,就可能通过应用局部多项式映射来推导预测。我们能够简单地辨识出吸引子的当前位置,并且能够推断出吸引子当前位置附近的点一段时间后的演进趋势(Clyde and Osler,1997)。

(3)假设我们已经知道生成的方程,并有某种精确的办法度量初始条件,但这也只能做到短期预测的精确性。问题在于,只要有(前述的)舍入误差,那么无论这样的数字是多么的小,误差都会迅速累积起来产生很大的误差,以至于长期预测变得毫无用处。气象学家早就认识到进行远期天气预测的危害性,但是经济学家似乎还没有从中吸取教训。那些观点认为从相位图中得到预测是可行的,经济学家不得不承认这种可能的结果。Clyde 和 Osier（1997）承认："随着预测视野不断拓展，附近点的演进在吸引子上展开，有预报价值的工具最终减少到零。"

（4）这种不能预测混沌过程的结论能够从一个不同的角度得到。混沌可被看作是非线性方程周期行为变化次序中的顶点。一个混沌过程必须是非周期性的，即它是不重复的。根据这样的定义，即周期性意味着是可预测的，反之亦然，可得出结论，混沌过程是不可预测的。

另外，人们设想混沌和技术分析之间存在着某种联系。Clyde 和 Osier（1997）提出理由，认为就吸引子和奇异吸引子来说技术分析是互相关联的。他们也设想在这个时候应当允许技术分析采取更高维度的系统预测，而不是采用非线性模型。例如，一个头和肩的形式（A Head and Shoulders Pattern）可能是非常高维度的一个形式。事实表明，技术分析可能等同于以相位图和多项式映射为基础的非线性预测方法。

汇率是混沌的这种假设，其论据既令人宽慰，又使人受挫。说它令人宽慰，是因为它解释了汇率不确定的变化。另外，它又是挫折的来源，它意味着汇率预测是困难的和不可能的。下面这一节就来检验这个论据。

9.8　检验与经验证明

混沌行为可以潜在地解释金融市场的波动性，这种波动性看起来像是随机的（Random）。因此，有必要检验一下是否存在混沌现象。如果混沌是存在的，那么线性预测方法是不能用的。

毫无疑问，汇率变化是非常不稳定的。给定一个数据样本，如果混沌存在于数据当中，我们又将如何判断它（就是混沌现象）呢？还记得混沌存在的必要条件吧，其生成过程是非线性的，因此，检验混沌也就只好从检验非线性开始。

大部分的汇率模型（单变量或多变量）都假设是线性的。传统的分析都是不言自明地假设线性，它们都建立在相关性概念基础上。举简单线性自回归模型来说明。这个模型代表了汇率生成过程，其有效性是要求模型的残差（实际值和模型估计值之间的差）不是序列相关的。序列相关就意味着残差中包含着信息，这些信息是能够用来改善模型的。序列不相关具有独立、同分布（IID）残差的属性。这样的残差正好是经济学家所寻找的，有时则是直接假定。然而，如果残差不是序列相关的，也可能意味着缺乏依赖性。可能是这样一种情形，它们是线性独立的，但却以非线性形式依赖。总之，通过测量残差平方之间的相关性更有可能判断它的依赖性。但是，这只有当非线性依赖关系以残差平方之间的相关性形式出现时才会有这种情形。这里所需要的是一种检验，这种检验能够判断非线性依赖关系——如果它存在的话，而不需要区分这种依赖关系到底是什么样的性质。

现在，经济学家有时会省略掉独立、同分布残差的假设而用 Engle（1982）发现的方法一自回归条件性异方差模型（ARCH），或其他变种方法，如 GARCH 模型或 EGARCH 模型。这些模型似乎与金融变量的表现很匹配，包括发散集束的性质（非常大的紊流阶段之后紧接着相当平静的阶段）。如果 ARCH 模型不能很好地匹配，那么我们需要检验一般非线性。在文献中，有学者使用这三种检验方法：相关性维数检验、BDS 检验以及 Lyapunov 指数检验。下面将依次描述这些检验方法（自然是相当肤浅的）。

9.8.1 相关性维数

相关性维数检验归功于 Grassberger 和 Procaccia（1983）。这种检验是建立在混沌过程和随机过程的显著性差异上（见图 9-9）。利用过滤后的数据（通过一阶差分或拟合一个自回归模型办法获得）构造 n 个过去时期，从而计算出相关性维数。一个 n 期（History）是 n 维空间上的一个点，其中 n 被称为内包维数（Imbedding Dimension）。因而，这个相关性被积函数 C_n（ε）是能够求出来的：这是一部分彼此挨得很近的点，可以说，相邻之间的距离不会超过 ε。

相关维数是用坐标点表示的在 log（ε）上的 log C_n（ε）曲线的斜率。对于很小的 ε 值，其斜率的计算方程式是：

$$U_n = \lim_{\substack{\varepsilon \to 0 \\ n \to \infty}} \left[\log C_n（\varepsilon）/\log（\varepsilon） \right] \tag{9.14}$$

如果 u_n 不随 n 而增加，这些数据就是非线性的，并且可能是混沌的。对于一个随机过程而言，相关性维数是 ∞。

9.8.2 BDS 检验

BDS 检验也建立在相关性维数这个概念基础上，这种方法归功于 Brock 等（1987）。虚拟假设是序列具有独立同分布，检验统计量方程式为：

$$W_n（\varepsilon） = \frac{\sqrt{N} \left[C_n（\varepsilon） - C_1（\varepsilon）^n \right]}{\sigma_n（\varepsilon）} \tag{9.15}$$

其中，N 是样本大小，σ_n（ε）是虚拟假设下的标准差估计。这个检验统计量是 N（0，1）的渐近分布。如果虚拟假设被拒绝，就意味着它是非线性的。

9.8.3 Lyapunov 指数检验

这是检验混沌必要的和充分的条件：当充分条件对初始条件敏感时，其必要条件则是非线性的。混沌的必要条件和充分条件是，最大的 Lyapunov 指数严格为正。

Lyapunov 指数概念简单表述如下，假设一个球体包含 t = 0 时的一个半径为 r (0) 的初始值，当系统随着时间展开时，球体将变成一个椭圆。令 t 时刻该椭圆第 i 主轴的长度为 r_n (t)，那么第 i 个 Lyapunov 指数由下式给出：

$$\lambda_i = \lim_{t \to \infty} \left\{ \left[\log r_i (t) - \log r_i (0) \right] / t \right\} \tag{9.16}$$

如果其中至少有一个 i，使 $\lambda_i > 0$，这个过程就可以被确认为是混沌的。

9.8.4 结果

在经济时间序列中，对混沌的检验激增 [Sayers (1991) 做了回顾]。Brock (1986) 较早提供了论据，反对宏观经济时间序列中的混沌。最初，金融市场中的混沌研究是在股票市场上开展的，包括 Merville 和 Pieptea (1989) 以及 Eldridge (1993) 的研究。

已经有许多经济学家都对汇率中是否存在非线性进行了研究，得到的结果是不确定的。例如，Hsieh (1989) 以及 Kugler 和 Lenz (1991) 断定有几种汇率具有非线性，但是，这些非线性能够用 GARCH 模型解释。Diebold 和 Nason (1990) 以及 Meese 和 Rose (1900, 1991) 使用非线性模型的非参数估计，但这无助于显著改善线性模型，包括随机游走模型。Bajo-Rubio 等 (1997) 在对西班牙比索—美元汇率 (现期和远期) 中是否存在确定性的混沌 (使用相关性维数和 Lyapunov 指数检验) 的研究中取得了有益的结果。其研究结果揭示了混沌行为是存在的。这一发现被用于导出短期预测，而从随机游走模型中得到的预测不如它准确。无论如何，对待这个结论一定要谨慎。一旦一个时间序列真的是混沌的，我们还真是没有 (适合) 办法将其内在的机制推导出来。

在另一项研究中，Chappell 和 Eldridge (1997) 检验了英国加入欧洲货币体系的汇率机制之前以及加入之后，英镑和欧洲货币单位 (ECU) 之间汇率的变化。他们发现，后一阶段 GARCH (1, 1) 模型与数据吻合得很好，而前一个阶段恰好证明了显著的非线性以及混沌过程存在的可能性。这些结果是根据这一节所讲的三种检验得到的。Liao (1997) 使用相关维数检验和 Laypunov 指数检验方法检验了五个亚洲国家的汇率，他提供了有关外汇市场混沌的更多证据。结果揭示了这些汇率都表现出混沌行为。

考虑到证据的权重，我们可以得到下述结论：

(1) 建立在相关维数以及相关检验基础上的证据表明汇率行为中存在着非线性。

(2) 很少有证据表明混沌现象。

(3) 如果所用的某个具体的 ARCH 模型或者 GARCH 模型是对的，那么从这些模型中得到的残差不应该再表示成其他非线性关系。这个结果意味着这些模型可以提供一个适当的、有效的汇率行为的表达式。

9.9   人工神经网络：一个回顾

我们将混沌和神经网络放在同一章中讲述的一个重要原因，就是它们的技术都是建立在非线性模型基础上的。有时候，我们会对包括噪声在内的人工神经网络模型的预测能力和由逻辑方程生成的混沌过程的预测能力做比较，结果表明前者要好于后者（Qi，1996）。采用神经网络来预测汇率，其动机与研究混沌过程是一样的，都是为了弥补线性模型的缺陷。

一个人工神经网络（ANN）代表着非线性的无参变量模型。其步骤就是允许数据决定模型的结构及其参数，并不需要任何约束性假设。也就是说，它是这样一种技术，只让数据说话而不引入建立在事先设想或假设基础上的参数约束。能够表明神经网络建模与传统的统计方法有联系的分析，包括线性回归、Logit 模型和概率模型、主分量以及潜变量模型（Qi，1996）。人工神经网络可以被看作是一组非线性参数模型，这些模型中的"学习"或"训练"过程等于是参数估计。人工神经网络正是由于具有各自的鉴别行为模式的能力，所以引起了各个领域学者们的注意。同时，也是由于这项技术，人工神经网络吸引了实践工作者的注意，特别是那些从事预测以及试图预测包括汇率在内的金融价格行为的人。

大脑中的神经元的结构及功能激发了人们对人工神经网络的研究，因而它是建立在人类神经元解剖学的基础上的。这项工作最初是在数学建模中产生的，其目的是要模型化人类大脑的功能。后来它被广泛运用到其他领域，包括经济学和金融学。

我们可以认为，一个人工神经网络就是以一个很可能是非线性方式联结许多投入要素集合和许多产出要素集合的系统。从特征上看，其方法是无参变量的。投入和产出之间是通过神经元的一个或多个隐藏着的层级（Layer）联系起来的。选择层级、神经元（或单位）以及对从神经元到神经元的映射赋予比重，就是为了能拟合这样一个用某种加工算法加工了的数据集合。这种算法可以处理大量的具有收敛性的迭代过程，其潜在的观点就是这个过程模拟了大脑学习的方式。

9.10   人工神经网络的结构

要了解人工神经网络的结构需要知道它的构造，描述出处理要素（processing element）及其相互关系，以及它的激活（或转换）函数 。我们先描述一下处理要素

（这里指的就是神经元），然后转向描述由神经元组成的神经网络。

我们先简述生物学知识。一个生物的神经元是通过某种介质（Connection）从其他神经元那里获得信号的，这些介质被称为突触（Synapses）①。下一步将会发生什么事情取决于这些信号汇集在一起时是否超过某一个临界水平，这一临界水平称为门槛或参与水平。如果达到了这个水平，接收的神经元将通过改善给予它有联系的神经元一个信号从而"激活"起来。总之，这些信号对一个神经元的激活可能起到"激发"或"抑制"作用，这可以由前后相继的一组一组电子脉冲表现出来。我们确信，思考是神经元之间突触接合模式中是否存在或缺乏激活，从而导致集合性效果。

人工神经网络是生物神经网络的人工模型。因此，我们还是要描述一个人工的或模型式的神经元，从现在起它被称为一个"单元"。一个人工的神经元，如图9-12所示，包括多种投入（这里多达四种投入，分别是 x_1、x_2、x_3、x_4）和单一的产出 y。每一种投入分别对应着一个比重（w_1、w_2、w_3、w_4）。这个单元计算了投入的加权之和，然后将它发送到一个转换函数上，经过这个转换函数（粉碎机的作用）之后产出就变得平滑。这个产出可以被发送给其他单元，也可以被送出系统之外。

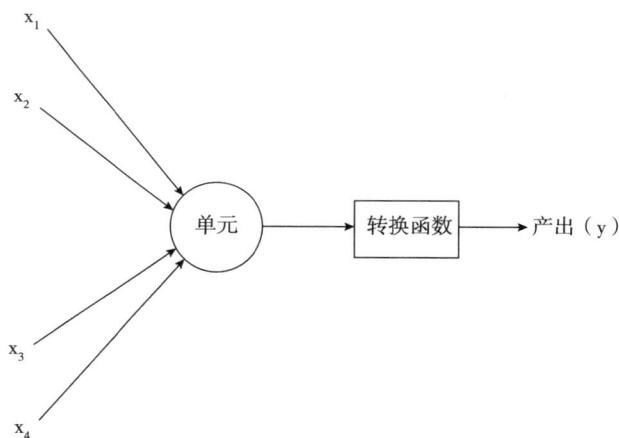

图 9-12　一个人工神经元（单元）的机理

人工神经网络可以有几种不同的形状，但最基本的类型是多层的前馈式（Feed Forward）后向传播（Back propagation）网络或简单的前馈式网络。这个人工神经网络包括单元的许多层级，正如图9-13所表现的，它同样假设有四种投入和单一的产出。在每一个层级上，与投入相联系的是前一层级或者是外部世界；与产出相联系的则是后面的层级或者是外部世界。下面的这些层级能够被区分出来：

（1）最初的输入层级是与外部世界联系在一起的。这一层级的单元并没有什么转换功能，它是将外部世界的信号分配给其他层级。

———————————

① ［译者注］突触轴突触及另一个树突或胞体的接合部位。

（2）最终的输出层级也是与外部世界联系在一起的。它的功能在于收集各种信号鉴别各自的特征并及时做出反应。

（3）中间层级叫作中介，也可叫潜藏层级或中间层级。这些层级不与外部世界发生投入、产出关系。它们具有鉴别所收到的信号的特征的功能。它们也是联系投入层级和产出层级的桥梁。

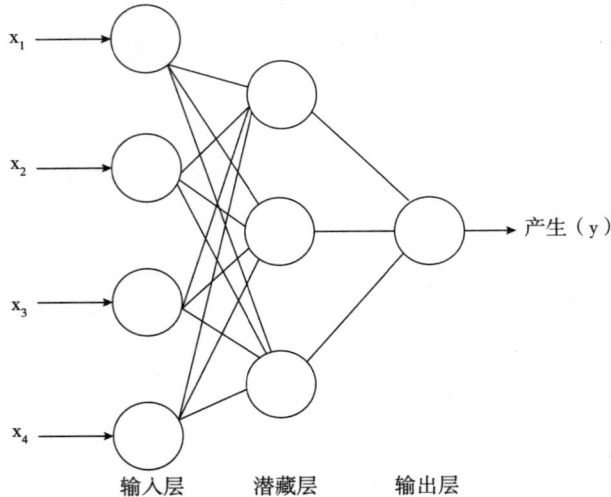

图 9-13 一个前馈式人工神经网络

9.11 人工神经网络的功能

考虑这样一个三级网络：单一产出、k 个中间层级单元、n 种投入（x_1，x_2，x_3，…，x_n）。中间层级单元 j，j=1，2，…，k，收到的除了偏离项 x_0 之外，还有加权之后的产出 $\sum w_{ij}x_i$，其中 w_{ij} 是在单元 j 中第 i 种投入所赋予的权重。由这个单元发送的产出信号可以用下式表示：

$$m_j = F\left(\sum_{i=1}^{n} w_{ij}x_i\right) \qquad (9.17)$$

其中，j=1，2，…，k，并且 i=0，1，2，…，n，因而 w_0x_0 就是加权的偏离项。F 是正态的转换函数，它经常是 S 形或对数函数。如图 9-14 所示，这个函数提供了一个投入—产出映射，由下式表示：

$$F(q) = \frac{1}{1+e^{-q}} \qquad (9.18)$$

以类似的方式，产出单元收到了中间层级单元的产出，可以由下式给出：

$$y = H\left(\sum_{j=1}^{k} v_j m_j\right) \qquad (9.19)$$

其中 j=1，2，…，k，因而 v_0 就是分派给偏离项 m_0 的权重，而 H 是转换函数。

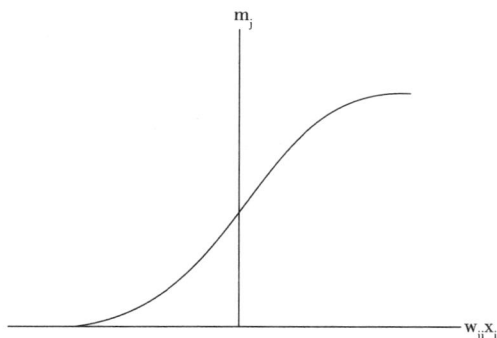

图 9-14 S 形（对数形式）转换函数

通过代换之后可得：

$$y = H\left[v_0 + \sum_{j=1}^{k} v_j F\left(\sum_{i=1}^{n} w_{ij} x_i\right)\right] \qquad (9.20)$$

显然，它是一个非线性的形式。

人工神经网络的处理方法用得最广的是误差后向传播（Error Back-propagation），这是一个递归梯度下降的方法，通过降低误差曲线的梯度达到最小化误差平方和的目的。图 9-15 描述了这个过程。误差就是指所计算的产出值与实际值之间的差。一部分误差就是通过这个网络往后传播。在每个单元，误差被用来调整那些权重以及门槛值。同样的投入可使网络中的误差一次比一次少。传播过程中，每个中间层级都会自动调整自己的权重。当误差平方和降低到合适的水平时，处理过程才会结束，网络才能够被用于预测。

9.12 汇率上的应用：方法论与实证证明

人工神经网络应用在经济学和金融学中时，独立变量作为投入要素进入，非线性和不连续由中间层级的处理单元操纵，当然，与产出层级上的应变量相联系的模型组成部分的相对权重也起着重要作用。学界基本的观点是要将时间序列模型化，并用解释变量（产出）进行预测。预测时还会用到投资和产出的滞后值。

现在能预测（产出）的变量就是汇率。一个线性的汇率确定性模型可以写成一个自回归分布滞后方程的形式：

$$S_t = \sum_{i=1}^{p} a_i S_{t-i} + \sum_{j=0}^{q} X'_{t-j} B_j + i_t \qquad (9.21)$$

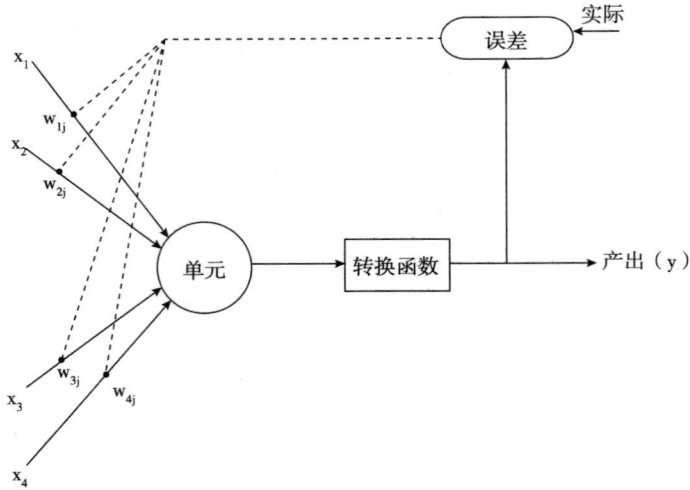

图 9-15　人工神经网络中的处理过程

其中，X 是解释变量向量，B 是系数向量。因而，解释变量是滞后应变量 S_{t-1}，S_{t-2}，…，S_{t-p} 和其他变量 X'_t，…，X'_{t-q}，包括偏离项，它是不变项。如果中间层级中有 k 个单元，那么模型可以写作：

$$S_t = w_0 + \sum_{j=0}^{k} w_j F(h_j) \tag{9.22}$$

因此，

$$h_j = \sum Z'_t A_j \tag{9.23}$$

$$Z'_t = S_{t-1}, \cdots, S_{t-p}, X'_t, \cdots, X'_{t-q} \tag{9.24}$$

其中，w 和 A 是参数（或权重），而 F（h_j）是线性组合 $Z'_t A_j$ 的非线性函数，它有如下的形式：

$$F（h_j） = \frac{1}{1+e^{-h_j}} \tag{9.25}$$

于是，接下来就会有这样一个问题：模型中所包括的解释变量到底哪些可取，哪些不可取呢？当然，经济理论能够提供某些指导原则，但是这显然是不够的，而传统的回归分析在这方面还是很有帮助的。一个传统的模型就可鉴别趋势及轮廓。除了这个问题，其他问题是与人工神经网络有关的。例如，没有什么正式的程序来确定最优网络结构以及对人工神经网络模型的解释不够。

尽管有这些问题，人们仍然有许多设想，千方百计地利用人工神经网络来预测汇率和其他金融价格。Kuan 和 Liu（1995）用神经网络预测五种与美元挂钩的汇率。结果表明，至少对于其中的两种货币来讲，模型具有显著的定时能力，或其预测误差是较小的。同样，Abu-Mastafa（1995）报告利用人工神经网络对四种货币的预测能力明显提高了。Hus 等（1995）报告自己的预测方向更加精确。然而，Qi（1996）指出这些研究并没有提供证据证明人工神经网络能预测汇率。

9.13 计算机软件和进一步阅读的材料

可以使用软件包"混沌数据分析者"进行混沌检验，这是由美国物理研究所出版的。它由 14 个程序组成，允许使用者分析多达 16328 个数据点，这样就能够鉴别那些看起来是随机的数据是否存在混沌现象。如果发现存在混沌现象，程序就会设法确定时间序列行为反映出来的方程的性质并进行预测。这类软件包有很多，都能够用神经网络进行预测，其中之一就是"神经学家"。这是一个数据表格附加程序，它的界面是非常友好的。

有关混沌检验最好的初级教材也许是 Stewart（1990），给出了这一领域主要研究者的背景材料；更初级更容易阅读的材料见 Gleick（1987）；其他如 Cvitanovic（1988）、Anderson 等（1988）以及 Barnett 等（1989）的论文集都是很有用的；如果要找汇率应用方面的材料，则参阅 Brock 等（1991）。神经网络方面的参考文献有很多，一个有趣的阅读材料是 Gurney（1997），也可以参阅 Qi（1996）提供的参考文献。

10 对预测精度的测量

10.1 导 言

正如我们已经看到的，若结果是针对未来将要发生的、不确定的事实的话，那么预测对于决策是非常重要的。究竟是投资于应付票据还是应收票据，这取决于对汇率的预测。而其最终结果的好坏则取决于预测的精确度。对于任何其他决定，只要它们要求对汇率做出预测，情况就一定也是如此。预测的精确度非常重要，预测误差可能会导致灾难性的后果。我们已经看到，基于存在误差的预测汇率而做出的糟糕的金融决策，是如何导致 Beecham 集团和湖人航空公司的失败的。

不论预测是内部做出的，还是从外面买回来的，或是两者兼具，都需要对预测进行正式的检验和评估。如果预测是内部做出的，那么对预测精度的评估就是对预测人员工作情况的评估。如果预测是从外面买回来的，就应该对购买预测的行为进行成本效益分析，中断与一些预测人员的业务往来，同时从别的地方购买预测服务。如果订购的预测服务不止一项，或者是公司内外的人员同时进行预测，那么就应该按照我们之前所讲的那样，通过合成不同的预测以达到一个大家一致认可的预测结果。在这种情况下，模型的预测精度对于判断预测的优劣次序是很重要的。另外，正如我们之前所看到的，合成预测的基础是各个预测的权重，而权重是由不同预测的精确度所决定的。所以，出于众多的原因，我们需要对预测的精确度进行测量。

10.2 一些总体的思考

在这一节中，我们将会讨论一些预测评估方面的问题。这些问题包括：①样本内预测和样本外预测之间的区别；②基准模型；③静态预测和动态预测之间的区别；④预测误差之间的序列相关性都意味着什么；⑤预测的偏差；⑥预测跨度和预测日期；⑦预测范围和方向。以下依次讨论这些问题。

10.2.1　对样本内预测和样本外预测的评估

在某一个特定的时间点对一个模型的预测能力的评估，自然是在事后预测基础上做出的。这是因为评估是建立在预测误差的基础上的，而预测误差只能在事后获得。因此，评估可以在样本内预测结果的基础上做出，也可以在样本外预测结果的基础上做出。建立一个模型需要对某一段时间内的汇率进行取样，一个样本内预测就意味着汇率是对取样的时间段内的某一点的预测，而样本外预测则意味着汇率是对取样的时间段外的某一点的预测。

假设预测者对汇率有 n 个观测值，以及一个解释变量 X。各对的观测值分别是 (X_1, S_1)，(X_2, S_2)，$\cdots$，(X_n, S_n)。假设模型是：

$$S_t = a + bX_t + \varepsilon_t, \qquad t = 1, 2, \cdots, n \qquad (10.1)$$

如果预测者选择用所有的观测值来构造模型，那么他就不可能建立一个具有样本外预测能力的模型，因为他得不到第 n+1 个以及更多的观测值。我们只有可能在各个预测误差的基础上去评估模型的样本内预测能力，预测误差的表达式如下：

$$e_t = S_t - \hat{S}_t, \qquad t = 1, 2, \cdots, n \qquad (10.2)$$

其中的 $\hat{S}_t$ 是模型对汇率的样本内预测值，它是由方程（10.1）推导出来的：

$$\hat{S}_t = a + bX_t, \qquad t = 1, 2, \cdots, n \qquad (10.3)$$

需要注意的是 ε 和 e 之间的区别，前者取决于系数 a 和 b 的理论值，而后者则是在 a 和 b 的被估值的基础上计算出来的。

现在，让我们假设预测者只使用观测值中的前 k 个值来估计模型。那么 k 个样本内预测如下：

$$\hat{S}_t = a + bX_t, \qquad t = 1, 2, \cdots, k \qquad (10.4)$$

而 n-k 个样本外预测如下：

$$\hat{S}_t = a + bX_t, \qquad t = k+1, k+2, \cdots, n \qquad (10.5)$$

这时就可以在样本内预测误差基础上测度模型的样本内预测能力，即：

$$e_t = S_t - \hat{S}_t, \qquad t = 1, 2, \cdots, k \qquad (10.6)$$

同时，也可以在样本外误差基础上测度模型的样本外预测能力，即：

$$e_t = S_t - \hat{S}_t, \qquad t = k+1, k+2, \cdots, n \qquad (10.7)$$

这时的一个一致的意见是，模型的样本外预测精确度才是重要的。有一点存在争议，即认为样本内预测精确度并不重要，因为它仅仅是告诉了我们这一模型与数据的契合程度。样本内预测和样本外预测的区别实际上就在于模型解释能力和预测能力的区别。一些模型可能对历史数据具有很强的解释能力，但在预测能力方面却很差。所以，Meese 和 Rogoff（1983a，1983b）之后，总体的趋势就变成了以强调样本外预测精确度为重点。

10.2.2　基准模型

一个决策制定者可能拥有若干个不同的模型，他想从中挑选一个具有最高预测精度的模型，或者是具有最强预测能力的模型，需要做的就是在各个误差的基础上计算出各个模型的预测精度，精度最高或者能力最强的模型将被挑选出来。也可能的情况是，决策者只有一个模型，他想知道的是这个模型产生的预测结果是好是坏。好坏与否，必须有一个相关的标准才能看得出来，这就需要基准模型。通常被用作基准模型的两个模型是随机漫步预测模型和远期汇率预测模型。

考虑方程（10.1）所代表的预测模型，它告诉我们汇率是由解释变量 X 决定的。这个模型所产生的误差是：

$$e_t = S_t - (a+bX_t) \tag{10.8}$$

而随机漫步模型则告诉我们对下一刻汇率最好的预测就是基于当前的汇率。所以，根据随机漫步模型所产生的预测误差就是：

$$e_t = S_t - S_{t-1} \tag{10.9}$$

最后，远期汇率模型（或是无偏有效模型）告诉我们，最好的汇率预测就是基于当前的远期汇率水平。所以，这个模型所产生的预测误差就是：

$$e_t = S_t - F_{t-1} \tag{10.10}$$

为了对方程（10.1）所代表的预测模型做出评估，我们就必须在预测误差的基础上测度其预测能力，并将之与随机漫步模型和远期汇率模型的预测能力做对比。如果这一模型的预测精度高于这两个基准模型中的任何一个，我们就说这个模型要优于或者胜过随机漫步模型或远期汇率模型。

需要注意的是，即便有很多模型可以考虑，也还是需要一个基准模型。假设我们正打算从两个模型即 PPP 模型和 ARIMA 模型中选择一个模型。我们在它们各自预测误差的基础上计算它们的预测精度。如果我们发现 PPP 模型的预测精确度高于 ARIMA 模型，那么我们是否能够得出结论，我们应该使用 PPP 模型来进行预测？答案是"不一定"。事实上，情况可能是这样，即便 PPP 模型要好于 ARIMA 模型，它仍然很糟糕，因为它劣于随机漫步模型或者远期汇率模型。所以，我们依旧应当弃用 PPP 模型，而采用随机漫步模型或者远期汇率模型。在这里，说 PPP 模型不"劣于"ARIMA 模型可能更为恰当。所以，两者都不能使用，因为用随机漫步模型或者远期汇率模型进行预测更廉价、更容易，也更精确。在随机漫步模型中，当前时刻的汇率就是预测结果；而在远期汇率模型中，当前的远期汇率就是预测结果。

10.2.3　静态预测和动态预测

为了说明静态预测和动态预测之间的差别，我们要利用一个简单的自回归模型：

$$S_t = \alpha S_{t-1} + \varepsilon_t \qquad (10.11)$$

让我们假设预测者想要做样本外预测。我们以静态预测开始，利用前 k 个观测值估计出来的模型计算得到的第一个样本外预测是一个"领先一期"预测。所以，有如下公式：

$$\hat{S}_{k+1} = \alpha S_k \qquad (10.12)$$

同样，利用由前 k+1 个观测值估计出来的模型计算得到的第二个样本外静态预测同样是"领先一期"预测。其计算公式如下：

$$\hat{S}_{k+2} = \alpha S_{k+1} \qquad (10.13)$$

同样，利用除了最后一个观测值的所有观测值估计出来的模型计算得到的最后一个样本外静态预测也还是"领先一期"预测。其计算方法如下：

$$\hat{S}_n = \alpha S_{n-1} \qquad (10.14)$$

这样，静态预测就意味着"领先一期"的预测。现在让我们在同一个模型基础上考察动态预测的产生。这时，"领先多期"的预测是循环利用已经做出的预测，而非实际值推导出的。第一个样本外动态预测和静态预测相同，就是方程（10.12）计算的领先一期预测。第二个样本外动态预测是一个领先两期的预测，它是在领先一期的预测结果的基础上计算而来的：

$$\hat{S}_{k+2} = \alpha \hat{S}_{k+1} = \alpha^2 S_k \qquad (10.15)$$

最后一个动态预测是在之前预测的基础上计算出来的：

$$\hat{S}_n = \alpha \hat{S}_{n-1} = \alpha^n S_k \qquad (10.16)$$

显然，如果一个模型能够很好地进行多期预测，即如果它能够做出动态预测而非静态预测，那么这个模型对人们的帮助就会更大一些。当我们对两个或者多个模型的预测能力做对比的时候，我们必须确定是把静态预测和静态预测做对比以及将动态预测与动态预测做对比。

之前描述的基准模型，它的"多期预测"是什么呢？正如我们在本书第 5 章所看到的，随机漫步理论所产生的预测就是当前的汇率，而不管时间界限。因此，在任意时间界限内的预测都是 S_k。远期汇率模型所产生的预测则随着时间界限的不同而不同。"领先一期"的预测就是一期的远期汇率，即在第 k 期签订的，在第 k+1 期交割的远期汇率 F_k^{k+1}。同理，领先两期的预测就是两期的远期汇率 F_k^{k+2}，等等。表10-1列举了自回归模型和这两个基准模型的各种预测结果。

表 10-1　静态预测和动态预测

时间	k+1	k+2	k+3	…	n
自回归模型					
静态	αS_k	αS_{k+1}	αS_{k+2}	…	αS_{n-1}

时间	k+1	k+2	k+3	...	n
动态	αS_k	$\alpha^2 S_k$	$\alpha^3 S_k$	...	$\alpha^n S_k$
随机漫步模型					
静态	S_k	S_{k+1}	S_{k+2}	...	S_{n-1}
动态	S_k	S_k	S_k	...	S_k
远期汇率模型					
静态	F_k^{k+1}	F_{k+1}^{k+2}	F_{k+2}^{k+3}	...	F_{n-1}^n
动态	F_k^{k+1}	F_k^{k+2}	F_k^{k+3}	...	F_k^n

10.2.4　预测误差之间序列相关性的含义

预测误差之间没有表现出序列相关性，这一点非常重要。因为如果不是这样的话，就说明预测缺乏效率，也就是说它们没有充分利用误差之间有规则的变动所反映出来的信息。如果情况确实如此，那么利用这些信息可以改进模型的预测能力。

考虑下面的例子。一个预测者正在使用随机漫步模型对美元和英镑之间的汇率（美元/英镑）做出预测，共有 10 个时间点（1，2，…，10）。表 10-2 列举了汇率的实际值与随机漫步模型所导出的动态预测和静态预测。

表 10-2　随机漫步模型的静态预测和动态预测

观测	实际值	动态预测值	静态预测值
1	1.6500	1.6500	1.6500
2	1.6600	1.6500	1.6500
3	1.6700	1.6500	1.6600
4	1.6800	1.6500	1.6700
5	1.6900	1.6500	1.6800
6	1.6700	1.6500	1.6900
7	1.6500	1.6500	1.6700
8	1.6400	1.6500	1.6500
9	1.6000	1.6500	1.6400
10	1.5900	1.6500	1.6000

汇率的实际变动情况显示了英镑在第五期之前都保持了升值的趋势，然后开始贬值。动态预测对所有时刻的汇率的预测都是相等的，即 1.6500，而静态预测的值则各不相同。让我们来看以下两种预测所产生的误差情况。图 10-1（a）给出了动态预测的误差变化轨迹。很明显，误差是序列相关的。起初预测误差是正值，然后

变成了负值。图 10-1（b）绘出了该自相关函数曲线，从曲线中我们可以明显地看到相关系数为 0.65 的一阶序列相关。同样的情景在静态预测的误差中也出现了。从图 10-2 中可以清晰地看到正的序列相关性。但在这里，序列相关性并不像之前的一阶相关系数那样紧密，只有 0.44。

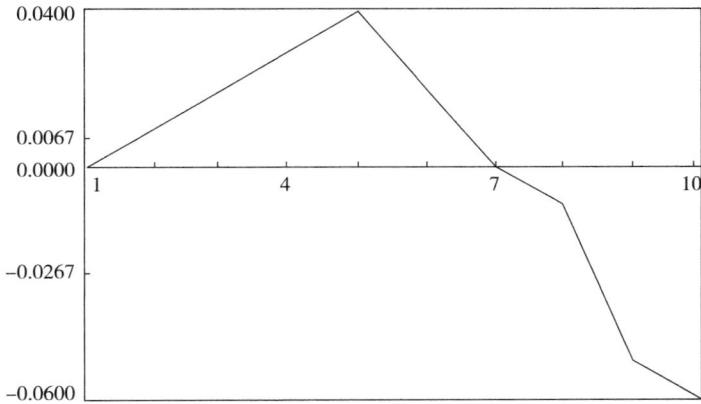

（a）预测误差

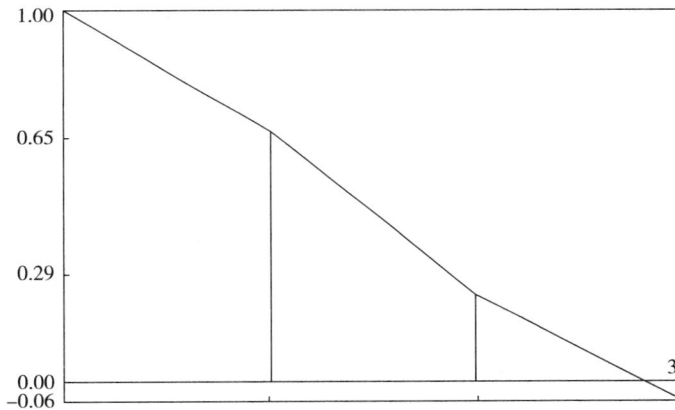

（b）自相关函数

图 10-1　随机漫步模型的动态预测误差

　　如果一个预测者面临着类似的情形，那么他需要做的就是在考虑预测误差的基础上对模型进行修正。例如，可以在这个模型中加入移动平均法。如果这些误差以非线性的方式相互依存，那么就可以构造一个 ARCH 模型。让我们来看一看在模型被修正为 ARMA（1，2）模型之后都发生了些什么？与这一模型相关的预测误差轨迹被描绘在图 10-3 上。我们可以看到，误差同样是从正值变成负值，但它比以前更小，它的序列相关性也变小了，其一阶自回归系数现在是 0.18。

　　如果预测者使用的模型中包含了一些解释变量，那么预测误差之间的序列相关性可能归因于解释变量中一个或多个变量的缺失。预测者在预测结果的过程中，他

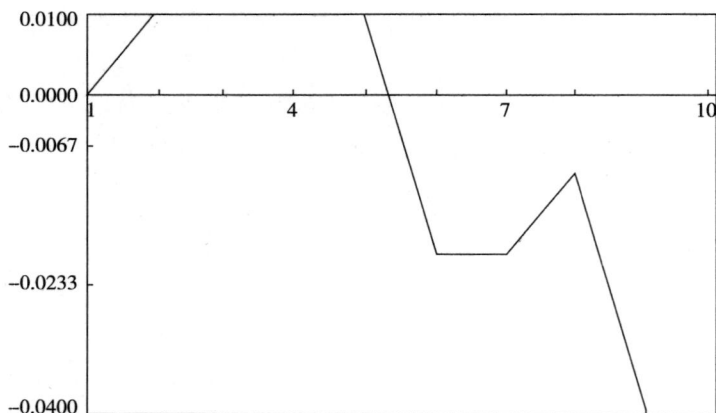

（a）预测误差

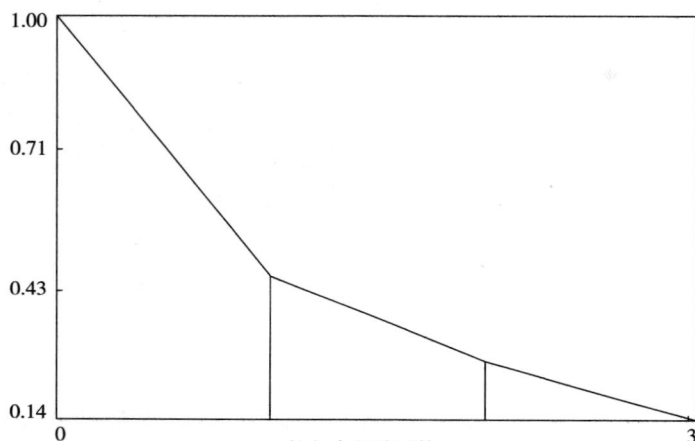

（b）自相关函数

图 10-2　随机漫步模型的静态预测误差

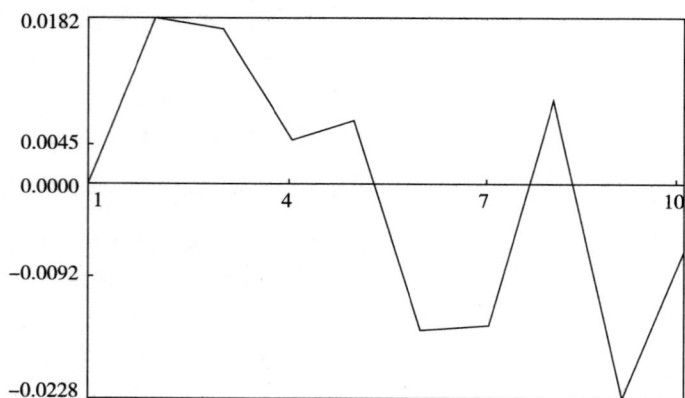

（a）预测误差

图 10-3　ARMA（1，2）模型的预测误差

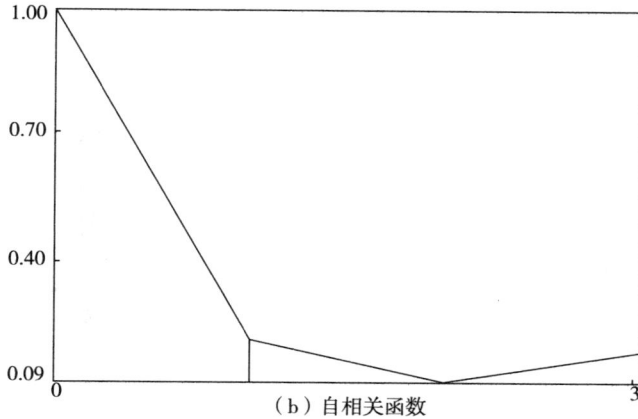

（b）自相关函数

图 10-3　ARMA（1，2）模型的预测误差（续）

的目标就是掌握所有影响汇率的系统因素，但在实践中却很难做到这一点。通过对预测的历史数据进行检验，预测者可能会发现他到底丢了什么。然而，无论他搜索的范围有多广，他也还是有可能无法找出他所遗失的变量。这时，仍然有可能通过利用误差的数据特征来改善预测。

10.2.5　预测的偏差

所谓预测的偏差就是指某个预测总是高估或者低估汇率。偏差并不一定意味着精确度不够。预测可以是错误的，但只要预测误差不是总为正或者总为负，那么预测不是偏差的。一个无偏的预测要求预测误差的平均值为 0，即预测在高估和低估汇率方面有着相同的趋势。所以，精确度和偏差之间不具有某种必然的关系。精确度、序列相关和偏差之间明显存在一定的关系，但它们并不是一回事。考虑以下的例子，表 10-3 包括了三个预测者（A、B 和 C）对美元 1 英镑汇率的预测。

表 10-3　预测的偏差和精确度

观测	实际值	A	B	C
1	1.6500	1.6830	1.5675	1.8150
2	1.6600	1.6932	1.5936	1.5272
3	1.6700	1.7118	1.6049	1.8337
4	1.6800	1.7304	1.6178	1.6296
5	1.6900	1.7323	1.6292	1.8252
6	1.6700	1.7134	1.6116	1.6030
7	1.6500	1.6946	1.5989	1.7490
8	1.6400	1.6859	1.5826	1.5252

续表

观测	实际值	A	B	C
9	1.6000	1.6368	1.5408	1.7280
10	1.5900	1.6377	1.5359	1.4628

　　我们先考察预测者 A 所做的预测。显然，这些预测是存在偏差的，因为它们总是高于汇率的实际值；而预测者 B 在相反的方向上也同样存在着偏差，这些预测总是低于汇率的实际值；预测者 C 的预测就不存在偏差，这些预测在高于和低于实际值的两个方向变动。

　　现在让我们来考察表 10-4，其显示的是预测误差占汇率实际值的百分比。很明显，A 比 B 要精确，而不存在偏差预测的 C 的精确度比其他两个预测者都要差。然而需要注意的是，如果我们把平均预测误差当作判断一个预测者预测精度的指标的话，那么 C 就是最好的预测者，当然，我们知道它不是。出现这种异常的情况是因为负值的误差和正值的误差相互抵消了。为了避免这种异常的情况，我们应该计算误差绝对值的平均数，或者计算误差平方的平均数，这也正是我们下面要讲到的内容。

表 10-4　预测误差占汇率实际值的百分比

观测	A	B	C
1	-2.0	5.0	-10.0
2	-2.0	4.0	8.0
3	-2.5	3.9	-9.8
4	-3.0	3.7	3.0
5	-2.5	3.6	-8.0
6	-2.6	3.5	4.0
7	-2.7	3.1	-6.0
8	-2.8	3.5	7.0
9	-2.3	3.7	-8.0
10	-3.0	3.4	8.0

　　无偏的预测意味着预测误差的平均值为零，在这一基础上对预测的偏差情况进行正规的检验是可能的。要对这个虚拟假设进行检验，即预测无偏（预测误差的平均值为 0）的假设，我们需要构造的统计量是：

$$\tau = \frac{\bar{e}}{\sqrt{\dfrac{1}{n}\displaystyle\sum_{t=1}^{n}(e_t - \bar{e})^2}} \tag{10.17}$$

　　其中，e_t 是在 t 时刻的预测误差，$\bar{e}$ 是预测误差的平均值。这个统计量服从自由度为样本观测值数目减 1 的 t 分布。如果预测误差的平均值显著不为 0，那么这个虚拟假设就会被拒绝，即如果这个统计量大于 t 分布的临界值，就拒绝这个假设。

另外，无偏性也可以用一个回归模型进行检验。要做检验，就需建立一个将预测值与实际值联系起来的回归方程。所以，这个回归方程有如下的形式：

$$\hat{S}_t = \alpha + \beta S_t + \varepsilon_t \qquad (10.18)$$

要使虚拟假设成立，就必须要有相关系数（α，β）＝（0，1）。由于汇率的不稳定特征，所以这一模型还具有另一种更加恰当的变形，即：

$$\Delta \hat{S}_t = \alpha + \beta \Delta S_t + \varepsilon_t \qquad (10.19)$$

以下的一种修正形式也是正确的：

$$\hat{S}_t - S_{t-1} = \alpha + \beta\,(S_t - S_{t-1}) + \varepsilon_t \qquad (10.20)$$

其中，$\hat{S}_t - S_{t-1}$ 是汇率的预期变动，而 $S_t - S_{t-1}$ 是汇率的实际变动。这两种情况下，对相关系数无偏性的要求是一样的。

10.2.6　预测跨度和预测日期

预测跨度衡量的是做出预测的时刻距离取样本的时间有多久。从某一时刻 k 开始，在从 k+1 到 n 的时间内就可以进行样本外预测。如果存在两个相互竞争的预测模型或者预测者，我们就必须在相似的时间跨度上判断它们的相对预测精度，或者说预测误差要被调整到可以反映预测跨度的差异。很自然地，我们会想到，随着预测跨度的变长，模型的预测能力就会下降。因为预测跨度不同，预测可以分为短期预测、中期预测和长期预测。举例而言，对汇率的预测可以是两周跨度内的每天预测，3 个月跨度内的每周预测，1 年跨度内的每月预测，3 年跨度内的每季度预测，甚至是 10 年跨度内的每年预测。

考虑下面的例子。两个预测者，A 和 B，已经在 1 个月前、3 个月前和 6 个月前对美元/英镑的汇率做出了预测。预测值、实际值和预测误差占实际值的比例如表 10-5 所示。

表 10-5　不同的预测跨度

		1 个月	3 个月	6 个月
实际值		1.6500	1.6900	1.600
预测值				
	A	1.6700	1.7325	1.6625
	B	1.6825	1.7595	1.6400
误差				
	A	-1.2	-2.5	-3.9
	B	-2.0	-4.1	-2.5

很显然，预测者 A 在 1 个月和 3 个月的预测跨度上都比 B 表现要好，但在 6 个月的时间跨度上 B 要优于 A。就整体而言，谁的预测精度更高呢？要回答这一问题就必须赋予误差以权重，例如，跨度越短权重越大。让我们用反置的方式对预测跨度赋予权重，即分别对跨度为 1 个月、3 个月和 6 个月的预测误差赋予 6、3 和 1 的权重，这就使我们可以计算三种跨度的加权平均误差值。预测者 A 的加权平均误差值为-1.9，而预测者 B 为-2.7。这样，A 的预测精确度就更高了。

下面，我们可以将这一规则一般化。假设预测跨度是从 1 到 n-k，对应于从 k+1 时刻到 n 时刻的样本外预测。表 10-6 给出了这一框架的图式表达。对于一个特定的预测者或者模型，一个加权的平均预测误差值可由

$$e_w = \frac{\sum_{i=1}^{n-k} w_i |e_{k+i}|}{\sum_{i=1}^{n-k} w_i} \qquad (10.21)$$

计算出来。其中，

$$w_i = n - k - (i-1) \qquad (10.22)$$

注意，这里用的误差值是绝对值，所以不存在正负误差值相互抵消的情况。

表 10-6　预测跨度和权重

时间	k+1	k+2	…	n
跨度	1	2	…	n-k
预测	S_{k+1}	S_{k+2}	…	S_n
误差	e_1	e_2	…	e_n
权重	n-k	n-k-1	…	1

第二个必须考虑的要点就是预测的日期。例如，采用一个在上一季度末做出的本季度汇率的季度性预测。这时有一个问题必须提出并得到解答，就是这个预测是什么时候做出的。它可能是在上一个季度的末尾或者开始做出的，也可能是在上一个季度的中间做出的。对相互竞争的预测结果进行评估，必须通过确保预测是在相同时间做出的或者通过赋予它们权重的方式把这个因素考虑进去。这是因为在季度初期对下个季度末的汇率做出预测，其预测跨度要大于季度末时做出的预测。

10.2.7　预测幅度和方向

假设当前美元/英镑的汇率是 1.65，有两个预测者 A 和 B，分别被要求对 3 个月后的该汇率做出预测。预测者 A 认为未来英镑会走强，所以预测 3 个月后的汇率是 1.80。相反，预测者 B 则认为美元会略微升值，所以预测的汇率是 1.62。3 个月

后，汇率的实际值是 1.68，哪一个预测者更准确呢，A 还是 B？

如果根据预测误差的绝对值，那么 B 应该更好一些，因为 B 的预测误差为 0.06，而 A 的预测误差是 0.12。所以，B 在预测汇率变动大小方面更准确。需要注意的是，汇率的实际变动值为 0.03 (1.68 - 1.65)，根据 A 的预测变动值应该为 0.15，根据 B 的预测变动值应该为 -0.03。然而，当 B 预测汇率会下跌（即英镑贬值）的时候，实际的汇率却上升（英镑升值）了。这是 B 预测的一个方向性错误，但是 A 却没有犯方向性的错误。A 预测英镑会升值，事实上英镑就是升值了，尽管汇率上升的幅度没有 A 预测的那么大。

这时就出现了一个关于预测幅度和方向的相对重要性的问题。答案是，这取决于利用预测的目的。例如，对于投机决策而言，重要的是汇率变动的方向。因此，如果某种货币预测会升值，那么投机者就会持该货币的多头，而如果它被预测将贬值，那么投机者就会持有该种货币的空头。考虑这样一种情形，此时的所有预测都是为了进行投机决策而做出的。那么，A 的预测就会使投机者持有英镑的多头，从而产生正确的决策。

如果预测是为了在期货市场上做英镑的应付票据的套期交易，又如何呢？这时，我们需要知道的是汇率变动的幅度，因为只有当汇率高于远期汇率时投资者才会做套期交易。如果当前的远期汇率是 1.75，那么如果采用 A 的预测，就会做套期交易，而如果采用 B 的预测，就不会做套期交易。此时，B 的预测将会带来正确的决策，因为如果不做套期交易，就可以在 1.68 的汇率水平上买入英镑，而做了套期交易就必须在 1.75 的汇率水平上买入英镑。如果当前的远期汇率是 1.82，两种预测结果就都会帮助投资者做出不做套期交易的正确决策。所以，在做不做套期交易的问题上，精确的预测幅度必不可少。事实上，即便是与套期交易的选择相关的决策，也需要对汇率变动的幅度进行精确预测。例如，要决定是进行现货外汇交易，而不是期货交易或者根本不做套期交易（对应付票据的），就必须有预测显示将来的汇率要高于远期汇率，而后者又高于利率平价理论预测的汇率。事实上，即使是投机决策也需要对汇率变动幅度进行精确预测。例如，尽管有预测认为某种货币会升值，但如果扣除了交易费用之后升值所带来的利润不足，对该种货币持多头仍然是不合算的。

只有在两个预测者的预测方向正确的时候，才有可能在预测误差大小的基础上判断其预测的精确程度。现在假设 B 也认为英镑会升值，他预测英镑会升值到 1.70 的水平。而汇率的实际值最终为 1.74，由于 B 的预测误差的绝对值是 0.04，小于 A 的预测误差的绝对值 0.06，所以 B 的预测精度更高一些。即便在这种情况下也无法保证更精确的预测结果就一定会产生更好的决策。考虑这样一种情形，交易者使用预测结果决定是否购买协定汇率为 1.73 的英镑的看涨期权。如果按照 A 的预测结果，决策就应该是买入，而如果按照 B 的预测结果，决策就应该是不买。由于最终的实际汇率是 1.74，假设期权费低于总金额的 1%，可通过执行期权来获得净利润。所以，不是很精确的预测也可能产生更好的决策。

考虑以下的例子，它将说明真正起作用的是汇率的变动幅度。再次假设当前美元/英镑的汇率值是 1.65，需要做出的决策是，是否持有英镑的对敞头寸。这一交易包括同时买入英镑的看涨期权和看跌期权，且两者的协定汇率相同，我们假设这一协定汇率水平等于当前的汇率水平 1.65。这一交易背后的想法是，如果汇率高于或者低于协定汇率的幅度大于交易费用，那么就可以行使其中一份期权以获取利润，同时放弃另一份期权合约。假设看涨期权和看跌期权的交易费用分别是 2%，那么两份期权合约的费用总和就是 4%。如果到期的实际汇率高于 1.69 或者低于 1.61，这笔交易就是有利可图的。

现在假设 A 和 B 做出的预测分别为 1.58 和 1.68。如果采用 A 的预测，那么就应该进行这笔交易。相反，如果采用 B 的预测，就应该放弃这笔交易。另外，假设到期时候的汇率实际值为 1.73。显然，A 犯了方向性的错误，而 B 的预测方向是对的。在汇率变动的幅度方面，A 预测汇率会变动 7%，B 预测汇率会变动 3%，而事实上汇率变动了 8%。在 1.73 的汇率水平上，这笔交易是有利可图的，看涨期权会被执行，而看跌期权则会被放弃，交易的净利润是 4 美分/英镑。这样，A 的预测产生了正确的决策，尽管他的预测方向错了，预测值也与实际值相差甚远。这里，A 对汇率变动幅度的预测更为准确，而汇率的变动幅度对于这一交易决策十分重要。

究竟什么最关键，可能在每一种情形下都不相同，所以一个预测者可以有一个关于预测误差的损失函数。对于一个预测者而言，高估可能比低估造成的损失更严重。而对另一个预测者而言，不论方向如何，较大的误差所造成的损失可能要大于较小的误差所造成的损失。还有的预测者把预测误差视作小于截止值，并且认为这一点并不重要。

10.3　对汇率实际值和预测值之间差异的显著性检验

考虑方程（10.1）所代表的汇率决定模型。假设这一模型是由最初的 k 个观测值构造的，并且被用于预测第一个样本外的预测值 $\hat{S}_{t+1}$。如果预测值和实际值之间的差异即预测误差在统计学上具有显著的意义，那么就需要对误差进行检验。这里，我们对这个虚拟假设进行检验：

$$H_0 : S_{k+1} = \hat{S}_{k+1} \tag{10.23}$$

与此相对应的假设是：

$$H_1 : S_{k+1} \neq \hat{S}_{k+1} \tag{10.24}$$

统计量构造如下：

$$t^* = \frac{S_{k+1} - \hat{S}_{k+1}}{\sigma_\varepsilon \sqrt{1 + \dfrac{1}{k} + \dfrac{(X_{k+1} - \overline{X})^2}{\sum\limits_{t=1}^{k}(X_t - \overline{X})^2}}} \tag{10.25}$$

其中，σ_ε 是 ε 的标准差。这一统计量服从 t 分布，自由度为两个样本容量的最小值。预测值和实际值之间出现差异有很多原因。第一个原因是在预测期间出现的非正常因素。例如，有可能在 k+1 时刻忽然有大量的投机商涌入外汇市场，从而使汇率远高于根据解释性变量能够预测的水平。第二个原因是在 k+1 时刻对解释性变量的测量有误。第三个原因是汇率的决定结构发生了变化，从而在 k+1 时刻原来的模型无法再代表汇率的决定过程。

10.4　测量和监控预测精度的几何方法

在这一节中我们将介绍两种测量和监控预测误差的几何方法，即控制图表法和预测实现图法。

10.4.1　控制图表法

我们已经看到，如果预测是无偏的话，那么正值的误差和负值的误差相互抵消，预测的误差和就趋向于零。控制图表法就是通过显示预测误差的累积和的轨迹，在累积和超过上限（正值的）或者越过下限（负值的）的时候，发出警告。这些上下限是由预测误差的标准差的倍数定义的，而倍数则是由预测误差的概率分布决定的。

图 10-4 就是一个控制图表。只要误差的累积和在上下限之间的范围内变动，就没有必要担心它。一旦累积和突破上下限，并且在上下限外连续停留两期，那么就必须对预测进行修正。所以，控制图表法实际上是确定预测在方向上不存在偏差的一个工具。

10.4.2　预测实现图法

我们已经看到预测的方向性误差或者是转折点误差，可能比误差的大小更加重要。事实上，转折点误差经常被看作是某一模型存在基本缺陷的一个征兆。举一个非抛补的利率平价模型（或者理论）的例子，这个理论告诉我们，汇率应该变动的百分比等同于（或决定于）汇率双方各自货币利率的差异。如果模型是正确的，利率较低的货币应该升值，反之则应该贬值。所以，如果货币 x 的利率高于货币 y，那么其汇率（x/y）就应该上升，即 y 升值而 x 贬值。如果利率的差异是 5 个百分点，那么模型就会预测汇率要上升 5 个百分点，或者大约这么多。如果汇率实际上升了 10%，那么模型在预测上就出现了一个较大的误差，但它却正确预测到了汇率的上涨。相反，如果汇率下跌了 1 个百分点，那么预测就出现了一个方向性的误差，或者说是转折点误差，通常，这被看作是更加严重的误差。

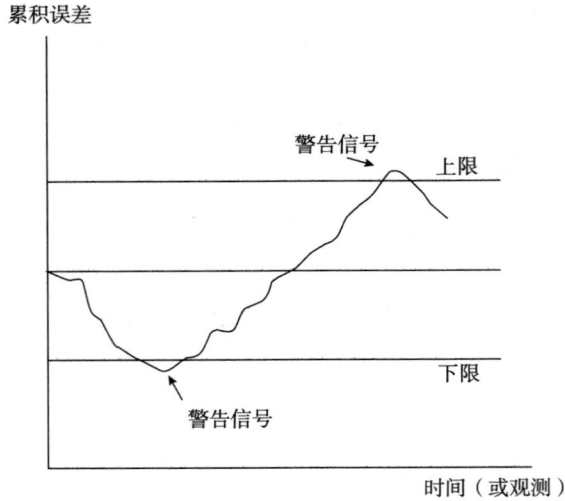

图 10-4　控制图

　　图 10-5 就是一个预测实现图。这个图就是一个在基础的几何分析中常见的四象限的坐标系。这张图中所标出的点的坐标就是汇率的实际变动值和预测变动值。实际变动值为 S_t-S_{t-1}，由横轴测度，而预测变动值为 $\hat{S}_t-S_{t-1}$，由纵轴来测度。另外，还标出了一条过原点的 45°线。这是一条完美预测线，在这条线上有 $\hat{S}_t-S_{t-1} = S_t-S_{t-1}$，即 $\hat{S}_t = S_t$。点 A 恰好就落在这条线上，所以它代表了一个完美的预测。所有没有落在这条线上的点都代表存在预测误差，其误差的大小就是点到这条线的距离。

　　现在，让我们分别讨论分布在这个图的四个象限内的点。一般而言，落在第一象限的点（A、B、C 和 D）和落在第三象限的点（F 和 G）都说明预测没有出现转折点误差。在所有这些点中，只有 A（它恰好落在完美预测线上）没有出现预测幅度的误差。在第一象限的点说明模型预测汇率要上涨，而实际汇率也上涨了。低于完美预测线的点（B 和 C）说明预测的汇率涨幅小于实际涨幅。高于完美预测线的点（D）说明预测的汇率涨幅大于实际涨幅。在第三象限的点说明模型预测汇率要下跌，而汇率实际也下跌了。点 G 说明预测的汇率跌幅大于实际跌幅，而 F 点的预测汇率跌幅小于实际跌幅。在第二象限和第四象限的点（E 和 H）意味着汇率发生了转折点误差。点 E 说明预测汇率上涨，而实际上却下跌了，点 H 则完全相反。

　　通过检验预测实现图中的点形状，我们大概可以看出模型的预测精度。图 10-6

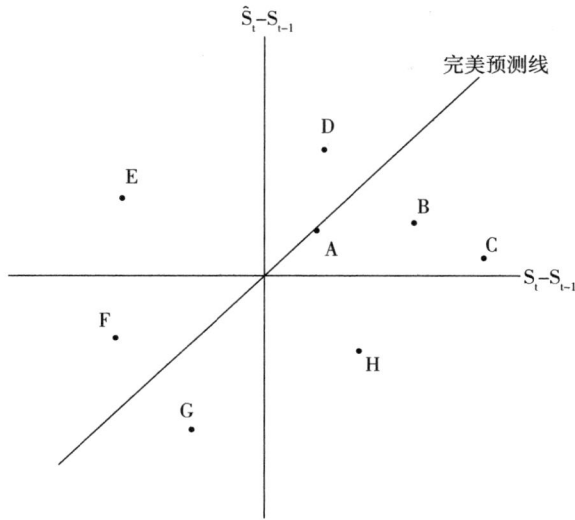

图 10-5 预测实现图

给出了预测精度不同的四个模型的预测实现图。模型（a）最好，因为它不存在转折点误差，而且误差也非常小。这一点非常明显，因为图中的所有点都在一、三象限，而且都非常接近完美预测线。模型（d）最差，因为它没有预测正确一次汇率的变动方向。模型（b）要好于模型（c），因为前者没有转折点误差，但模型（b）没有模型（a）好，因为后者的误差小于前者。

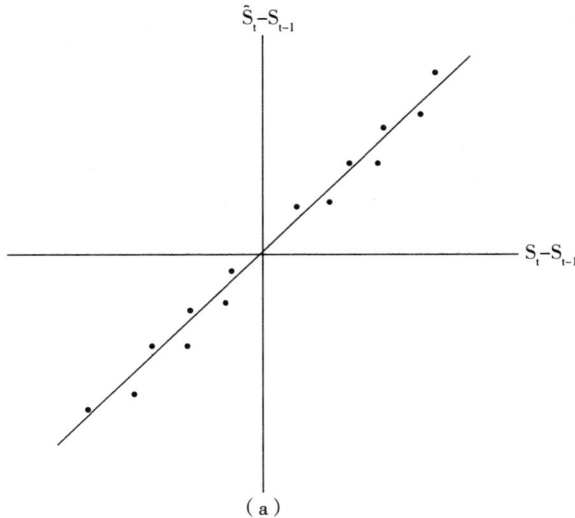

（a）

图 10-6 不同预测精度模型的预测实现图

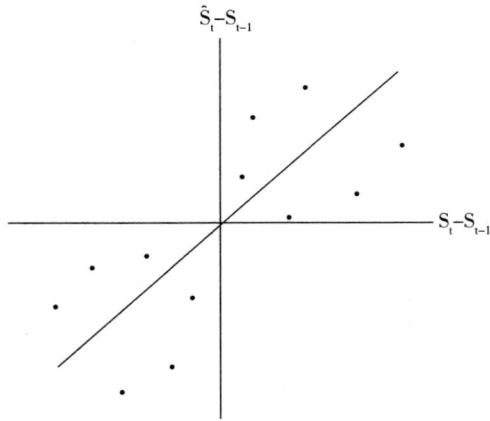

（b）

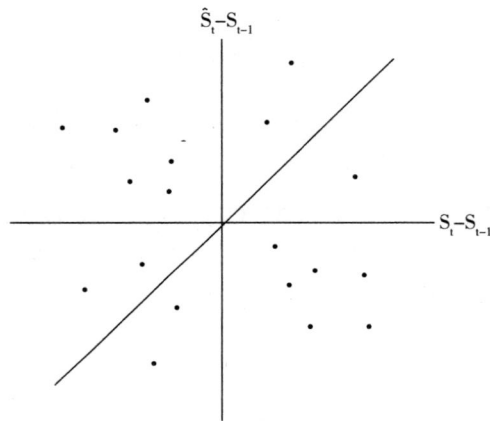

（c）

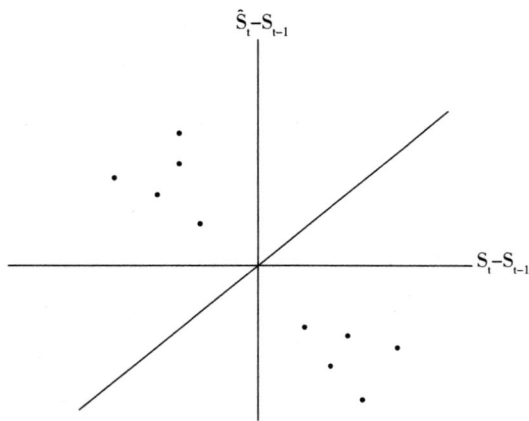

（d）

图 10-6 不同预测精度模型的预测实现图（续）

非抛补利率平价模型的预测实现图如图 10-7 所示。汇率的预期变动，在这里被换成了利率差，而实际汇率变动在这里则变成了实际汇率的变动率。在第一象限和第三象限的点说明没有出现方向性误差，即正的利率差和汇率的上升出现在一起，而负的利率差则和汇率的下跌一起出现。第二象限和第四象限的点说明预测出现了方向性误差。点 D 意味着模型预测汇率上涨，而汇率实际却下跌了。点 G 则意味着模型预测汇率下跌，但汇率实际却上涨了。

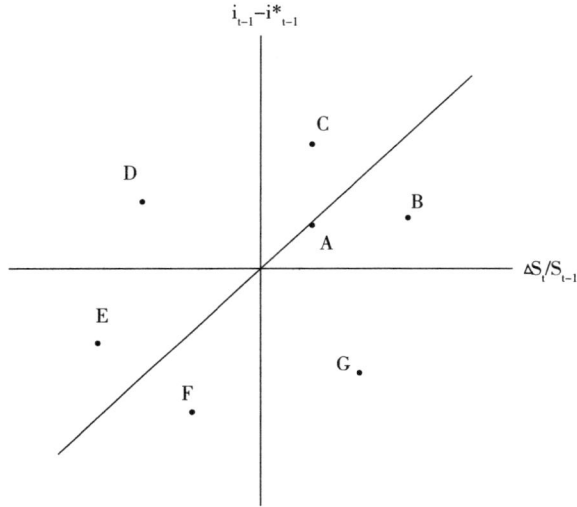

图 10-7　非抛补利率平价模型的预测实现图

预测实现图如果能向右旋转 45°，就会更有用，因为此时完美预测线变成了水平的横轴（见图 10-8）。此时的坐标系被分成了六个区域。其中的两个（Ⅱ和Ⅴ）说明预测出现了方向性误差，而其他四个区域则表明预测高估或者低估了汇率变动的大小，但预测的方向是对的。在这张图中，完美的预测都落在了水平横轴上。

预测实现图相比控制图表法提供了更多的信息，但它却没有给出类似控制图表法中的上下限这样的工具。同时，这两种方法都没有给出定量测度预测精度的方法，而定量的测度方法是比较不同模型的预测精度所必须的。

10.5　对预测精度的定量测度方法

假设我们可以得到 n 个预测结果和其对应的实际值，因此预测结果可以定义为 $\hat{S}_1$，$\hat{S}_2$，$\cdots$，$\hat{S}_n$，相对应的实际值是 S_1，S_2，$\cdots$，S_n，预测误差即为 $S_1-\hat{S}_1$，$S_2-\hat{S}_2$，$\cdots$，$S_n-\hat{S}_n$。我们可以定义以下的一些定量测度方法。

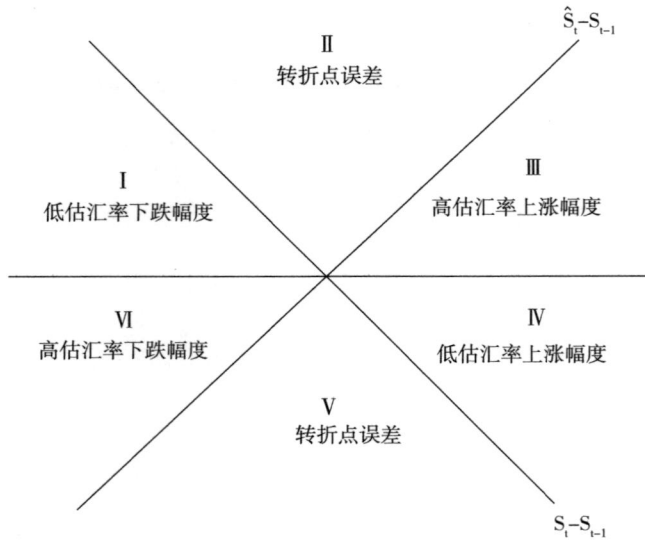

图 10-8　修正过的预测实现图

10.5.1　平均绝对误差

平均绝对误差（MAE）是误差绝对值的平均数。之所以计算平均绝对误差而不是平均实际误差，原因在于正值和负值的误差相互抵消可能会得出一个误导人的结果。MAE 的计算方法如下：

$$\text{MAE} = \frac{1}{n}\sum_{i=1}^{n}\mid S_i - \hat{S}_i \mid \tag{10.26}$$

另外一个可供选择的测度方法就是平均绝对误差率，其计算方法如下：

$$\text{MAE} = \frac{1}{n}\sum_{i=1}^{n}\left| \frac{S_i - \hat{S}_i}{S_i} \right| \tag{10.27}$$

对于一个完美预测而言，$S_i = \hat{S}_i$，对所有的 i，有 MAE = 0。

10.5.2　均方误差

均方误差（MSE）就是误差平方值的平均数。将误差值平方有两个好处：其一是正负值误差相互抵消的问题不复存在；其二是对更大的误差值更加重视。其计算方法如下：

$$\text{MSE} = \frac{1}{n}\sum_{i=1}^{n}(S_i - \hat{S}_i)^2 \tag{10.28}$$

与此相关的另一个测度方法是均方根误差（RMSE），即 MSE 的平方根。所以有：

$$\text{RMSE} = \sqrt{\text{MSE}} = \sqrt{\frac{1}{n}\sum_{i=1}^{n}(S_i - \hat{S}_i)^2} \qquad (10.29)$$

很显然，对于一个完美预测而言，对所有的 i，有 $S_i = \hat{S}_i$，即 MSE = RMSE = 0。MSE 和 RMSE 也可以在误差率的基础上计算出来，这时就有：

$$\text{MSE} = \frac{1}{n}\sum_{i=1}^{n}\left(\frac{S_i - \hat{S}_i}{S_i}\right)^2 \qquad (10.30)$$

和

$$\text{RMSE} = \sqrt{\frac{1}{n}\sum_{i=1}^{n}\left(\frac{S_i - \hat{S}_i}{S_i}\right)^2} \qquad (10.31)$$

误差率被用来进行按比例的比较，这一点在汇率预测中非常重要。假设我们想要知道某一模型对日元汇率（日元/美元）和澳元汇率（澳元/美元）的预测哪一个更加准确。假定该模型预测这两种汇率在某一特定时刻分别为 135 和 1.70，而那一时刻的实际值为 140 和 1.80，误差的绝对值分别为 5 和 0.1。我们就可以说该模型在预测澳元汇率方面比预测日元要更出色吗？答案显然是"不一定"。因为这些误差不是按比例进行比较的，所以它反映的其实是两种货币一般情况下的价值差异。所以，计算相对于实际值的误差率更为合适。这里的误差率分别为 3.6% 和 5.6%。所以，这个模型在预测日元方面更有力。按照方程（10.29）计算均方根误差，得到其相对于汇率平均实际值的比例也是进行按比例比较的另一种方法。

10.5.3 决定系数

决定系数（R^2）测度的就是汇率与其平均值之间差异的平方和同预测误差的平方和之间的关系。我们可以通过在预测值的基础上对实际值进行回归分析得到这一系数，或者这样计算：

$$R^2 = 1 - \frac{\sum_{i=1}^{n}(S_i - \hat{S}_i)^2}{\sum_{i=1}^{n}(S_i - \bar{S})^2} \qquad (10.32)$$

其中，$\bar{S}$ 是汇率实际值的平均数，它是由

$$\bar{S} = \frac{1}{n}\sum_{i=1}^{n}S_i \qquad (10.33)$$

计算而来的。

就一个完美预测而言，对于所有的 i，有 $S_i = \hat{S}_i$，即 $R^2 = 1$。

10.5.4 相关系数

相关系数（r）测度的是汇率实际值和预测值的相关关系。计算方法如下：

$$r = \frac{\sum\limits_{i=1}^{n}(S_i - \bar{S})(\hat{S}_i - \bar{\hat{S}})}{\sqrt{(S_i - \bar{S})^2(\hat{S}_i - \bar{\hat{S}})^2}} \qquad (10.34)$$

就一个完美预测而言，对于所有的 i，有 $S_i = \hat{S}_i$，即 r=1。如果实际值和预测值之间完全不相关，那么它们的相关变量为零，即 r=0。

10.5.5 Theil 不等系数

Theil 不等系数测度的是一个模型相对于随机漫步模型的预测能力。它是由随机漫步模型的 RSME 值除以该模型的 RSME 值计算而来的，即：

$$U = \frac{\sqrt{\dfrac{1}{n-1}\sum\limits_{i=1}^{n}(S_{i+1} - \hat{S}_{i+1})^2}}{\sqrt{\dfrac{1}{n-1}\sum\limits_{i=1}^{n}(S_{i+1} - S_i)^2}} \qquad (10.35)$$

其中，分母是由汇率在 i 到 i+1 期间的实际变动计算的，而分子则是由汇率实际变动与预测变动的差计算的，即：

$$(S_{i+1} - S_i) - (\hat{S}_{i+1} - S_i) = (S_{i+1} - \hat{S}_{i+1}) \qquad (10.36)$$

其中，$S_{i+1} - S_i$ 是汇率的实际变动，而 $\hat{S}_{i+1} - S_i$ 是汇率的预测变动。Theil 不等系数的另一个版本则是根据汇率的相对变动来计算。其计算方法如下：

$$U = \frac{\sqrt{\dfrac{1}{n-1}\sum\limits_{i=1}^{n}\left(\dfrac{S_{i+1} - \hat{S}_{i+1}}{S_i}\right)^2}}{\sqrt{\dfrac{1}{n-1}\sum\limits_{i=1}^{n}\left(\dfrac{S_{i+1} - S_i}{S_i}\right)^2}} \qquad (10.37)$$

表 10-7 给出了不同的 U 值所代表的含义。

表 10-7　Theil 不等系数值的含义

值	含义
U=0	该模型能得到完美预测
0<U<1	该模型虽不能产生完美预测，但其表现优于随机漫步模型

值	含义
U=1	该模型与随机漫步模型一样有效
U>1	该模型比随机漫步模型表现更差，因而没有必要用这种模型来预测

既然我们有时将远期汇率模型而不是随机漫步模型作为基准模型，那么 Theil 不等系数还存在另一个版本，这一版本是基于远期汇率模型的，即：

$$U = \frac{\sqrt{\dfrac{1}{n-1}\sum_{i=1}^{n}(S_{i+1} - \hat{S}_{i+1})^2}}{\sqrt{\dfrac{1}{n-1}\sum_{i=1}^{n}(S_{i+1} - F_i)^2}} \tag{10.38}$$

这里的 F 是远期汇率。

通过对 Theil 不等系数进行分解，我们可能会找出预测误差的根源。这一分解与任何变量的方差分解相似，而后者是方差分析的基础。出于这一目的，Theil 不等系数需要根据预测和实际的变动，写成以下形式：

$$U = \frac{\sqrt{\dfrac{1}{n-1}\sum_{i=1}^{n}(A_{i+1} - P_{i+1})^2}}{\sqrt{\dfrac{1}{n-1}\sum_{i=1}^{n}A_i^2}} \tag{10.39}$$

其中，A 是实际变动值，而 P 是预测变动值。它们被定义为：

$$A_{i+1} = S_{i+1} - S_i \tag{10.40}$$

$$P_{i+1} = \hat{S}_{i+1} - S_i \tag{10.41}$$

方程（10.39）的分子可以被分解为三个部分，每一部分都反映了不同的误差根源，即：

$$\frac{1}{n-1}\sum_{i=1}^{n}(A_{i+1} - P_{i+1})^2 = (\overline{A} - \overline{P}) + (\sigma_A - \sigma_P)^2 + 2(1 - r_{AP})\sigma_A\sigma_P \tag{10.42}$$

其中，

$$\overline{A} = \frac{1}{n-1}\sum_{i=1}^{n}A_{i+1} \tag{10.43}$$

$$\overline{P} = \frac{1}{n-1}\sum_{i=1}^{n}P_{i+1} \tag{10.44}$$

$$\sigma_A^2 = \frac{1}{n-1}\sum_{i=1}^{n}(A_{i+1} - \overline{A})^2 \tag{10.45}$$

$$\sigma_P^2 = \frac{1}{n-1}\sum_{i=1}^{n}(P_{i+1} - \overline{P})^2 \tag{10.46}$$

$$r_{AP} = \frac{\sum\limits_{i=1}^{n}(A_{i+1} - \overline{A})(P_{i+1} - \overline{P})}{(n-1)\sigma_A\sigma_P} \tag{10.47}$$

这三个构成预测误差根源的组成部分被称作部分不等系数。第一个组成部分叫作偏差部分，它说明预测值和实际值差异的原因在于其平均值的差异。第二个组成部分称为方差部分，说明预测值和实际值差异是源于两者方差的不同。第三个组成部分又称协方差部分，这一部分将预测值和实际值之间的差异归结为两者之间的协方差。

所谓的不等比例的计算是用总的预测方差来分别除以各个组成部分，所以偏差比例为：

$$U_B = \frac{(\overline{A} - \overline{P})^2}{\frac{1}{n-1}\sum\limits_{i=1}^{n}(A_{i+1} - P_{i+1})^2} \tag{10.48}$$

方差比例为：

$$U_V = \frac{(\sigma_A - \sigma_P)^2}{\frac{1}{n-1}\sum\limits_{i=1}^{n}(A_{i+1} - P_{i+1})^2} \tag{10.49}$$

协方差比例为：

$$U_C = \frac{2(1 - r_{AP})\sigma_A\sigma_{PA}}{\frac{1}{n-1}\sum\limits_{i=1}^{n}(A_{i+1} - P_{i+1})^2} \tag{10.50}$$

显然有：

$$U_B + U_V + U_C = 1 \tag{10.51}$$

另一个测度预测精度的方法是 Mc Laughlin's（1975）的击打均值（Batting Average）。击打均值（BA）是与 Theil's 不等系数相联系的，其计算方法如下：

$$BA = 100\ (4-U) \tag{10.52}$$

当 U = 0 时，击打均值是 400，而当 U = 1 时，击打均值是 300。

10.5.6　方向精度和混淆率

方向精度（DA）的计算方法如下：

$$DA = \frac{1}{n}\sum\limits_{i=1}^{n}a_i \tag{10.53}$$

这里，如果 $(S_{i+1} - S_i)(\hat{S}_{i+1} - S_i) > 0$，那么 $a_i = 1$；而如果 $(S_{i+1} - S_i)(\hat{S}_{i+1} - S_i) < 0$，则 $a_i = 0$。这意味着如果实际变动和预测变动同向，那么 a 取值为 1；而如果两者反向变动，则 a 取值为 0。如果对于所有的 i 都有 $(S_{i+1} - S_i)(\hat{S}_{i+1} - S_i) > 0$，那么 DA 的值就是 1，即该模型在所有的时刻都对汇率变动的方向预测正确。此时存在一个

零混淆率，混淆率就是对汇率变动方向的困惑。一般情况下，混淆率（CR）与方向精度的测度相关，其计算方法如下：

$$CR = 1 - DA \qquad (10.54)$$

10.5.7　包括了假设检验的测度方法

对两个模型的误差平方和之间差异的显著性进行检验是可能的。出于这一目的，Diebold－Mariano 检测方法于 1995 年诞生了。关于实际变动方向和预测变动方向之间独立性的假设，则可以运用 Henriksson－Merton（1981）或者 Pesaran－Timmerman（1994）检验方法进行检验。

10.5.8　基于样本内预测和样本外预测精度的测度方法

Janus 商数是基于样本内预测和样本外预测能力的一种测量预测精度的方法。我们将根据实际变动值和预测变动值来定义这一方法。假设某样本的容量为 n，构造这一模型使用前 k 个观测值。Janus 商数的计算方法如下：

$$J = \frac{\sqrt{\dfrac{1}{n-k} \sum_{i=k}^{n} (S_{i+1} - \hat{S}_{i+1})^2}}{\sqrt{\dfrac{1}{k-1} \sum_{i=1}^{k} (S_{i+1} - \hat{S}_{i+1})^2}} \qquad (10.55)$$

这样，这一指标就是用来测量相对于样本内预测精度的样本外预测精度。如果时期内模型的结构和时期外模型的结构相同，那么 J 的值应当约等于 1。J 的值越高，这一模型的预测能力越差。如果 J 值高于单位值，就说明模型的结构发生了改变。

11　预测的选择、实施和监控

11.1　两个汇率预测员的故事

安德鲁（Andrew）和莱姆（Liam）是两个年轻的经济学家，他们受雇于两家大银行从事汇率预测的工作。他们在对经济情形进行广泛的基础分析方面，利用所受的正规经济学训练进行判断性预测。他们的任务是依据美元和英镑之间汇率可能的变动方向向那些外汇交易商提出建议。每个周末安德鲁和莱姆都要在酒吧聚一下，谈谈他们最喜欢的话题：汇率预测。他们俩要就上一周所发生的事情及对于某一个特定的情况各自都做出了何种预测进行回应并交换意见。下面就是在连续的五周时间里，两个年轻的经济学家的谈话内容。

11.1.1　第一周

英格兰银行宣布，在过去的一个月里英国的货币供给增加了5%，这是一个非常高的货币增长率。根据这个消息，安德鲁预言英镑会贬值，因为依据货币模型和PPP理论能得出这种结果。恰恰相反，莱姆预言英镑会升值，因为英格兰银行会通过提高利率水平进行回应，从而使以英镑结算的资产更有吸引力。对于莱姆的预言，安德鲁认为情况并不一定会是那样，因为利率毕竟是由市场力量——流动性的供给和需求决定的。于是，货币供给的增加带来的将是利率的下降，而非升高。莱姆认为，即使接受市场力量决定汇率的论断，货币供给增加的结果也应该是利率上升。这是因为，货币量增加有四种效应：流动性效应、收入效应、价格水平效应和通货膨胀预期效应。只有流动性效应能够引起利率下降，其他的效应会导致利率上升。例如，高速的货币增长带来较高水平的通货膨胀预期，进而（通过费雪效应）导致较高水平的利率，这将引起英镑的升值。

11.1.2 第二周

英镑的短期利率水平升高了一个百分点。安德鲁基于汇率决定的流量模型，预测英镑会升值。通常的观点是较高的利率吸引资本流入，从而导致货币升值。相反，莱姆的观点是汇率以存量而非流量均衡为基础。他认为高利率的效应并不是通过资本的流动，而是通过货币的供给和需求传达到汇率的。这样一来，高利率水平就会向弹性价格货币模型所预言的那样导致货币贬值。对应于这种推理，安德鲁认为，即使这种效应是通过货币需求的变动来传导，一个更高的利率水平也应该引起英镑升值。这一预测可以由黏性价格货币模型得出。与莱姆不同，他把利率水平看作是货币市场流动性条件的反映。高水平的利率暗示流动性的短缺，这会导致货币升值。莱姆却把利率水平看作是通货膨胀预期的反映。更高水平的利率反映了较高的通货膨胀预期，这对货币而言是负面影响。按照莱姆的观点，英镑将会贬值。

11.1.3 第三周

财政部的预测显示，在未来一年内英国经济的实际增长率将是5%。这一预言同样得到了私营机构经济学家的支持。安德鲁据此预言英镑会升值，因为较高的增长率意味着强劲的股票市场和高起的利率，从而吸引资本流入并导致货币升值。莱姆却认为英镑会贬值，因为较高的增长率会导致更高的进口水平，致使国际收支平衡表经常账户恶化，进而引起货币贬值。

11.1.4 第四周

有消息称，随着公共部门借债需求（PSBR）占 GDP 的比例降低了一个百分点，公债将下降。安德鲁认为，这会导致英镑贬值，因为政府对可贷资金的需求将下降，从而减轻了利率的压力。一个较低水平的利率将促使货币贬值。莱姆对形势的分析与之不同，他认为较低的预算赤字在国内的储蓄——投资平衡表不发生变化的情况下，将会伴随着较低的经常账户赤字，这会带来货币的升值。

11.1.5 第五周

能源经济学家预期原油价格会上扬。安德鲁认为这会导致英镑升值，因为它是一种石油货币。与之相反的是，莱姆认为石油价格的上升将导致对美元需求的增加，因为美元是用于结算包括原油在内的交易的货币。这无疑将导致美元升值，同时导致英镑贬值。

11.1.6 启示

两个预测员的故事给我们带来了非常强烈的信息。两个预测员应用完全相同的预测技术（在本例中为判断预测），获得相同的信息，并且预测的能力也相同，却得出了对立的预测结果。这是一个极端的例子，因为更有可能的情况是，预测人员会对汇率变动的方向达成一致，而对于汇率变动的幅度产生分歧，特别是当变动趋势已经出现时，情况更是如此。另一种可能的情况是，他们之间会对转折点出现的时间产生争议。因此，这里需要回答的问题是为什么预测人员意见不一致，他们何以得出不同的预测。下面的部分就是为回答这个问题而做的努力。

11.2　预测员之间为什么出现分歧？

在这一部分里，我们试图解释应用通常的模型所得到的预测之间的差异。一系列因素导致不同的预测人员提供的预测之间出现矛盾。这些因素包括模型的选择、估计方法、样本期间、数据频率、定义、解释变量的取值和判断的调整等方面。这些因素将依次得到讨论。

11.2.1 不同的模型

如果有四个预测员的话，他们就有可能会使用四种不同的模型。下面举例说明：

$$S_t = a + bS_{t-1} + \varepsilon_t \tag{11.1}$$

$$S_t = a + bX_t + \varepsilon_t \tag{11.2}$$

$$S_t = a + bX_t + cZ_t + \varepsilon_t \tag{11.3}$$

$$S_t = a + bX_t^2 + \varepsilon_t \tag{11.4}$$

第一个模型是一个单变量的 AR（1）模型；第二个模型只含有一个解释变量 X；而第三个模型有两个解释变量，X 和 Z；第四个模型同第二个一样，只有一个解释变量，但它却是非线性的。这些模型必定会得出不同的预测。

11.2.2 不同的估计方法

不同的估计方法似乎也会对系数 a 和 b 得出不同的估计，进而导致不同的预测。以方程（11.2）提供的模型为例。一个预测员可能会假设变量 X 是外生的，在这种情况下方程就由普通最小二乘法（OLS）来估计。另一个预测员可能会认为它是内生的，在这种情况下他就会利用工具变量来估计。当残差项不满足普通最小二乘法的假设条件时，广义最小二乘法（GLS）也许就会派上用场，当然也有可能应用其他方法来处理，如对残差的某种过程进行修正。不同的估计方法可能对参数 a 和 b 得出不同的估计，从而得出不同的预测。

11.2.3 不同的样本期间

即使两个预测员都使用方程（11.2），并且他们都用 OLS 估计方法，但当他们使用两个样本期间来估计模型时也很有可能得到两组不同的估计参数。事实上，估计结果对样本期间的敏感程度要高于对估计方法的敏感程度。例如，一个预测员认为使用浮动汇率制度的早期数据更好，比如说 1973 年。另一个预测员可能相信当下的外汇市场已经不同于 20 世纪 70 年代的情形了，因为汇率的走势在 20 世纪 80 年代已经变得变幻莫测了。再一次强调，应用不同的样本期间会得出不同的预测结果。

11.2.4 不同的数据频率

一个在 1999 年 3 月底所做的汇率预测，样本期为 1980~1998 年，如果基于不同的数据频率，如月度数据模型或季度数据模型，肯定会得出不同的预测结果。

11.2.5 不同的定义

假设方程（11.2）所代表的模型是 PPP 模型，那么 X 就是相应的价格比。该价格比可以由消费者价格、批发价格、GDP 消胀指数或其他价格指标来衡量。如果两个预测员应用不同的价格标准，PPP 模型将得到不同的估计结果，从而导致不一样的预测。

11.2.6 解释变量的不同取值

如果解释变量的值在该变量生成的时点是未知的，那么预测员为了得出预测就不得不假设一个值。两个预测员可能使用完全相同的估计模型，但是若解释变量的取值存在差异就会产生不同的预测结果。

11.2.7 判断的调整

即使两个预测员从一个通用的模型中得到了完全一样的预测，但仍然有可能得出两个不同的预测结果。这是因为其中一个人可能认为预测本身是合理的，而另一个人则认为不是这样，会根据自己的判断来调整预测。即使两个人都认为对判断的调整是必须的，他们也有可能在调整的尺度方面产生分歧，结果是再次得出两个不同的预测结果。

11.2.8 各种可能性

设想一种情况，在这种情况下可获得下列信息：

- 两个不同的模型，A 和 B。
- 两种估计方法，1 和 2。
- 两个样本期间，1975～1998 年和 1980～1998 年。
- 两种数据频率，季度的（Q）和月度的（M）。
- 对于解释变量的两种定义，Ⅰ和Ⅱ。
- 解释变量的两个取值，x 和 y。
- 判断调整幅度的两个值，a 和 β。

给定上述情况，存在着出现 128 种不同预测结果的可能性。这些预测都能由上面这些因素的不同组合得到，其中的前 14 种预测列示在表 11-1 中。

表 11-1　预测值的各种可能结果

模型	方法	样本	频率	定义	取值	调整	预测结果
A	1	1975～1998 年	Q	Ⅰ	x	α	1
B	1	1975～1998 年	Q	Ⅰ	x	α	2
A	2	1975～1998 年	Q	Ⅰ	x	α	3
B	2	1975～1998 年	Q	Ⅰ	x	α	4
A	1	1980～1998 年	Q	Ⅰ	x	α	5
B	1	1980～1998 年	Q	Ⅰ	x	α	6
A	1	1975～1998 年	M	Ⅰ	x	α	7
B	1	1975～1998 年	M	Ⅰ	x	α	8
A	1	1975～1998 年	Q	Ⅱ	x	α	9
B	1	1975～1998 年	Q	Ⅱ	x	α	10
A	1	1975～1998 年	Q	Ⅰ	y	α	11
B	1	1975～1998 年	Q	Ⅰ	y	α	12
A	1	1975～1998 年	Q	Ⅰ	x	β	13
B	1	1975～1998 年	Q	Ⅰ	x	β	14
⋮	⋮	⋮	⋮	⋮	⋮	⋮	⋮
⋮	⋮	⋮	⋮	⋮	⋮	⋮	⋮
⋮	⋮	⋮	⋮	⋮	⋮	⋮	128

11.3 内部预测还是外部预测？

经常要做出的一种决定是，选择一个或几个预测员从公司内部进行预测，还是定购一项或几项预测服务从外部渠道获得预测。这个问题最终可以归结为对这两个选择的成本—收益的比较。一些公司可能不需要外部预测人员，因为它们拥有复杂的外汇部门，那里有从金融机构招募来的专业人员。如果公司认为内部人员不能完成的任务，外部预测人员同样无能为力的话，这就更加是自然而然的事情了。

订制预测服务看起来可能比雇用预测人员简单和便宜。因为预测服务机构拥有很多顾客，他们能够享有规模经济的好处，所以预测服务能够以很低的成本来提供。这一点对于那些觉得自己经营预测机构或外汇部门过于昂贵的小公司来说，很有吸引力。此外，提供预测服务的人员除了预测什么也不干。长时间以来，他们积累了非同寻常的专门技术，这在别处是找不到的。在竞争性市场上，他们被迫不断地改进预测技术，并且提供更好的服务。外部预测服务之所以具有吸引力还有另外一个原因，就是外部的预测员比一心想取悦于老板的内部预测人员更有可能提供独立和客观的建议。但是，多数的大型公司能够用自己的员工来获得由外部预测人员提供的服务，这很容易出现偏差，并且失去客观性。

然而，同样有一些原因可解释为什么订制预测服务不是那么具有吸引力。第一，服务产品的方法、形式和频率可能不适合顾客的需要。选择的方法事关预测服务是应用基本面模型还是技术模型；形式关系到预测是点预测还是区间预测，是短期预测还是长期预测，等等；服务产品的频率是指收到预测的频率。这些听起来可能不应该成为问题，因为一个公司当然应该选择适合自己需要的预测服务。但是，如果当最适合的预测服务却缺乏令人满意的预测记录时，这就确实会成为一个问题。我们在考虑对外部预测人员的选择起决定作用的因素时，将对这些进行更加细致的讨论。

第二，有时候人们认为如果公司遵从了错误的建议会导致巨大的损失，而外部预测人员对他们提供的建议却不承担任何责任。但是，这种论点对内部预测人员同样有效。其实如果他们提供了不准确的预测，两者都会承担某种损失：内部预测人员会丢掉工作，而外部预测人员则会失去一个甚至更多的顾客，如果他的失误被流传开来的话。但是，在任何一种情况下，内部预测人员或者外部预测人员的预测都不构成能据之被起诉的刑事法律责任。

第三，如果找不到令人满意的外部预测人员，那么由内部得出预测可能会更好一些，特别是当后者具有成本上的优势时更是如此。至少内部预测人员还能做些其他的事情，并且总能随时对有关预测和经济分析的种种需要做出反应。但是有时候可能会发现订制预测服务的同时，雇用一个预测员是很有用的。如果我们的目的是达成某种一致性预测的话，情况的确是这样。内部预测人员不仅可以监督预测服务的记录，还能对继续还是中止订制服务向管理层提出某种建议。

11.4 选择一个外部预测员

选择一个外部预测人员就要做出一个决定，这个决定事实上包含着对预测人员的预测。选择所花费的成本包括对方收取的费用和（或）如果预测人员提供了错误的预测结果所导致的损失。事先想清楚一个人要从预测员那里得到什么是很重要的。毕竟，我们只应该为我们所需要（或想要）的服务付费，而不能对我们不需要（或不想要）的服务付出代价，即使它十分便宜。

顾客有不同的需求，这一点在本书第 2 章的决策问题中已经论述得很清楚了。考虑下面的情形：

（1）简单的货币投机者对买/卖信号感兴趣。

（2）套期保值者感兴趣的是，在当前和应付或应收款到期的时点之间汇率变动的方向和幅度。

（3）欧式期权头寸的投机者需要预测某一特定时点（期权到期日）的汇率水平。

（4）美式期权头寸的投机者需要预测在持有头寸时和期权到期日之间的汇率走势。

（5）合成的期权头寸（如对敲）的投机者只对汇率的变动幅度，即汇率的变动性感兴趣，而不管其变化的方向如何。

（6）面临包含有对外直接投资的资本预算问题的决策者，需要一个长期的预测，比如说 10 年。

给定这些可能性，顾客关心的就是所发布预测的方法、形式、时间选择和频率。尽管预测人员从事同样的业务，但他们中多数没有正面的竞争，因为他们并不提供同质的服务，而且针对的客户群也不同。现在让我们来分析一下上面描述的顾客需要什么，他们会搜寻何种产品。

仅对买/卖信号感兴趣的投机者可能会选择应用技术分析的预测服务。这样的投机者会以每天的信息为基础进行交易，这就使更新每天的信息十分重要。基于技术分析的预测对这类顾客更适合一些。这样的投机者还需要外汇预测服务能够满足他们连续不断的需要。

套期保值者不需要每日更新的信息，因为他们只关心应付或应收款到期时的汇率状况。这样，提供月度或周际预测服务的预测人员可能更合适。这里的问题是时间的选择，因为应付或应收款的到期日可能与被预测日并不一致。在这种情况下，发布预测的频率就至关重要了。当预测的频率是周际而非月度时，应收或应付款到期日就更有可能接近预测日。

欧式期权头寸的投机者所需要的东西与套期保值者相同，但是美式期权的投机者则想要从开始持有期权头寸到期权到期时止的所有预测，这是因为美式期权能在到期日以前执行。这样一来，即使对到期日的汇率预测表明该头寸是无利可图的，汇率的变动也能够使投机者在到期日之前执行该期权获利。因此，投机者会对当前和到期日之间离散且密集的汇率预测感兴趣。此外，描述这段时间里汇率的时间路径从而识别出转折点也是他们愿意得到的。因此，关于汇率时间路径的带注释的点预测也十分有用。

合成期权头寸（例如对敲）的投机者对截止日或某一特定时日的预测汇率的精确水平不感兴趣。反之，这类投机者对汇率变动的绝对幅度兴趣十足。他们想知道的是汇率是否将会超过或者低于某个特定水平。这种情况下，点预测就不是那么必要了，而区间预测恰好有用。更准确地说，需要具有相应概率的数个点的汇率值预测。

最后，考虑对外直接投资项目的决策者需要长期预测，而不是短期预测。他们需要对未来10年内各年末的汇率进行预测，从而评估项目的净现值和内在收益率。

用于选择外部预测人员的标准如下面所列。

（1）方法。

正如前面所说的，方法影响到结果的描述。使用PPP模型的预测人员不能提供每天的预测，而使用技术模型获得买/卖信号的预测人员则不能提供进行资本预算决策所需的长期预测。出于"意识形态"的原因，方法可能还会影响投资者对预测人员的选择。例如，很难想象一个认为技术分析是某种"巫术"的顾客会选择应用技术模型的预测员。此外，顾客更倾向于选择那些使用听起来熟悉和可信的方法的预测员。方法的其他重要方面包括方法是如何及时更新的，以及用来估计模型的数据的质量和来源。

（2）形式。

和方法一样，形式也影响产品的特性。这些关系到预测是买/卖信号、点预测还是区间预测以及有没有注释等方面。

（3）预测的时间选择和频率。

再次强调，这两个标准同样影响产品的特性。

（4）判断性调整。

一些顾客可能会认为判断性调整是主观的和不恰当的。这就是判断性调整的尺度可能成为选择外部预测人员的重要因素的原因。

（5）传送的方式。

预测可以通过一系列的方式从预测人员传送给顾客。这些方式包括寄送信件、发传真、打电话和利用计算机网络传输。至少有两个原因使传送的方式变得重要：第一，它使得从预测生成到发送出去所耗费的时间不同，进而使信息的获得和应用该信息做出决策的时间也不同；第二，传送的方式必须是无错传输，并且要考虑到对记录的评价。考虑到上面这两个问题，信件和电话传送显然就不能满足要求。

（6）预测的专用性。

如果竞争对手得不到同样的预测，那么顾客就会感到更加满足。然而，获得能够揭示其他订制者身份的信息也许是不可能的。

（7）记录。

记录是十分重要的，因为它能显示预测的准确性或其他一些东西。当考虑到记录时，必须注意两点：首先，记录有可能被伪造。这做起来很容易，因为当记录由计算机打印出来后还需要更改错误的预测。于是，弄清楚记录是否已经由独立的机构审计过是很重要的。其次，如果记录是伪造的，那它可能就不如了解一下是否已经因为遵照预测而获利重要。对于这个命题的证据可以通过在历史预测的基础上模拟一个策略来获得，或者从某个现有的顾客那里来得到。金融类报纸和杂志，比如《欧洲货币》，经常会报道有关外汇预测服务记录的有用信息。

（8）成本。

之所以最后讨论成本，是因为重要的是成本—效用比，也就是从订制付费中真正得到了什么。成本因素不能和合同的其他方面，包括支持服务，割裂起来考虑。例如，订制服务是否允许顾客向预测人员咨询具体的问题？预测人员是否对顾客的员工提供培训？所有这些方面必须通盘考虑，才能决定某个特定预测服务的成本—效用比。本章的附录对现实中的预测服务做了一个简要描述。

11. 5   预测的实施

获得预测的目的是将其作为决策的一项前期准备并付诸实践。预测不实施，它们就不会被用于这一目的。预测人员希望他们的预测能够得到实施，这和预测的准确性同样重要。

Schultz（1984）给实施做了如下的定义：当它改变决策过程时，预测才算得到了实施。当它不仅改变而且改进了决策过程时，即为成功实施。所以，这个定义是以改进的决策制定和进而改进的组织效力为基础的。Geistauts 和 Eschenbach（1987）对实施做了不同的定义：一旦基本条件满足，决策者实质上接受了预测并且运用它，那么预测就是实施了。实施能从零或者可忽略不计的使用程度到成为决策过程的决定性因素。他们还对实施一个具体的预测和实施一个预测模型做了区分：实施一个预测必然要求运用其基本模型，但是这并不能自动地使决策者长期使用该模型。长久应用一种方法通常会使风险程度增大，并且给实施策略带来额外的负担。当使用预测的人不是决策者时，实施问题就变得更加复杂了。当高层管理者敲定的预测由他们的下属在其决策中使用时，这种情况就可能发生。下属可能会觉得赋加于他们的预测并不怎么好。

Alter（1979）提出了一系列实施因素，用以衡量实际的实施情况对理想的实施情况的偏离，同时辨别实施的阻碍因素。下列是主要的几种偏差类型：

（1）不存在或不情愿的使用者；

（2）多个使用者和执行者；

（3）消失中的使用者、实施者或维护人员；

（4）事先不能明确目的或使用模式；

（5）不能预测和各方面的弱化影响；

（6）缺乏或失去支持；

（7）缺乏对于同样体制的事先经验；

（8）技术问题和成本—效用问题。

Schultz（1984）已经应用由 Schultz 和 Selvin（1983）发展的实施模式来预测实施情况。他们所考虑的因素如下：

（1）高级管理层的支持；

（2）对工作表现的影响；

（3）用户—预测员模型的设计者关系；

（4）对目标一致性的影响；

（5）变动的数量和程度；

（6）预测系统和模型的形式；

（7）系统或模型质量；

（8）实施策略；

（9）成本—收益的考量；

（10）实施者的资源；

（11）决策风格；

（12）环境事件。

也有人认为实施问题可以由三个基本的衡量标准来分析：有效性、可信性和可接受性（Geistauts and Eschenbach，1987）。有效性指预测的精确性；可信性涉及潜在用户对预测可信性的感知程度；可接受性指从决策者的角度来说，预测的可实施性。

11.6　预测的监控

要衡量预测的成本—效用比，对预测进行监控是很重要的。这一论点不论对于通过订制预测服务得来的外部预测，还是通过建立预测部门得来的内部预测，都是成立的。在这两种情况下，对预测进行监控都是为了回答下列两个问题：

（1）到目前为止的预测准确吗？这个问题可以通过应用本书第十部分中建议的衡量标准对预测进行评估来回答。

（2）遵从这些预测有利可图吗？正如我们所看到的，准确（按照某种确定的定义）并不必然导致能获利的经营活动。要回答这个问题，我们可以设想一下，如果事先遵从了预测或者相反的情况，其结果会是怎样。

监控外部预测人员的目的是得出对一段时期预测服务的评价，从而决定是续订预测服务还是寻找新的预测人员。由于各种原因，公司经常改换它们订制的预测服务。然而，客观地讲，如果订制的预测服务能使公司感觉到曾经并且正在为提高公司业务的获利能力做出贡献，公司往往会继续订制。否则，订制也就该终止了。

监控内部预测的目的就不尽相同了。如果监控是由预测员以外的其他人来执行，那么其目标和监控外部预测人员没什么两样，也就是要确信预测人员通过提供正确的建议所做的贡献对得起自己的薪水。如果监控是由预测员自己来执行，那么其目的也就变成了改进预测的准确性。这种情况下的监控就成为了预测过程的一部分。

若考虑预测过程的各个阶段，对预测的监控可能会被归纳到预测过程中。这些阶段如下所列：

（1）信息的收集和检查。

（2）选择预测方法。

（3）必须出现有样本期间的预测（可能是在样本之内，也可能在样本之外）。如果预测的准确程度是不可接受的，那么就要重新检查数据，同时选择另外的预测方法；如果准确程度是可以接受的，那么这个模型就可以用来产生用于决策的事先预测。

（4）随着时间的流逝，对预测的准确性进行监控。如果准确性是可以接受的，那么就不必进行改动；如果准确性是不能接受的，那么就要再次检查数据，使用扩展的模型期间，同时也可以选用其他的模型。这意味着监控是指在模型被选定后检查事先预测的准确性，这是第二次衡量准确性的活动（如第四步）。首次衡量准确性的活动是使用最初的样本期间进行的，目的是初步选择预测模型（如第三步）。

附录
现实中的外汇预测服务

在该附录中我们关注现实中的外汇服务所提供的服务范围。由于这并不是外汇预测服务名录，所以这些信息没有必要是最新的。我们的目的仅仅是就预测人员的服务范围给读者提供一个感观印象。

Best And Associes

提供的预测能够涵盖从一周到十年的时间跨度，也能够使用资产选择和风险分析模型满足顾客的具体需求。

Bisset，A G And Co Inc

能为公司型顾客提供三种服务：①在两个月到四年的范围内提供买入和卖出货币的市场时机选择建议；②套期保值外汇资产组合风险；③货币基金管理。

Brian Marber And Co

提供个人咨询、路透社报道与私人接入页面的技术性建议服务。

Capital Techniques

提供综合应用艾略特波浪理论和柱状图技术模型推导出的中期预测的一家技术咨询服务商。

Commodity Management Services Corporation

其是应用基于货币期货的技术模型。服务项目包括市场头寸日报、止损和重新建仓。此外，还提供个人咨询服务，其中会考虑基于周期分析和其他指标的具体处置方案。

Compucom Research INC

综合运用技术和基本面分析，辨别趋势并且使用变动性过滤手段。它能提供两种服务：管理账户服务和电传咨询服务。

Corporate Treasury Consultants Ltd

提供有关外汇风险管理的全面的咨询服务。服务范围从撰写敞口分析研究报告到通过设计适当的套期保值策略评价现行的政策。对每个顾客提供特定的建议以及基于基本面而不是技术面分析的从短期到长期的货币预测。

Crane Investment Analysis Ltd

提供综合的技术性和基本面咨询服务。根据顾客的个人需求针对性地提供建议。

Fintech（UK）Ltd

提供基金管理服务和其他产品，包括每日外汇报告（按小时更新）和月度基本面货币报告。提供定制的预测和敞口管理建议。在提供技术分析服务的同时还有远期合约管理服务与期权定价服务。

Forexia（UK）Ltd

提供三种产品：①在线自动货币预测服务，包含基本面和技术分析；②对四种主要货币和它们的交叉汇率的每日技术分析服务；③每日电话服务。

Friedberg Commodity Management

提供以一个结合基本面和技术分析的模型为基础的预测。涵盖所有主要货币和变动异常的货币。

FX Concepts

应用技术模型分析汇率短期与长期趋势以及反趋势的走势。

Gaiacorp Limited

提供四种服务：①货币套期基金；②选择性货币敞口管理；③自由账户；④货币敞口决策的业绩衡量。

Global Finance And Consulting（GFC）

提供全面的财务服务以及实时外汇咨询和技术性趋势分析。

Goldman Sachs

提供的服务包括短期预测技术分析和一个长期预测资产组合平衡模型。

Grote Financial Futures Ltd

提供两种服务：第一种专注于美国和欧洲市场，第二种则专为远东的顾客设计。服务主要是每种货币的买/卖信号日报和支持与阻力水平报告。

Hanseatic

其是一个提供买/卖信号的技术系统。该系统基于人工智能区分出可信度高的市场模式。

Henley Centre For Forecasting

应用技术模型进行短期预测；基于计量经济学模型进行长期预测。

International Treasury Consulting Inc（ITC）

通过技术模型进行短期预测。长期预测由一本对 24 个国家的经济进行分析的月刊提供。该公司还提供基金管理服务并且供应外汇软件包。

Investment Research Of Cambridge

使用基于变动率指标和移动平均的技术模型提供服务。顾客能够进行电话咨询并能得到该机构的出版物。

Morgan Grenfell

该机构的预测以对经济的和政治的基本分析、市场知识和技术分析为基础，包括长期和短期预测。

Multinational Computer Models Inc

提供一套基于计算机的外汇敞口管理系统。这个系统有处理敞口分析、套期策略、即期与远期合约管理和会计、期货合约会计、期权合约会计和资产组合风险—收益分析的不同模块。该系统还提供每日技术分析和长期基本面预测。

NP Record

提供等同于货币期权的抛补策略，而其成本却低于货币期权。

Predex

使用三种技术分析系统和基本面向量自回归模型进行预测。

Preview Economics

提供以技术分析为基础的买/卖建议日报，同时使用基本面模型预测未来 12 个月的汇率。

Stoll Momentum System

精选的三个模型，涵盖多种货币，提供短期、中期和长期预测。

Technical Trend Analysis

这是一种纯粹的技术服务，提供交易、趋势和套期信号。

Waldner And Co

提供的服务包括：①外汇管理；②敞口管理策略；③设计敞口管理软件；④套期保值咨询。

Wharton Econometric Forecasting Associates（WEFA）

提供两种服务：第一种是以计量经济学模型为基础提供月度和年度预测；第二种是应用一个动量模型（Momentum Model）提供买/卖信号。

12 案例研究

这一章提供了五个案例，用来说明汇率预测是如何应用于决策过程中的。五个案例研究虽然都是假想的，但除了第一个案例，其他的都以实际数据为基础。

12.1 案例研究 1：ABC 家具有限公司

ABC 家具有限公司是一家成立于 1998 年的英国公司，它在英国和欧洲制造并且销售木质家具。公司的目标是，使它的产品从同类公司的产品中脱颖而出，并且在短期内占有显著的市场份额。为了实现这个目标，公司决定使用一种特殊的木材，这种木材只有在加勒比海的一些岛上才能找到。

1998 年底公司开始同两个加勒比海岛国——圣科尔大（St Kilda）和巴巴拉（Barbara）的政府谈判，想和它们中的一个达成协议，让其来做木材供应商，时间是 1999~2008 年。由于两个岛出产的木材质量相当，所以公司将会选择其中以低价供应木材的一方，用英镑来结算。起初，每年需要价值 50 万英镑（GBP）的木材。当前的汇率分别是 GBP/SFR（0.25）和 GBP/BFR（0.50），其中 SFR 和 BFR 分别是圣科尔大和巴巴拉两国各自的货币符号。那么，最初的需要量分别以两个岛各自的货币计算就是 SFR2000000 和 BFR1000000。这两个数字是以 10 年内进口需求量固定为前提计算的。

为了基于事实计算合同有效期内进口木材的成本，公司的财务经理访问了这两个岛国。在访问期间，他收集到了下列信息：

（1）圣科尔大岛的通货膨胀率在未来 10 年内，预期将达到每年 30%。以 SFC 记价的木材价格通常的上升比率为通货膨胀率的 2/3，即每年 20%。

（2）在巴巴拉，通货膨胀率预期为每年 15%，木材价格的上升幅度也是通货膨胀率的 2/3，即每年 10%。

（3）每一特定年份木材的供应价格（以两个岛的货币记价）是在上一年末根据当时市场的通货膨胀率而决定的。

（4）货款支付在每年的年末进行，这样一来，相应的货币转换率就是支付日的汇率。

财务经理访问结束回到英国，就开始着手计算 1999～2008 年从两个岛进口木材的英镑总成本。购买决定完全根据以英镑计价的木材成本做出，所以供货价格低的岛国将被选中作为供货商。根据访问期间收集到的信息，财务经理开始分别计算按外币计价的预期木材价格，计算结果如表 12-1 所示。两种情况下所有的计算都是以木材的最初价格为基础，按照每年的价格上升比率（分别为 20% 和 10%）依次计算的。

表 12-1　以外币计价的木材价值

年份	圣科尔大（SFR）	巴巴拉（BFR）
1999	2000000	1000000
2000	2400000	1100000
2001	2880000	1210000
2002	3456000	1331000
2003	4147200	1464100
2004	4976640	1610510
2005	5971968	1771561
2006	7166362	1948717
2007	8599634	2143589
2008	10391561	2357948
合计	51989365	15937425

然而，对于 ABC 有限公司来说重要的是木材的英镑价格，这要取决于年末付款时所适用的汇率。有两个原因使对这一头寸进行套期保值不能一蹴而就：第一个原因是不能和这两个国家订立远期合约；第二个原因是给定两国都有较高的通货膨胀率，预期它们的货币将持续贬值，在这种情况下维持不套期保值可能比实施套期保值更有利，因此决策的过程需要进行汇率预测。所要预测的就是这两种货币兑英镑在每年末的汇率（GBP/SFR 和 GBP/BFR）。给定两个岛国的通货膨胀率和所涉及的时间段，该财务经理认为假设 PPP 是合理的。这样，他就着手利用 PPP 公式来计算所要预测的汇率：

$$\hat{S}_t = S_0 \left[\frac{P_t/P_0}{P_t^*/P_0^*} \right] \tag{12.1}$$

其中，$\hat{S}_t$ 是 t 为 1999，…，2008 年时的预测汇率，S_0 是 1998 年末的实际汇率，P_t 是英国 10 年间的预期价格水平，P_0 是英国 1998 年末的实际价格水平，带星号的表示两个岛国相应的变量。假设 $P_0 = P_0^* = 100$，计算得到的英国、圣科尔大和巴巴拉三地的价格水平如表 12-2 所示。

表 12-2　预期价格水平

年份	英国	圣科尔大	巴巴拉
1998	100.0	100.0	100.0
1999	102.0	130.0	115.0
2000	104.0	169.0	132.3
2001	106.1	219.7	152.1
2002	108.2	285.6	174.9
2003	110.4	371.3	201.1
2004	112.6	482.7	231.3
2005	114.9	627.5	266.0
2006	117.2	815.7	305.9
2007	119.5	1060.5	351.8
2008	121.9	1378.6	404.6

　　给定预期的价格水平，利用购买力平价方程可以得出对汇率的预测。有了预测的汇率，就能够用它来计算每年以英镑计价的木材价格。表 12-3 列示了计算的结果。

表 12-3　预测的汇率和进口木材的英镑价值

年份	英镑/圣科尔大元	英镑/巴巴拉元	圣科尔大（英镑）	巴巴拉（英镑）
1999	0.1962	0.4435	392400	443500
2000	0.1539	0.3933	369360	432630
2001	0.1208	0.3489	347904	422169
2002	0.0947	0.3094	327283	411811
2003	0.0743	0.2745	308137	401896
2004	0.0583	0.2434	290138	391998
2005	0.0458	0.2159	273516	382480
2006	0.0359	0.1915	257272	373179
2007	0.0282	0.1699	242509	364196
2008	0.0221	0.1506	229653	355107
合计			3038172	3978966

　　结果表明，圣科尔大是一个相对较好的选择，因为 10 年间从那里进口木材的成本一共是 3038172 英镑，而从巴巴拉进口则要花费 3978966 英镑。虽然从圣科尔大进口木材的外币价格的上升速度要快于从巴巴拉进口的情况，但由于圣科尔大具有更高的通货膨胀率，所以它的货币相对于英镑的贬值速度要快于巴巴拉的货币。这样一来，货币贬值的影响抵消掉了木材价格上涨的影响。

12.2 案例研究 2：DEF 办公设备有限公司

　　时值 1993 年末，DEF 办公设备有限公司考虑靠发行直接债券（Straight Bond）融资来扩大经营。预计的筹集资金额为 5000000 美元，偿还期限为 5 年，每半年支付一次息票利息。要做的决定关乎：①发行货币是使用美元还是某种外币；②如果选定利用外币融资，那么要选择哪种外币？有五种外币在考虑的范围之内，即加拿大元（CAD）、法国法郎（FFR）、德国马克（DEM）、瑞士法郎（CHF）和英镑（GBP）。确定息票利率时的市场条件如表 12-4 所示，该表同时也记录了 1993 年末的汇率。

表 12-4　1993 年末的息票率和汇率

货币	息票率（%）	汇率（美元/货币）
美元	4.45	—
加拿大元	5.20	0.7553
法国法郎	4.45	0.1696
德国马克	5.40	0.5793
瑞士法郎	4.25	0.6759
英镑	5.50	1.4812

　　表 12-5 说明的是需要借入的外币数量（即按照当前汇率与 5000000 美元本金相当的外币数量）、利息支付和总的偿还额（本金加利息）。

表 12-5　以各种货币计算的本金、利息支付和总偿还额

货币	借入金额	利息支付（半年一次）	总偿还额
美元	5000000	111250	6112500
加拿大元	6619886	172117	8341056
法国法郎	29481132	655955	36040682
德国马克	8631107	233040	10961507
瑞士法郎	7397544	157198	8969524
英镑	3375641	92830	4303942

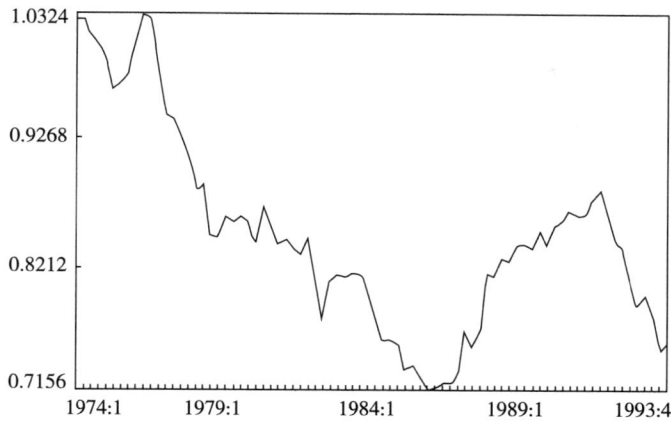

（a）美元/加拿大元　　　　　　　　　　　　时间（年：季度）

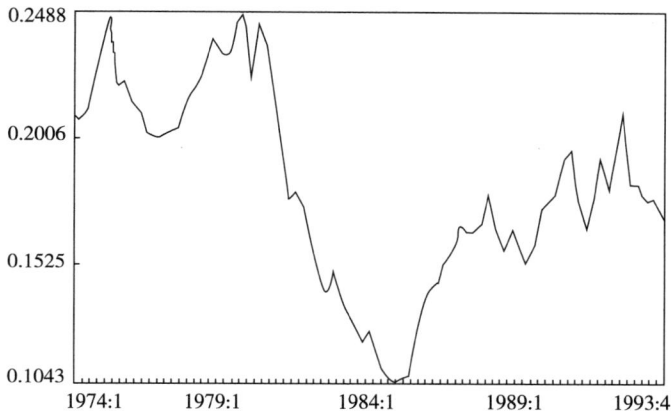

（b）美元/法国法郎　　　　　　　　　　　　时间（年：季度）

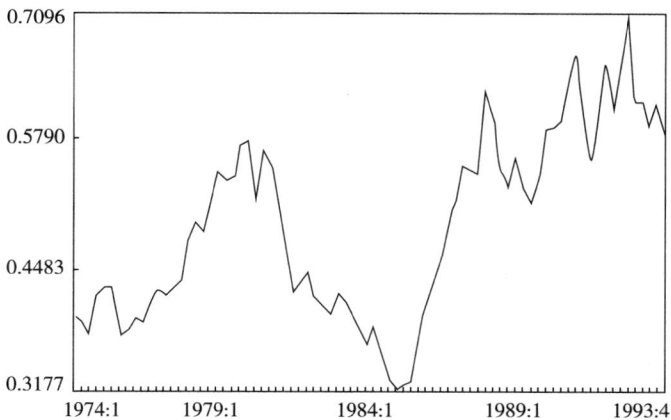

（c）美元/德国马克　　　　　　　　　　　　时间（年：季度）

图 12-1　季度汇率（1974~1993 年）

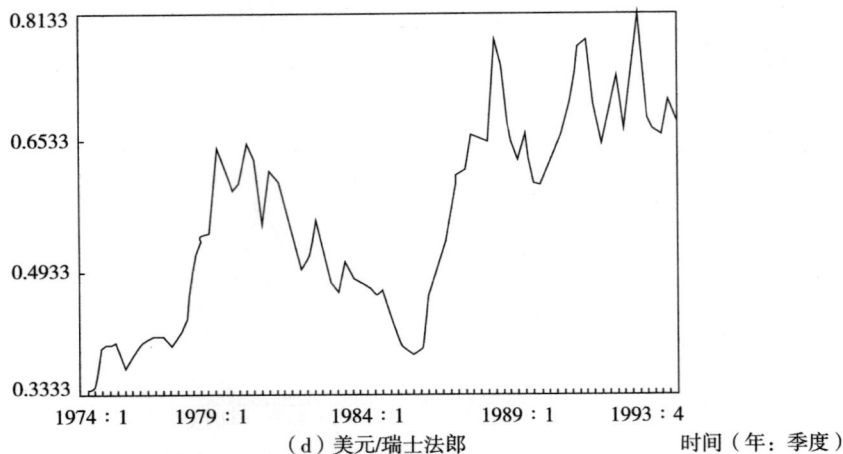

（d）美元/瑞士法郎 　　　　　　　　　　时间（年：季度）

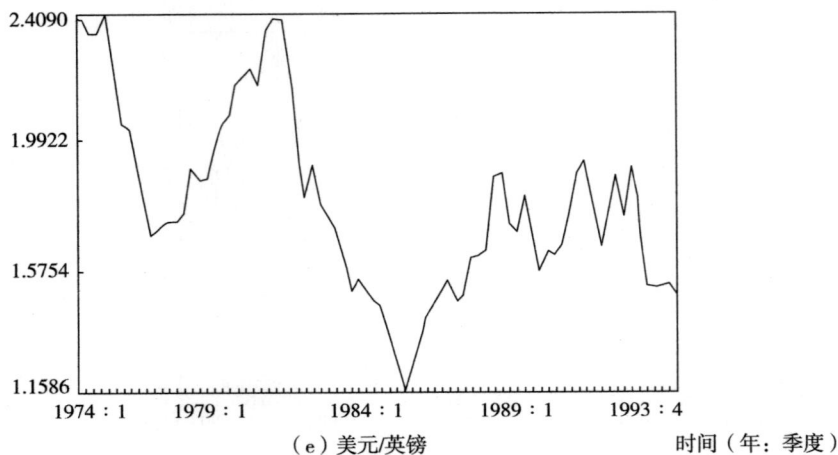

（e）美元/英镑 　　　　　　　　　　　时间（年：季度）

图 12-1　季度汇率（1974~1993 年）（续）

表 12-6　预测的汇率（1994~1998 年）

日期（月：年）	美元/加拿大元	美元/法国法郎	美元/德国马克	美元/瑞士法郎	美元/英镑
6：1994	0.7804	0.1754	0.6047	0.6896	1.3664
12：1994	0.7795	0.1799	0.5837	0.6734	1.3224
6：1995	0.7791	0.1737	0.5946	0.6905	1.2260
12：1995	0.7784	0.1782	0.5622	0.6897	1.2337
6：1996	0.7729	0.1721	0.5882	0.7037	1.1886
12：1996	0.7656	0.1765	0.5591	0.7201	1.2416
6：1997	0.7564	0.1704	0.5864	0.7246	1.2306
12：1997	0.7505	0.1748	0.5727	0.7573	1.3035
6：1998	0.7464	0.1687	0.5888	0.7483	1.2973
12：1998	0.7455	0.1731	0.5972	0.7819	1.3612

表 12-7　预测的利息支付和总偿还额　　　　　　　　　　单位：美元

日期（月：年）	美元	加拿大元	法国法郎	德国马克	瑞士法郎	英镑
6：1994	111250	134320	115055	140919	108404	126843
12：1994	111250	134165	118006	136025	105857	122758
6：1995	111250	134096	113939	138566	108545	113809
12：1995	111250	133976	116894	131015	108419	114524
6：1996	111250	133029	112889	137074	110620	110338
12：1996	111250	131773	115776	130293	113198	115258
6：1997	111250	130189	111775	136655	113906	114237
12：1997	111250	129174	114661	133462	119046	121004
6：1998	111250	128468	110660	137214	117631	120428
12：1998	111250	128313	113546	139171	122913	126360
本金	5000000	4935125	5103183	5154496	5784139	4594923
合计	6112500	6252628	6246384	6514890	6912678	5780482

　　对这一决定来说，息票利率和汇率都很重要，因为这两个变量决定公司以借入本金和息票利息形式所要付出的货币数量。由于这些支付要在 1994～1998 年的 5 年间每 6 个月进行一次，所以制定决策需要每个支付日的汇率预测值。

　　公司的经济学家随即开始准备预测。汇率的实际走势如图 12-1 所示。预测人员决定使用单变量的哈维结构性时间序列模型，相信它能符合汇率的时间序列性质，如此它就能生成较好的预测。出于这一目的，经济学家使用 1974～1993 年的季度时间序列来估计模型。关于支付日的预测记录在表 12-6 中。给定表 12-6 中的预测，使用的各种货币的利息支付、本金归还和总偿还额的数据都列示在表 12-7 中。

　　尽管事实上英镑的利息率最高，但是英镑兑美元的预期贬值使发行英镑债券变得最合算。相反，具有最低息票利率的货币（瑞士法郎）由于瑞士货币兑美元的预期升值却变成了最昂贵的选择。所以，选择就限定在了以确定的成本 6112500 美元借入美元还是以预测成本 5780482 英镑借入英镑。经济学家做完预测后，相应地建议发行英镑债券。

12.3　案例研究 3：GHI 金融服务有限公司

　　1998 年 2 月下旬，一家英国公司——GHI 金融服务有限公司，有意购买 1998 年 3 月 6 日到期的美元看涨期权（Call Option）。下面是一些相关的信息：

　　当前汇率（GBP/USD）　　　　　　0.61125

执行汇率		0.61130
到期日		1998 年 3 月 6 日
距离到期日天数		10
期权类型		美式看涨期权
数额		50000000 美元
期权费（每单位）		0.01 便士
总成本		5000 英镑

是否接受这个出价只取决于一件事情：当前时间和到期日之间的汇率走势。目前汇率是 0.61125，这意味着期权处于虚值状态（Out of Money）。只有汇率在期权剩余的时间内的某一时点涨到 0.61140 以上，公司才会决定接受这一报价。汇率的临界值是由执行汇率（Exercise Exchange Rate）和期权费相加得到的。很明显，这需要每日的预测汇率。

由于需要迅速做出预测，公司立即开始准备。承担这一任务的首席经济学家选择了对过去 90 天的日汇率运动趋势进行分析，作为预测的准备。他同时还选择了下面的技术指标作为预测的准备：

- 简单平均值；
- 50 日移动平均值；
- 25 日移动平均值；
- 两次移动平均值（20 阶）；
- ARIMA（2，1，2）模型。

通过对样本数据应用这些方法，生成了表 12-8 中所记载的预测值。

表 12-8　日汇率预测

观测日	简单平均值	50 日移动平均值	25 日移动平均值	两次移动平均值	ARIMA
1	0.60465	0.60904	0.61007	0.60904	0.61111
2	0.60471	0.60915	0.61008	0.60994	0.61110
3	0.60478	0.60915	0.60099	0.60981	0.60820
4	0.60480	0.60926	0.60962	0.60975	0.60960
5	0.60484	0.60930	0.60951	0.60954	0.60974
6	0.60488	0.60914	0.60941	0.60876	0.60669
7	0.60486	0.60909	0.60959	0.60885	0.60870
8	0.60488	0.60909	0.60951	0.60871	0.60820
9	0.60489	0.60925	0.60940	0.60917	0.60894
10	0.60491	0.60950	0.60941	0.60983	0.61185

预测结果显示，只有 ARIMA 预测得到了一个超过 0.61140 的结果，该结果出现在到期日那天。经济学家似乎相信 ARIMA 模型所得到的预测结果的精度比移动平均方法的结果要高，因而他决定购买该期权。

接下来的 10 天非常关键，经济学家紧紧盯住汇率的走势。表 12-9 列示了这 10 天内的实际汇率值。结果前面没有一天的汇率达到 0.61100 的水平，但是到期日那天的汇率却是 0.61196。这真是个好消息：期权被执行后能获得 28000 英镑的净利润，证明购买该期权的决定是正确的。

表 12-9　汇率的实际值

观测日	汇率
1	0.61087
2	0.61087
3	0.60617
4	0.60846
5	0.60861
6	0.60350
7	0.60676
8	0.60588
9	0.60705
10	0.61196

获利之后，该经济学家思考从这次的经历中学到些什么。他想搞明白是不是（整个期间内的）最精确的预测导致了正确的决策。因为可以得到实际的数据，所以他对所用预测技术的准确性进行了分析。下面这些指标就是用来衡量预测精度的：

- 平均绝对误差（Mean Absolute Error，MAE 以百分数计）；
- 均方根（Mean Square Error，MSE 以百分数计）；
- 均方根误差（Root Mean Square Error，RMSE 以百分数计）；
- 决定系数（R^2）；
- 相关系数（r）；
- Theil 不等式系数（Theil's Inequality Coefficient，U）；
- 方向精度率（Direction Accuracy Rate，DA）；
- 混淆率（Confusion Rate，CR）。

这些指标的计算结果记录在表 12-10 中。

表 12-10　预测精度的测量

测量指标	简单平均值	50 日移动平均值	25 日移动平均值	两次移动平均值	ARIMA
MAE	0.569	0.393	0.430	0.379	0.235
MSE	0.0045	0.0020	0.0020	0.0019	0.0008
RMSE	0.067	0.045	0.051	0.004	0.028
R^2	0.18	0.18	0.08	0.36	0.98
r	0.43	0.42	0.29	0.60	0.99
U	1.19	0.89	1.04	0.85	0.57
DA	0.56	0.44	0.33	0.44	0.44
CR	0.44	0.56	0.67	0.56	0.56

总的来说，结果显示 ARIMA 模型得到了最精确的预测结果。简单平均值和 25 日移动平均值方法看起来不如由 Theil 不等式系数代表的随机漫步模型。产生最精确预测结果的模型恰好得出了正确的结论。正像我们曾看到的那样，这种情况并不一定总是成立。

12.4　案例研究 4：JKL 电子有限公司

JKL 电子有限公司是一家专业化生产电子部件的美国公司。该公司通过其在苏格兰的分公司向欧洲提供它的产品。1993 年底该分公司向母公司建议，同位于阿伯丁的一家苏格兰电子公司组建一个为期 10 年的联合企业以扩大经营。

分公司所做的可行性研究表明，联合企业将带来有利的商业机会。可行性研究显示这一项目的利润极为丰厚。项目的成本是 1000000 英镑，但据估计在未来 10 年内它会带来每年 200000 英镑的净利润，并且最后会收回 1500000 英镑的清算价值。按照 10% 的折现率计算，该项目的净现值是 807228 英镑。尽管从分公司的角度来看，该项目是十分有利的，但母公司却可能会有不同的观点。导致这种差别最重要的因素就是，分公司和母公司之间两种基础货币的汇率（英镑和美元）。

为了从母公司的角度评估这个项目的价值，公司的首席经济学家对美元和英镑（USD/GBP）在 1994~2003 年的汇率进行了一些预测。这个经济学家利用跨越 1974 年第一季度到 1993 年第四季度的季度数据样本来估计下面的 PPP 模型：

$$\Delta s_t = \alpha + \beta \Delta p_t^A + \gamma \Delta p_t^B \tag{12.2}$$

其中，Δs_t 是汇率的百分比改变量，Δp_t^A 是美国的通货膨胀率，Δp_t^B 是英国的通货膨胀率。估计的结果为下面的方程：

$$\Delta s_t = -3.0861 + 1.2562 \Delta p_t^A - 0.60396 \Delta p_t^B \tag{12.3}$$

该方程表明，美国的通货膨胀率对汇率的影响程度要大于英国。随后，该经济学家为两国货币在预测期的通货膨胀走势建立了四种情形。他认为美国的通货膨胀率将稳定在 3% 的水平上，英国的通胀率会相对较高。预测期内英国通货膨胀率的四种不同情形分别是 5%、6%、7% 和 8%，其各自出现的概率为 0.1、0.2、0.3 和 0.4。就第一种情形而言，美国的通货膨胀率为 3%，英国为 5%。根据估计所得到的 PPP 方程，汇率将以每年 2.34% 的速度下降（英镑将贬值）。表 12-11 对这四种情况做了总结。

表 12-11　四种情形

情形	概率	美国的通货膨胀率（%）	英国的通货膨胀率（%）	汇率改变率（%）
1	0.1	3	5	−2.34
2	0.2	3	6	−2.94
3	0.3	3	7	−3.55
4	0.4	3	8	−4.14

经济学家接着估计四种情形下的现金流量值和净现值，这些结果记录在表 12-12 中。该项目的净现值在第一种情形下的 1537969 美元和第四种情形下的 1268342 美元之间波动。这样一来，英镑兑美元的预期贬值使这一项目从母公司角度来看，吸引力大大降低。项目的预期净现值，按加权平均值计算为 1355859 美元。

表 12-12　四种情形下的汇率和美元现金流

年份	情形 1		情形 2		情形 3		情形 4	
	汇率	现金流	汇率	现金流	汇率	现金流	汇率	现金流
1994	1.4466	289320	1.4377	287540	1.4286	285720	1.4198	283960
1995	1.4127	282550	1.3954	279086	1.3779	275576	1.3610	272204
1996	1.3797	275938	1.3544	270881	1.3290	265794	1.3047	260934
1997	1.3474	269481	1.3146	262917	1.2818	256358	1.2507	250132
1998	1.3459	263175	1.2759	255188	1.2363	247257	1.1989	239777
1999	1.2851	257017	1.2384	247685	1.1924	238479	1.1492	229850
2000	1.2550	251003	1.2020	240403	1.1501	230013	1.1017	220334
2001	1.2256	245130	1.1667	233335	1.1092	221848	1.0561	211212
2002	1.1970	239393	1.1324	226475	1.0669	213972	1.0123	202468
2003	1.1690	1987229	1.0991	1868443	1.0319	1754202	0.9704	1649730

当母公司的高级管理层来审核这些数字时，他们认为该项目不能接受，因为在美国的另一个项目具有 1450000 美元的净现值。很明显，在这个例子里是汇率造成

了这种差异。如果预测显示英镑每年的贬值幅度不会超过第一种情形，即 2.34%，那么这个项目就会产生 1537969 美元的预期净现值。在这种情况下，项目也许就会被采纳。

12.5　案例研究 5：MNP 贸易有限公司

时间是 1993 年 10 月。MNP 公司是一家从事欧洲进出口业务的美国贸易公司。在 1993 年末，该公司有一笔 2000000 英镑的应付款要支付给一家英国公司。当前的 3 个月远期汇率（USD/GBP）是 1.4867，也就是说，如果公司决定在远期市场上套期保值的话，那么应付款的数额就是 2973400 美元。只有在英镑会预期升值的情况下，公司才会决定进行套期保值。

公司聘请了一位咨询人员来对这件事给出建议。咨询员的工作可归结为预测 1993 年底美元对英镑的汇率。咨询员开始收集从 1974 年第一季度到 1993 年第三季度的汇率和一些相关变量的季度数据。他的策略包含以下几步：

（1）估计五个不同的模型（见表 12-13）：随机漫步模型、无偏有效模型、UIP、PPP 和 ARIMA 模型，期间为 1974 年一季度到 1989 年四季度。

（2）利用第一步估计出来的模型预测 1974 年一季度到 1989 年四季度的汇率，并且计算每个模型的 RMSE。

（3）重新估计 1974 年一季度到 1993 年三季度的模型，并且用它们来预测 1993 年末的汇率。

（4）用上面各个独立预测结果的加权平均，计算出合成的预测结果。权重与 RMSE 的倒数成正比。

完成上述步骤，咨询员得到的结果记录在表 12-14 中。

表 12-13　预测模型

模型	模型方程	RMSE	预测 $\Delta \hat{S}_{t+1}$
随机漫步模型	$\Delta s_t = \alpha + \varepsilon_t$	0.071569	−0.0057142
无偏性模型	$\Delta s_t = \alpha + \beta\ (f_{t-1} - s_{t-1})\ + \varepsilon_t$	0.059842	−0.0036609
非抛补利率平价模型	$\Delta s_t = \alpha + \beta\ (i_{t-1} - i_{t-1}^{*})\ + \varepsilon_t$	0.057762	−0.0095634
购买力平价模型	$\Delta s_t = \alpha + \beta\ (\Delta p_t - \Delta p_t^{*})\ + \varepsilon_t$	0.071504	−0.0023896
ARIMA（2，1，2）模型	$\Delta s_t = \alpha + \beta \Delta s_{t-1} + \gamma \Delta s_{t-2}$ $+ \varepsilon_t - \theta_1 \varepsilon_{t-1} - \theta_2 \varepsilon_{t-2}$	0.065371	0.016534

表 12-14 各模型得到的预测结果

模型	权重	预测（$\hat{S}_{t+1}$）
随机漫步模型	0.181	1.5021
无偏性模型	0.216	1.5052
非抛补利率平价模型	0.224	1.4962
购买力平价模型	0.181	1.5071
ARIMA（2，1，2）模型	0.198	1.5357
合成预测模型		1.5090

计算合成预测所需的权重由五个模型的 RMSE 按照下面的公式得出：

$$w_i = \frac{\dfrac{1}{(\text{RMSE})_i}}{\displaystyle\sum_{i=1}^{5}\dfrac{1}{(\text{RMSE})_i}} \tag{12.4}$$

这里，对于具有较小的均方根误差（RMSE）的模型预测结果所分配的权重较大。表 12-14 记录了由公式（12.4）得出的权重和汇率实际值的预测。很明显，所有的预测都显示汇率将下降，但是不会下降到低于远期汇率的程度。所以，公司做出了进行套期保值的决定。本案例研究表明了具有不同预测精度的各种模型可以得出同样的结论。

13 总 评

13.1 摘要论述

在本书中我们努力回答了有关预测的生成、实施、评价和监控的一系列问题，重点定位于最重要的宏观经济变量——汇率。事实证明，这不是一项简单的工作，也许我们尚未（至少）就本书所提出的一些问题得出一个清楚的结论。造成这种情况的原因很清楚，汇率可能是最难以预测的金融变量，因为它是由各种变量，包括来自本国经济以外的变量之间复杂的相互作用所形成的。

一个极端的观点认为，由于外汇市场是有效的，所以汇率预测是一项无用的活动，因为汇率是由不能预言的消息决定的，或者是由具有复杂的未知结构的混沌过程产生的。我们不能想当然地接受这种观点，因为至多只有一些混杂的证据证明市场是有效的，而且消息对于汇率的决定作用尚未被广泛地接受。后面的这个观点同样适用于混沌理论。

另一种观点认为，尽管汇率预测是有用的，但是由于有关预测模型的预测力的经验证据并不是十分乐观，我们至少应该节省一些获得预测的成本，即依靠即期汇率和远期汇率来代替预测。这个具有讽刺意味的观点在 20 世纪 80 年代的前半段被广泛地接受，那是每一个汇率预测人员都想忘掉的时期。这种观点的中心内容是，汇率预测人员想要得到更精确的结果的唯一途径是回到固定汇率时代。那时对美元坚挺能力所做的预言的失败导致了这样一个结论盛行，"没有人能够知道汇率将走向哪里，如果谁知道的话，那也纯粹是因为运气"。这种观点没有能再一次流行，因为有证据表明超过随机漫步模型和远期汇率模型的预测表现是可能的。问题是如果按预测的要求来做决定也许会出现一个数以亿万美元的头寸。因为我们都是理性的，所以会尽力想获得一个感觉上舒服一点的预测。结果可能证明这样做是错误的，但是在预测前我们可能会认为它应该比掷硬币要好一些。

能够举出的一个支持预测的论据就是尽管有那么多关于预测的反面观点，但预测服务已经十分繁荣却是不争的事实。对于这种现象的一个可笑的解释是，一些企业经理们想在他们决策失误时找到一个替罪羊。雇用一个外部的预测人员是非常便捷的，如果正确的决策被采纳，那么经理们就能因此而扬名，相反如果做出了错误的决定，那么预测员就会在下次董事会上遭到口诛笔伐，经理们所要做的就是许诺终止这个预测员的服务转而选择另一个。这样的故事会一再地重复上演。有些情况可能确实如此，但是我们不能将这种阴谋理论的解释一般化。我们应该把经理们看作是足够客观的，他们这么做的动机完全是因为预测具有成本上的有效性。

13.2 最重要的问题

在各章中我们试图回答所提出的大量问题，下面就是其中一些主要的问题和简要的答案。

13.2.1 我们为什么需要汇率预测?

汇率预测的必要性是本书第 2 章讨论的内容。总的来说，我们之所以需要对汇率进行预测，是因为一些财务决策的结果可能取决于未来的汇率值。现实世界中提供了大量的例子证明，精确的预测就意味着巨大的成功和彻底失败之间的差别。有时候，有人会宣称不需要汇率预测，因为总有可能对外汇风险敞口进行套期保值。但是，有一系列的理由来证明这种论点是不成立的。首先，这个论点主要针对于交易活动的敞口而非经济风险。其次，对长期的交易敞口进行套期保值也许是不可能的，因为市场上可能没有期限足够长的远期合约和其他的套期保值工具。最后，即使有可能对敞口进行套期保值，我们也不能确保采取这种行动是明智的。套期保值决策从根本上说还是一种投机性决策，它取决于预期的在应付或应收款项兑现时所适用的实际汇率。而汇率预测不仅要求决定是否进行套期保值，而且要求决定套期保值工具。

13.2.2 做什么样的决策需要进行汇率预测?

表 13-1 对我们在本书第 2 章描述的决策做了一个总结，提供了包含一种以上货币的一系列金融活动的决策准则。

表 13-1 需要汇率预测的一些决策准则

决策条件	决策规则
即期投机	如果 E $(x/y)_{t+n}$ > $(x/y)_t$，就做 y 的多头；反之则做 x 的多头

决策条件	决策规则
即期投机（存在买卖差价）	如果 $E(x/y)_{b,t+n} > (x/y)_{a,t}$，就做 y 的多头；如果 $E(x/y)_{a,t+n} < (x/y)_{b,t}$，就做 x 的多头
无抛补的套利	如果 $E(\dot{S}_{t+n}) > i_x - i_y$，就同时做 x 的空头和 y 的多头，否则做 y 的空头和 x 的多头
无抛补的套利（存在买卖差价）	如果 $E(\dot{S}_{b,t+n}) > i_{xa} - i_{yb}$，就同时做 x 的空头和 y 的多头
即期—远期投机	如果 $ES_{t+n}(x/y) > F_t^{t+n}(x/y)$，就在时间 t 买入远期货币 y，并且在 t+n 时即期卖出
即期—远期投机（存在买卖差价）	如果 $ES_{t+n}(x/y)_b > F_t^{t+n}(x/y)_a$，就在时间 t 买入远期货币 y，并且在 t+n 时即期卖出
远期投机	如果 $EF_{t+1}^{t+2} > F_t^{t+2}$，就在时间 t 买入货币 y 的两期合约并且在时间 t+2 卖出一期合约
期权投机	买入预期升值货币的看涨期权或卖出它的看跌期权。反之则买入看跌期权卖出看涨期权
交易敞口的货币市场套期	如果 $\overline{F}_t < ES_{t+n}$ 就套期应付款，否则就套期应收款
短期融资	如果 $i_y + E\dot{S}_{t+n} < i_x$，就选择货币 y 而不选择货币 x，否则就选用货币 x
短期投资	如果 $i_y + E\dot{S}_{t+n} > i_x$，就选择货币 y 而不选择货币 x，否则就选用货币 x
长期债券融资	如果 $\left(\dfrac{ES_{t+n}}{S_t}\right)(1+i_y)^n > (1+i_x)^n$，就选择货币 y 而不选择货币 x，否则就选用货币 x
长期投资（股票）	如果 $\left(\dfrac{ES_{t+n}}{S_t}\right)(1+d^*+a^*)^n > (1+d+a)^n$，就选择国外的股票
外国直接投资	如果 $-S_t X_t + \sum\limits_{j=1}^{n} \dfrac{ES_{t+j} X_{t+j}}{(1+i)^j} > 0$，就接受该项目

13.2.3　什么是预测的合理时间跨度?

预测的合理时间跨度根据情况的不同而大相径庭。一些决策，例如即期投机，需要对每一天的汇率进行预测，而其他的，如外国直接投资，则可能需要对 10 年间每一年的年末汇率进行预测。如此一来，必须对短期、中期和长期预测进行区分。

13. 2. 4　我们如何来预测汇率?

本书介绍的是用来预测汇率的普通级别的模型和方法。在第 3 章中，我们介绍了单变量时间序列技术，在接下来的第 4 章中又介绍了多变量模型，其中包括单方程模型和多方程模型。在第 5、第 6 和第 7 章中我们还介绍了基于市场的预测、技术预测、判断力预测和合成预测。发展的趋势好像是朝着既使用技术性分析模型又使用基本面分析模型的方向前进，而且对于判断力和预测的组合的使用也是普遍的。

13. 2. 5　什么数据是可获得的? 它们是否足以得出所需的预测?

数据的可获得性决定着使用哪种技术进行预测。如果不能得到数据，那么预测就将纯粹是一种主观判断。如果仅能获得有关汇率的数据，那么就要使用单变量模型。单方程多变量模型用到的数据比单变量模型多得多。多方程模型是需要数据最多的一种预测模型。数据的需要量不仅仅与估计模型的需要有关，因为数据可能需要用来描述事前预测的一些情形。

13. 2. 6　判断力在汇率预测中起什么作用?

在第 6 章中我们讨论了判断力在汇率预测中的作用。它的作用可能表现为多种形式：整个预测可以是判断性的，或者判断可用于描述一些情形来推导条件进行预测。甚至当预测人员使用标准的经济模型进行预测时，模型的正确选择、数据的取得、估计技术等都包含着判断。

13. 2. 7　我们为什么要组合各种预测?

合成预测是组合使用各种预测的行为（或称艺术）。在第 6 章中我们讨论过这个题目。组合运用各种预测有两个方面的原因，分别涉及有效性和精确性。第一个原因是，不同的预测员使用信息预测的能力不同，因此，使用合成预测就可能更有效；第二个原因是，预测的分散化可以降低预测误差。

13. 2. 8　为什么预测结果不一样?

预测的结果不同这个问题在本书第 11 章中得到了回答。预测结果不同是因为模型的规格、估计的方法、样本期间、数据选择的频率、变量的定义、预测期间解释变量的取值和判断性调整等方面存在差别。

13. 2. 9   由于外汇市场是有效的，预测是不是没用的活动？

市场有效性对于汇率预测的意义在本书第 5 章中得到了讨论。如果外汇市场是完美有效的，而不管是即期汇率还是远期汇率都提供了理想的预测，那么在这种意义上预测活动是毫无作用的。然而，关于市场有效性的证据至多只能说是混杂的，这就给预测活动的有用性保留了余地。此外，正如我们曾经说过的，一些数量经济学模型能够在样本以外的预测中战胜即期汇率和远期汇率。

13. 2. 10   我们应该用基本面模型还是技术模型来预测汇率？

有关在基本面模型和技术模型之间进行选择的问题已经被广泛地争论。好像我们可以得出一个一致性的观点，基本面模型更适用于进行长期预测，而技术模型则更适合进行短期预测。对于汇率预测服务机构而言，结合使用技术和基本面模型来生成他们的预测已经是一个逐渐增强的趋势。

13. 2. 11   机械的交易规则能否获利？

有关机械交易规则获利能力的证据是掺杂在一起的。给定市场是非完全有效的，交易规则至少在理论上是有利可图的。交易规则的一个问题是，对于某一特定规则和具体市场条件的组合它们既可能有效也可能无效。另一个问题是预先很难决定应用交易规则的尺度，也就是说不可能决定过滤规则的最佳过滤幅度或移动平均规则的最佳阶数。更困难的是对于特定的市场条件不知如何确定正确的模型。我们唯一可寻的向导就是交易规则的历史表现，这也是一个规则可能有效也可能无效的原因。

13. 2. 12   我们如何来解释汇率预测模型的失败和预测人员的糟糕记录？

简单回答这个问题就是汇率的决定过程高度复杂，人们没有完全弄明白。这一过程可能是高度随机的因而也是难以预测的。有大量的因素在同时起作用，其中有一些不能识别，还有一些不能度量。由于不能将这些因素考虑进去自然就会产生不准确的预测。另一种解释出现在汇率决定的消息模型中。如果汇率是由消息决定的，那么因为消息在本质上是不可预测的，自然汇率也是不能预测的。此外，决定汇率的过程可能是一个产生混沌行为的确定的非线性过程。如果这一过程是未知的，并且对最初条件敏感，那么预测汇率就是困难的，或不可能的。

13. 2. 13　选择内部预测还是外部预测呢? 如果选择外部预测, 那么我们如何挑选外部预测人员?

本书在第 11 章中讨论了如何对预测人员进行选择。对在外部预测与内部预测之间进行选择和对外部预测人员的选择的决定取决于一系列因素。这种情况最后可以归结到一个以成本—收益比为基础的决定。

13. 2. 14　如何度量预测的精确程度?

本书第 10 章讨论了如何度量预测的精确程度。这里需要强调一下, 准确性表示的意思在各种情况下是不一样的, 这一点至关重要。在一些情况下, 预测的方向正确要比预测出变化的幅度更为重要。在其他情况下, 反之亦然。总的来说, 重要的是预测必须能够导致优化的决策。

13.3　我们要从这走向哪里?

由本书可以得到的一个确定结论就是, 汇率预测包括汇率的预期值是决策所需要的。掷硬币当然不能作为可行的选择。虽然自 20 世纪 70 年代早期以来汇率预测人员的表现难以令人满意, 但是我们没有理由放弃。以前, 我们的祖先预测一个下落的物体需要多长时间着地和是否将要下雨都是十分困难的。现在, 我们已经能够精确地计算下落的物体需要多长时间着地, 而且在预测天气方面也取得了显著的进步。没错, 这两个现象中的前一个符合精确的物理定律, 所以我们现在才能准确地预测它。我们的祖先当时不懂得这一点。天气条件是混沌的过程, 这就是我们还不能精确预测天气的原因。直到现在, 还没有人宣称能在合理的确定程度上知道, 究竟是什么过程决定汇率和其他的金融产品价格。这又是一个不能放弃探究真理的理由。科学家因为不能预测地震而倍感沮丧, 但是他们仍旧没有放弃。目前, 对于地震的解释已有了重大的进展, 进一步的研究无疑将加深我们对地震的理解, 并且有希望使我们对地震的预测能力得到提高。同样的观点也适用于飓风, 当然还有汇率。

我们预测汇率的能力可以通过在三个相关的领域中不间断地进行高质量研究来改善, 这三个领域是: 经济理论、计量经济学与时间序列分析和数学。

在经济理论方面的进步无疑将加深我们对汇率决定的理解。也许, 自浮动汇率时代产生的主流汇率决定模型是不充分的。人们能够轻易地发现汇率是如此地变动不拘, 因而像货币供应量、产出和价格等宏观经济变量的平滑变动难以对其做出解释。汇率变动是否与宏观经济因素联系在一起的问题已经使一些经济学家开始寻找其他的解释因素。近期的一篇论文对传统的基础（例如应用在主流模型中的）和由资产市场数据推导出的真实基础做了区分（Williams et al.，1998）。该研究所提供的结论表明实际基础展现了与 15 种双边汇率相似的变动性，然而传统基础则要差得多。考虑一下机构的因素也会有所帮助。对这些问题的思索已经发展出了一个后凯恩斯主义汇率决定模型，我们应该对这个模型给予更多的关注（Harvey，1991，1993a，1993b，1995），但这并不意味着主流的新古典主义经济学的研究将要被扬弃。正是由于主流的新古典经济学家的工作，我们对很多宏观经济现象的理解在过去 20 年里才有了大幅度的提高。如果这些经济学家能在其他的宏观经济学领域取得突破，那么就没有理由认为同样的结果不会出现在对汇率决定的研究方面。

计量经济学与时间序列分析的进步和经济理论的发展好像是如影随形的。计量经济学和时间序列方法的发展导致了应用大规模宏观经济学模型进行结构性预测的起起伏伏。到 20 世纪 70 年代晚期，很清楚的是这些模型，至少在传统意义上的应用正在丧失其基础。20 世纪 70 年代的一个主要发展是博克斯（Box）和詹金斯（Jenkins）里程碑似的著作的出版，这本著作给出了 ARIMA 的方法（该书最新的版本是 1994 年的）。随之被证明的是简单的单变量模型可以超越复杂的结构性模型。Sims（1980）给出了另一种选择，提出了能够处理多变量关系的 VAR 方法。Granger（1969）和 Sims（1972）做出的重大贡献是提供了处理多变量系统中偶然关系的工具。此后，进一步的重大贡献有对动态因素模型的发展（Sargent and Sims，1972）、协积和误差纠正模型（Engle and Granger，1987）、结构性时间序列分析（Harvey，1989）、政权交替模型（Hamilton，1989）和非线性模型（Tong，1990）。

确实，汇率预测模型的准确性同计量经济学的发展尚没有呈现高度相关的态势（并且有时还会负相关）。然而，只要能够得出更好的模型和估计方法的任何努力能抓住数据的基本时间序列性质，就都能得到更好的预测。例如，一个适用于确定性趋势和/或确定性的季节因素的模型，当这些情况事实上是变动的时候，注定得不出精确的预测（Harvey and Scott，1994；Moosa and Kennedy，1998；Lenten and Moosa，1999）。应用由普通最小二乘法方法估计出的模型进行预测，当模型系数实际上是随时间而变动时，所获得的预测结果也不如利用在 TVP 框架内估计出的模型所得到的预测精确（Moosa and Kwiecien，1999）。同时，如果变量是协积的，没有误差纠正项的无限制 VAR 模型与相应的误差纠正模型相比也很有可能得出较不精确的预测。

至少有两个原因使数学的发展变得十分重要：第一，这些发展同时服务于经济学理论和计量经济学理论；第二，更具体的是，我们已经看到非线性动态模型和拓扑学的发展是如何促进混沌理论发展的，后者已经被用于研究汇率决定和预测。这一领域的发展对汇率预测将有积极的作用。Diebdd（1998b）曾经做出预言："未来20 年宏观经济预测的特征将是非结构性和结构性方法的结合，由数学的和模拟的技术的进步来推动，而这些技术将帮助宏观经济学家利用丰富的模型求解、估计、模拟和预测。"

经济学家对应用这些模型来预测一个多变的经济变量过于乐观，而汇率预测模型的糟糕表现超出了他们预期的程度，导致过分乐观的预期被适当地调低了。人们，至少理性的人们，能够吃一堑长一智，预测人员当然也不例外。

术语表[*]

A

绝对购买力平价：一种购买力平价理论，该理论表明某一时间点上的汇率由该时间点上的价格比率决定。

积聚效应：在技术分析中，当需求超过了供给，并在波底形成一个反转时积聚效应就出现了。

适应性预期：一种预期形成机制，在此机制下汇率预期变化的幅度等于当期误差的一部分。

适应性回应率的一次指数平滑法（ARRSES）：当用指数平滑法来预测时，该技术可用来处理平滑参数的持续性变化。

调整的决定系数（$\overline{R}^2$）：对自由度调整后的决定系数。

AKaie 信息准则（AIC）：根据对误差项方差的计算而得到的对拟合优度的一种测量。

美式期权：在合约到期前能被执行的期权。

升值：在一种弹性汇率的体制下，一种货币的价值相对于其他货币价值的上升。

套利：一种用来应对市场价格反常变化从而赚取无风险利润的金融操作。

人工神经网络（ANN）：在人类大脑机理基础上做出的一种非线性、非参数化模型的表述。

吸引子：一种刻画状态轨迹的平滑曲线。

自回归系数：一个变量或残差的当前值和滞后值之间的相关系数。

自回归函数：描述特定阶数自回归系数和滞后长度之间关系的函数。

自回归条件异方差性（ARCH）：恩格尔 1982 年提出的一种模型，该模型能很好地描述金融时间序列，并能解释易变的集群效应。

自回归分布滞后模型（ADL）：该模型中的因变量既能由其滞后值来解释又能被解释变量的同期的滞后值解释。

---

[*] 该术语表中的大多数概念都是很常见的。然而根据本书要求，它们全部被定义成跟汇率和外汇市场相关的概念。

自回归求积移动平均模型（ARIMA）：该模型中的因变量是一个求积变量，该因变量同时是其自身滞后值和误差项当期滞后值的函数。

自回归模型：该模型中的因变量是其自身滞后值的函数。

自回归移动平均模型（ARMA）：在该模型中因变量是平稳的，且同时是其自身滞后值和误差项当期滞后值的函数。

平均率期权：如果两个时间点间的平均即期汇率低于合约协定汇率，该期权被赋予按执行汇率卖出执行汇率的权利。

平均法：基于汇率波动代表了汇率对某个平滑时间路径的随机偏离的假设的预测方法。

B

柱状图：技术分析师用来描述汇率和其他金融变量变动的图形。它显示出了汇率的最高价、最低价和收盘价水平（如果可得的话还有开盘价）。

击打均值：和 Theil 不等系数相关的对预测精度的一种测度。

BDS 检验：对基于关联维概念的混沌的一种检验。

基准模型：作为评价其他模型预测精度的基准的模型。

汇率买价：开价方愿意买进货币的那个汇率价格。

利率买价：开价方愿意借入资金的那个利率价格。

买卖差价：汇率和利率的买卖价格之间的差价。

双边汇率：两种货币之间的汇率，或者以一种货币表示的另一种货币的价格。

黑箱问题：一个和简化形式的模型相联系的问题。这种问题的出现，是因为模型只告诉我们怎样用解释变量来解释因变量而不告诉我们那些解释变量是如何决定的。多方程模型可用来解决这个问题。

Bowman-Shenton 检验：对频率分布的第 3 阶矩和第 4 阶矩基础上的残差正态性的检验。

Box-Jenkins 方法：也叫 ARIMA 建模法，它是在对自回归或移动平均模型的识别和估计基础上得到的一种建模和预测方法。

盈亏相抵的滤波幅度：既不获利也没有损失的滤波幅度。

Brown 方法：见两次指数平滑法。

C

看涨期权：一种合约，该合约赋予投资者以当前协定的汇率在一特定日期或之前买入一定数量货币的权利。

中央银行干预：中央银行进入外汇市场，通过买或卖某种货币以试图影响实际汇率的一种过程。

混沌理论：该理论提供对不规则的以致不可预测的确定性过程的分析。

混沌过程：一种看上去随机的非线性的决定过程。

图表主义：见技术分析。

决定系数（R^2）：该系数是对拟合优度的一种测量，其值等于回归平方和除以总离差平方和的比例。

协积：如果变量间有一种长期的联系以致它们不能无约束地互相偏离的话，那么这些变量就是协积的。

合成预测：一个涉及对由不同模型推导出的两个或更多个预测进行综合以得到最终预测的步骤。

条件预测：见事后预测。

混淆率：在许多次对汇率变动方向做出错误预测的基础上，测量预测模型预测汇率变动方向的精度的一个指标。

一致性预测：反映许多预测者总的观点的预测。

稳定形：见整理形。

整理形：也叫稳定形。在技术分析中，一个整理形可以被定义为在汇率上升或者下降的方向上，暂时打断趋势的上下摆动，例如旗形、对称三角形和头肩形。在日本K线图中整理形包含了跳空、跳空上扬、上升三法、下降三法、向上缺口和向下缺口。

控制图：用来监测预测误差以确保预测不会产生方向性偏差的图表。

关联维：在混沌过程和随机过程行为之间的显著性差异基础上做出的对混沌的一种检验。

关联积分：在对混沌理论的检验中，它描述了距离小于某一特定小量的对点数的分布情况。

抛补套利：一种金融操作，即套利者借入某种货币且以另一种货币投资轧平远期市场上的头寸。当抛补利率平价理论不成立时会引发这种操作行为。

抛补利率平价（CIP）：一个排除了抛补套利的均衡条件。当某种货币头寸的回报等于另一种货币头寸的抛补回报时，或当利率差异等于远期差价时，这个条件就能达到。

交叉套期：对某个特定货币敞口的套期，这种套期是通过持有另一种货币的头寸来完成的，该货币相对基准货币的汇率是和其相对上述特定货币的汇率高度相关的。

横截面效率：该概念指的是两种市场上产生的价格在一种市场上产生的价格可用来预测另一种价格的意义上来说是不相关的。

货币泡沫：和经济基本面不相关的货币的一种自我强化运动。

货币替代模型：汇率决定理论中货币模型的一种版本，该模型允许行为人同时持有本币和外币。

D

决策树：一种考虑具有某种概率的所有可能结果的方法。

Delphi 方法：在群体效应可能扭曲预测的情形下用来达成一致性预测的方法。

贬值：在弹性汇率制下，一种货币价值相对于其他货币价值的下跌。

不稳定投机：当投机者在货币升值时买入货币而在其贬值时卖出该货币时，外汇市场上的不稳定投机现象就会发生，这种情形会加重汇率的波动。

确定性模型：在该模型中，特定时间点上因变量的值能够被精确地确定。

币值拟降：在固定汇率制下，一种货币价值相对于其他货币价值的一个向下变动的趋势。

诊断性检验：对决定模型有效性的如序列相关性、正态性和异方差性之类特征的检验。

方向精度：预测模型对预测的汇率变动方向的准确性的衡量。

分散效应：在技术分析中，当供给超过需求而导致波峰之后出现反转时，就会发生这种分散效应。

两次指数平滑法：也叫 Brown 方法。它是一种预测技术，这种预测技术通过在一次和两次指数平滑值基础上计算出预测。

两次移动平均法：一种预测方法，该方法通过在一次和两次移动平均值基础上计算出预测。

两次移动平均规则：一种交易规则，该规则在两条不同阶数移动平均线的交叉点上给出买进和卖出的信号。

道氏理论：《华尔街日报》1900~1902 年发表的关于股票价格运动规律的一系列定理。

杜宾的 h 值统计量：该统计量是在当模型里包含了一个滞后因变量时，对一阶序列相关性是否存在的一种检验。在不存在序列相关的假设下，h 统计量服从标准正态分布。

杜宾—沃特森（DW）统计量：该统计量是在当模型里没有包含一个滞后因变量时，对一阶序列相关性是否存在的一种检验。

动态预测：在实际值和预测值基础上超前几期预测。

E

经济计量模型：通过经济计量学方法估计出来的基于理论的模型。

经济敞口：由非合约的或没有计划到的现金流而引起的汇率变化会导致外汇敞

口风险的出现。

经济风险：由实际汇率变动对企业成本和收入的影响而导致的风险。

有效汇率：也称为多边汇率。它是一种货币相对于其他一组货币的汇率，通常是相对于主要贸易伙伴的货币，以相对于基期的指数来表示。

有效融资率：考虑了利率和汇率变化后的借贷外币的成本。

实际回报率：考虑了名义回报和汇率变化后的外币头寸的回报率。

有效性：如果不能通过利用信息来改善预测的话，预测者的预测就是有效的。

艾略特波浪理论：由 Ralph Elliott 提出的试图预言市场反转的理论。

内生变量：由经济系统本身决定的变量。

误差纠正模型：把因变量实际值对均衡值的前期偏差作为解释变量的模型。

方向性误差：也叫转折点误差。模型预测变量有一个上涨（下跌）但变量实际上却是下跌（上涨），这种情况就是方向性误差。

量值误差：模型预测的变化值比实际变化值更小或更大，这种情形就是量值误差。

误差传播：人工神经网络中的一种训练方法。它是指最小化误差平方和的一种递归的梯度方法。

欧式期权：只能在合约到期日执行的期权。

事前预测：汇率观测值及其决定变量在预测跨度内是未知时的一种样本外预测。

事前 PPP：PPP 理论的一种形式，该理论规定汇率的预期变化等于由预期的通货膨胀率差异决定的变化。

事后预测：当汇率观测值及其决定变量在预测跨度内是确定可知时，样本外预测是一种非条件性预测。

汇率超调：在收敛到其长期均衡值之前，汇率在短期有显著偏离其均衡值的趋势。

执行汇率：期权执行时的汇率，即约定货币买或卖的汇率。

外生变量：由经济系统外部因素决定的影响经济系统内生变量的变量。

期望值：也叫数学期望值。它是以变量的概率值为权数的变量的加权平均值。

指数平滑法：把更大的权重赋予更新的观测值的一种时间序列平滑技术。

线性指数平滑法：也叫 Holt 两参数指数平滑方法。这种方法是一种更适于处理趋势性数据的平滑方法。

线性与季节性指数平滑法：也叫 Winter 方法，是一种更适合处理趋势和季节性数据的平滑方法。

指数平滑移动平均：一种加权移动平均，其权数是先前权数的一个固定比例。

外推性预期：一种预期形成机制，在此机制下汇率预期变动的幅度是其当期变动百分率的一个比例。

F

F 统计量：在多元回归模型中用来检验被估系数显著性水平的统计量。

扇形：在技术分析中，扇形是由形似扇子的三条趋势线组成的。

前馈性网络：见前馈性传播网络。

前馈性传播网络：也叫前馈性网络，这是一种由几个输入层单元和单个输出层单元组成的人工神经网络。前馈性网络将神经元分层排列为输入层、输出层和中间层。

滤波规则：一个 x% 滤波规则指的是当某一通货汇率高于最近的波谷值 x% 时，购入该种通货；当某一通货汇率低于最近的波峰值 x% 时，卖出该种通货。还有可能存在一种 x%-y% 滤波规则。

滤波幅度：在一个滤波规则中，滤波幅度是一种从波谷和波峰处升值、贬值的百分率，该百分率提供了买进和卖出的信号。

固定汇率：由货币当局而不是由市场力量决定的汇率。

弹性汇率：也称浮动汇率，是由自由市场上的供求力量决定的汇率。

弹性价格货币模型：该模型认为汇率是由在一个完全价格弹性假定下的货币供求力量决定的，因而该模型假定了 PPP 模型是有效的。

浮动汇率：见弹性汇率。

流量模型：一种汇率决定模型，该模型假定汇率是由贸易和资本流决定的。

预测合成：组合个体预测以获得一个合成的或一致的预测。

预测包含：表明一个预测包含了另一个预测，是因为这个预测考虑了后者中的所有相关信息。

预测跨度：计算出预测值的时间长度。

预测执行：当预测改变了决策制定过程时，我们就说预测被执行了。当预测改变且改善了决策制定过程时，该预测就是成功执行的预测。

预测：一种产生预期的正规方法。

预测偏差：一个有偏差的预测总是持续地高估或低估待预测变量。

预测事件结果：如果某特定事件实现了，那么预测将要发生什么。

事件时间进度预测：预测一个协定事件的时间进度。这种预测主要和固定汇率相关。

外汇风险：由未预料到的汇率变化对销售、价格、成本、利润等的影响而造成的一种金融风险。它可以用汇率对非抛补利率平价的偏离来衡量。

远期汇率：涉及在未来某个时候交割的交易汇率。

远期市场套期：通过在远期市场上买进和卖出货币来对外汇敞口风险进行的套期。

远期率差：远期合约到期时的即期汇率和远期汇率的差额。

远期汇率规则：一个基本的交易规则，根据该规则，买进和卖出信号是由汇率对滞后远期率的偏离决定的。

远期投机：在两个不同的时间点上签订两个有相同的交割日期且相互冲销的远期交易合约，也就是签订两个有不同到期期限的远期合约的一种寻利性操作。

远期差价：它是以即期汇率的百分比衡量的远期汇率和即期汇率的差异。

基本面分析：根据一些解释变量或决定变量对汇率决定进行的研究。

基本规则：根据汇率对均衡水平的偏离而给出买进和卖出信号的交易规则。

G

一般有效假说：该假说在允许风险溢价存在的条件下认为远期汇率是未来即期汇率的一个有效预报器。

从一般到特殊的方法：一种技术方法，通过该方法可以从一个一般自回归分布滞后模型的表述中得到一个模型的简化形式。

广义自回归条件异方差性（GARCH）：ARCH 模型的一种广义形式。

拟合优度度量：对模型能在多大程度上解释因变量变化的一种度量。

H

Hannan-Quinn 准则（HQC）：对误差项方差的拟合优度的一种度量。

异方差性：模型残差具有变化的方差的特征。

Hodrick-Prescott（HP）滤波：将时间序列分解成趋势性因素和循环变动性因素的一种趋势性技术。

Holt 两参数方法：见线性指数平滑法。

同方差性：模型残差具有不变的方差的特征。

Hooper-Morton 模型：汇率决定的货币模型的一种形式。该模型将累积性的往来账户收支作为解释变量。

超参数：在结构时间序列解模中，超参数是时间序列中各变量的方差。

I

不等比例：通过用总的预测误差除以各个部分不等系数而得到的对预测不精确来源的度量。

初始条件：由非线性混沌过程产生的变量的初始假定值。

样本内预测：一种预测类型，该类预测中的预测模型被用来预测样本期内的汇率，而样本内预测模型在预测刚开始时就已经被估计出来了的。

积分变量：非平稳变量，是由于单位根或存在随机趋势。一个积分变量可以通过差分获得平稳性。

利率平价的远期汇率：通过加入一个反映利率差异的因素对即期汇率进行调整而得到的远期汇率的均衡值。

利率风险：由利率变化而引起的风险。

内部回报率：使某一项目净现值为零的贴现率。

区间预测：一种预测类型，该预测给出一系列的区间值，而预测值就落在该区间内。

J

Janus 商数：基于样本内和样本外预测能力上的一种对预测精度的度量。

日本 K 线图：由日本交易商设计的一种图表。该图描述了价格的最高水平、最低水平、开盘水平和收盘水平的变化。

判断性预测：也叫定性预测，它是在预测者的判断或直觉基础上做出的。尽管该预测会涉及预测者心智上对数据或信息的处理，但这个过程不会包含模型或公式的运用。

K

Kalman 滤波：用在对含有变化参数模型估计过程中的一个方法。随着更多的可得信息的出现，该滤波可以不断地更新估计值。

峰态系数：频率分布的第 4 阶矩。

L

走势图：技术分析师用来研究汇率收盘价随着时间变化的行为的图。

多头：做出投资某种货币的决定或者该货币上的资产大于负债，这就是该货币的多头。

多头同价对敲：通过以相同的协定汇率买入一个看涨期权和一个看跌期权而建立起来的期权头寸。

长期预测：有一个很长的时间范围的预测。长期的经营操作要求有长期汇率预测，例如外国直接投资等。

Lyapunov 指数检验：对混沌的必要性和充分性条件的检验。其必要性条件是非线性，而充分性条件则与初始条件高度相关。

M

宏观经济预测：对宏观经济变量如汇率和通货膨胀的预测。

有管理的浮动：汇率主要由外汇市场上外汇的供求力量决定，而中央银行偶尔会对其进行干预。

市场效率：一个有效的市场是这样的一个市场，在该市场上价格反映了所有的可得信息。

基于市场的预测：根据即期外汇市场和远期外汇市场做出的预测。

数学期望值：见期望值。

平均绝对误差（MAE）：根据预测误差的绝对值做出的对预测精度的一种度量。

均方误差（MSE）：根据预测误差值的平方做出的对预测精度的一种度量。

测量误差：在测量经济变量如价格、产出和往来账户时出现的误差。

微观经济预测：对一个企业或一个部门具体变量的预测。

混合基本规则：一种基本交易规则，根据此规则，买卖信号是由汇率对其均衡水平的偏差决定的，而汇率均衡水平的确定涉及多种模型的运用。

模型识别：ARIMA 建模过程中的第 1 步，涉及对时间序列阶数的确定及辨别它是一个自回归过程、移动平均过程还是一个混合过程。

修正的决定系数（R_d^2）：在一阶差分基础上计算出的决定系数。该系数更适合用于对趋势性数据的处理。

动量震荡量：用来度量汇率的变动速度或者汇率的变动率的数量技术指标。

货币市场套期：通过货币市场上的借贷对外汇敞口交易风险进行的套期。

移动平均模型：在该模型中，因变量是误差项的当前值和滞后值的函数。

移动平均震荡量：度量两个不同阶数移动平均之间差异的一种数量技术指标。

移动平均交易规则：基于一至两个移动平均数的一种交易规则。

多重共线性：在多元回归模型的估计中，当某些解释变量高度相关时就会发生多重共线性的现象。

多方程经济模型：也称联立方程模型，这种模型包含了许多方程，而在这些方程中变量是互相被决定的，显示了在某种经济系统中变量之间是互为影响的。

多边汇率：见有效汇率。

多变量时间序列预期：一种预测类型，它是在包含了汇率和影响汇率变量的过去历史观测值的数集基础上做出的预测。此外，它指通过运用联合估计方程预测一个以上的汇率。

多变量时间序列模型：在该时间序列模型中，汇率是由其自身滞后值和解释变量的当前值及其滞后值决定的。此外，它是能同时估计多个汇率的时间序列模型。

N

净现值（NPV）：由项目的净资本成本产生的现金流的贴现值总和。

神经元：人类大脑中的一种细胞或人工神经网络里的一个基本单元。

消息：经济基本面中未预料到的变化。

名义汇率：不对通货膨胀差异做出调整的（双边或有效）汇率。

非平稳性：非平稳性的时间序列是一个有着变动均值的时间序列。随着时间的推移，这种时间序列的运动是没有约束的。

非结构性预测：没有强理论依据的预测。

O

汇率卖价：货币卖方愿意出售货币的汇率。

利率卖价：卖方愿意贷出货币的利率。

开放式头寸：会增加外汇风险的非抛补的货币多头。

震荡量规则：通过震荡量曲线和中线的交叉点来给出买卖信号的交易规则。

样本外预测：在此预测中（样本期间内估计出来的），预测模型被用来预测样本期间之外的汇率。

P

偏自相关系数：当其他滞后值不变时，一个变量或残差的当前值与其滞后值之间的相关系数。

偏自相关函数：描述偏自相关系数和滞后时间长度之间关系的函数。

部分不等系数：由 Theil 不等系数分解出来的三个部分，分别是偏差部分、方差部分和协方差部分。

比索问题：用来描述类似于墨西哥比索 1976 年贬值以前情形的术语。在预期贬值的情形下，远期汇率似乎是一个对未来即期汇率有偏差的预报器。

相图：也称相空间。它是变量根据其前一期值而假定的本期值的散点图。

相空间：见相图。

圈叉图：技术分析师们用来显示没有时间维度的汇率的显著变化的图表。

点预测：在此预测中，可以获得每个时间点上的单个预测值。

政治风险：由政府管制外国投资的规章制度的变化而引起的风险。

证券资产组合平衡模型：汇率决定理论中的一种模型，在该模型中代理人允许同时持有证券和货币。

预定变量：这些变量通常是多方程模型中内生变量的滞后值。

预测实现图：用来描述变量实际变化与预测变化的关系的图。它显示了预测误差的大小及其方向上的偏差。

基本趋势：汇率和其他金融资产价格变动的长期趋势。

概率分布：当假定一个随机变量有许多特定概率的取值时，该随机变量就有一个概率分布。

生产力差异假设：在该假设下，PPP 理论中除了价格是一个汇率的决定因素，生产力差异也是决定汇率的一个因素。

购买力平价（PPP）：该理论认为汇率是由价格或通货膨胀率决定的，因而比其贸易伙伴具有更高通货膨胀率的国家的货币将趋于贬值。

购买力平价规则：一种基本的交易规则，在此规则下，买卖信号是由汇率对其 PPP 水平的偏离决定的。

购买力风险：由通货膨胀率变化而引致的风险。

看跌期权：一种合约，该合约赋予投资者以当前协定的汇率在一特定日期或之前卖出一定数量货币的权利。

Q

定性预测：见判断性预测。

定性变量：不能够测度但能够影响汇率的变量，例如情绪。

数量预测：也叫科学预测，是在某些正式模型或公式基础上做出的，需要对数据进行处理。

数量技术指标：当其数值达到一定水平时，提供买卖信号的技术指标。

R

随机漫步假设：该假设认为汇率从一期到另一期之间的变化是随机的、不可预测的。

震荡量变动率：度量一定时间区间内汇率的变动率的数量技术指标。

理性预期：预期形成机制的一种假设，该假设认为在预期形成的过程中代理人会收集、处理所有的可得信息。结果是他们不会犯系统性错误，最终他们的行为会收敛到均衡水平上。

实际汇率：对通货膨胀差异进行调整后的（双边或有效）汇率。

实际利率差异模型：黏性价格模型的一种形式，实际利率差异在此模型中被作为解释变量。

简约模型：见单方程经济模型。

回归预期：一种预期形成机制，汇率的预期变化是其当前水平对均衡水平偏差的一个比例。

相对 PPP：PPP 理论的一种形式，该理论认为汇率的变化率等于通货膨胀差异，或由其决定。

相对强弱指数（RSI）：根据汇率的正负变化计算得到的一种数量技术指标。

函数形式的 RESET 检验：对函数的形式是线性还是二次性的检验。虚拟假设意味着函数是线性的。

阻力水平：一种汇率水平，在该水平上由于存在大量供给，通货在此时不再上涨，反而开始下跌。

回调：汇率在上升或者下降一段时间后，通常都会往相反的方向变动，按一定的比例回调（或者调整）。

币值拟升：在固定汇率制下某种货币价值相对于其他货币价值的一种向上变动趋势。

反转形态：在技术分析中，当汇率先上升后下降或者先下降后上升而改变变化方向时，就会出现反转形态。反转形态包含头肩形、三角形、矩形、双重顶、双重底、三重顶、三重底、上升楔形、下降楔形和菱形。在日本 K 线图中，牛市反转形态包含锤子线、牛市包容线、底部并列线、插入线、早晨之星、牛市的舍子线、牛市的阴线孕育阳线、牛市的阴线孕育十字星、牛市的覆盖线。熊市的反转形态包含吊颈、熊市包容线、顶部并列线、乌云压顶、双飞乌鸦、黄昏之星、熊市舍子线、射击星、熊市的阳线孕育阴线、熊市的阳线孕育十字星形态、熊市的覆盖线。

风险厌恶：当本币资产和外币资产具有相同的回报率时，代理人优先持有外币资产需要有一个风险补偿。

风险中性：当本币资产和外币资产具有相同的回报率时，代理人在持有外币资产和本币资产上无差异。

风险补偿：当本币资产和处币资产具有相同的回报率时，风险厌恶型代理人优先持有外币资产时必须付给代理人的额外补偿。

均方根误差（RMSE）：根据预测误差的平方值对预测精度的一种度量。

RSI 规则：由 RSI 水平决定买卖信号的一种交易规则。

S

情景：理论上对未来可能情形的描述，便于预测者评估潜在的发展前景。

Schwartz‑Bayesian 准则：根据对误差项方差的计算而得到的对拟合优度的一种度量。

科学预测：见数量预测。

次要趋势：金融市场上打断基本趋势的一种短期运动。

似不相关回归（SUR）：运用体现残差交叉相关的信息的一种系统估计技术。

似不相关时间序列方程（SUTSE）：似不相关回归时间序列的等价物。这些方程包含了时间序列的各组成因素和可能的解释变量。

半强式有效：如果价格反映了所有的公共可获得信息，那么该市场就是半强式有效的。

空头：货币被借出或该货币的负债多于资产，这就是该货币上的空头。

空头同价对敲：同时出售相同到期日、相同协定价格的看涨期权和看跌期权而建立的期权头寸。

短期预测：只有一个很短的时间跨度的预测。短期经营，例如货币市场投资和金融操作需要有短期预测。

简单平均法：根据简单算术平均数或均值得到预测结果的一种方法。

简单有效假说：见无偏有效假说。

简单移动平均数：赋予所有观测值同样权重的移动平均数。

联立方程模型：见多方程经济模型。

一次移动平均法：在此预测方法下，汇率的预测值就是给定阶数的移动平均数。

一次移动平均规则：一种交易规则，在此规则下买卖信号由汇率水平与移动平均水平的交叉点给出。

单方程经济计量模型：见单方程经济模型。

单方程经济模型：也叫单方程经济计量模型或简约模型。这种模型只包含了一个方程，而此方程是建立在某种经济理论基础之上根据某种经济计量方法估计出来的。

偏斜度：频率分布的第3阶矩。

平滑常数：假定在0、1之间用来进行指数平滑预测的参数。

平滑法：旨在识别出一条代表汇率时间路径的曲线并将其拓展到未来的预测方法。

投机：冒一定风险赚取利润的操作。

速度阻力线：用来度量趋势上升或下降速率的斜线。

即期投机：根据汇率的预期变化而在即期外汇市场上买卖货币的操作。

即期——远期投机：为了赚得利润在即期和远期市场上买卖货币的操作。

稳定性投机：投机者在货币贬值时买入货币而在货币升值时卖出货币的操作就是稳定性投机。稳定性投机能够减弱汇率的波动。

状态空间形式：当一个模型由以下两个方程表述时：一个测量方程和一个转移方程，其就可以写成状态空间形式。一旦模型写成状态空间形式，就可以使用通过利用了更多的可得信息的 Kalman 滤波来更新估计结果的最大似然法得到模型。

静态预期：一种预期形成机制，在此机制下预期汇率等于汇率的当前水平。

静态预测：仅根据实际值做出的预测。

平稳性：倾向于回归到均值并在其周围波动的时间序列。

黏性价格货币模型：在此模型中，汇率由黏性价格假定下的货币的供应和需求决定，而黏性价格假定使 PPP 理论仅在长期有效。该模型预言短期内汇率会出现超调现象。

随机模型：在此模型中，由于存在随机误差项，特定时间点上的因变量值不能被精确地测定。

随机指数：测度汇率变动速率的数量技术指标。

随机指数规则：一种交易规则，在此规则下买卖信号是由随机指数的变化决定的。

强式有效：如果价格反映了所有的公共可得信息和内幕信息，那么该市场在较强的意义上就是有效的。

结构性变化：影响模型被估参数的变化，这些变化使参数随时间而改变。

结构性预测：建立在理论基础上的预测。

结构性时间序列模型：在此模型中，因变量由其带有或不带有解释变量的时间序列组成部分决定。

支撑水平：一种汇率水平，在这一水平上市场中存在对该种通货足量的需求，可使该种通货的汇率停止下跌开始反弹。

T

技术分析：也叫图表主义，它主要是通过研究历史价格的运动规律从而推导出价格的未来趋势。

技术规则：根据可能的趋势反转提供买卖信号的交易规则。

Theil 不等系数：根据预测模型的均方根和随机漫步模型的均方根之间误差的对比而做出的对预测精度的一种度量。

三地套汇：由三种货币的交叉汇率不一致引起的一种套汇操作。

时间序列：在有规则的时间间隔上收集到的变量的一系列值。

时间序列分解：一种预测技术，它首先将一个时间序列分解成四个组成部分（趋势性因素、循环变动性因素、季节性因素和随机性因素），然后再预测各个组成部分，接着把各个预测部分加总以获得最终的总的序列的预测。

时间变动的参数（TVP）估计：允许被估系数随时间变化的估计方法。

追踪系统：一种机制设计，在此机制下可以通过变动指数平滑中的平滑常数来监测、预测误差。

交易规则：在金融市场上交易者根据某些预定标准获得买卖信号的规则。

交易敞口：由汇率的变化对国内资产、负债和利润的货币价值的影响而引发的外汇敞口风险。

转换敞口：由汇率的变化对国内不流通的金融资产项目货币价值的影响而引发的外汇敞口风险。

趋势通道：由连接汇率波峰和波谷的趋势线及通道线形成的范围。

趋势线：连接汇率波峰或波谷的一条线。

调整参数：放在可用于产生混沌过程的 Logistic 非线性函数等号右边的系数。

转折点误差：见方向性误差。

两地套汇：由两个金融中心的汇率不等所引起的套汇操作。

U

无偏有效假说：也叫简单有效假说。该假说认为远期汇率是未来的即期汇率的有效和无偏的预报器。

无偏性：当预报器不会持续地高估或低估待预测变量时，该预报器就是无偏的。

非抛补套利：一种金融操作方式，在此操作方式下套利者借入一定数量的某种货币同时以另一种货币进行投资，但却没有对其多头头寸进行抛补以规避风险。

非抛补利率平价（UIP）：排除了非抛补套利的一个均衡条件。当某种货币头寸上的回报等于另一种货币头寸上非抛补的回报时，或当利率差异等于汇率的预期变化时，我们就可以满足这种均衡条件。

非抛补利率平价规则：一种基本的交易规则，在此规则下买卖信号是由汇率对其 UIP 水平的偏离决定的。

单变量时间序列预测：仅根据只包含了汇率历史值的信息集做出的预测。

V

向量自回归（VAR）模型：在此模型中所有变量都无区别地由内生变量和外生变量共同决定。此模型无需理论基础。

W

弱式有效：如果价格只体现其历史值中的信息，那么该市场仅在微弱的意义上是有效的。

加权移动平均：对时间更近的观测值赋予更大权重的移动平均。

Winter 方法：见线性与季节性指数平滑法。

在样本内预测：见样本内预测。

参考文献

Abu-Mostafa, Y. S. (1995) Financial Market Applications of Learning from Hints, in Refenes, A. P. (ed.) *Neural Networks in Capital Markets*, Chichester, Wiley.

Agnew, C. A. (1985) Bayesian Consensus Forecasts of Macroeconomic Variables, *Journal of Forecasting*, 4, 363-376.

Alexander, S. S. (1961) Price Movements in Speculative Markets: Trends or Random Walks, *Industrial Management Review*, 2, 7-26.

Alexander, S. S. (1964) Price Movements in Speculative Markets: Trends or Random Walks, Number 2, *Industrial Management Review*, 5, 25-46.

Allen, F. and Karjalainen, R. (1999) Using Genetic Algorithms to Find Technical Trading Rules, *Journal of Financial Economics*, 51, 245-271.

Allen, H. L. and Taylor, M. P. (1989) Chart Analysis and the Foreign Exchange Market, *Bank of England Quarterly Bulletin*, November.

Allen, H. L. and Taylor, M. P. (1990) Charts, Noise and Fundamentals in the London Foreign Exchange Market, *Economic Journal*, 100, 49-59.

Allen, H. L. and Taylor, M. P. (1993) Chartist Analysis, in Newman, P., Milgate, M. and Eatwell, J. (eds) *The New Palgrave Dictionary of Money and Finance*, London: Macmillan.

Alter, S. (1979) Implementation Risk Analysis, in Doktor, R., Schultz, R. L. and Selvin, D. P. (eds) *The Implementation of Management Science*, Amsterdam, North-Holland.

Anderson, P. W., Arrow, K. J. and Pines, D. (1988) *The Economy as an Evolving Complex System*, Reading, MA: Addison-Wesley.

Arize, A. C. (1995) The Effects of Exchange Rate Volatility on U. S. Exports: An Empirical Investigation, *Southern Economic Journal*, 62, 34-43.

Armstrong, J. S. (1989) Combining Forecasts: The End of the Beginning or the Beginning of the End? *International Journal of Forecasting*, 5, 585-592.

Baillie, R. T. and Bollerslev, T. (1989) Common Stochastic Trends in a System of Exchange Rates, *Journal of Finance*, 44, 167-181.

Bajo-Rubio, O., Fernandez-Rodiguez, F. and Sovilla-Rivero, S. (1997)

Chaotic Behaviour in Exchange Rate Series: First Results for the Peseta-U. S. Dollar Case, *Economics Letters*, 39, 207-211.

Balassa, B. (1964) The Purchasing Power Parity Doctrine : A Reappraisal, *Journal of Political Economy*, 72, 584-596.

Barnett, W. A., Geweke, J. and Shell, K. (1989) *Economic Complexity*: *Chaos*, *Sunspots*, *Bubbles and Nonlinearity*, Cambridge: Cambridge University Press.

Batchelor, R. A. (1990) All Forecasters are Equal, *Journal of Business and Economic Statistics*, 8, 143-144.

Bera, A. K. and Jarque, C. M. (1981) An Efficient Large Sample Test for Normality of Observations and Regression Residuals, *Australian National University Working Papers in Econometrics*, No. 40.

Bewley, R. A. (1979) The Direct Estimation of the Equilibrium Response in a Linear Model, *Economics Letters*, 3, 357-361.

Bilson, J. F. O. (1978) The Monetary Approach to the Exchange Rate: Some Empirical Evidence, *IMF Staff Papers*, 25, 48-75.

Bilson, J. F. O. (1981) The Speculative Efficiency Hypothesis, *Journal of Business*, 54, 435-451.

Bollerslev, T. (1986) Generalised Autoregressive Conditional Heteroskedasticity, *Journal of Econometrics*, 31, 307-327.

Boothe, P. and Glassman, D. (1987) Off the Mark: Lessons for Exchange Rate Modelling, *Oxford Economic Papers*, 39, 443-457.

Boughton, J. M. (1984) Exchange Rate Movements and Adjustment in Financial Markets: Quarterly Estimates for Major Currencies, *IMF Staff Papers*, 31, 445-468.

Boughton, J. M. (1987) Tests of the Performance of Reduced-Form Exchange Rate Models, *Journal of International Economics*, 23, 41-56.

Bowerman, B. L. and O' Connell, R. T. (1987) *Time Series Forecasting*: *Unified Concepts and Computer Implementation* (2nd ed), Boston: Duxbury Press.

Bowman, K. O. and Shenton, L. R. (1975) Omnibus Test Contours for Departures from Normality Based on $\sqrt{b_1}$ and b_2, *Biometrika*, 62, 243-250.

Box, G. E. P., Jenkins, G. W. and Reinsel, G. (1994) *Time Series Analysis*, *Forecasting and Control*, Englewood Cliffs, NJ: Prentice Hall.

Breusch, T. S. and Pagan, A. R. (1979) A Simple Test for Heteroskedasticity and Random Coefficient Variation, *Econometrica*, 50, 1287-1294.

Brock, W. (1986) Distinguishing Random and Deterministic Systems (abridged ed), *Journal of Economic Theory*, 40, 168-195.

Brock, W., Dechert, W. and J. Scheinkman, J. (1987) A Test for Independence

Based on the Correlation Dimension, Working Paper, University of Wisconsin at Madison.

Brock, W. A., Hsieh, D. A. and LeBaron, B. (1991) *Nonlinear Dynamics, Chaos and Instability: Statistical Theory and Economic Evidence*, Cambridge, MA: MIT Press.

Brock, W., Lakonishok, J. and LeBaron, B. (1992) Simple Technical Trading Rules and the Stochastic Properties of Stock Returns, *Journal of Finance*, 47, 1731 −1764.

Burke, M. L. (1990) *Three−Point Reversal Method of Point and Figure Construction and Formations*, New Rochelle, NY: Chartcraft Inc.

Chang, P. H. K. and Osler, C. L. (1995) *Head and Shoulders: Not Just a Flaky Pattern*, Federal Reserve Bank of New York Staff Reports, No. 4.

Chappell, D. and Eldridge, R. M. (1997) Non−linear Characteristics of the Sterling/European Currency Unit Exchange Rate: 1984−1992, *European Journal of Finance*, 3, 159−182.

Clemen, R. T. (1989) Combining Forecast: A Review and Annotated Bibliography, *Journal of Forecasting*, 5, 559−583.

Clyde, W. C. and Osler, C. L. (1997) Charting: Chaos Theory in Disguise, *Journal of Futures Markets*, 17, 489−514.

Colby, R. W. and Myers, T. A. (1988) *The Encyclopedia of Technical Market Indicators*, Homewood, IL: Business One Irwin.

Cootner, P. H. (ed.) (1964) *The Random Character of Stock Market Prices*, Cambridge, MA: MIT Press.

Copeland, L. S. (1991) Cointegration Tests with Daily Exchange Rate Data, *Oxford Bulletin of Economics and Statistics*, 53, 185−198.

Copeland, L. S. (1994) *Exchange Rates and International Finance* (2nd ed), Wokingham: Addison−Wesley.

Cornell, W. B. and Dietrich, J. K. (1978) The Efficiency of Markets for Foreign Exchange Rates, *Review of Economics and Statistics*, 60, 111−120.

Curcio, R. and Goodhart, C. A. E. (1991) Chartism: A Controlled Experiment, Working Paper, London School of Economics, September.

Cuthbertson, K., Hall, S. G. and Taylor, M. P. (1992) *Applied Econometric Techniques*, London: Phillip Allan.

Cvitanovic, P. (1989) *Universality in Chaos* (2nd ed), Bristol: Adam Hilger.

De Grauwe, P. and Vansanten, K. (1990) Deterministic Chaos in the Foreign Exchange Market, *CEPR Discussion Papers*, No. 370.

Diebold, F. X. (1998a) *Elements of Forecasting*, Cincinnati, OH: South−Western College Publishing.

Diebold, F. X. (1998b) The Past, Present and Future of Macroeconomic Forecasting, *Journal of Economic Perspectives*, 12, 175–192.

Diebold, F. X. and Mariano, R. S. (1995) Comparing Predictive Accuracy, *Journal of Business and Economic Statistics*, 13, 253–263.

Diebold, F. X. and Nason, J. (1990) Nonparametric Exchange Rate Prediction? *Journal of International Economics*, 28, 315–332.

Dominguez, K. M. (1986) Are Foreign Exchange Forecasts Rational? New Evidence from Survey Data, *Economics Letters*, 21, 277–281.

Domowitz, I. and Hakkio, C. S. (1985) Conditional Variance and the Risk Premium in the Foreign Exchange Market, *Journal of International Economics*, 19, 47–66.

Dooley, M. P. and Shafer, J. R. (1976) Analysis of Short-Run Exchange Rate Behavior: March 1973 to September 1975, *International Finance Discussion Papers*, No. 76, Federal Reserve System.

Dooley, M. P. and Shafer, J. R. (1983) Analysis of Short-Run Exchange Rate Behavior: March 1973 to November 1981, in Bigman, D. and Taya, T. (eds) *Exchange Rate and Trade Instability*, Cambridge, MA: Ballinger.

Dornbusch, R. (1976) Expectations and Exchange Rate Dynamics, *Journal of Political Economy*, 84, 1161–1176.

Ducot, C. and Lubben, G. H. (1980) A Typology for Scenarios, *Futures*, 12, 51–57.

Dungey, M. (1998) How Important are Meteor Showers and Heat Waves in Exchange Rate Volatility, Working Paper, La Trobe University.

Dwyer, J. G. P. and Wallace, M. S. (1992) Cointegration and Market Efficiency, *Journal of International Money and Finance*, 4, 361–372.

Eldridge, R. M., Bernhardt, C. and Mulvey, I. (1993) Evidence of Chaos in the S and P 500 Cash Index, *Recent Advances in Futures and Options Research*, 6.

Engle, C. and Hamilton, J. D. (1990) Long Swings in the Dollar: Are They in the Data and Do Markets Know it? *American Economic Review*, 80, 689–713.

Engle, R. F. (1982) Autoregressive Conditional Heteroscedasticity with Estimates of the Variance of U. K. Inflation, *Econometrica*, 50, 987–1007.

Engle, R. F. and Granger, C. W. J. (1987) Cointegration and Error Correction: Representation, Estimation and Testing, *Econometrica*, 55, 251–276.

Fama, E. F. (1970) Efficient Capital Markets: A Review of Theory and Empirical Work, *Journal of Finance*, 25, 383–417.

Fama, E. F. (1984) Forward and Spot Exchange Rates, *Journal of Monetary Economics*, 14, 319–338.

Fama, E. F. (1990) Efficient Capital Markets II, Unpublished Paper, University of Chicago.

Fama, E. F. and Blume, M. E. (1966) Filter Rules and Stock Market Trading, *Journal of Business*, 39, 226-241.

Frankel, J. A. (1979a) On the Mark: A Theory of Floating Exchange Rates Based on Real Interest Differentials, *American Economic Review*, 69, 601-622.

Frankel, J. A. (1979b) A Test of the Existence of the Risk Premium in the Foreign Exchange Market vs the Hypothesis of Perfect Substitutability, *International Finance Discussion Papers*, No. 149.

Frankel, J. A. (1982) In Search of the Exchange Risk Premium: A Six-Currency Test Assuming Mean-Variance Optimisation, *Journal of International Money and Finance*, 1, 255-274.

Frankel, J. A. and Dornbusch, R. (1988) The Flexible Exchange Rate System: Experience and Alternatives, in S. Boner (ed.) *International Finance and Trade*, London : Macmillan.

Frankel, J . A. and Froot, K. (1987) Using Survey Data to Test the Standard Propositions Regarding Exchange Rate Expectations, *American Economic Review*, 80, 181-185.

Frankel, J. A. and Froot, K. A. (1990a) Exchange Rate Forecasting Techniques, Survey Data and Implications for the Foreign Exchange Market, *NBER Working Papers*, No. 3470.

Frankel, J. A. and Froot, K. A. (1990b) Chartists, Fundamentalists and the Demand for Dollars, in Courakis, A. S. and Taylor, M. P. (eds) *Private Behavior and Government Policy in Interdependent Economies*, Oxford: Oxford University Press.

Frenkel, J. A. (1976) A Monetary Approach to the Exchange Rate: Doctrinal Aspects and Empirical Evidence, *Scandinavian Journal of Economics*, 78, 200-224.

Froot, K. A. and Frankel, J. A. (1986) Interpreting Tests of Forward Discount Bias Using Survey Data on Exchange Rate Expectations, *NBER Working Papers*, No. 1963.

Froot, K. A. and Frankel, J. A. (1989) Forward Discount Bias: Ls it an Exchange Risk Premium? *Quarterly Journal of Economics*, 104, 139-161.

Gandolfo, G. , Padoan, P. C. and Paladino, G. (1990) Exchange Rate Determination: Single-Equation or Economy-Wide Models? A Test against the Random Walk, *Journal of Banking and Finance*, 14, 965-992.

Geistauts, G. A. and Eschenbach, T. G. (1987) Bridging the Gap between Forecasting and Action, in Wright, G. and Ayton, P. (eds) *Judgmental Forecasting*, Chichester: Wiley.

Geschka, H. and Reibnitz, U. (1983) Die Szenario-Technik-ein Instrument der

Zukunftsanalyse und der Strategischen Planung, in Tlpfer, A. and Afheldt, M. (eds) *Praxis der Unternehmensplanung*, Frankfurt.

Gleick, J. (1987) *Chaos: Making a New Science*, London: Cardinal Books.

Godfrey, L. G. (1978a) Testing against General Autoregressive and Moving Average Error Models when the Regressors Include Lagged Dependent Variables, *Econometrica*, 46, 1293-1301.

Godfrey, L. G. (1978b) Testing for Higher Order Serial Correlation in Regression Equations when the Regressors Include Lagged Dependent Variables, *Econometrica*, 46, 1303-1310.

Goodhart, C. A. E. (1988) The Foreign Exchange Market: A Random Walk with a Dragging Anchor, *Economica*, 55, 437-480.

Goodman, S. H. (1979) Foreign Exchange Rate Forecasting Techniques: Implications for Business and Policy, *Journal of Finance*, 344, 415-427.

Goodman, S. H. (1980) Who is Better than the Toss of a Coin, *Euromoney*, September, 80-84.

Granger, C. W. J. (1969) Investigating Causal Relations by Econometric Models and Cross-Spectral Methods, *Econometrica*, 37, 424-438.

Granger, C. W. J. (1986) Developments in the Study of Cointegrated Economic Variables, *Oxford Bulletin of Economics and Statistics*, 48, 213-228.

Granger, C. W. J. and Newbold, P. (1974) Spurious Regression in Econometrics, *Journal of Econometrics*, 2, 111-120.

Granger, C. W. J. and Ramanathan, R. (1984) Improved Methods of Forecasting, *Journal of Forecasting*, 3, 197-204.

Grassberger, P. and Procaccia, I. (1983) Characterization of Strange Attractors, *Physical Review Letters*, 50, 339-368.

Gurney, K. (1997) *An Introduction to Neural Networks*, London: UCL Press.

Hamilton, J. D. (1989) A New Approach to the Economic Analysis of Nonstationary Time Series and the Business Cycle, *Econometrica*, 57, 357-384.

Hamilton, J. D. (1994) *Time Series Analysis*, Princeton: Princeton University Press.

Harvey, A. C. (1985) Trends and Cycles in Macroeconomic Time Series, *Journal of Business and Economic Statistics*, 3, 216-227.

Harvey, A. C. (1989) *Forecasting, Structural Time Series Models and the Kalman Filter*, Cambridge: Cambridge University Press.

Harvey, A. C. (1993) *Time Series Models* (2nd ed), London: Harvester Wheatsheaf.

Harvey, A. C. and Scott, A. (1994) Seasonality in Dynamic Regression Models, *Economic Journal*, 104, 1324-1345.

Harvey, J. T. (1991) A Post Keynesian View of Exchange Rate Determination, *Journal of Post Keynesian Economics*, 14, 61-71.

Harvey, J. T. (1993a) The Institution of Foreign Exchange Trading, *Journal of Economic Issues*, 27, 679-698.

Harvey, J. T. (1993b) Daily Exchange Rate Variance, *Journal of Post Keynesian Economics*, 15, 515-540.

Harvey, J. T. (1995) The International Monetary System and Exchange Rate Determination: 1945 to the Present, *Journal of Economic Issues*, 29, 493-502.

Hendry, D. F. (1980) The Simple Analysis of Single Dynamic Econometric Equation, London School of Economics, Mimeo.

Hendry, D. F., Pagan, A. R. and Sargan, J. D. (1984) Dynamic Specification, in Griliches, Z. and Intriligator, M. D. (eds) *Handbook of Econometrics*, Amsterdam: North-Holland.

Henriksson, R. O. and Merton, R. C. (1981) On Market Timing and Investment Performance II, Statistical Procedures for Evaluating Forecasting Skills, *Journal of Business*, 54, 513-533.

Holtfrerich, C. L. (1986) *The German Inflation 1914-1923: Causes and Effects in International Perspective*, New York: Walter de Gruyter.

Hooper, P. and Morton, J. (1982) Fluctuations in the Dollar: A Model of Nominal and Real Exchange Rate Determination, *Journal of International Money and Finance*, 1, 39-56.

Hsieh, D. (1989) Testing for Nonlinearity in Daily Foreign Exchange Rate Changes, *Journal of Business*, 62, 339-368.

Hsu, W., Hsu, L. S. and Tenorio, M. F. (1995) A Neural Network Procedure for Selecting Predictive Indicators in Currency trading, in A. P. Refenes (ed.) *Neural Networks in Capital Markets*, Chichester: Wiley.

International Monetary Fund. (1984) *Exchange Rate Volatility and World Trade*, IMF Occasional Papers, No. 28.

Jarque, C. M. and Bera, A. K. (1980) Efficient Tests for Normality, Homoscedasticity and Serial Independence of Regression Residuals, *Economics Letters*, 6, 255-259.

Jungermann, H. and Thuring, M. (1987) The Use of Mental Models for Generating Scenarios, in Wright, G. and Ayton, P. (eds) *Judgmental Forecasting*, Chichester: Wiley.

Khan, H. (1965) *On Escalation: Metaphor and Scenarios*, New York: Praeger.

Kirman, A. P. (1991) Epidemics of Opinion and Speculative Bubbles in Financial Markets, in Taylor, M. P. (ed.) *Money and Financial Markets*, Oxford: Blackwell.

Koopman, S. J., Harvey, A. C., Doornik, J. A. and Shephard, N. (1995) *STAMP* 5. 0: *Structural Time Series Analyser, Modeller and Predictor*, London: Chapman & Hall.

Krasker, W. S. (1980) The Peso Problem in Testing the Efficiency of Forward Exchange Markets, *Journal of Monetary Economics*, 6, 269-276.

Krugman, P. (1993) Recent Thinking about Exchange Rate Determination and Policy, in Blundell-Wignall, A. (ed.) *International Trade and Balance of Payments*, Sydney: Reserve Bank of Australia.

Kuan, C. and Liu, T. (1995) Forecasting Exchange Rates Using Feedforward and Recurrent Neural Networks, *Journal of Applied Econometrics*, 10, 347-364.

Kugler, P. and Lenz, C. (1991) Chaos, ARCH and the Foreign Exchange Market: Empirical Results from Weekly Data, paper presented at the European meeting of the Econometric Society, Cambridge.

Lahiri, K. and Teigland, C. (1987) On the Normality of Probability Distributions of Inflation and GNP Forecasts, *International Journal of Forecasting*, 3, 269-279.

Lane, T. D. (1991) Empirical Models of Exchange Rate Determination: Picking Up the Pieces, *Economia Internazionale*, 44, 210-226.

LeBaron, B. (1991) Technical Trading Rules and Regime Shifts in Foreign Exchange, Working Paper, University of Wisconsin, Social Systems Research Institute.

Lenten, L. J. A. and Moosa, I. A. (1990) Modelling the Trend and Seasonality in the Consumption of Alcoholic Beverages in the United Kingdom, *Applied Economics* (forthcoming).

LeRoy, S. F. (1989) Efficient Capital Markets and Martingales, *Journal of Economic Literature*, 27, 1583-1621.

Levine, R. (1989) The Pricing of Forward Exchange Rates, *Journal of International Money and Finance*, 8, 163-179.

Liao, S. L. (1997) Nonlinear Dynamics and Chaos in Foreign Exchange Markets, Paper Presented at the Sixth Conference on the Theories and Practices of Security and Financial Markets, Kaohsuing, Taiwan, December.

Lim, G. C. and Martin, V. L. (1995) Regression-Based Cointegration Estimators with Applications, *Journal of Economic Studies*, 22, 3-22.

Liu, P. C. and Maddala, G. S. (1992) Rationality of Survey Data and Tests for Market Efficiency in the Foreign Exchange Markets, *Journal of International Money and Finance*, 11, 366-381.

Ljung, G. M. and Box, G. E. P. (1978) On a Measure of Lack of Fit in Time Series Models, *Biometrika*, 65, 297-303.

Logue, D. E. , Sweeney, R. J. and Willett, T. D. (1978) Speculative Behaviour of Foreign Exchange Rates during the Current Float, *Journal of Business Research*, 6, 159-174.

Lucas, R. E. (1982) Interest Rates and Currency Prices in a Two Country World, *Journal of Monetary Economics*, 10, 335-360.

Lui, Y. H. and Mole, D. (1998) The Use of Fundamental and Technical Analyses by Foreign Exchange Dealers: Hong Kong Evidence, *Journal of International Money and Finance*, 17, 535-545.

MacDonald, R. (1992) Exchange Rate Survey Data: A Disaggregated G-7 Perspective, *The Manchester School of Economic and Social Studies*, 47-62.

McLaughlin, R. L. (1975) The Real Record of Economic Forecasters, *Business Economics*, 10, 28-36.

McNees, S. K. (1987) Consensus Forecasts: Tyranny of the Majority? *New England Economic Review*, Nov/Dec, 15-21.

McNees, S. K. (1990) The Role of Judgment in Macroeconomic Forecasting Accuracy, *International Journal of Forecasting*, 7, 287-299.

Mahmoud, E. (1989) Combining Forecasts: Some Managerial Issues, *International Journal of Forecasting*, 5, 599-600.

Makridakis, S. , Wheelright, S. C. and McGee, V. E. (1983) *Forecasting: Methods and Applications*, New York: Wiley.

Malkiel, B. G. (1990) A *Random Walk down Wall Street* (5th ed), New York: Norton.

Meese, R. A. and Rogoff, K. (1983a) Empirical Exchange Rate Models of the Seventies: Do They Fit out of Sampe? *Journal of International Economics*, 14, 3-24.

Meese, R. A. and Rogoff, K. (1983b) The Out-of-Sample Failure of Empirical Exchange Rate Models: Sampling Error or Misspecification?, in Frenkel, J. A. (ed.) *Exchange Rates and International Macroeconomics*, Chicago: Chicago University Press.

Meese, R. and Rose, A. (1990) Nonlinear, Nonparametric, Nonessential Exchange Rate Estimation, *American Economic Review*, 80, 192-196.

Meese, R. and Rose, A. (1991) An Empirical Assessment of Nonlinearities in Models of Exchange Rate Determination, *Review of Economic Studies*, 58, 603-619.

Merville, L. J. and Pieptea. D. R. (1989) Stock Price Volatility, Mean-Reverting Diffusion, and Noise, *Journal of Financial Economics*, 24, 193-214.

Mills, T. C. (1990) *Time Series Techniques for Economists*, Cambridge: Cambridge

University Press.

Mitchell, R. B., Tydeman, J. and Georgiades, J. (1979) Structuring the Future Application of a Scenario Generation Procedure, *Technological Forecasting and Social Change*, 14, 409-428.

Moosa, I. A. (1994) The Monetary Model of Exchange Rates Revisited, *Applied Financial Economics*, 4, 279-287.

Moosa, I. A. (1998) *International Finance: An Analytical Approach*, Sydney: McGraw-Hill.

Moosa, I. A. and Bhatti, R. H. (1997) *International Parity Conditions: Theory. Econometric Testing and Empirical Evidence*, London: Macmillan.

Moosa, I. A. and Kennedy, P. (1998) Modelling Seasonality in the Australian Consumption Function, *Australian Economic Papers*, 37, 88-102.

Moosa, I. A. and Kwiecien, J. (1999) The Nominal Exchange Rate as a Predictor of Inflation: A Re-examination of the Underlying Model, *Applied Financial Economics* (forthcoming).

Neftci, S. N. (1991) Naïve Trading Rules in Financial Markets and Weiner-Kolmogorov Prediction Theory, *Journal of Business*, 64, 549-571.

Nison, S. (1991) *Japanese Candlestick Charting Techniques: A Contemporary Guide to the Ancient Investment Techniques of the Far East*, New York: New York Institute of Finance.

Papell, D. H. (1988) Expectations and Exchange Rate Dynamics after a Decade of Floating, *Journal of International Economics*, 25, 303-317.

Pentecost, E. J. (1991) Econometric Approaches to Empirical Models of Exchange Rate Determination, *Journal of Economic Surveys*, 5, 71-96.

Pesaran, M. H. and Pesaran, B. (1997) *Working with Microfit 4.0: Interactive Econometric Analysis*, Oxford: Oxford University Press.

Pesaran, M. H. and Timmerman, A. (1994) Forecasting Stock Returns: An Examination of Stock Market Trading in the Presence of Transaction Costs, *Journal of Forecasting*, 13, 333-367.

Phillips, L. D. (1987) On the Adequacy of Judgmental Forecasting, in Wright, G. and Ayton, P. (eds) *Judgmental Forecasting*, Chichester: Wiley.

Phillips, P. C. B. and Loretan, M. (1991) Estimating Long-Run Equilibria, *Review of Economic Studies*, 58, 407-436.

Pilbeam, K. (1995) The Profitability of Trading in the Foreign Exchange Market: Chartists, Fundamentalists and Simpletons, *Oxford Economic Papers*, 47, 437-452.

Pindyck, R. S. and Rubinfeld, D. L. (1991) *Econometric Models and Economic*

Forecasts, New York: McGraw−Hill.

Pretcher, R. R. (ed.) (1980) *The Major Works of R. N. Elliott*, Gainesville, GA: New Classics Library.

Prechter, R. R. and Frost, A. J. (1990) *Elliott Wave Principle: Key to Stock Market Profits* (expanded ed), Gainesville, GA: New Classics Library.

Pring, M. J. (1991) *Technical Analysis Explained: The Successful Investor's Guide to Spotting Investment Trends and Turning Points* (3rd ed), New York: McGraw−Hill.

Qi, M. (1996) Financial Applications of Artificial Neural Networks, in Maddala, G. S. and Rao, C. R. (eds) *Statistical Methods in Finance*, Amsterdam, Elsevier Science.

Rhea, R. (1932a) *Dow Theory*, New York: Barrons.

Rhea, R. (1932b) *Dow Theory* (abridged ed), New York: Barrons.

Saikkonen, P. (1991) Asymptotically Efficient Estimation of Cointegrating Regressions, *Econometric Theory*, 7, 1−21.

Sargent, T. J. and Sims, C. A. (1977) Business Cycle Modeling without Pretending to Have Too Much a Priori Theory, in Sims, C. A. (ed.) *New Methods of Business Cycle Research*, Minneapolis: Federal Reserve Bank of Minneapolis.

Savit, R. (1988) When Random is not Random: An Introduction to Chaos in Market Prices, *Journal of Futures Markets*, 8, 271−289.

Sayers, C. (1991) Statistical Inference Based upon Non−linear Science, *European Economic Review*, 35, 306−312.

Schinasi, G. H. and Swamy, P. A. V. B. (1989) The Out−of−Sample Forecasting Performance of Exchange Rate Models When Coefficients are Allowed to Change, *Journal of International Money and Finance*, 8, 375−390.

Schnader, M. H. and Stekler, H. O. (1991) Do Consensus Forecasts Exist? *International Journal of Forecasting*, 7, 165−170.

Schultz, R. L. (1984) The Implementation of Forecasting Models, *Journal of Forecasting*, 3, 43−45.

Schultz, R. L. and Selvin, D. P. (eds) (1983) The Implementation Profile, *Interfaces*, 13, 87−92.

Schwager, J. D. (1984) *A Complete Guide to the Futures Markets: Fundamental Analysis, Technical Analysis, Trading, Spreads, and Options*, New York: Wiley.

Sheimo, M. D. (1989) *Dow Theory Redux: The Classic Investment Theory Revised and Updated for the* 1990s, Chicago: Probus.

Sims, C. A. (1972) Money, Income and Causality, *American Economic Review*, 62, 540−552.

Sims, C. A. (1980) Macroeconomics and Reality, *Econometrica*, 48, 1−48.

Sims, C. A. (1984) Martingale-like Behaviour of Asset Prices and Interest Rates, Unpublished paper, University of Minnesota.

Sims, C. A., Stock. J. H. and Watson, M. W. (1990) Inference in Linear Time Series Models with Some Unit Roots, *Econometrica*, 58, 113-144.

Somanath, V. S. (1986) Efficient Exchange Rate Forecasts: Lagged Models Better than the Random Walk, *Journal of International Money and Finance*, 5, 195-220.

Stekler, H. O. (1987) Who Forecasts Better? *Journal of Business and Economic Statistics*, 5, 155-158.

Stewart, I. (1990) *Does God Play Dice?* London: Penguin Books.

Stock, J. H. and Watson, M. W. (1993) A Simple Estimator of Cointegrating Vectors in Higher Order Integrated Systems, *Econometrica*, 61, 783-820.

Surajaras, P. and Sweeney, R. J. (1992) *Profit-Making Speculation in Foreign Exchange Markets*, Boulder, CO: Westview Press.

Sweeney, R. J. (1986) Beating the Foreign Exchange Market, *Journal of Finance*, 41, 163-182.

Sweeney, R. J. (1988) Some New Filter Rule Tests: Methods and Results, *Journal of Financial and Quantitative Analysis*, 23, 285-300.

Sweeney, R. J. and Lee, E. J. Q. (1990) Profits in Forward Market Speculation, *Advances in Financial Planning and Forecasting* 4 (Part A), 55-79.

Taylor, M. P. and Allen, H. L. (1992) The Use of Technical Analysis in the Foreign Exchange Market, *Journal of International Money and Finance*, 11, 304-314.

Taylor, S. J. (1994) Trading Futures Using a Channel Rule: A Study of the Predictive Power of Technical Analysis with Currency Examplex, *Journal of Futures, Markets*, 14, 215-235.

Tong, H. (1990) *Non-Linear Time Series*, Oxford: Clarendon Press.

Tronzano, M. (1992) Efficiency in the German and Japanese Foreign Exchange Markets, *Weltwirtschaftliches Archiv*, 128, 1-29.

Weiss, M. D. (1991) Nonlinear and Chaotic Dynamics, *Journal of Agricultural Economics Research*, 43, 2-17.

Wickens, M. R. and Breusch, T. S. (1988) Dynamic Specification, the Long Run and the Specification of Transformed Regression Models, *Economic Journal*, 98, 189-205.

Wilder, J. W. (1978) *New Concepts in Technical Trading Systems*, McLeansville, NC: Trend Research.

Williams, G., Parikh, A. and Bailey, D. (1998) Are Exchange Rates Determined by Marcroeconomic Factors, *Applied Economics*, 30, 553-567.

Wolff, C. C. P. (1987a) Forward Foreign Exchange Rates, Expected Spot Rates and

Premia：A Signal Extraction Approach, *Journal of Finance*, 42, 395-406.

Wolff, C. C. P. (1987b) Time Varying Parameters and the Out-of-Sample Forecasting Performance of Structural Exchange Rate Models, *Journal of Business and Economic Statistics*, 5, 87-97.

Zarnowitz, V. (1985) Rational Expectations and Macroeconomic Forecasts, *Journal of Business and Economic Statistics*, 3, 293-311.